广东省普通高校人文社会科学重点研究基地暨南大学汉语方言研究中心

南方语言学

第四辑

主编　甘于恩

暨南大学出版社
JINAN UNIVERSITY PRESS

中国·广州

图书在版编目（CIP）数据

南方语言学．第四辑/甘于恩主编．—广州：暨南大学出版社，2012.5
ISBN 978－7－5668－0201－9

Ⅰ.①南…　Ⅱ.①甘…　Ⅲ.①汉语方言—方言研究—丛刊　Ⅳ.①H17－55

中国版本图书馆 CIP 数据核字(2012)第 086775 号

出版发行：暨南大学出版社

地　址：中国广州暨南大学
电　话：总编室（8620）85221601
　　　　营销部（8620）85225284　85228291　85228292（邮购）
传　真：（8620）85221583（办公室）　85223774（营销部）
邮　编：510630
网　址：http：//www.jnupress.com　http：//press.jnu.edu.cn

排　版：广州市天河星辰文化发展部照排中心
印　刷：佛山市浩文彩色印刷有限公司

开　本：850mm×1168mm　1/16
印　张：15.25
字　数：506 千
版　次：2012 年 5 月第 1 版
印　次：2012 年 5 月第 1 次
印　数：1—2000 册

定　价：39.00 元

目　录

岭南汉语方言研究

地理语言学

岭南语言资源与语言技术

语音学和实验语音学

少数民族语言研究

海外汉语方言研究

方言历时研究

方言与移民

语法研究

语言文字应用

词典学与汉语史

方言与文学

博士论文撮要

研究机构

刊海推介

动态

Table of Content

Periodicals

Events

•岭南汉语方言研究•

化州街白话（上江话）音系及语音特点[①]

邵慧君

（华南师范大学岭南文化研究中心/文学院　广东广州　510631）

提　要　化州粤语在粤西湛江、茂名一带颇具特色，有学者将之独立为吴化片，以区别于周边粤语。本文以实地调查所得的3 600多字高清录音为语料，描写归纳化州市区化州街粤语（亦称为上江话）的音系及其语音特点。文章分为三个部分：①化州街白话音系；②化州街白话语音的特点；③结论。

关键词　化州上江话　音系　语音特点

化州市位于广东省西南部，鉴江中游，南北距80公里，总面积2 354平方公里，地形狭长，状若坐狮，地势由北向南倾斜。化州属茂名市，北与广西北流交界，南与广东吴川接壤，东与高州市和茂名市区相连，西与广西陆川及广东廉江毗邻，介于广东茂名、湛江两个地市和广西之间。化州市方言主要分白话（粤语）和偓话（客家话）两种，本文所记为化州市府所在地化州街的白话音系，为当地俗称"上江话"的代表。本文提及的"上江话"发音人戴志，男，1945年出生，现住化州市河西街道办樟村村委低山自然村，其家族世居该地已历22代。

一、化州街白话音系

（一）声母（23个）

ɓ 兵白		p^h 配盘	m 买麦		f 废方	ʋ 会挖
ɗ 刀洞	t 紫箭	t^h 天头窗斜	n 泥南	l 浪六		
	ʧ 猪捉	$ʧ^h$ 吹唱直	ȵ 肉勇	ɬ 洗司	ʃ 书霜	
	k 歌光	k^h 桥局	ŋ 牙玉月		h 海客	
	kw 瓜骨	kw^h 跪昆				
ø 晏鸭						j 慧叶

说明：

①有内爆声母（亦称先喉塞浊音）ɓ、ɗ且浊音清晰，来自古全清"帮、端"母和古全浊"並、定"母仄声（上声白读除外），仅个别古"帮、端"母字内爆浊音不明显，如"兵、典、腆"等。

②声母t和t^h的舌位偏后，带轻微的舌面音色近ȶ和$ȶ^h$。

③塞擦音多读ʧ、$ʧ^h$、ʃ，但也有变体ʦ、$ʦ^h$、s，以舌叶音居多。清边擦音声母ɬ发音时舌两边气流较强，甚至带有滚动音色。

④舌面后鼻音ŋ多拼洪韵，其拼细韵时实际读作ɲ，ɲ为ŋ的音位变体。

①　本文曾于第十四届国际粤方言研讨会（2009年12月7—9日，桂林）宣读，惠蒙谢建猷、李连进、张惠英、侯兴泉、李龙等诸位先生提出宝贵意见，论文修改过程中陈忠敏师兄亦不吝赐教，在此深表感谢！本文为广东省哲学社会科学"十一五"规划2008年度一般项目"广东粤语语音数据库"（项目批号：08J－03）的前期成果之一。

⑤声母 kw、kw^{h} 有些带唇齿化色彩，读作 kʋ、kʋ^{h}，尤其是韵母 u 前更明显，半元音以唇齿化的 ʋ 为主。

⑥化州话零声母字发音前经常伴有紧喉色彩，如鸦 ʔa$^{\underline{53}}$、忆 ʔek^{55}、屋 ʔʊk$^{\underline{55}}$；次浊声母拼阴平 53 和上阴入 $\underline{55}$ 调时也会略带紧喉音色，如“妈”ʔma^{53}、“匿”ʔnek$^{\underline{55}}$、“笠”ʔlɐp$^{\underline{55}}$、“鹅”ʔŋɔ^{53}、“沃”ʔjʊk$^{\underline{55}}$、“煨”ʔʋʊi^{53}。

⑦半元音声母 j 带较重的浊音摩擦，有些甚至 j 前有舌面浊擦音 ʑ 的音色，类似 ʑj－。

（二）韵母（52 个）

a 马洒瓜		ɛ 靴车爹	ɔ 糯过写	i 猪树师已	u 库古武
		iɛ 也惹			
ai 带玺怪	ɐi 外低鬼	ei 废次技衣	^{u}ɔi 来爱髓		ʊi 女愚推
					iʊi 乳慧
ɑu 包咬搜	ɐu 偷球茂		ou 苏武豪	iu 超扰萧	
iau 猫尿鸟	iɐu 有由				
am 咸（咸丰）三参（人参）	ɐm 林寻心			im 尖验迁	
iam 钳苋	iɐm 饮音				
	ɐp 粒湿急			ip 聂接舌夺	
	iɐp 入				
	ɐn 贫怜棍			in 边团言穿	un 满馆盆
	iɐn 引人				
	ɐt 笔骨割			it 铁雪月	ut 阔活没
	iɐt 一日				
aŋ 男餐讲让彭	ɐŋ 啃曾幸	eŋ 兵井永	ɔŋ 甘寒讲方		oŋ 肛虫同
iaŋ 扁良章	iɐŋ 泅	ieŋ 孕赢	ioŋ 翁勇		
aʔ 答八角客若	ɐk 十袜刻测	ek 力石溺疫	^{u}ɔʔ 鸽喝角霍		ʊk 鹿菊玉
iaʔ 夹略啄		iek 翼液			iʊk 肉育
ɲ 吴语二疑					

说明：

①韵母 ɔ 大多舌位偏高，介于 o 和 ɔ 之间。

②韵母 ou 复元音之间的动程不甚显著，主元音 o 舌位略高，韵尾 u 发音较短收尾不饱满，但与单元音 ɔ 仍归属不同韵母。

③韵母^{u}ɔi 和 ai 的韵尾 i 不到位，音值近 ɪ 或 e。

④效开二等的 ɑu 韵主元音比广州话 au 的主元音偏后且略圆，主元音拖音较长，韵尾则发音短且音色近 o。

⑤韵母 ʊi 主元音舌位略靠前，在唇齿声母 f、ʋ 后开口度偏小近 ui，与 ʊi 成互补分布，ʊi、ui 不构成音位对立。

⑥韵母 ɲ̍ 主要见于遇摄合口“疑”母和止摄开口“日、疑”母，其中止摄字少数读音不稳定，如“二、儿”有 ɲ̍^{31}/ȵi^{31} 两读，但发音人音感上无对立，现统归作 ɲ̍。

⑦以 ɔ 为主元音的系列韵母 ɔi、ɔn、ɔŋ、ɔk 与声母结合时前面带有过渡音^{u}，从过渡音^{u} 至主元音 ɔ 有一定的动程，而且双唇、齿唇声母后过渡音^{u} 亦较明显。如“黄”ʋ^{u}ɔŋ^{13}。

⑧化州上江话的 am、ɐm、im 三韵中，ɐm、im 韵尾是较典型的双唇鼻尾，而 am 的鼻尾闭口动作较松弛，音色也相对模糊，往往有闭口动作却无闭口音色，还有些字 am/aŋ 两读，发音人语感中 am/aŋ 对立感不强；与－m 尾相应的入声韵只有 ɐp、ip 两个（广州话读 ap 的化州话全部归 aʔ），其中 ɐp 的双唇塞尾－p 较典型，而 ip 由于主元音为长元音，其韵尾的闭口动作较弱较松，收音位置多在唇齿，读音

近 iʊʔ。

⑨化州上江话收 - n/ - t 的韵母有三组：ɐn/ɐt、in/it、un/ut，广州话读 an/at 和 ɔn/ɔt 的化州话分别归入 aŋ/aʔ 和 ^{u}ɔŋ/^{u}ɔk。其中 in/it 主元音读音长似乎略有动程，近 iɪn/iɪt；另 - t 尾的读音也不像广州话那样靠前，略微向后，但与 - k 尾区别。

⑩化州上江话收 - ŋ 尾的阳声韵中，aŋ、eŋ 和 ^{u}ɔŋ 韵母的鼻尾舌位略靠前，近舌面中 - ɲ，而 ɐŋ 和 oŋ 的鼻尾则是典型的舌面后鼻音 - ŋ；另 eŋ 有些字在主元音后端略有动程，似为 e^{i}ŋ。与 - ŋ 尾阳声韵相应的入声韵则存在塞音韵尾弱化的现象，即不读典型的舌面后塞音 - k，而是在元音结束后同部位喉塞，最明显的是 aʔ 和 ^{u}ɔʔ，由于主元音为长元音，因此塞音音色较弱，个别甚至有点像舒声韵，故记作喉塞尾 - ʔ；ek 和 ɐk 则各有两个变体，即 ek/eʔ 和 ɐk/ɐʔ，它们因元音发音短，开口度略小，所以 - k 尾弱化，不如 aʔ 和 ^{u}ɔʔ 明显，仍记作 - k 尾；而与 oŋ 对应的入声 - k 尾仍保持典型的舌面后塞音音色，只是入声韵主元音舌位比阳声韵 oŋ 略高，记作 ʊk。

（三）声调（8 个）

阴平 53：天开　　阳平（阳上）23：才人我淡怒
阴上 35：古粉
阴去 33：盖汉　　阳去 31：霞件共饭
上阴入 55：笔尺　　下阴入 33：百说　　阳入 22：麦食

说明：

①阴平调基本读 53，很少有读 55 的变体。

②阳平（阳上）单念或处于词语后字位置时读低升 13，阳去读中降 31（降势较明显），但它们处于词语前字位置时常常变读为低平 22，致使单字调中也出现互相串类的现象，如古浊平字化州上江话读作阳去的：“俄”ŋɔ^{31}、“衙”ŋa^{31}、“蝴”fu^{31}、“如”ɲ̍^{31}、“芋”ʋu^{31}、“眉”mei^{31}、“垂”ʃʊi^{31}；古浊去字化州上江话读作阳平（阳上）的：“院”jin^{13}、“售”ʃɐu^{13}。

③阴上 35 和阳上 23 的区别主要在于声调中后段，前段调值高低相差不大，阴上从声调中段开始明显上扬且尾端上扬幅度较大，阳上亦从中段开始缓升，但上升幅度比较平缓，故分别记作 35 和 23。

二、化州街白话语音的特点

（一）声母特点

（1）古“帮、端”二母和“並、定”二母仄声（今读送气者除外）化州上江话读内爆音声母 ɓ、ɗ。

（2）古全浊塞音、塞擦音声母今化州上江话已清化，其演变规律大致与广州话相同：古全浊平声今读送气清音，古全浊去、入声今读不送气清音，古全浊上声白读送气、文读不送气。如：“皮”p^{h}ei^{13}、“部”ɓou^{31}（並母）；“台”t^{hu}ɔi^{13}、“袋”ɗ^{u}ɔi^{31}（定母）；“墙”t^{h}iaŋ^{13}、“嚼”tiak$^{\underline{33}}$（从母）；“长$_{长短}$”ʧ^{h}iaŋ^{13}、“仗”ʧiaŋ^{33}（澄母）。

但是，化州上江话古全浊声母今读送气清音的字远多于广州话，以“群、从、邪、澄”母字居多，尤其是古浊塞音“群”母几乎不论平仄今读都送气，与“並、定”母迥异。具体对比如下：

①广州话古全浊仄声今读不送气清音，化州话却读送气清音：

古浊上字：巨、弟、罪、技、妓、痔、跪、皂、造、赵、兆、绍、纣、渐、俭、件、键、尽、近（无文白读）、象、像、橡、丈、杖、静、并$_{并且}$

古浊去字：座、谢、箸、助、住、具、惧、自、寺、嗣、饲、治、忌、柜、召、轿、就、袖、宙、旧、暂、赚、站、撤、栈、贱、饯、健、倦、阵、劲、郡、藏$_{西藏}$、脏$_{内脏}$、匠、状、撞、赠、竞、净、郑、仲、诵、颂、讼、共古浊入字：杂、闸、捷、集、习、袭、蛰、及、铡、杰、截、绝、掘、疾、侄、倔、铎、凿、昨、着着火、睡着、浊、镯、直、值、殖、植、极、泽、宅、籍、藉、席、蓆、夕、寂、族、逐、轴、俗、续、局

特例："距、拒、剧、屐"四字（"群"母仄声），广州话与化州话同，均读送气清音。

"近"字广州话有两读，文读不送气，白读送气，化州话只有送气一读。

"邵、狭"二字（"禅"母去声、"匣"母入声），广州话读清擦音 s、h，化州话读送气清塞擦音 $ʧ^h$、k^h。

②个别古浊平字广州话读擦音，化州话却读送气塞擦音。如："韶、岑"二字，广州话读擦音 s，化州话读塞擦音 $ʧ^h$。

此外，个别古全清声母广州话读不送气的字，化州话也读送气音。如："蛀"（章母）：广州话读 ʧ，化州话读 $ʧ^h$；"矫、夹、裌、挟"（见母）：广州话读 k，化州话读 k^h。由此可知，化州话今读送气声母的字较广州话为多。

（3）古"精"母化州上江话今读 t，古"清"母则与"定"母平声和"透"母相同，今读 t^h，古"从、邪"二母不论平仄大部分也读 t^h。

（4）化州上江话有清边擦音声母 ɬ，基本来自古"心"母字，个别来自其他声母，如"缩"（生母）$ɬʊk^{55}$、"绪情绪（邪母）"$ɬʊi^{31}$。

（5）化州上江话有四个鼻音声母，m 主要来自古"明、微"母，n 主要来自古"泥"母，ȵ、ŋ 主要来自古"日、疑"母和部分"影、喻"母字。比较特殊的是，化州舌面后鼻音 ŋ 不仅可拼洪音，也可拼细音，拼细音时实际读音为 ɲ，多来自古"疑"母细音，个别来自古"日"母（如"软"）；ȵ 只拼细音，多来自古"日"母、少数"影"母细音和"喻"母字，还有个别"疑"母细音（如"严、业、孽、疟"）。细音前 ȵ 和 ɲ 可成对立，如"热"$ȵit^{22}$ ≠"月"$ɲit^{22}$，"壤"$ȵiaŋ^{13}$ ≠"仰"$ɲiaŋ^{13}$。

（6）部分古"影"母细音字不以 j（i）开头且发声前带有喉部紧张。如衣 $ʔei^{53}$、因 $ʔɐn^{53}$、鹰 $ʔeŋ^{53}$、亿 $ʔek^{55}$。

（7）化州话上江话与广州话音系一样，可设舌根唇化声母 kw、kwh 和唇化半元音 ʋ 而不设 u 介音，这样做的原因一是 u 介音更多地体现为声母特征，声母的唇化色彩比较明显，有些甚至进一步演化为唇齿化声母 kʋ、kʋh、ʋ；二是 u 介音仅出现于 k、k^h 及零声母 ø 的后面，与广州话无异。

（二）韵母特点

（1）化州上江话除了 iau、iam、iaŋ、iak 这四个 i 介音韵母可出现于各类辅音声母后之外，其他所有带 i 介音的韵母（iɛ、iʊi、iɐu、iɐm、iɐp、iɐn、iɐt、iɐŋ、ieŋ、ioŋ、iek、iʊk）仅出现于带浊摩擦的半元音声母 j 和舌面声母 ȵ 的后面，由于声母 ȵ 和 j 本身包含 i 的音色，因此处理音系时也可将这些韵母的 i 介音略去，直接写作开口呼韵母。

（2）化州上江话缺少以圆唇元音 œ（ø）为主元音的系列韵母，广州话的 œ、œy、øn、øt、œŋ、œk，化州话分别为 ɔ/ɛ、ʊi、ɐn、ɐt、iaŋ、iak。如："朵"$ɗɔ^{35}$、"靴"$hɛ^{53}$、"去"$hʊi^{33}$、"水"$ʃʊi^{35}$、"春"$ʧ^hɐn^{53}$、"出"$ʧ^hɐt^{55}$、"良"$liaŋ^{13}$、"脚"$kiak^{33}$。

（3）化州上江话无撮口呼韵母，古合口三、四等字今一律为齐齿韵，如"余"ji^{13}、"劝"hin^{33}、"雪"$ɬit^{33}$。

（4）果摄见组开合口同音，如"个" ="过"$kɔ^{33}$。

（5）假开三等麻韵基本读 ɛ，仅个别读 ɔ。如"写"$ɬɔ^{35}$。

（6）遇摄合口"疑"母今化州上江话读自成音节的鼻音 ɲ̍（亦可作 ŋ̍，如"鱼"），与止摄开口"日、疑"母字同音，不同的是遇摄字无两读，而止摄却有部分常用字存在两读的现象，如"二、儿"可 $ɲ̍^{31}$/$ȵi^{31}$ 两读，ɲ̍ 和 ȵi 在发音人语感中无法分辨，不构成对立。这究竟是受周边粤方言的影响所致（周边粤方言止摄开口字读 ȵi），还是化州话内部的时间层次差异，需要进一步深入考察。

（7）遇合三等与蟹合一等的见晓组字，化州上江话同读 ʊi，如“句”kʊi^{33}、“佢”k^{h}ʊi^{13}、“溃”k^{h}ʊi^{33}；而广州话前者读 œy，后者读 ui。

（8）遇、蟹、止三摄合口个别字化州上江话读 iʊi 韵。如“乳”ȵiʊi^{13}、“惠、慧、穗”jiʊi^{31}，与广州话不同。

（9）止开三等精组大部分今读 ei，少数读 i，如“紫、此、撕、赐、自、死、兹、字、思”等为 ei，读 i 的仅“雌、疵、知、伺、寺”；同韵的庄组亦有个别读 ei，如“师”读作 ʃi^{53}，“狮”却读作 ɬei^{53}；知、照组字则基本读 i。不同韵母读音所配声母也有所不同：i 韵前为 ʧ、ʧ^{h}、ʃ，ei 韵前则为 t、t^{h}、ɬ。

（10）化州上江话古咸、深摄收 -m、-p 尾的字今很多读 -ŋ、-ʔ/-k 尾，其转化主要与主元音读音（兼与韵类分布）相关，具体情况如下：

①当主元音为 a 时（咸开一等帮端知系字、咸开二等、咸合三等非组），广州话读 am、ap 的字化州上江话多读 aŋ、aʔ，其中舒声韵仍有少数字读 am，如“函、览、馅、咸、参”等，“咸、参”二字作“咸丰、人参”时读 am，作“咸淡、参加”时却读 aŋ；另有个别字如“三、减”单念读 am，组词则读 aŋ；还有一些字发音人 am/aŋ 两读，如“耽、篮、惭、赚”。总体而言，发音人音感中 am、aŋ 并不对立，若从音位归纳角度考虑，可以将 am 归入韵母 aŋ，现在分开是为了更好地体现其演变的参差性。与其相配的入声韵 ap 基本读作 aʔ。

②当主元音为 ɔ 时（咸开一等见系），广州话读 ɐm、ɐp 的字，化州上江话读^{u}ɔŋ、^{u}ɔk，与宕摄一等、江摄同韵，如“甘”=“光”k^{u}ɔŋ^{53}，“盒”=“鹤”h^{u}ɔk^{22}。

③当主元音为 i 时（咸开三、四等），广州话读 im、ip 的字，化州上江话也读 im、ip，与 in、it 对立。如：“帘”lim^{13}≠“连”lin^{13}，“帖”t^{h}ip^{33}≠“铁”t^{h}it^{33}。不过 ip 的 -p 收尾闭口较松，近 iʊʔ。

④当主元音为 ɐ 时（深摄），广州话读 ɐm、ɐp 的字，化州上江话阳声韵也读 ɐm，入声韵 ɐp 的闭尾则有所弱化：有的读 ɐp，有的不闭口读 ɐk，有的字 ɐp/ɐk 两读，如“粒”nɐp^{55}、“习”t^{h}ɐk^{22}，“立”单读为 lɐk^{22}，组词为 lɐp^{22}（立正），“集”t^{h}ɐp^{22}/t^{h}ɐk^{22}两读。

（11）化州上江话古山、臻摄的 -n、-t 尾有部分读 -ŋ、-k 尾，其条件同样与主元音及韵类分布有关。化州话 -n、-t 尾总体上舌位略偏后，并非典型的舌尖前音。具体如下：

①当主元音为 a 时（山开一等帮端知系字、山开合二等、山合三等非组），广州话中读 an、at 的字化州上江话多读作 aŋ、aʔ。

②当主元音为 ɔ 时（山开一等见系），广州话读 ɔn、ɔt 的字，化州上江话读^{u}ɔŋ、^{u}ɔk，与咸开一等见系、宕摄一等、江摄等同韵，如“竿”=“光”k^{u}ɔŋ^{53}，“喝”=“壳”h^{u}ɔk^{33}。

③当主元音为 i 时（山开三四等、山合一等端系、山合三四等非组以外、臻合一等泥精组），广州话读 in/it、yn/yt 的字，化州上江话读 in/it（化州无撮口韵），如“劝”hin^{33}、“结”kit^{33}。

尽管上江话 in/it 与 im/ip 基本对立，但是有不少古山摄字却反而收 -m、-p 尾，其中有些与广州话相同，如“蝉、禅、孽、捏”，还有一些与广州话不同，如“垫、迁、羡、舌、堰、笺、夺”，这些字广州话收 -n/-t 尾，而化州话却收 -m/-p 尾。

④当主元音为 u 时（山合一等帮见系字、臻合一等帮组），广州话读 un/ut 的字，化州上江话也读 un/ut，如“本”ɓun^{35}、“阔”fut^{33}。

⑤当主元音为 ɐ 时（深开三等帮组、臻摄合口所有字除臻合一等精组以外），广州话读 ɐn/ɐt、œn/œt 的字，化州上江话都读 ɐn/ɐt，如“根”kɐn^{55}、“进”tɐn^{33}、“骨”kwɐt^{55}、“出”ʧ^{h}ɐt^{55}。

（12）宕摄开合口、江摄、曾摄合口见组字同音，声母和韵母之间带有过渡音^{u}，但无开合（k^{u}与 kw^{u}）对立。如“岗、光”均读 k^{u}ɔŋ^{53}，“角、国”均读 k^{u}ɔk^{33}。

总体而言，中古阳声韵入声韵韵尾在化州上江话中的演变存在一定规律，即主元音开口度越大，其韵尾越不稳定，易向 -ŋ、-k 尾转化，反之，主元音开口度越小的则越稳定；在中古韵系的三套辅音韵尾中，-ŋ、-k 尾最为稳定，-m、-p 最易变化，-n、-t 尾居中；同韵摄的塞音韵尾比鼻尾更易变化。

（13）江摄见系存在文白异读，文读为^{u}ɔŋ/^{u}ɔk，白读为 aŋ/ak。如“讲” k^{u}ɔŋ^{35}/kaŋ^{35}、“觉” k^{u}ɔk^{33}/kak^{33}、“巷” h^{u}ɔŋ^{31}/haŋ^{31}、“学” hak^{22}（无文读）。这种现象与广西勾漏片粤语、广西北海市合浦县海边话（粤语）和桂南平话（如南宁亭子平话）有相同之处。

（14）古宕、江、曾、梗、通诸摄化州上江话多收 -ŋ/-k 尾，但个别字却收 -n/-t 尾，与前面所述“咸、深、山、臻”诸摄转收 -ŋ/-k 尾的大趋势相逆。如“勒、肋” lɐt^{22}、“塞” ɬɐt^{55}、“弘” ʋɐn^{31}、“拯$_1$” ʧɐn^{35}（曾摄），“浜、绷” ɓɐn^{53}、“耿” kɐn^{35}。

（15）梗开三四等字化州上江话与广州话不同，基本无文白异读，所有字除“映”外一律读 eŋ/ek 韵，“映”读 jiaŋ^{35}，是为特例。

（三）声调特点

化州话声调共有 8 个：平、去各分阴阳，古浊上字多归阳平，也有部分归阳去；中古三个舒声阳调类部分字有互相串类的现象；入声与其他粤方言一样有上、下阴入和阳入三个调。

三、结　论

综上所述，化州街白话与湛江、茂名地区其他县市粤语相比，较明显的区别主要有：①声母有内爆音 ɓ、ɗ；②古全浊声母今读送气清音的较多；③古精组声母今多读 t、t^{h}、ɬ；④鼻音声母 ŋ 可以拼细音；⑤部分古“影”母细音字不以高元音 i 开头，并且发声前带有喉塞；⑥止开三等精组今多读 ei 韵；⑦古阳声韵入声韵尾 -m、-p 和 -n、-t 不同程度转收 -ŋ、-ʔ（-k）尾，舌面后塞尾 -k 部分已弱化为喉塞尾 -ʔ；⑧古江摄见系字有文白异读；⑨梗开三四等则基本无文白异读；⑩只有两个舒声阳调：阳平和阳去，古浊上字多归阳平，部分归阳去。

参考文献

[1] 张振兴．广东省雷州半岛的方言分布［J］．方言，1986（3）．

[2] 罗康宁．信宜方言志［M］．广州：中山大学出版社，1987．

[3] 张振兴．广东省吴川方言纪略［J］．方言，1992（3）．

[4] 信宜县地方志编纂委员会．信宜县志［M］．广州：广东人民出版社，1993．

[5] 戴由武，戴汉辉．电白方言志［M］．广州：中山大学出版社，1994．

[6] 化州市地方志编纂委员会．化州县志［M］．广州：广东人民出版社，1996．

[7] 李健．化州粤语说略［M］．天津：天津古籍出版社，1996．

[8] 茂名市地方志编纂委员会．茂名市志（全二册）［M］．北京：生活·读书·新知三联书店，1997．

[9] 广西壮族自治区地方志编纂委员会．广西通志·汉语方言志［M］．南宁：广西人民出版社，1998．

广州黄埔大沙镇九沙村疍语音系特点

冯国强

（香港树仁大学中国语言文学系　中国香港）

提　要　九沙围疍语，是濒危方言，只有老人固守着，中青两代人基本上已说广州话了。本文主要通过与广州话作比较而论述其音系特点，并述其粤方言的归类。

关键词　语音特点　疍语　比较

九沙村位于大沙镇九沙围上，九沙村解放初期叫“九沙围”，所以九沙村又常称九沙围，面积为0.6平方公里。西南面临珠江，东北面紧贴鱼珠。中华人民共和国成立前，已有少数渔民在此落户。中华人民共和国成立后，陆续有渔民在这里搭建棚屋而居。2008年统计，有126户，573人。

九沙村是一条自然村，与茅岗村、新村、横沙村、江贝村相邻。围上渔民从事近岸捕捞为主，部分则以下钓、捞蚬、撒网、浸虾、围罟等作业为生，由大沙镇渔业大队管理委员会管理。1984年，经黄埔区批准，撤销渔业大队管理委员会，建立九沙乡政府，1987年改为九沙村民委员会，村民来自渔业大队的渔民。2002年8月起更名为九沙小区居民委员会，隶属鱼珠街道办事处管辖。

九沙疍语已处于濒危阶段，疍语基本上只有老人固守着，中青两代基本已经不以打鱼为生，出外打工，甚至当上专业人士，他们已习惯了说广州话，这种现象不单出现在香港，也发生于内地。我们能够做的，是赶快在其消亡前进行调查研究。

本文主要合作人是陈金成先生，曾当九沙村村长。另一合作人是黄细佬。

（一）声韵调系统

1. **声母**（19个）

p 包必步白	p^h 批匹朋抱	m 妈莫文吻			w 和横汪永
				f 法翻苦火	
t 刀答道敌	t^h 梯汤亭弟		l 来列李年		
ʧ 展站租就	$ʧ^h$ 拆雌初车			ʃ 小绪水舌	
					j 人妖又羊
k 高官旧局	k^h 抗曲穷琴	ŋ 牙牛银饿			
kw 瓜国郡跪	kw^h 困亏葵群				
				h 海血河空	
ø 二围现吴					

2. **韵母**（42个）

单元音	复元音		鼻尾韵		塞尾韵	
a 把知亚花	ai 排佳太败	au 包抄交孝	am 贪担杉站	aŋ 盲棚横晚	ap 答塔插甲	ak 百格摘八
(ɐ)	ɐi 例西吠挥	ɐu 某浮九幽	ɐm 林任暗柑	ɐŋ 朋杏宏文	ɐp 粒十急及	ɐk 北得刻失
ɛ 些爹车野				ɛŋ 镜饼颈腥		ɛk 剧只笛吃

(e)	ei 皮悲己尾				eŋ 兵令兄应		ek 碧的役式
i 知私子衣		iu 苗少挑晓		im 尖检剑店	iŋ 篇然天见	ip 接涉业协	ik 灭杰揭节
ɔ 多波科所	ɔi 代猜开害				ɔŋ 忙蚌汉伤		ɔk 莫缚葛脚
(o)		ou 部无毛好			oŋ 公统终容		ok 木笃菊局
u 姑虎符附	ui 妹回具会				uŋ 般官春岸		uk 泼括律割
(θ)			θy 吹退徐取				
y 储余住雨					yŋ 端船玄村		yk 脱说缺血
鼻韵 m 唔	ŋ̍ 五午吴悟						

3. **声调**

调类	调值	例字
阴平	55	知商超专
阳平	21	文云陈床
阴上	35	古走口比
阳上	13	女努距婢
阴去	33	变醉盖唱
阳去	22	漏烂备代
阴入 上	5	一笔曲竹
阴入 下	3	答说铁刷
阳入	2	局集合读

（二）语音特点

九沙疍语跟广州老城广州话同属粤海片语音体系，相同中也有差异之处。九沙疍语跟中古音、老广州话比较，有以下特点。

1. **声母方面**

n、l 不分。

九沙水上白话，中老年人 n、l 不分，部分青年则可以区分 n、l，跟普通话教学可能有点关系。

	南（泥）	蓝（来）		诺（泥）	落（来）
广州	nam^{21}	≠lam^{21}	广州	nɔk^{2}	≠lɔk^{2}
九沙	lam^{21}	=lam^{21}	九沙	lɔk^{2}	=lɔk^{2}

2. **韵母方面**

（1）无 n、t 韵尾。

广州老市区有一套 n、t 韵尾（an、ɐn、in、ɔn、un、θn、yn、at、ɐt、it、ɔt、ut、θt、yt），九沙话全套 n、t 韵尾念作 ŋ、k，这是一个特色。

	旦山开一	晚山合三		达山开一	发山合三
广州	tan^{22}	man^{13}	广州	tat^{2}	fat^{3}
九沙	taŋ^{22}	maŋ^{13}	九沙	tak^{2}	fak^{3}
	神臻开三	吻臻合三		失臻开三	佛臻合三
广州	ʃɐn^{21}	mɐn^{35}	广州	ʃɐt^{5}	fɐt^{2}
九沙	ʃɐŋ^{21}	mɐŋ^{35}	九沙	ʃɐk^{5}	fɐk^{2}

	绵 山开三	田 山开四		热 山开三	屑 山开四
广州	min^{22}	t^{h}in^{21}	广州	jit^{2}	ʃit^{3}
九沙	miŋ^{22}	t^{h}iŋ^{21}	九沙	jik^{3}	ʃik^{3}
	岸 山开一	汗 山开一		喝 山开一	割 山开一
广州	ŋɔn^{33}	hɔn^{55}	广州	hɔt^{3}	kɔt^{3}
九沙	ŋuŋ^{33}	huŋ^{55}	九沙	huk^{3}	kuk^{3}
	盘 山合一	门 臻合一		末 山合一	没 臻合一
广州	pun^{33}	mun^{21}	广州	mut^{2}	mut^{2}
九沙	puŋ^{33}	muŋ^{21}	九沙	muk^{2}	muk^{2}
	秦 臻开三	轮 臻合三		律 臻合三	术 臻合三
广州	ʧθn^{21}	lθn^{21}	广州	lθt^{2}	ʃθt^{2}
九沙	ʧuŋ^{21}	luŋ^{21}	九沙	luk^{2}	ʃuk^{2}
	短 山合一	船 山合三		夺 山合一	决 山合四
广州	tyn^{35}	ʃyn^{21}	广州	tyt^{3}	k^{h}yt^{3}
九沙	tyŋ^{35}	ʃyŋ^{21}	九沙	tyk^{3}	k^{h}yk^{3}

（2）广州话有丰富的撮口 œ（θ）为主要元音的一系列韵母，这类韵母多属中古音里的三等韵。但广州黄埔九沙疍语这个特点差不多消失。广州话的 œ 系韵母（如 œ、œŋ、œk、θn、θt）在香港疍语中分别归入 ɔ、ɔŋ、ɔk、uŋ、uk 等韵。

没有圆唇韵母 œ，没有 œŋ、œk 韵母。

九沙疍语这方面的特点，有广泛的分布，主要分布在香港（石排湾、沙田、三门仔、大澳、滘西、蒲台岛、塔门、吉澳、沙头角、布袋澳）、广州（芳村、河南尾、大沙头、琶洲、洛溪、沙亭、江沥海）、深圳（南澳南渔村）、佛山（芦苞）、中山（横门冲口、斗门上横）、江门市（大鳌镇深滘村）、澳门、广西北海、海南三亚等。①

	娘 宕开三	香 宕开三		雀 宕开三	桌 江开二
广州	nœŋ^{21}	hœŋ^{55}	广州	ʧœk^{3}	ʧ^{h}œk^{3}
九沙	lɔŋ^{21}	hɔŋ^{55}	九沙	ʧɔk^{3}	ʧ^{h}ɔk^{3}

没有 θn、θt 韵母。

	秦 臻开三	轮 臻合三		律 臻合三	术 臻合三
广州	ʧθn^{21}	lθn^{21}	广州	lθt^{2}	ʃθt^{2}
九沙	ʧuŋ^{21}	luŋ^{21}	九沙	luk^{2}	ʃuk^{2}

只保留 θy 韵母，例如：

① 石排湾、沙田、三门仔、大澳、滘西、蒲台岛、塔门、吉澳、沙头角、布袋澳、芳村、河南尾、大沙头、琶洲、洛溪、化龙、江沥海、南渔村、芦苞、横门冲口、深滘村、澳门皆笔者调查。大埔、滘西、蒲台岛、斗门上横、海南三亚、广西北海市五地疍语参考过：张双庆，庄初升．香港新界方言［M］．香港：商务印书馆，2003；John McCoy. *The Dialects of Hong Kong Boat People*：*Kau Sai*. J. H. K. B. R. A. S.，V：46 – 64，1965；K. L. Kiu . *On Some phonetic charateristics of the Cantonese sub – dialect spoken by the boat people from Pu Tai island* . Department of Chinese , University of Hong Kong , 1984 . pp. 35 – 37；黄谷甘．海南三亚市疍家话音系及其特点［A］．见詹伯慧．第二届国际粤方言研讨会论文集［C］．广州：暨南大学出版社，1990．131—134；詹伯慧，张日昇．珠江三角洲方言字音对照［M］．广州：广东人民出版社，1987；白云．广西疍家话语音研究［M］．南宁：广西人民出版社，2007.

	序遇合三	对蟹合一	醉止合三	水止合三
广州	ʧθy²²	tθy³³	ʧθy³³	ʃθy³⁵
九沙	ʧθy²²	tθy³³	ʧθy³³	ʃθy³⁵

3. **声调方面**

声调方面，九沙疍语与老广州白话没有差异，其一致性特点是全浊声母上声字读为阳上，声调共9个，入声有3个，分别是上阴入、下阴入、阳入。阴入按元音长短分成两个，下阴入字的主要元音是长元音。这一特点跟香港（石排湾、坑口、沙田、大埔、滘西、蒲台岛、长洲、塔门、吉澳、沙头角、布袋澳）、广州（芳村、河南尾、大沙头、琶洲、洛溪、沙亭、江沥海）、深圳（南澳南渔村）、佛山（芦苞）、中山（横门冲口、斗门上横）、江门市（大鳌镇深滘村）、澳门等是一致的。

（三）小结

九沙与香港、广州、深圳、佛山、中山、澳门的珠江流域白话疍语虽然各地有差异，但这大片疍语的特点是塞音声母和塞擦音声母无清浊之分，只有清音送气和清音不送气之分，全浊声母一律清化，古浊声母字都读为相应的清音声母字。另外，有长元音 a 跟短元音 ɐ 的对立。最后保留古“四声”调类系统，调类数目共9个。以上三个主要特点跟粤海片是一致的。

参考文献

[1] 白云．广西疍家话语音研究［M］．南宁：广西人民出版社，2007.

[2] 黄谷甘．海南三亚市疍家话音系及其特点［A］．詹伯慧．第二届国际粤方言研讨会论文集［C］．广州：暨南大学出版社，1990.

[3] 詹伯慧，张日昇．珠江三角洲方言字音对照［M］．广州：广东人民出版社，1987.

[4] 张双庆，庄初升．香港新界方言［M］．香港：商务印书馆，2003.

香港大澳水上方言语音说略

陈永丰

（香港树仁大学中国语言文学系　中国香港）

提　要　本文对香港大澳水上方言的语音特点进行描写，并对某些语音现象进行解释。

关键词　语音特点　声韵调　大澳水上话　粤方言

一、一套正在消失中的方言

香港地域由新界及九龙半岛、香港岛、大屿山岛屿三个部分组成，大屿山四面环海，远离市区，交通阻隔。虽然香港自开埠至今，各处渔村渔港相继变为大厦林立的市镇，但大屿山位置偏远，一直以来发展缓慢，人口稀少，较少受城市化影响。而位处大屿山西南端的大澳，由于面向珠江河口，附近捕鱼区盛产黄花鱼，所以自宋朝以来聚居了不少渔民，这里的渔民在岸边的海上高筑棚屋（用木或石材架建在海上形如高跷的木屋）居住，过着以渔业为主的生活，形成一个有别于陆地生活方式①的社群和独特的语言社会。

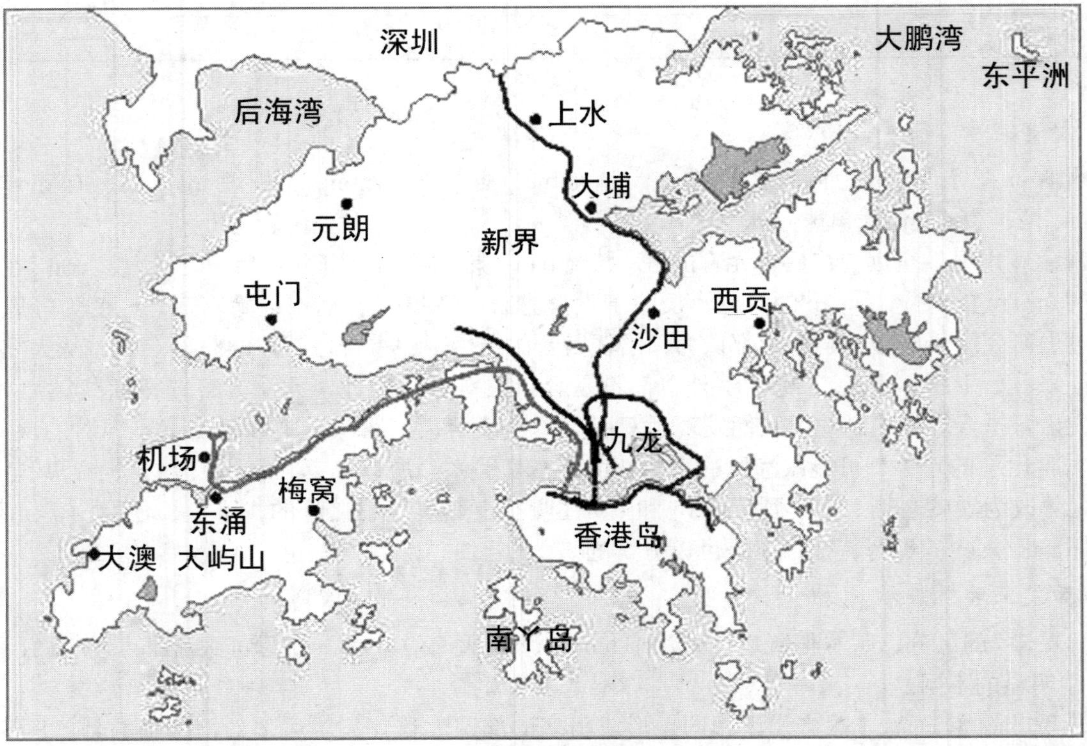

大澳的地理位置

① 早期大澳陆上居民主要来自客家，大多从事晒盐工作，20 世纪 30 年代是大澳盐业的全盛时期，大澳的盐田面积约占大澳市区的一半。

水上人又称作疍家、艇家、渔民等，一般指广东、广西、福建以渔业为生的艇户。渔民浮海泛宅，四海为家，早期在大澳聚居的，主要来自深圳、东莞、宝安及惠州等地的渔民①，当中也有些是鹤佬的渔民，不过，大澳渔民一般认为自己的祖先是由珠江流域而来②。渔民间使用的语言（香港地区叫疍家话），大致近似广州话，但他们表示，鹤佬艇户的说话（闽语系统），他们就听不懂，所以，大澳渔民使用的方言，明显是粤方言系统。虽然疍家话跟香港的广州话近似，但当中有不少分别。

本次调查的对象，一位是84岁的郑灶妹女士（第一发音人），一位是50岁的梁雪卿女士（第二发音人）。郑女士自小一直在船上生活，约30年前才迁往陆地居住。梁女士年幼住在棚屋，长大后偶或追随父母出海捕鱼，10年前因为棚屋大火，迁到政府兴建的公共房屋，两位发音人都是长时间在渔业生活的环境中长大，使用的方言代表着大澳一带的艇户语言。不过，梁女士的成长，正值香港经济飞跃的年代，电视、电话以至于交通建设的进步，使得梁女士的语言受到本地的广州话影响，出现了不少的变化，况且，梁女士接受过小学教育，很多字词的读音自然是较大程度受着广州话的读音影响，所以，这份大澳方言报告所描写的语音系统以郑灶妹女士的语音为准，然后借助梁女士的情况，反映这套语言的变异过程。

二、声母说明

表 1　大澳水上方言声母表（16 个）

方法 部位	塞/塞擦 不送气	塞/塞擦 送气	鼻音	擦音	边音	半元音
唇/齿唇	p	p^h	ɱ	f		ʋ
舌尖	t	t^h	n		l	
舌叶	tʃ	$ʧ^h$		ʃ		j
舌根	k	k^h		h		

1. *唇音声母*

广州话 m 声母，全读为齿唇鼻音的 ɱ，如买 $ɱai^{13}$野、渔民 $ɱɐn^{11}$、折埋 $ɱai^{11}$佢、有 $ɱou^{13}$时间、几蚊 $ɱɐn^{55}$两、夜晚 $ɱan^{13}$、抹 $ɱuk^{33}$干。

广州话 w 声母，全读为齿唇半元音的 ʋ，如碗 $ʋun^{35}$碟、揾 $ʋɐn^{35}$野食、乌 $ʋu^{55}$豆、黄 $ʋɔŋ^{11}$花鱼。

这种 m→ɱ 的对应、w→ʋ 的对应，反映了大澳方言的双唇发音动作，除塞音外，变为轻唇的齿唇动作。过去研究汉语语音的学者，都认为汉语轻唇音的产生跟中古合口三等的韵母有关，从大澳方言的语音特征来看，上引例子除“晚”字外，都不是合口三等字。因此，大澳方言的双唇变读唇齿现象，并不是受语音拼合规律的制约。我们发现，双唇声母变读唇齿，跟韵母中圆唇变读不圆唇的现象相关，这种“去唇化”的趋势，可能跟渔民的生活环境有密切关系。所以 m 读为 ɱ 及 w 读为 ʋ，只是将发音时圆唇之势改为展唇之势。变读唇齿的 ɱ 和 ʋ，在听感上其实是很接近的，不过，他们读卖 $ɱai^{22}$，明显不是坏 $ʋai^{22}$，ɱ 的鼻音特征，还是可以分辨的。

2. *舌尖及舌叶声母*

（1）n 与 l 的区分，基本很清楚，如几年 nin^{11}、大浪③ $nɔŋ^{22}$中的 n 声母都跟流$lɐu^{11}$水、两$lɔŋ^{13}$次中的l，有很明显的不同。

（2）舌叶的 ʧ、$ʧ^h$、ʃ 跟广州话相同，形成阻塞的部位大致在齿龈后部，较特别的是，ʃ 声母结合

① 黄惠琼．大澳水乡的变迁——风土人情二三事［M］．香港：香港艺术发展局，2000. 19.

② 吕烈．大屿山［M］．香港：三联书店，2002. 65.

③ 虽然浪是来母字，但他们很清楚读 n 声母。

主要元音 i 时，往往带有声母的圆唇化特征，仿佛像 ʃ^{w}，如处 ʃ^{w}i^{33}、时 ʃ^{w}i^{11}、船 ʃ^{w}in^{11}、孙 ʃ^{w}in^{55}，在 ʃ 的发音过程中，有轻微的圆唇动作，但进入元 i 的阶段，圆唇成分消失，否则，便变成元音 y 了。这种情况在半元音 j 中同样出现，如他们最常说的鱼，就念作 j^{w}i^{35}，只是圆唇的程度轻微，过程短暂，但明显不是 ji。这种现象，可能是韵母中圆唇成分消失过程中影响到声母的结果。大澳方言没有 y 元音，凡是对应广州话主要元音 y 的字，都读作 i，只是圆唇成分又没有彻底消失，以至凡是韵母为单元音 i，都促使声母带有圆唇化的特征。如知和主，都读作 ʧ^{w}i。

3. **舌根声母**

（1）没有 ŋ 声母。如我 ɔ^{13}、岸 ɔn^{22}、啱 an^{55}，都读作零声母。

（2）广州话有一套圆唇舌根声母 kw 和 kw^{h}，大澳方言都读作 k 和 k^{h}，圆唇成分消失。不但在主要元音 ɔ 前如此，如见过 kɔ^{33}、天光 kɔŋ^{55}等，在其他元音前也失去圆唇成分的别义作用，如掘 kɐt^{22}蚬仔、西瓜 ka^{55}、乌龟 kɐi^{55}。不过，偶或受广州话影响而保留，像“好贵”的“贵”，他们有时还会读作 kwɐi^{33}。

至于第二发音人梁女士，受广州话语音系统的影响较明显：

（1）保留唇音声母 ɱ、ʋ 的同时①，却出现了不少的混淆和变异。首先，是新增了 m 声母，如买② mai^{13}、门 mun^{11}、微 mei^{11}、母 mou^{13}等。另外，大澳方言原本读 ʋ 的声母，由于也是唇齿音，在语音的类推变化中，同样变读为 m，如温 mɐn^{55}、碗 mun^{35}、永 miŋ^{13}、围 mɐi^{11}、话 ma^{22}、划 mak^{22}等。不过，值得注意的是“会唔会”的“会”，却经常读为fui^{13}，这反映了原来 ʋ 的唇齿发音习惯，还是不经意地脱口而出，保留着原始的发音特征。

（2）n 与 l 的区分，虽然仍然保持着，但有混为 n 的趋势。如女 nuːi^{13}、娘 nɔn^{11}、怒 nou^{22}、难③ lam^{11}、龙lun^{11}、林lɐm^{11}等字中 n、l的区分很清楚，但老 nou、连 nim^{11}等字却混读为 n，估计是发音人在故意追求发音正确的情况下，强调了 n 声母。

（3）ʃ 或 ʧ 的圆唇特征仍保留，不过这只是一些不自觉的习惯如此，如书 ʃ^{w}i^{55}、猪 ʧ^{w}i^{55}等，仍带圆唇特征。另外，丝 ʃi^{55}、树 ʃi^{22}等字，已完全没有圆唇成分，读如广州话的“私、事”，就连“书”字，有时也读作 ʃi^{55}，圆唇成分表现得不稳定。另外，圆 jim^{11}、船 ʃim^{11}等字，声母都不带圆唇特征，可是，圆唇成分却在另一方面影响着韵尾，而误读为 m，这种现象又促使其他韵母中的 n 尾，也混读为 m 尾。（详见韵母部分）

（4）ŋ 和 kw、kw^{h} 声母，同样消失。如岸 ɔn^{22}、关 kan^{55}、葵 k^{h}ɐi^{11}等。

三、韵母说明

表2　大澳水上方言韵母表（35 个）

a		ɛ	i	ɔ	u	
ai	ɐi	ei		ɔi	ui	
au	ɐu		iu	ou		
an	ɐn		in	ɔn	un	n
aŋ	ɐŋ	ɛŋ	iŋ	ɔŋ	uŋ	
at	ɐt		it			
ak	ɐk	ɛk	ik	ɔk	uk	

① 如“网”还是读ɱɔŋ^{13}、“会”还是读ʋui^{13}。

② 梁女士经营活鱼买卖，每天跟顾客讨论买卖价格不计其数，买字的口语音，当然受到陆上居民的语音影响。

③ “难”字本收 n，但第二发音人往往混读为 m，有些收 ŋ 尾的字，又会混为 n 尾，如娘、龙等。

（1）广州话有八个主要元音，而大澳水上话却没有广州话的 y 和 œ 两个主要元音。广州话的 y、yn、yt，大澳水上话分别读作 i、in、it，如打鱼 j^{w}i^{35}、医院 jin^{35}、月 jit^{22}光。① 广州话由 œ 复合成的 œy、œn、œt、œŋ、œk 韵母，分别读作佢 k^{h}ei 地、流水 ʃui^{35} （ʃøi）②、呢轮lɐn^{11}、信 ʃɐn^{33} 主、出 ʧ^{h}uk^{55}世、两 lɔŋ^{13}样 jɔŋ^{22}、脚 kɔk^{33}痛。广州话由 œ 组合的韵母，比大澳方言的对应情况复杂，当中较明显的规律是声母或韵尾的发音部位影响着元音的变化。阴声韵受声母影响分化为两个元音，阳声韵及入声韵则受韵尾影响分化为三个元音。

表 3　广州话、大澳话阴声韵对应表

阴声韵					
œy ⟶ ei			œy ⟶ ui（øi）		
佢	去	许	水	对	徐
k‘ei	hei	hei	ʃui	tui	ʧ^{h}ui
声母发音部位较后			声母发音部位较前		

表 4　广州话、大澳话阳声韵、入声韵对应表

阳声韵、入声韵					
跟 ŋ、k 尾结合			跟 n 尾③结合		
香	药	出	轮	顺	尽
hɔŋ	jɔk	ʧ^{h}uk	lɐn	ʃɐn	ʧɐn
韵尾发音部位较后			韵尾发音部位较前		

（2）有长短元音 a 和 ɐ 的对立，a 和 ɐ 在大澳方言中同样有重要的别义功能，不能轻易混淆。不过，在一些没有产生歧义的音节里，都会读长元音 a，如有 jau^{13}时、又系 hai^{22}咁、睇 t^{h}ai^{35}个天、仲辛 ʃan^{55}苦。我们注意到第一发音人有时会将音节延长，如“得唔得” tɐk^{55}n^{11}ta ːʔ^{55}，最后的“得”字延长时，就变成了长元音。大澳人在水上生活，艇户和艇户之间的沟通要张口大声说话，只要稍为强调读音，都会将音节延长。久而久之，某些原来的短元音 ɐ 变读长 a，便成了一种习惯。

（3）鼻辅音韵尾中，没有 m 尾。对应广州话的 m 尾，都读作 n 尾。如做衫 ʃan^{55}、咸 han^{11}水、唔开心 ʃɐn^{55}、几点 tin^{35}、晒盐 jin^{11}。由 m 尾变读 n 尾，并不像中古的情况，是受唇音声母或是圆唇元音影响而出现韵尾的异化作用④，因此，这种 m 转读 n 的现象，跟音节结构特征的关系不大，我们注意到大澳方言无论在声母、韵母及韵尾中，圆唇或双唇的发音特征都有趋向消失，看来这可能要从地区性特

① 医院有时也读作 j^{w}in^{35}，“月光”可能受促音韵尾 t 的影响，不会读作 j^{w}it^{22}。这种情况如“腌咸”，也只会读作 jit^{33} han^{11}。

② “水”字读音，虽近似广州话ʃøy，但øi 像是由展唇读出来的音色，圆唇作用很低，可是又完全不像“死（ʃei）”字的 ei。

③ 大澳水上方言没有圆唇元音结合 t 尾的音节结构，如广州话的“渴”，也变读为 hɔk。

④ 如“风”字上古是唇音声母结合 m 尾，中古异化为 ŋ，“凡”字也是唇音声母结合 m 尾，中古时跟盐韵近，后来异化为 n 尾。

征①或是他们的生产关系中②探讨这种语音现象了。

（4）塞音韵尾中，p 尾完全消失。如搭 tat^{33} 船、心急 kɐt^{55}、湿 ʃɐt^{55} 身、腌 jit^{33} 咸鱼、碗碟 tit^{22} 等，情况跟 m 尾的消失现象一致，都由双唇变读为舌尖辅音尾。至于 t 尾和 k 尾，有混淆现象。如唔记得 tɐk^{77}，有时会读 tɐt^{77}，这种不稳定的情况跟他们的入声收音状态有关。大澳话入声 t、k 的收音动作，有央化的趋势，即作入声收音时对气流形成阻塞的部位，有舌面化的倾向，换句话说，收 t 的部位向后移，收 k 的部位向前移。不过，很值得注意的是，舌面提向上颚的动作并没有与上颚形成真正的阻塞，阻塞的动作是由喉部的声带来完成的，这种入声的发音习惯，使得一些收 t 尾的字如“笔、铁、节”等听起来明显不像收 t 尾，但也不至于跟广州话 k 尾的“北、剔、即”混淆为同音节，这是由舌面动作跟喉塞动作共同起着收音作用的结果。另外，凡是收后元音的 ɔk、uk，都有很清楚的舌根收音音色，塞音的部位没有产生舌面化，如木 ŋuk^{22} 屋 uk^{55}、塘福 huk^{55}、鹤 hɔk^{22} 佬等，都不会混为 t 尾，也不会混为喉塞音 ʔ 尾。总之，t 与 k 还没有互相取代，喉塞音 ʔ 同样也没有取代 t 与 k 的地位，在这种混淆现象看似是刚发生的阶段，我们为大澳水上方言的入声拟音，保留 t 尾与 k 尾。

（5）介音的问题，大澳方言在主要元音 ɛ 前（主要是来自梗摄的字），有一个过渡的颚化成分，类似介音 i 的发音时程，不过，在声母 t、t^{h} 之后较不易察觉，在声母 ʧ 之后较清楚，如听 tĭɛŋ^{55}、艇 t^{h}ĭɛŋ^{13} 跟郑 ʧiɛŋ^{22}、正^{33}ʧiɛŋ 中的 i 成分，听起来分别较大。在 ɛ 元音以外，就再没有介音 i 存在。只有“见”字（来自“先”的去声霰韵）较特别，大澳话读作 kiɛn^{33}，由于“见”字受白读音影响，变读为 ɛ 元音，所以才依规律，增加了 i 介音。

（6）广州话有两个声化韵母 m̩、ŋ̩，大澳方言都改读为 n̩，如唔 n̩^{11} 好、十五 n̩^{13}、中午 n̩^{13}。

至于第二发音人梁女士，语音上较大的变化主要有以下两方面：

（1）m 韵尾大量增加。当中主要是受香港方言影响，把一些原本不是 m 韵尾的字，也误读收 m 尾。如碗 mum^{13}、酸 ʃim^{55}、根 kɐm^{55}、短 tim^{35}、官 kum^{55}、言 jim^{11}、线 ʃim^{33}、全 ʧ^{h}im^{11}。这明显是模仿香港粤方言的音节结构而在发音上作出错误的类推。这情况又延伸到入声的 p 尾，如合 hɐp^{22}、急 kɐp^{55}、匹 pɐp^{55}、黑 hɐp^{55} 等。

（2）t 和 k 混淆情况严重，偶然收 t 和 k 尾还是清楚，不过大部分的音节里都混为喉塞音尾的 ʔ。如笔 pɐʔ^{55}、七 ʧ^{h}ɐʔ^{55}、节 ʧiʔ^{33}、月 jiʔ^{22}、杰 kiʔ^{22}、百 paʔ^{22} 等。

四、音变的趋势

大澳水上方言韵母的特点，反映着语音发展的两种趋势：①圆唇变为不圆唇；②缓音节逐渐取代促音节。

就第一点来说，前圆唇元音 y、œ 消失，而且 m 尾、p 尾和声化韵母 m 都变读舌尖，这些现象结合声母 m、w 消失一并来考虑，就发现大澳方言存在着“去唇化”的整体倾向。大澳人在捕鱼工作中，船舱跟夹板的距离、船与船之间的距离，加上机动化内燃机声音的阻隔，要互相沟通清楚，便要尽可能把嘴巴张大，务求把声音发得更响亮、传播更远，张口之势异化了圆唇元音的撮口之势，造就了后元音 ɔ 的发展，张大嘴巴的发音习惯，同时排斥了双唇的闭口发音动作，使音节中的双唇成分，变作舌尖或唇齿的成分。

至于第二点的特征，其实也跟大澳渔民的工作性质和环境有直接关系。入声韵不但收音急促，也影响着音节的时长，这跟渔民往往大声呼叫说话的情况相矛盾。大澳方言入声的塞音动作逐渐变得模糊、

① 在珠江三角洲一带的方言点，如澳门、珠海、中山、广州、番禺、东莞、惠州等，都有 m 声母及韵尾，只有宝安一地，有 m 声母，但没有 m 韵尾，所以，大澳方言 m 声母及韵尾的消失，应该不是地域性特征所促使。各地方言特点，参阅詹伯慧，张日昇．珠江三角洲方言字音对照．广州：广东人民出版社，1987.

② 大澳渔民的这种语音现象，跟广西疍家的不同，虽然都是以捕鱼为业，但广西的桂南疍家话有 m 声母及 m 韵尾，只有桂北疍家话跟大澳方言接近，没有 m 韵尾，可是桂北疍家话有 m 声母，情况不尽相同。参看白云．广西疍家话语音研究．南宁：广西人民出版社，2007.

短元音 ɐ 往往改读长 a、类似介音成分的增加等，恐怕都是为了适应音节宽缓的要求而出现的变化。

五、声调说明

表 5　大澳水上方言声调表（9 个）

调类	阴平	阴上	阴去	阳平	阳上	阳去	阴入	中入	阳入
调值	55	35	33	11	13	22	55	33	22
字例	酸	点	见	含	晚	饭	织	雪	月
	ʃin	tin	kien	han	ɱan	fan	ʧik	ʃit	jit

大澳话的声调跟香港粤方言相同，调查发现，两种语言在声母、韵母中有很多相异的地方，但无论声母及韵母有多大的差异，只要是同一字，大澳话读出来的声调调值总跟香港粤语的调值相同，如“到处 ʃ^{w}i^{33} 去 hei^{33}”、“养 jɔŋ^{13} 住 ʧ^{w}i^{22} 佢 k^{h}ei^{13}”，当中对比广州话，听起来虽觉怪怪的，但声调则跟香港粤方言相同，由此也得知两种语言的关系非常密切。

上文曾谈到大澳渔民的生活及工作方式是导致语音出现变化的主因，反观声调的问题，却发现他们张口大声说话的习惯，对语音上的超音质成分基本没有影响，跟香港粤方言比较，可以说每个字的调值都是“循规蹈矩”，声调的稳定情况跟声母、韵母的变异情况相比，实在太不一致了。其实，这也不奇怪，张口大声地喊着说话，一定会改变共鸣腔形状，声母及韵母（元音及辅音都是音质成分）必然受到影响而易生变化，由于说话要求声音大、传播远、听者不易混淆，清晰的声调对辨别字音起着重要作用。既然字音中的声调不易受共鸣腔形状的改变所影响，加上声调又是区别字义的重要手段（语言学上又叫调位），因此，在此消彼长的情势下，大澳话的声调系统反而显得更牢固，广州话的声调在这个方言里能那么稳固地保存着，看来也不是偶然。

大澳水上方言是濒危方言，使用人口不到两千①，两位发音人年龄相差 30 年，语音已出现了不少变化，加上在大澳出生的年青一代，已完全被香港粤方言同化，能说地道的疍家话，基本上只有 60 岁以上的渔民②了。大澳方言系属于粤方言，受到广州话的影响，不过，语音特征上又有些接近中山石岐话③，但调查发现水上人的语言社会对他们的语音系统的影响才是最大的，这方面如能再深入探讨，定能有更多发现。

参考文献

[1] 詹伯慧．广东粤方言概要［M］．广州：暨南大学出版社，2002.

[2] 詹伯慧，张日昇．珠江三角洲方言字音对照［M］．广州：广东人民出版社，1987.

[3]［日］可儿弘明．香港艇家的研究［M］．香港：香港中文大学新亚书院研究所，1967.

[4] 白云．广西疍家话语音研究［M］．南宁：广西人民出版社，2007.

[5] 黄惠琼．大澳水乡的变迁——风土人情二三事［M］．香港：香港艺术发展局，2000.

① 根据香港土木工程署资料，2002 年大澳人口约为 2 900 人。如果减去陆上人口，真正的水上人恐怕不足一半。

② 大澳渔业的全盛期是 20 世纪 50 年代，80 年代已走向衰落，所以在 50 年代出生而当时还是浮海泛宅的人，今天至少超过 60 岁。

③ 如偶然有些 f 声母读作 h，如“福、风”都读为 h 母，这大概是受中山的客家或中山的闽语影响，不过情况不是很稳定，第一发音人有时还是把“风”字读作 f。另外，没有撮口呼韵母，也跟石岐话相近。参阅詹伯慧．广东粤方言概要［M］．广州：暨南大学出版社，2002. 200.

论罗翙云《客方言》的研究价值①

温美姬　温昌衍

（嘉应学院客家研究院/文学院　广东梅州　514015）

提　要　民国初期兴宁人罗翙云的《客方言》是第一部比较系统和比较规范的条理清晰的客家方言著作（词典），考证详细，为后人提供了不少有价值的材料和结论，代表了客家方言传统研究时期的最高水平，在客家方言研究的历史进程中具有承前启后的作用。然而目前对《客方言》的研究并不多见。从实际看，《客方言》有着较高的研究价值，而且体现在多个方面，例如客家方言研究、客家历史与文化研究、音韵学研究和训诂学研究等方面。本文对此进行举例论述。

关键词　《客方言》研究价值　客家方言研究价值　客家历史与文化研究价值　音韵学研究价值　训诂学研究价值

真正意义上的客家方言研究始于嘉庆初年镇平（今蕉岭县）黄钊的《石窟一征》，该书从考证词语的历史渊源角度出发，辑录了四百多个词语。光绪二十四年温仲和以此书作底本编成《嘉应州志》卷七《方言》。光绪三十三年杨恭桓撰《客话本字》，考证了一千四百多字。清末学者章太炎又据此及上述《嘉应州志》卷七《方言》疏补选编为《岭外三州语》，附于《新方言》之后。而集前面诸书之大成者则为民国初期兴宁人罗翙云的《客方言》。

罗翙云（1868—1938），字蔼其，号退圃，广东兴宁（今兴宁市径南镇星耀村）人。光绪二十九年（1903）乡试中举，曾任内阁中书。辛亥革命后（1915）回乡开办逋夫山房，授徒讲学。1927 年，受聘为中山大学文学教授，讲授语言文字训诂等课程。其《客方言》成书当在 1922 年或之前（章炳麟作序于 1922 年 6 月），但囿于当时的刊刻条件，至 1932 年才列为中山大学国学院丛书第一种出版。

《客方言》全书按义类分释词、释言、释亲属、释形体、释宫、释饮食、释服用、释天、释地、释草木、释虫鱼、释鸟兽等十二卷（据章炳麟序，《客方言》成书时仅十卷，十二卷是《客方言》正式出版时的卷数）。它是首部比较系统、规范、条理清晰的客家方言著作（词典），考证详细，为后人提供了不少有价值的材料和结论，代表了客家方言传统研究时期的最高水平，在客家方言研究的历史进程中具有承前启后的作用。② 该书得到了国学大师章炳麟的高度评价③，被时人称为“空前大著作”④。八十年过去了，《客方言》仍然闪发出耀眼的光芒。但是，就目前来看，《客方言》的研究成果并不多见，主要是以下几篇：罗可群《研究客家文化的先贤罗蔼其》（《岭南文史》1994 年第 1 期）、王志光《罗蔼其和他的〈客方言〉》（《海内与海外》2001 年第 9 期）、谭赤子《罗翙云〈客方言〉的训诂研究及其意义（《中山大学学报》2010 年第 4 期）、温昌衍《〈客方言〉中的农业类词语浅析》（《农业考古》2011 年第 4 期）。此外，也有少数学者对《客方言》进行整理和点校，例如黄彩灵的《罗蔼其》（世界华人出版社，1998）；陈修的《〈客方言〉点校》（华南理工大学出版社，2009）。从实际看，《客方言》

---

① 本文是教育部人文社会科学研究规划基金项目“广东客家话、潮汕话、粤方言词汇比较研究——以梅县话、潮州话、广州话为重点”（11YJA740098）、广东省普通高校人文社会科学重点研究基地重大项目“梅州客家方言研究”（06JDXM008）、嘉应学院客家研究院 2011 年度招标课题“客家方言词汇比较研究”（11kykt02）及“梅州方言与客家历史文化研究”（11kykt11）阶段性成果。

② 客家方言传统研究时期运用传统的训释法与考证法。与之相对的客家方言现代研究时期运用现代的研究手段与技能。《客方言》之后，客家方言研究进入客家方言现代研究时期，例如王力先生 1935 年出版的《中国音韵学》第七章对梅县音系的描写和分析就运用了现代的研究手段和技能。传统研究时期以词汇研究为主，现代研究时期从以语音研究为主逐渐进入对语音、词汇、语法的全面研究。

③ 章氏在《〈客方言〉序》中说：“得兴宁罗翙云《客方言》十卷，所记逾于温氏（即温仲和。——引者注）盖三四倍，上列客语，下以小学故训通之，条理比顺，无所假借，盖自是客语大明而客籍之民亦可介以自重矣！”

④ 见古直《客人对》封三关于《客方言》的介绍。转引自罗可群. 研究客家文化的先贤罗蔼其［J］. 岭南文史，1994（1）.

有着较高的研究价值，而且体现在多个方面的。以下举例论述。

一、客家方言研究价值

这里最主要的是客家方言词汇上的研究价值。

《客方言》是一部客家方言词典，收词971个，是当时总结性的客方言词汇著作。对客家方言词汇研究来说，价值大。首先是记录了20世纪20年代的客家方言语词，为后人保留了很有价值的方言材料，包括词语说法、意义和读音，这对早期文献比较缺乏的客家方言来说，弥足珍贵。由于受共同语及强势方言的影响，客家方言不少词语在逐渐流失。因此，当时的方言词语有些已经不再使用，从这个角度说，《客方言》有记录、保存客家方言的历史性作用。

除了记录客家方言词语，《客方言》还特别分析、考证了客家方言词语的语源，为后人研究客家方言词语打下了一个较好的基础。

其分析语源，是从读音和意义两方面进行的。在语音分析上，非常细致，主要从今音出发，找古音来源。他充分利用古音研究成果，运用古今音转的方法，寻求方言和古代的词语之间的联系。在具体的解释上，常常从“双声”、“声转”、古音保留、通假字、合音、析音等角度来说明客家方言语音情况。在意义分析上，引经据典，脉络清楚。

不少例子分析精确，例如：

起土器谓之脚头　亦曰脚锄

脚，当为“镢”。《说文》：“镢，大鉏也”；“鉏，立薅所用也。”伛薅所用，其柄短；立薅所用，其柄长，故云大也。“鉏”与“锄”通。《释名》：“锄，助也，去秽助苗长也。”亦用以发土。《淮南精神篇注》：“镢，斫也，以其有斫土功，故又曰斫。”《尔雅·郝疏》：“登莱间谓之头。”《广韵》：“镢，居缚切。”与“脚”同音。镢头之称犹斧头也，李师古治山亭掘得一物，类铁斧头。见段成式《酉阳杂俎》。（卷七“释服用”，185页。引者注：页码指《〈客方言〉点校》[6]中的页码，下同）

通过音义论证，考证了起土器“脚头、脚锄”中的“脚”本字为“镢”。

中曰东心

东心，即中心。中读为东，盖古音也。古中入舌头声如东。《周礼》师氏掌国中失之事，故书中为得。《齐策》：“是秦之计中。”高诱注：“中，得也。”《史记·封禅书》：“与王不相中。”《索隐》引《三苍》，亦谓中为得。惟古读中为东，故与得声相转。《史记·乐书》：“四畅交于中。”《正义》：“中，心也。”古言中央曰心，《古歌》：“日出当心。亦谓日中也。”然则俗语盖古语，俗音犹古音矣。（卷二“释言（上）”，36页）

通过音义分析，揭示了指中间的“东心”就是“中心”，它保留了古音，也保留了古义。

其菜　葵菜也

其、葵一音之转，今葵扇亦呼其扇矣。（卷十“释草木”，203页）

通过语音分析和意义比较以及运用旁证材料，罗氏论证了“其菜”就是“葵菜”。

除了音义分析，罗氏还从命名理据角度解释语源。例如以下两例：

吊菜　茄也

……北方有倒吊果。清《仁宗文集》云：“倒吊果，俗名吊搭果，形似山梨而小，长蒂下垂故名。”茄蒂长而垂下，正与彼同，所以亦名吊菜。（卷十“释草木”，200页）

芋荷　芋叶也

芋叶似荷，客语称为芋荷叶，其梗曰芋荷梗。……（卷十“释草木”，205页）

为什么茄子叫“吊菜”？是因为“茄蒂长而垂下”。为什么芋叶叫“芋荷”？是因为“芋叶似荷”。两词命名理据一目了然。

需要指出的是，《客方言》虽然只是一部词典，但也记录了不少客家方言语音、语法材料。语音上，主要运用反切、直音等方法进行描写、介绍。例如：

蹇语曰鴂舌

方音撮口字皆呼与齐齿无别，读居如基，又读乙如咽（烟入声），遂切得吃音如诀也。然则吃舌，即舌吃，犹言口吃耳。[卷二“释言（上）”，57 页]

该条指出客家方言（兴宁）缺少撮口呼。

去曰逝

《尔雅》：“逝，往也。”吾兴宁人谓去曰逝，然此特一方语耳，非声音公转之例。《唐韵》：“去，丘据切”，又“音吕切”。皆溪纽牙音。吾宁人读丘如书，则去音牵转而为逝。梅县人读丘如休，则去音牵转而为系。曰逝、曰系，其语根皆去字也。若读书，则通语犹作去本音。[卷二“释言（下）”，61 页]

该条指出客家方言（兴宁）“去”读如“逝”（今梅县读 h 声母，兴宁读 ʂ 声母）。

个别词语还展示了客家方音与古音之间的对应特例。例如：

小穴曰子窜

《新方言》曰：“惠潮嘉应之客籍，谓小洞为穴。凡牙音，南方多发为轻唇，穴音如弗。”章说如是。今按南方读穴无作弗音者，章未审也。窜盖窟音之变，《广韵》：“窟，苦骨切。”客音谓苦如腐（读书犹本音），故窟音牵转而为窜，犹读丘如休，丘据切之去，牵转而为系也。矢窟曰矢窜，同此转变，但学者不察耳。（卷九“释地”，195 页）

此例表明个别古溪母字（如“苦”、“窟”）在今客家方言有读轻唇音的演变特例。

俦类曰等人

通语曰尔我辈者，客语曰虞等（平声）人、厓等人（客音谓尔如虞，谓我如厓）。《说文》：“等，齐简也。故凡齐皆曰等。”侪下云：“等辈也。”是其义也。《三国志·典韦传》：“贼弓矢弩发，矢至如雨，韦不视。谓等人曰：‘虏来十步乃白之’；等人曰：‘十步矣’；又曰：‘五步乃白’；等人惧。”案：等人，犹俦类也，俗语固有所本，等音转为平声。[卷二“释言（下）”，95 页]

此例表明客家方言有少数古阴上字今读阴平的语音演变特例。可以作旁证的还有指倾倒的“阿”，古为阴上（“谓倾倒曰阿”条：《说文》：“阿，门倾也。”乌可切。[卷二“释言（下）”，113 页]，今客家方言也读阴平读音。

语法的例子如：

状长之貌曰尧尧

尧，当为隑。《广雅》：“隑，长也。”《汉书·司马传》：“临曲江之隑州。”《张注》隑正训长。曹宪音：牛哀反。读如呆。今双声相转，状物之长曰“长绕绕（平声）”。乡音绕入疑母，与牛同纽也。《集韵》：“柯开切。”音该。故今谓长隑隑，亦曰长该该。该转阳平，该与个声相近，故又曰长个个。个音如歌（阳平），要皆一字之声变。[卷二“释言（上）”，25 页]

状物之圆曰圆罗罗

《新方言》曰：“古人谓物圆可转者，其音近于胡卢，如李名接卢汲具名鹿卢是也。”云案：鹿卢双声字，合声为卢。罗者卢之转语。[卷二“释言（上）”，29 页）]

从这两例可以看出客家方言形容词有 ABB 式的重叠形式，A 是词根，BB 是词缀。

此外，《客方言》还透露出不少方言字信息。例如：

释不

……今语问人食否，曰食不；去否，曰去不（广州人写作“唔”）。[卷一“释词（上）”，9 页]

瘦小曰歪

歪当为瘠。《方言》：“凡物生而不长大亦谓之鲞，又曰瘠。”《郭注》：“今俗呼小为瘠。音荠，

菜。”温仲和曰：“今俗别作字奀，盖以不大会意也，其声亦近瘠。”语见《嘉应志·方言》。[卷二“释言（上）”，24 页]

谷不充曰冇谷

俗以有字去中两点为冇，音铺旺（正音）切。此臆造字也。[卷二“释言（上）”，33 页]

貌不好亦曰歪

歪，俗字也，当为仳。[卷二“释言（上）”，33 页]

肘曰手挣，踵曰脚踭

挣、踭皆借声字。……踭，俗造字，字书无踭也。”（卷四“释形体”，137 页）

柱曰矺柱

矺，俗造字，本字为杉，《尔雅》作煔。郭注《尔雅》曰：“煔，似松，生江南，可为船及棺材作柱，埋之不腐。”《释文》：“煔字或杉，所咸反，音芟。”客音即芟，读上声也。古柱多以杉为之，故相沿有此称。用杉木者，谓之杉柱，犹用樟木者谓之樟柱（见《山堂肆考》），后世易木以石，尚呼为石杉柱者，盖袭旧名。（卷五“释宫”，151 页）

二、客家历史文化研究价值

19 世纪中后期，广东中、西部的土著广府人与从粤东迁来的客家人发生严重的“土客械斗”。19 世纪末、20 世纪初，这种武装械斗发展为文斗。一些人对“客家”提出非议，有的甚至对“客家”是否为汉族产生怀疑，把客家人诬为“非汉种，亦非粤种”①，视客家人为“蛮俚”，因而引起客家人士的不满和愤慨。许多有识之士著书立说，以科学和认真的态度，用事实驳斥对客家人的污蔑和无知，维护客家人的正当利益，还历史的本来面目。② 20 世纪 20、30 年代出现的罗香林的《客家研究导论》和古直的《客人对》等书，就是这个时期的产物。《客方言》一书，也是同类著作。它运用丰富的材料，分析论证“客音存古”这一语言现象，得出客家来自中原的科学论断，正本清源，澄清视听，使那些恶意攻击客家人为“蛮俚”的谬论不攻自破，客家人可因之而自重。这一点可以章炳麟《〈客方言〉序》来证明：“（《客方言》）上列客语，下以小学故训通之，条理比顺，无所假借，盖自是客语大明，而客籍之民亦可介以自重矣。”

到今天为止，客家先民主体来自中原，已经无太大争议。但是从什么时代开始，大致有怎样的历史过程，这样的问题仍然值得继续研究。《客方言》中收录的各个时期的古语词，对此能提供比较有说服力的证据或材料。例如“释亲属”中收录了不少带“阿”词缀的词语：

呼父曰阿爸　亦曰阿爹（卷三“释亲属”，125 页）

母曰阿姆　或曰娘娘（卷三“释亲属”，125 页）

（母）亦曰阿姊（卷三“释亲属”，126 页）

祖父曰阿公　祖母曰阿婆（卷三“释亲属”，126 页）

（妾）亦曰阿姆子（卷三“释亲属”，128 页）

谓兄曰阿哥（卷三“释亲属”，130 页）

父之兄曰太伯　弟曰阿叔（卷三“释亲属”，131 页）

这样的例子不少。其中的词缀“阿”，应该来源于汉魏六朝。因为汉魏六朝时的称谓词中，词缀

① 见广东顺德人黄节编《广东乡土历史》教科书（上海国学保存会 1905 年出版）。转引自罗香林．客家研究导论（罗香林专辑）[M]．《兴宁文史》第二十七辑 [M]. 2003. 6、7.

② 朱希祖在为罗香林《客家研究导论》写的序中说：当时，广府人“自居于主，竟有字客家人曰猺，曰犵，且有谓客家人非粤种，亦非汉种者。于是客家之优秀者，乃相率著书，以自明其为汉族”。详见罗香林．客家研究导论（罗香林专辑）[M]．《兴宁文史》第二十七辑 [M]. 2003. 1（“朱序”）.

“阿”使用就已经很普遍，例如（据《汉语大词典》11卷）：

【阿父】父亲。《南史·谢晦传》：“晦女为彭城王义康妃，聪明有才貌，被发徒跣与晦诀曰：‘阿父，大丈夫当横尸战场，奈何狼藉都市。’”

【阿母】母亲。《玉台新咏·古诗为焦仲卿妻作》：“府吏得闻之，堂上启阿母。”

【阿兄】哥哥。《玉台新咏·古诗为焦仲卿妻作》：“阿兄得闻之，怅然心中烦。”

【阿妹】妹妹。《玉台新咏·古诗为焦仲卿妻作》：“举言谓阿妹，作计何不量。”

【阿子】儿子。《晋书·五行志中》：“穆帝升平中，童儿辈忽歌于道曰《阿子闻》，曲终辄云‘阿子汝闻不’？无几而帝崩，太后哭之曰：‘阿子汝闻不？’”

【阿女】女儿。《玉台新咏·古诗为焦仲卿妻作》：“阿母谓阿女，汝可去应之。”

移民史表明，中国历史上的第一次大规模的北民南迁运动发生在东汉末年至魏晋，由于战乱等原因，当时的中原人被迫南迁。据罗香林的研究，这是形成客家民系的五次大迁徙的第一次。这一次的移民形成了客家民系中的第一个层次。这批人走出中原故土时，他们所讲的语言（方言）是中原汉语，属于古代汉语阶段。当时的古代汉语词被他们带到南方并一直保留至今天的客家方言。称谓词中的“阿”正是其中的一个例子。

从上可以看出，《客方言》对客家历史的研究有重要的价值。

此外，《客方言》对客家文化研究也有重要的价值。

《客方言》不仅仅研究客家方言，也研究了客家文化，既是客家方言研究硕果，也是“客家文化研究的硕果”。其中所收录的客家方言词反映了丰富的客家文化现象，值得深入研究。例如，其中的农业类词语就比较全面地反映了客家农业文化。

（1）《客方言》中的农业类词语，反映了客家地区是农业地区，传统农业生产兴盛。农具很多，有些是从历史上继承下来的；农业生产以手工操作为主。这从下列词条可以看出：

起土器谓之脚头　亦曰脚锄（卷七“释服用”，183页）

杷之无齿者曰荡杷　有齿者曰搀杷（卷七“释服用”，184页）

打禾具曰栊房　曰敦板（卷七“释服用”，184页）

以竹篁作圈盛谷谓之笔子［卷七“释服用”，185页］

承米袋者曰脚箩［卷七“释服用”，185页］

取粗去细竹器疏曰米筛　稍密曰麻筛（卷七“释服用”，185页）

全密者曰簸箕（卷七“释服用”，185页）

以手去草曰也草　亦谓之薙　又曰掷［卷二“释言（下）”，72页］

播谷曰委谷［卷二“释言（下）”，80页］

（2）一些词语表明，客家农业文化是“稻作文化”而不是“麦作文化”：以水稻种植为主而不是以麦子种植为主，对水稻（包括其茎叶等）的观察很细致。除水稻外也有少量杂粮，例如豆类、芋头等。相关的词条如：

禾串　禾穗也　穗初见曰吊串（卷十“释草木”，204页）

禾之先长而高出者曰标公（卷十“释草木”，204页）

禾稿　禾茎也　未刈曰稿　刈而脱谷曰秆（卷十“释草木”，204页）

秆衣　禾皮也（卷十“释草木”，204页）

麦豆　豌豆也（卷十“释草木”，202页）

树豆　胡豆　蚕豆也（卷十“释草木”，202页）

番豆　落花生也（卷十“释草木”，203页）

荷兰豆　又名雪豆（卷十“释草木”，203页）

刀板豆　刀豆也（卷十“释草木”，203 页）
小芋曰芋卵子（卷十“释草木”，207 页）
芋荷　芋叶也（卷十“释草木”，205 页）

（3）一些词语反映了客家农田不大，田塍较多。所以一旦有大块田地，就有专门称呼。详见下列词条：

畦谓之田唇畔（卷九“释地”，194 页）
田间界曰坜　菜畦曰地坜（卷九“释地”，194 页）
田一区曰一丘（卷九“释地”，195 页）
一段田谓之一垅田（卷九“释地”，195 页）
大丘麻亩丘也（卷九“释地”，195 页）

这是因为，客家地区多为丘陵山地地带，极少有大块的平原，因而农田多属山间小块梯田。

（4）有的词语反映了当时农业生产习俗。例如：

守禾小楼曰禾床子

床，当为樔声之转也。《说文》：“樔，泽中守草楼。”今人于田中为小楼以守禾，谓之禾床子。床、樔一语，禾床宜称禾樔，于义为允。（卷五“释宫”，158 页）

门外平地曰禾唐

……客俗于平地积禾晾谷，因沿呼为禾唐，土田地契约则书禾坪……。（卷五“释宫”，156 页）

杷之无齿者曰荡杷　有齿者曰搀杷

……其有铁齿者，今谓之搀杷子，深耕用以代牛。（卷七“释服用”，184 页）

打禾具曰房　曰敦板

……则房当为桲房（桲房以板为之，形圆，周七尺余，高约二尺五六寸，上大而下稍杀，前面横置厚板，桶内斜树一梯为禾所受击处，横板之上以竹簟围之，防谷粒之外溢也）。……（卷七“释服用”，184 页）

这些词语体现了客家地区有“于田中为小楼以守禾”、“于平地积禾晾谷”等生产习俗。

三、音韵学研究价值

音韵学研究者常常用今音证古音。客家方言保留的古音，也能起到证古的作用。《〈客方言〉自序》就论及了客家方言与古代语音相同、相通的证据。作者罗氏直接引用明清学者有关上古音研究的结论，跟客家方音互相引证，厘清线索和其中规律，用活的语言反证了古代语音的情况，也从内容上充实证明了明清研究者的一些观点。罗氏将这些客家方言中的古音证据条理分明地归纳为八个方面（从“其证一”到“其证八”），以下引述几个重要的方面（引文是《〈客方言〉自序》原话）：①

（1）舌上归为舌头。这是清人钱大昕提出的古无舌上音的观点，他是在宋人交互类隔之说的基础上提出的。《客方言》用客家方言例子进一步作了证明。如：谓中为东，谓涿为笃。

（2）轻唇读为重唇。这是清人钱大昕提出的古无轻唇音的观点，也是在宋人交互类隔之说的基础上提出的。《客方言》用客家方言例子进一步作了证明。如：谓粪为笨，谓斧为补，谓肥为皮，谓尾为米。

（3）客家方言庚韵字不少读入阳韵。罗翙云列举上古大量韵文的例子，包括《诗经》、《楚辞》、《庄子》、《荀子》、《说文》等，说明“庚阳不分，于古有征”。而客家方言“迎读如娘，庚读如刚，氓

① 谭赤子．罗翙云《客方言》的训诂研究及其意义［J］．中山大学学报，2010（4）．

读如忙，阬、行读如杭，横、衡读如王，入阳韵矣”，证明“客音存古”。

（4）客家方言江部字多读入东韵，与上古同。文中引各种辞书和文献，对照客家方言的读音，如窗、聪同音，从双得声之字、从空得声之字并韵东等，证明段玉裁“江韵今音近阳韵、古音同东韵”的观点。

（5）客家方言保留了闭口韵。如“侵、覃、谈、盐、添、咸、衔、严、凡”，“全读闭口”，是“尤古音之遗”。以此印证段玉裁“今音多侈，古音多敛”之说。

以上几点，除了《〈客方言〉自序》已经给出的例子，在正文中还能找到更多的例子。此处不再一一列举。

《〈客方言〉自序》在归纳了客家方言中的八类古音现象之后，又列举了另外一些保留古音的客家方言读音（兴宁音），如：“读间如干（干读正音）”、“读颜如岸，平声”。

以上是《〈客方言〉自序》中作者罗氏开篇明义归纳出来的几个方面。此外，我们还能发现作者在《〈客方言〉自序》中未归纳而在正文中提及或涉及到的另外几个方面。

（一）鱼、模生麻

呼父曰阿爸　亦曰阿爹

《释名》：“父，甫也；甫，始也，始生已也。”古无轻唇，读父如补（《周语》：“蔡公谋父”旧音，父音甫、音补）。古无麻部，读巴如逋（音补，平声）。鱼、模生麻，巴转今音，父音随转如巴，若匍之为爬矣。巴本父之重唇假音字，后人因巴加父，遂通谓父为爸。（卷三“释亲属”，125 页）

释哑

亚，古音呼，故滹沱，《秦碑》以为亚池。《韩非子·难篇》：“师旷曰：‘哑，是非君人者之言也。’即《孟子》‘恶，是何言也’之恶（音乌）。”《汉书·韩信传》：“意乌猝嗟。”《史记》作喑噁。噁，即哑。亚为恶之古文。今人事不适意，尝发声自叹曰：哑。音如阿，上声。乌转为阿，此鱼、模生麻之例。（卷一“释词”，18 页）

（二）歌部保留古读

不纳履而曳之行曰跕（声如正音胎）

《史记·货殖传》：“蹑利屣。”徐广曰：“蹑一作跕，音吐协反。”《汉书·地理志》：“弹弦跕躧。”臣瓒曰：“蹑跟为跕。”师古曰：“跕，它颊反。”《说文》：“跟，足踵也。”躧与屣同。不著跟曳履而行曰躧屣，谓小履之无跟者也。《汉书·隽疏于薛平彭传》：“胜之躧履起迎。”师古曰：“履不著跟曰躧。”谓纳履未正，曳之而行，是跕与躧同义，故《地志》跕躧连言。今谓不纳履而曳之行，其声若正音胎，平声，即跕之音转。（卷二“释言（下）”，65 页）

引长其声曰胎（读正音）

胎，即引之古音，古音引与雉、夷同。（卷二“释言（下）”，101 页）

按：两例中的本字都为“拖”（“不纳履而曳之行”即“趿拉（把鞋帮踩在脚后跟下）着鞋走”，也即“脚拖（音胎）着鞋走”，“引长其声”即“拖（音胎）长其声”），它古属歌部，歌部古音为“ai”，在客家方言中它保留了古音。此两例虽然误考本字，但价值仍然很大，透露出客家方言歌部保留古读的音韵信息。

（三）凡以胡出切字，古多读入见母

怒曰狠

俗谓怒曰阋，亦曰狠。《嘉应志·方言》即以狠当之。《说文》狠训啮，非其义也。狠即恨字之古音。《广韵·二十二很》有：垦、恳、龈、狠，皆艮声字，读康很切。恨字从艮，古本以艮得声，而并从垦音。《唐韵》：恨，胡艮切。胡从古声。凡以胡出切字，古多读入见母，如胡黯切槛，胡茅切姣，胡盖切妎，胡误切女固，外难枚举。……（卷二“释言（上）”，42 页）

谓愚顽者曰殑棞（音同棍）头

《说文》：“顽，棞头也。”……棞，孙音胡本切。喉牙通转，俗语呼如棍。《广韵二十一混》胡本切出棞、棍等字。今读棍为衮，去声。则无异于音之同棍矣。胡，从古，本古声字。凡以胡出切之字，多入见母，此亦其一也。（卷二“释言（上）”，48 页）

显然，客家方言保留了不少古音，《客方言》对此作了归纳或者反映（包括无意识的反映），这些方言材料是古代语音很好的证明材料。

这里有一个问题值得思考，那就是：客家方言为什么保留了不少古音？《〈客方言〉自序》对此作了回答：“夫客之先自中原转徙而来，凡土田肥美之乡，水陆交通之会，皆先为土著占据，故所居多在山僻，陵谷隔绝，山川间阻，保守之力，因之益强，语音不变，此为大原矣。”

四、训诂学研究价值

传统的训诂学本来就是包括方言词语的训诂、研究，这种成果早在中国传统语文学时期就已出现，如汉代扬雄《方言》、晋代郭璞《方言注》。近代入清之后，随着小学的全面发展，这方面的成果更是层出不穷，钱大昕《恒言录》、翟灏《通俗篇》、孙锦标《通俗常言疏证》及《南通方言疏证》、胡文英《吴下方言考》、章太炎《新方言》、黄侃《蕲春语》等。而罗翙云《客方言》也是其中代表。罗氏的研究方法，例如从语音入手说解词义（具体的手段如声训、语音分合（析音、合音），用“实字虚用”解释因词义引申引起词性变化，多角度地求取证据等方法，值得后人借鉴。①

罗氏《客方言》中记录和考证的丰富的古语词，是很好的训诂材料，可以佐证古词古义，这就是古代汉语词汇研究学者提出的“方言佐证法”。今举十例如下：

释唉

《说文》：“唉，应也。”《庄子·知北游》狂屈曰：“唉！吾知之是其义矣。”《唐韵》乌开反，音哀。今应人曰唉，正作哀音，此为本音本义。（卷一“释词”，9 页）

有馀曰应

馀、应本双声字，然其语根当为賸，《说文》：“賸，物相增加也。”相增加则有馀矣。孙音：以证切，本读若应。盖俗音犹古，或作剩。剩，实证切，此别一字。［卷二“释言（上）”，28 页］

鲮鲤　鲮也

《广雅》：“鲮，鲤也。”《楚辞·天问》：“鲮鱼何所至。”《逸注》：“鲮鱼，鲮鲤也。”字亦作陵。《吴都赋》：“陵鲤若兽。”刘逵注：“鲮鲤有四足，鳞甲似鲤，居土穴中，性好食蚁。”案：即今穿山甲也，俗呼为鲮鲤。鲮、鲮语声之转。（卷二“释虫鱼”，224 页）

赤子阴曰峻

《老子》：“骨弱筋柔，未知牝牡之合，而峻作，精之至也。”《释文》引《说文》云：“峻，赤子阴也。”今《说文》无字，《新附·肉部》有朘，训与峻同。则朘、峻本一字，《声类》作屡。《广韵》皆收入《十五灰》，臧回切。今客音读为载，平声，正合《十五灰》韵也。（卷四“释形体”，144 页）

女子阴曰支

支字，从章炳麟说改定。章氏曰：“女子阴，佛典多称生支，则六朝唐人语也。”……（卷四“释形体”，144 页）。

以少水煮物　盖而闭之使熟曰翕

《说文》：“翕，起也。”谓鸟将起必先敛翕其翼，翕斯起矣。煮物者欲其气盛，闭之以盖而翕之，使气不得外散，义犹是也。《方言三》：“翕，聚也”；《十二》：“翕，炽也”；《十三》：“翕，炙也”。字变作熻，《广雅》：“熻，也。”何晏《论语集解》：“翕，盛也。”义并得通。［卷二“释言（下）”，109 页］

生子曰养子，又曰供（去声）

《周礼·大宰注》：“生，犹养也。”生、养两义相成，故俗于妇女无子者，谓之无生养。供与养同

---

① 谭赤子《罗翙云〈客方言〉的训诂研究及其意义》中有较详细的论述，此不赘述。

义，生养连语，供养亦连语。[卷二“释言（下）”，94 页]

依亦曰凭（音便）

《说文》：“凭，依几也。”引《周书·顾命》凭玉几，读若冯。……今谓相依亦曰相凭，音如变。冯从马冰声。古本读冯如冰（《海内北经》“冰夷”《注》：“冰夷，冯夷也”），帮、滂二纽相迤。抑或读凭作篇，去声，此犹《尧典》平章之为便章、辨章矣。（卷二“释言（下）”，85 页）

欺曰调

《大般盘经卷三十一音义》引《字林》：“调，欺调也。”……《广雅·释诂》亦训调为欺。《释言》又曰：“调，谶也。”《说文》：“谶，诞也，谓相欺诞也。”王氏《疏证》引《潜夫论·浮侈篇》云：“事口舌而习调欺。”是调欺者口舌其能事矣。今谓以口舌诱取他人钱物为调，即名其人为调子，尤滑者大调子，盖古语也。（卷二“释言（上）”，51 页）

折谓之拗

翟灏《风俗通》曰：“《古乐府》拗折杨柳枝，已用拗字。”按：班固《西都赋》与尉缭子拗矢折茅，拗、折对言，盖拗亦折也，则固汉时之俗字矣。（卷二“释言（下）”，70 页）

我们通过罗氏详细的分析可以看出，客家方言保留了很多古词古义，这种语言事实正如黄遵宪所说，“有《方言》、《广雅》所不能详注，而客话犹存古语者”（《〈客方言〉自序》）；反过来看，客家方言中的用法，是古语词鲜活的证据。通过客家方言，我们可以更好地理解古词古义，达到训诂的目的，因此罗家骏说，“士林得此，以观于古，自若庖丁解牛，奏刀騞然矣！”（《〈客方言〉跋》）

从上可看出，《客方言》具有较高的、多方面的研究价值。这与以下几点是分不开的：

（1）作者有高度的责任感，花了很多时间来精心记录和研究家乡母语。

《〈客方言〉自序》说：“客话本中原旧语……推寻故言，理其经脉，固士夫之责也。”“余于客方言之作，所为斤斤求是也。”“余为此书，用章义例，或有通变，不越前轨。数年以来，得则辄笔，积稿丛残，如秋风败叶，遍地飘零。惧岁之不吾与也，追亡逐逋，日不暇给，汰而存之，得若干条，复类而分之为若干卷，未敢自谓悉合。”在“须曰须姑　乳曰乳姑　毛之初生者曰寒毛姑”下则说：“余向以须姑之姑为胡字之变声……后思俗谓胡须，胡犹本音，知前说未确。……后思亦未审也。俗谓毛管亦曰寒毛姑，此语根之凿凿可据者，管变为姑，声义俱通。”（卷四“释形体”，138 页）这些无不体现作者高度的责任感和研究的深入与认真。

（2）作者通晓古代音韵，而且能较好地运用。

这在《〈客方言〉自序》中可见一斑，此不赘述。

（3）作者能批判性继承前人的成果。

作者继承了黄钊的《石窟一征》、温仲和《嘉应州志》卷七《方言》、杨恭桓《客话本字》及章太炎《岭外三州语》研究成果。需要指出的是，作者的继承是一种批判性的继承，这从以下两条可以看出：

呼父曰阿爸　亦曰阿爹

……《新方言》曰：“惠潮嘉应之客籍，谓父为叟，音如宿，或书作叔，非也，世无以叔呼父者。”云按：客籍人呼父为叔，由妇人迷信星命家言，故疏而远之，为此假称，其语根实非叟字，章说未审。（卷三“释亲属”，125 页）

（妾）亦曰阿姆子

谓阿姆子者，正词也，詈之则曰阿姆支。黄香铁云：“俗呼妾为阿姆支，轻贱之词也。姆声如梅人呼母音近每，然其语根非母字，乃侮字也。”……黄云俗骂妇人女子多曰支，亦以支庶非正室贱之，此非语柢，盖以文言文，其俗语也（客人谓女子阴曰支）。（卷三“释亲属”，128 页）

（4）作者熟悉经典，并能为我所用。

据粗略统计，《客方言》一书引用各类书籍近两百种，内容涉及政治、经济、文化、科技、天文、地理、宗教、医学、动物、植物等，真可谓包罗万象，洋洋大观。因此，作者在《致罗斧月函》中说“百家诸子皆我注脚”，并不过分。

（5）作者广泛地运用了比较研究。

作者除了将客家方言与古代汉语进行比较，还有：将客家方言与通语进行比较，如“月曰月光”条：“通语言月亮，今呼月光”（卷八“释天”，188 页）；将客家方言与外区方言进行比较，如“小儿学立曰打颠颠”条：“颠，当为蹬……顺天语谓小儿学立曰蹬蹬。与此方俗语同，亦方言之存古谊者。”（卷二“释言（下）”，100 页）；将客家方言（兴宁话）与内部代表点方言（梅县话）进行比较，如“释无”条：“……调以梅语，声皆为磨”（卷一“释词”，10 页）；甚至还将客家方言与外族语言进行比较，如“释阿”条：“阿，为发声词……法国字母以阿卑西起，日本字母以阿衣乌起，满洲语以阿厄漪起。阿者，盖天地之元音也”（卷一“释词”，8 页）。这种比较研究的思想和方法正是现代方言研究最强调的思想和方法。

（6）作者联系地方风俗研究方言。

如“弟曰老弟”条说：“客人礼俗至为敦古，观于长幼称呼，其谦卑恭逊之意犹可想见，如老，尊词也。而兄称弟曰老弟，称妹曰老妹，外舅称婿曰老张、老李嫂，老者称也。而以尊称卑，或系以夫名曰名某嫂，或系以女姓曰姓某嫂。”（卷三“释亲属”，131 页）

又如“囊谓之袋”条下云：“客俗女子出嫁必用带子或袋子，盖取其有系属之义。《释名》：‘带，蒂也，著于物如物之系蒂也。’《诗·有狐》：‘之子无带。’无带，犹言无系属。妇人丧其妃耦，便无系属，故女以有系为贵。”（卷七“释服用”，166 页）

当然，由于受当时历史条件限制及过度使用音转等原因，《客方言》中也有一些材料或论述不准确，一些词语的考证出现错误。例如：

畦谓之田唇畔

唇者，塍之转语。《说文》：“塍，稻田畦也。”……《说文》：“畔，田界也。”《左传》子产云：“如农之有畔。”盖古语然矣。……（卷九“释地”，194 页）

今按：本字就是“唇”，它有“边沿”义，不是“塍之转语”。《墨子·备穴》：“难穴，取城外池唇木瓦散之，外斩其穴，深到泉。”“池唇”谓池边。王维《燕子龛禅师》诗：“岩腹乍旁穿，涧唇时外拓。”“涧唇”谓小溪的边沿。

在编排上也有一些缺陷，例如同样的意义用字不统一。如“大丘麻亩丘也”条下说：“鸡母猪母，今云鸡麻猪麻矣”（卷九“释地”，195 页）；“鸟之雄者畜之牡者皆曰公　其雌者牝者皆曰嫲”条下说：“《说文》雌训鸟母，牝训畜母，《孟子》称五母鸡、二母彘。倒言为鸡母、猪母，声变为鸡嫲、猪嫲”（卷十二“释鸟兽”，231 页）。同样意义，前者用“麻”，后者用“嫲”，用字不统一。

诸如此类问题，不一而足，但瑕不掩瑜，《客方言》无疑是客家方言乃至客家文化研究史上最重要的文献之一，有多方面的研究价值，值得我们深入研究。

参考文献

［1］谭赤子．罗翙云《客方言》的训诂研究及其意义［J］．中山大学学报，2010（4）．

［2］罗可群．研究客家文化的先贤罗蔼其［J］．岭南文史，1994（1）．

［3］王志光．罗蔼其和他的《客方言》［J］．海内与海外，2001（9）．

［4］温昌衍．《客方言》中的农业类词语浅析［J］．农业考古，2011（4）．

［5］黄彩灵．罗蔼其［M］．北京：世界华人出版社，1998．

［6］陈修．《客方言》点校［M］．广州：华南理工大学出版社，2009．

［7］温昌衍，温美姬．梅县方言的几个语音变例——兼谈几个相关的本字［J］．语言研究，2007（1）．

［8］罗竹风．汉语大词典［M］．上海：汉语大词典出版社，1994．

［9］罗香林．客家研究导论（罗香林专辑）［M］．《兴宁文史》第二十七辑［M］．2003．

［10］王力．汉语语音史［M］．北京：中国社会科学出版社，1998．

［11］温昌衍，温美姬．中古汉语词的客家方言例证［J］．汉语史学报（第四辑），2004（1）．

［12］温美姬．梅县方言古语词研究［M］．广州：华南理工大学出版社，2009．

·地理语言学·

地理语言学的研究目标与方法浅论

李仲民

（国科会人文学研究中心　中国台北）

提　要　地理语言学并不是一门新兴的学科，从19世纪中末期欧洲出现算起，至今已超过百年以上的历史。这百年来在欧洲或是日本都已有不错的研究成绩，中国相对落后。但近年来随着《汉语方言地图集》的出版，《广东粤方言地图集》等计划的展开，地理语言学及其延伸研究在中国热烈展开。虽然地理语言学俨然成为当今中国语言学界最热门的研究，然而不可否认，仍有不少人对地理语言学的研究目标含混不清，甚至认为只要绘制有语言地图就是地理语言学。有鉴于此，本文将对地理语言学的研究宗旨和研究目标加以介绍，厘清一些地理语言学研究的观念。

关键词　地理语言学　历史语言学

一、地理语言学的研究宗旨

1. 方言的定义

语言学中一般对方言的定义如下①：

（1）方言与其他语言系统有高度的相似性，因此相互之间可以或至少部分可以理解。

（2）方言具有地域性，这意味着它不与另外一个方言系统相重叠。

（3）方言无书写形式或所谓正式规范的正字法和语法规则。

由于语言和方言的定义往往难以截然厘清，因此现代的英、美方言学家吸收了社会语言学的概念，另外采用了一个较为中性的名称，称为“语言变体”（variety）。“语言变体”是对一种自成一体的语言形式的中性称谓，其界定依据是各种特殊的非语言标准，如根据地域标准定义的语言变体称为“方言”（dialect），根据社会群体定义的语言变体为“社会方言”（sociolect）。所以不论是语言、方言、腔，都可视为是一种“语言变体”，每一种方言都可以视作一种独立的语言来研究。

由于方言的内涵主要有两种，一种是指“语言在不同地域的变体”，这就是地域（地理）方言（regional dialect）；另一种是指“语言在不同社会群体或阶层的变体”，这则是社会方言（social dialect）。针对方言的两大内涵，在方言学的研究上有三个大方向：

（1）描写（记述）方言学（descriptive dialectology）。研究目的在以共时语言学的角度以及经验实证主义的方法，通过语料分析和汇总来描写具体的方言，并运用分布分析来客观地观察和研究语言现象。这就是泛称的“方言学”研究。

（2）地理语言学（geolinguistics）。研究目的是根据词的地理分布来探索词的历史变化过程，并将方言变体在地理上的分布展示成图或表，对此语言分布现象提出合理的解释。

（3）社会语言学（sociolinguistics）。研究重点在于研究语言系统、语言使用的社会意义，以及语言结构和社会结构之间相互制约的机制。往往将方言变体在社会阶层的分布，以数据的方式展示成图表。

① ［德］哈杜默德·布斯曼（Hadumod Bussmann）. 语言学词典［M］. 陈慧瑛等编译. 北京：商务印书馆，2003. 103.

方言研究虽然分为三个范畴，但三者之间并不互相排斥，而是相互补充的。方言研究分为三个范畴的主要原因只在于三者研究的着眼点不同、研究方法不同、展示成果的方式也不相同。另外，三者之间又具有阶层性的依赖关系：地理语言学和社会语言学在进行调查研究前，必须对这个语言的系统有完整而详细的掌握，因此描写方言学可谓是地理语言学和社会语言学的研究基础。

2. **地理语言学的定义**

日本地理语言学学者柴田武（1976）为地理语言学定义说①：

语言地理学（地理语言学）是语言史的方法之一，所以语言地理学（地理语言学）的目的是为了理解跟揭示语言的历史。为了理解语言的历史，所以语言地理学（地理语言学）的研究方法，首先是选择语言中具有代表性意义的部分，调查这些有代表性意义部分的语言形式，察明因为地域的差别所产生的变种。然后将这个地域的变种记录在地图上，借此可以发现这个地域变种的地理分布状况。再以此为中心加上其他的研究方法，借以推定它随着地域的差异和时间的变化所产生的因素。

柴田武认为地理语言学的研究目的是“理解语言的历史”，也就是探讨语言的历史变化过程，清楚地揭橥了地理语言学研究是历时性的语言研究，而非共时性的语言研究。因此，地理语言学应该是历时语言学研究的另一种方式，是在历史比较语言学外的另一种历史语言学研究法。对关注语言历时性或是共时性的焦点不同，是形成地理语言学与社会语言学的最大差异之处。

另外，曹志耘（2006）也为地理语言学下了定义②：

地理语言学以众多地点的语言事实调查为基础，利用语言地图的方式描述语言现象的地理分布状况，结合社会文化因素解释这些分布的原因，探索语言变化的过程的机制。

如果我们利用 Chomsky（1964）语法研究的“妥当的三个层次”（three levels of adequacy）理论，来审视曹志耘的地理语言学定义：

（1）合理而正确地进行语言调查并记录——这是达到了“观察的妥当性”（observational adequacy）。

（2）整理调查数据，并利用绘制语言地图的方式来描述语言现象的地理分布状况——这可以说是达到了“描写的妥当性”（descriptive adequacy）。

（3）结合语言变异理论、历史演化、语言接触、移民、交通、经济、政治、教育、心理等社会文化因素来解释这些分布的原因，探索语言变化的过程、机制、成因、规律或原理——这才可以说是达到了“解释的妥当性”（explanatory adequacy）。

因此，地理语言学若仅止于语言地图的绘制，那么充其量只是达到“描写的妥当性”，这只是资料的呈现，还谈不上“研究”。更重要的是要能解释为什么会这样分布、为什么会有这些变异以及语言变化过程的机制是什么，最终目的是建立这个语言的历史演变过程。要确切掌握的是，地理语言学研究的主体是“语言”，而不是“地理”。如果研究只重在讨论这个语言为什么这样分布的原因，那么就偏离了语言学的研究范畴，而属于地理学的研究了。

① ［日］柴田武．言语地理学の方法［M］．东京：筑摩书房，1969.11.
② 曹志耘．地理语言学及其在中国的发展［A］．中国方言学报（第一期）［M］．北京：商务印书馆，2006.174.

二、地理语言学与方言学、语言地理学的辩证

1. 地理语言学与方言学的辩证

曹志耘（2006）曾对方言学与地理语言学等相关术语的使用频率做了以下统计[①]：

排序	英文术语	出现次数	中文术语	出现次数
1	linguistic geography（语言地理学）	18 800	方言学	2 470
2	geographical linguistics（地理语言学）	8 100	语言地理学	169
3	dialect geography（方言地理学）	46 600	方言地理学	47
4	dialectology（方言学）	29 100	地理语言学	45
5	areal linguistics（地域语言学）	6 050	地域语言学	2
6	geolinguistics（地缘语言学）	1 470	地缘语言学	0

由上表可以看出，在西方语言学上多用“dialect geography”这个术语，而在中国则多用“方言学”。这两个术语的意涵并不完全相同，但在中国，这两个术语往往互相混用。中国以“方言”来对译英语的“dialect”，并因此以“方言学”来对译“dialectology”，又以“地理语言学”或“语言地理学”等来对译“geographical linguistics”和“linguistic geography”，以致造成了很多的误解。

由于近代欧洲语言学家对“语言变体”的认识，首先是来自地理上的，所以 dialect 在当时，是可以与中文的“方言”对译的。但是，dialect 可以再区分为 regional dialect（地域/地理方言）和 social dialect（社会方言）两大类。regional dialect 是指“语言在不同地域的变体”，social dialect 则是指“语言在社会的变体”。由此可见，dialect 绝不是专指地理上的，而是指一种语言“同中有异，异中有同”的现象。

反观中文“方言”这个字，“方”有方位、处所、邦国之意，所以“方言”这个词本身是有地域（地理）含义的。因此，中文“方言”这个词就是指“各地域所拥有各具特色的语言”，也可以这样说，“方言”就等于现在所说的“语言地理”。可见“方言”这个词语的使用范围比 dialect 狭隘，“方言”的词义只能指称 dialect 里的 regional dialect 这个范畴而已。但由于中文译词的长期使用习惯，所以“方言”一词变成有广、狭二义。广义是与 dialect 对译的，泛指一种语言的其他变体；狭义则是与 regional dialect 对译的，专指拥有独具特色的地域性语言。由此延伸来说，“方言学”也有广、狭二义。广义的方言学是指研究各种口音和方言在空间（地域和社会）、时间上分布的语言学分支学科。[②] 狭义的方言学则是单指研究语言的地域变体，描写此地域性语言变体的形式内容及其内部结构的学科，也就是指“描写方言学”或“记述方言学”。

2. 地理语言学与语言地理学的辩证

与“地理语言学”这个名称相近并会混用的，还有一个名词叫做“语言地理学（方言地理学）”。“地理语言学”与“语言地理学”其实是两个不同的学科，“地理语言学”属于语言学的范畴，而“语言地理学”[③] 属于地理学的范畴。

地理语言学的研究重点在语言，简而言之，就是根据词的地理分布来探索词的历史变化过程的一门

① 曹志耘是利用 Google 在网络上搜索有关术语的出现次数，但为了避免混入日语材料，所以搜寻范围限制在简体中文网页。所以我们无法确切知道这统计资料中是否包含了台湾部分，或者是台湾部分占了多少比例，无法展现台湾地区实际使用的情形。然而，由于目前两岸三地的学者交流频繁，笔者认为这是华人学者一般的认知或使用情形，因此仍然具有参考价值。

② ［英］R. L. 特拉斯克. 语音学和音系学词典［Z］.《语音学和音系学词典》编译组译. 北京：语文出版社，2000. 81.

③ 此处所谓的“语言地理学”并不是指日本惯用的“言语地理学”，日本的“言语地理学”就是本文中所称的“地理语言学”。

学科。[①] 延伸研究，则是对一种语言（方言）在地理上分布的区域划出分界线，并对此语言（方言）为什么如此分布、它在历史上的消长为何提出合理的解释。

语言地理学的研究重点在地理，将语言现象当作社会群体现象来思索，因此只涉及外在语言学的表面地带，即方言，并视其为全部，以便考察这些地区的社会和空间环境。[②] 也就是以语言的分布或特征来解释地理现象，如种族、社会、文化、宗教、政治等，这属于人文地理的范畴。

虽然英文中也有 linguistic geography 与 geographical linguistics 两个词，而中文以“语言地理学”和“地理语言学”来对称。若就从上文曹志耘（2006）的统计来看，linguistic geography 一词使用的次数还远高于 geographical linguistics 一词的使用。但由于曹志耘做这个统计时并未区分年代，所以无法知道这个用语是否有随着时代不同而改变。因为至少我们知道像 geolinguistics 这个词，是较为新兴的，而现今多为地理语言学界所采用，例如日本的国语研究所于 2007 年所举办的国际研讨会“世界の言语地理学”，英文译名便是“Geolinguistics around the world”。

虽然 linguistic geography 中文一般都译为“语言地理学”，但事实上也可以译为“语言地理”而不是指一门学科。若将 linguistic geography 译为“语言地理”，则是指研究的内容和研究目标；而 geographical linguistics 译为“地理语言学”则是指研究“语言地理”的学科。一个指研究的内容，另一个是指这门学科，两者不互相冲突。而 geolinguistics 则非常明确是为了“地理语言学”所创立的专有名词，geolinguistics 这个词的构词法，一如 sociolinguistics（社会语言学）这个专有名词的构词法。美国社会语言学在 1950 年代刚开始产生时一般称为“the sociology of language（语言社会学）”，直到 1960 年代后 sociolinguistics 一词才开始出现。时至今日更是明确地将“社会语言学”和“语言社会学”视为不同学科。所以由“社会语言学（sociolinguistics）”这个字的英文构词概念，反过来看 geolinguistics 这个字的英文构词，可知它强调的是“语言学”而不是“地理学”。

总结以上论述，本文将下列诸名词定义解释如下：

方言学（dialectology）：泛指研究一种语言的变体的学科。所以它包含地域变体和社会变体，同时也包含地域变体和社会变体的共时和历时的研究。广义的方言学是指泛指研究一个语言的变体的学科，狭义的方言学则专指共时研究的“描写方言学”（descriptive dialectology）。

地理语言学（geolinguistics，geographical linguistics）：研究词的地理分布，来探索词的历史变化过程的一门学科。研究目的在把方言变体在地理上的分布展示成语言地图，进行方言分区并对此语言分布现象提出合理的解释。在共时语言学的研究上，则是对一种语言（方言）在地理上分布的区域划出分界线，并对此语言（方言）为什么如此分布、它历史上的消长为何提出合理的解释。在历时的研究上，则是运用各不同方言分布的情形，分析出何者为此区语言的古老形式。运用地理、种族、社会、文化、宗教、政治等与语言的关系来解释语言分布现象和语言变体产生的原因。所以此学科的研究目的在语言，而不在地理。

社会语言学（sociolinguistics）：主要研究在某一个社群中，个人或团体之间交际活动中所出现的各种语言现象及语言运用方式的一门学问。[③] 研究目的则在于把方言变体在社会阶层的分布以统计数据的方式展示成图或表。

语言地理学（linguistic geography）：将语言现象当作社会群体现象来思索，因此只涉及外在语言学的表面地带，即方言，并视其为全部，以便考察这些地区的社会和空间环境。也就是以语言的分布或特征来解释地理现象，如种族、社会、文化、宗教、政治等，属于人文地理的范畴。所以此学科的研究目的在地理，而不在语言。

语言地理（linguistic geography）：泛指研究语言和地理关系的学问。它可以以语言研究为主体，运用地理现象来解释语言分布现象（地理语言学）；也可以以地理为研究主体，利用语言分布现象来解释

① ［日］真田信治．社会语言学概论［M］．王素梅，彭国跃译．上海：上海译文出版社，2002. 89.
② ［法］罗朗·布洛东（Roland Breton）．语言地理［M］．祖培，唐珍译．北京：商务印书馆，1995，2000. 1.
③ ［日］真田信治．社会语言学概论［M］．王素梅，彭国跃译．上海：上海译文出版社，2002. 1.

地理现象（语言地理学）。

三、语言的扩散模型

1. ***波浪模型***（wave model）

舒哈特（Hugo Schuchardt）在1866—1868年间提出“地理变异论”，认为“方言”的分布领域无法确定、语言成分的混合是常态，没有混合过的语言是不存在的，变异是语言的本质。大约同时期，施密特（Johannes schmidt）也提出和地理变异论类似的观点，建立语言特征传播的模型——“波浪模型”（wave model）。他认为语言特征会互相渗透，语言特征的传播是由一个特定的语言区域向周围扩散。就像水波一样向周围传播。以同心圆为圆心，如同水波一样向周围扩散传播。这个语言特征对邻近的区域的语言影响最大，而随着距离的远离影响逐渐减小。其传播模型如图1、图2所示：

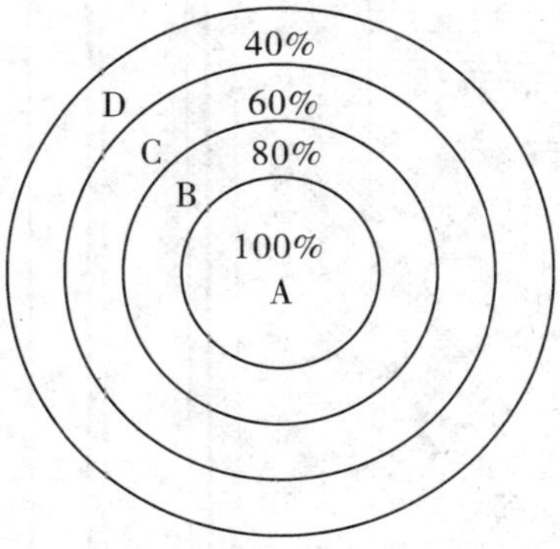

图1　施密特的波浪模型

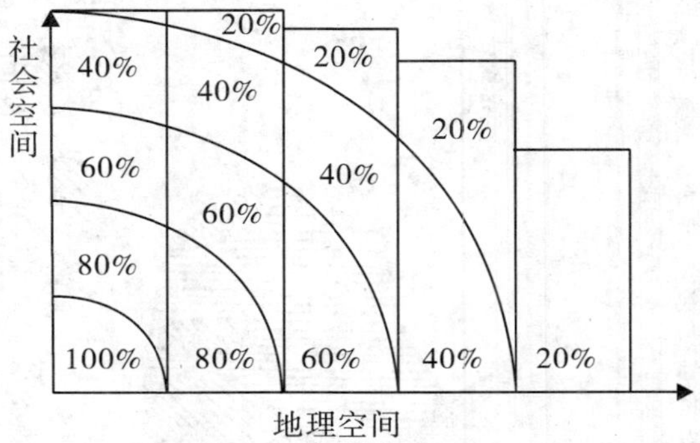

图2　地理空间和社会空间的波浪模型

如图1中语言特征的传播，由A往D传播扩散，随着远离中心点A，语言特征也将随之递减。这是单纯考虑地理因素的变异所建立的模型。但语言的变异除了地理空间上的，也会有社会空间上的变异。社会空间的变异，语言特征的传播也一如地理空间的传播，当社会阶层距离越远，语言特征的传播也随之消减，影响也就越小。地理空间和社会空间的特征传播，以图2的模型表示。

2. ***语言扩散的加速——跳跃扩散***

“跳跃扩散”理论来自瑞士地理学家哈格斯坦德（Hägerstrand）对一些新事物或创新形式，如汽车制造、控制牛肺结核技术等的传播来进行地理扩散的研究。他发现这些新事物或创新形式在地理上的传播，不是连续的，而是由一个影响中心跳跃到另一个影响中心。这个影响中心往往就是这个区域的最大城市，所以这些新事物或创新形式在地理上的传播是由一个大城市跳跃到另一个大城市，语言的创新形式的地理扩散与此应有许多相似之处。所以社会语言学家拉波夫（Labov）说：

> 从城市外面看，城市始终是语言变化的发源地。而且变化在地域上的传播不是一条直线，相反地，而是以转圈子的方式从一个城市跳到另一个城市。所以演变是从大城市传播到小城市。事实证明，语言变化的推进跟居民出身的城市大小有密切关系，它像青蛙的跳跃一样越过城市。①

所以语言特征的“跳跃扩散”的传播方式，一如像打水漂一样，石块跳跃落下，跳跃落下时贯穿过一大片水面。每一个落下点便形成一个同心圆（波浪理论）向周围扩散。

图3是引自J. K. Chamber and Peter Trudgill（2002）*Dialectology*一书的语言地图：

---

① 石子强．美国社会语言学家拉波夫博士的谈话［A］．语言学论丛（第15辑）［M］．北京：商务印书馆，1988. 249.

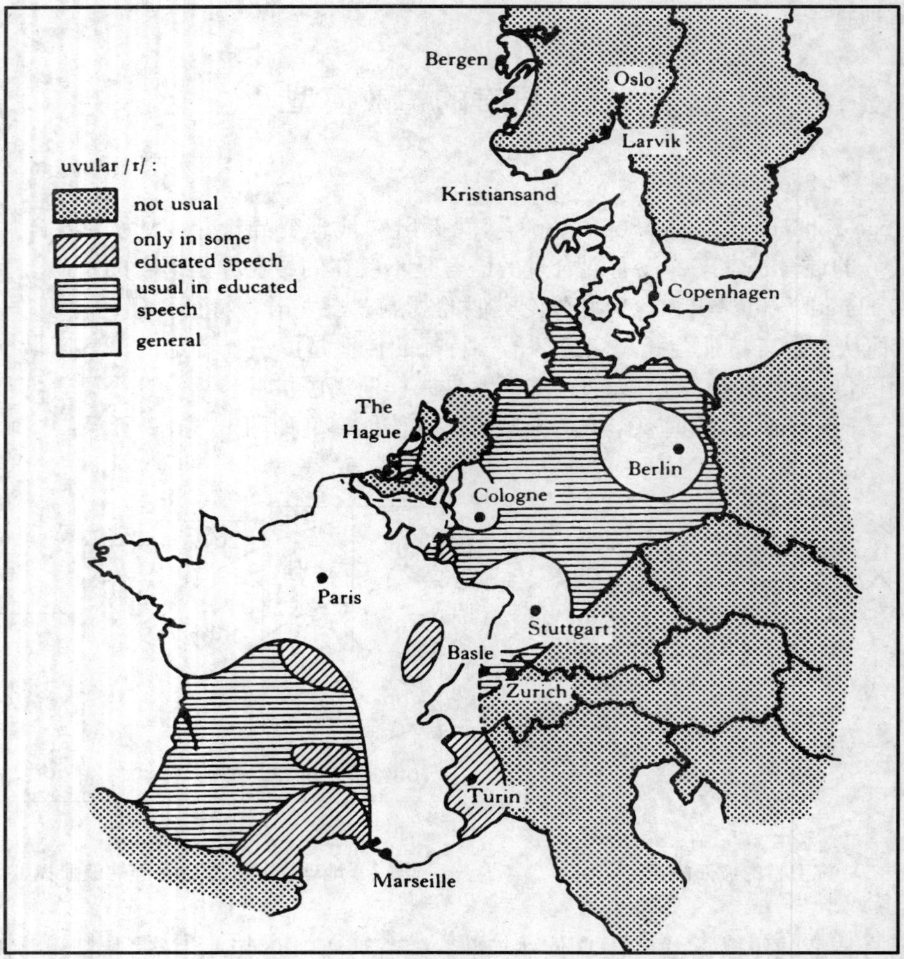

图3　欧洲小舌音/r/的地理分布图

从图中我们可以看到欧洲小舌音/r/的地理分布，主要是在法国境内呈连续分布。几个大城市，如Paris、Marseille、Cologne、Stuttgart等都包含在这连续体中。但也有一些独立不相连的区域存在，如Berlin、The Hague、Copenhagen、Kristiansand、Bergen等，而这些城市正好是这些区域的大城市。这正是小舌音/r/在欧洲呈现跳跃传播的实证。

进一步来说，语言创新形式是以跳跃的方式，从一个大城市跳跃传播至另一个大城市，那么接下来的传播，应该是遵循“层级效应”（hierarchical effect）来进行。也就是从大城市传播至较小的城市、乡镇和村庄，依层级依次递降。虽然在每个传播中心也会依循“波浪传播”的方式向周围扩散传播，但是各大城市间彼此的交流和互动的作用影响可能更大，所影响的区域也更为广泛，也加快了语言创新形式在地理空间拓展的速度。尤其是现今交通、通信和媒体的便利和普及，将使这种传播扩散的方式更为显著。

四、地理语言学的研究理论

1. 周圈分布

日本民俗学者柳田国男在他的名著《蜗牛考》（1930）中提出“方言周圈论”的理论。他主张“古语残存于边境”，也就是说方言地理变异，周边一致性的变体是存古的，中间不一致的变体是后来插入的新形式。

柳田氏假定有三个连续的聚落地A、B、C，本属同一个语言或方言a。随着时间流转，这三地语言开始产生差异。若依语言“邻接原则”[1]，则可能产生三种不同变体，形成 a－b－c 或 c－b－a 的分布形式。表示距离越远，方言差异越大。但如果方言变体形成 a－b－a 的分布状态，也就是周边方言一致，而中间的方言不一样。这种非常态分布，违反了语言连续性原则。柳田国男为了解释这种分布状态，提出所谓的“方言周圈论”。主张可以推断 B 聚落的 b 方言是后来插入的新变体。柴田武（1969：32）接受了柳田国男的“方言周圈论”，作为他语言分布理论的第二原则“周边分布原则”。这种语言分布的演变模型如图 4 所示：

地点	C’	B’	A	B	C
语言	a	a	a	a	a

阶段一

→

C’	B’	A	B	C
a	a	b	a	a

阶段二

→

C’	B’	A	B	C
a	b	c	b	a

阶段三

图 4　“方言周圈论”模型

这种“方言周圈论”观点，同时期的美国学者 Bloomfield 在他的 *Language*（1933）书中也提出类似的理论。[2]

2. **逆周圈论**

日本地理语言学学界将柳田国男的“方言周圈论”视为是对地理语言学的重大理论贡献。所以历年来在日本地理语言学界，对“方言周圈论”多有论述与补充。其中最重要的是“逆周圈论”。

如图 4 的“方言周圈论”模型中，地点 A 是语言新形式的发动地。这个语言新形式发动地的地点 A，往往就是这个地区的最大都市。C’、B’、B、C 这四个聚落深受 A 地的语言影响，所以这四个地点就是 A 地的“语言规范力”的涵盖范围。

在“方言周圈论”的理论中，旧形式 a 与新形式 b 呈现 a－b－a 的分布状态。但在地理上往往会有另一种分布，则是呈现 b－a－b 的分布状态。也就是语言旧形式 a 分布在中心地点，周边一致性的变体 b 却是新形式。这种分布状况恰与“方言周圈论”的理论相反，故称“逆周圈论”。

小林隆（2002）、大西拓一郎（2008）等学者对“逆周圈论”的现象提出解释。小林隆认为“逆周圈论”现象的产生，是观察的角度不同所导致，他以下面两个模型来表示“逆周圈论”的现象，如图 5 所示：

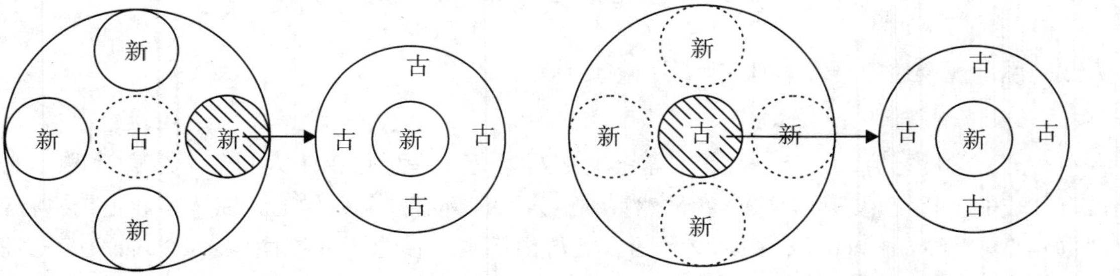

逆周圈论之中之周圈论（1）　　逆周圈论之中之周圈论（2）

图 5　小林隆“逆方言周圈论”模型

在这个模型中，虽然在初步观察中，旧形式是被周边一致的新形式所包围，但深入观察后可以发现，在新形式的周边是被旧形式所包围［图 5（1）］，而在旧形式分布的中心地点，也存在着新的形式

[1] 柴田武（1969：27～31）有关语言地理分布的第一原则“邻接分布原则”假定词汇延着地面传播，词汇变体基本上必须遵守“邻接原则”分布，不是 a－b－c 就是 c－b－a。而中间的 b 往往是 a 和 c 的混合。

[2] ［美］布龙菲尔德（Leonard Bloomfield）. 语言论（*Language*）［M］. 袁家骅译. 北京：商务印书馆，2002. 412.

［图5（2）］，所以仍然是符合“方言周圈论”的。

例如，在台湾高雄市旗津区存在这样的语言分布：

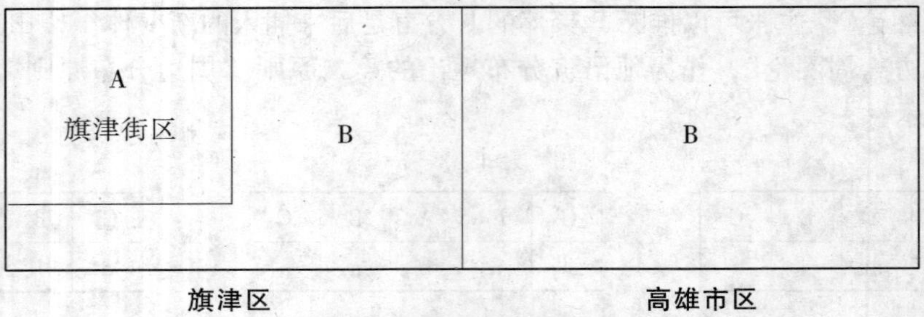

图6　台湾高雄市旗津区的语言分布

A是旗津区原本的偏泉腔的旧形式，B形式则是高雄市区的台湾通行腔（偏漳腔）。旗津区原本应该都是讲偏泉腔，但现今旗津区的边缘地带大多已被通行腔所取代。若单就旗津区来看，旧形式A反被新形式B所包围，成为“逆周圈论”。但若放大到整个高雄市来看，则旗津区的旧形式A是被新形式B挤压到边陲地带，仍旧符合“方言周圈论”。①

“方言周圈论”与“逆周圈论”的现象给我们一个重要启示：在讨论语言地理分布现象时，必须考虑到“地理层级”。随着微观、中观、宏观的角度不同，所看的现象也会不同。所以在根据地理因素观察语言分布时，一定要顾及全面性。

最后还要特别强调，在运用“周圈论”时要特别小心，因为在语言分布上另有一种同样是a－b－a形式，看起来与“方言周圈论”一样，但实际上这只是单纯的“远隔分布”的现象。“远隔分布”造成的原因，与形成“方言周圈论”的原因并不相同。“远隔分布”的形成，主要是“跳跃扩散”所造成的结果。例如在台湾的宜兰县北端的头城、礁溪，以及南端的苏澳，有一个非常特殊的方言变项，就像“中央”念成/$ting^{33}$ ing^{55}/、“台中”会念成/tai^{33} $ting^{55}$/、“凉”念为/$ling^{13}$/。形成周边语言变体一致，与中心不同，类似“方言周圈论”的现象。但经过考察两地的历史背景，发现苏澳有这种念法的，主要是来自头城的移民。所以，宜兰县的这种“远隔分布”现象是由移民造成的语言“跳跃扩散”，与“方言周圈论”无关。

五、地理语言学的研究趋势

大致来说，现今地理语言学研究有两个重要趋势：

1. 立体化的地理语言学研究

在描写方言学的研究观念上，将语言静态化、标准化、理想化，认为同一个语言社群（地区），内部是没有分歧的。传统地理语言学学者虽然看到语言的内部有方言差异的存在，却假定语言社群内部是具有“同构型”（homogeneity），而忽略了语言社群内部也存在着“异质性”（heterogeneity）。所以传统地理语言学学者对空间的关注只在地域上，尤其对于方言分布的范围与地区与地区间的差别特别重视。

社会语言学强调语言本质是“异质性”的而非“同构型”的，研究重点在讨论进行中的方言变化及其动机与过程，所以社会语言学是一种“动态的语言学”研究。但是社会语言学研究把空间和社会对于语言变化的作用区分开来，从空间、社会和时间的不同角度研究语言的异质性。认为三者既是“自然的联盟”，又是各自独立的学科。

地理语言学研究地理上的变异，将语言在空间中变异研究压缩在地理平面上；而社会语言学研究社

① 要特别说明的是，旗津区的这个现象是“邻接原则”的“语言接触”所造成的结果。所以不能直接依“方言周圈论”来推论，原本高雄市区也是说偏泉腔。

会中的变异，将语言在空间中变异研究压缩在社会平面上。也就是说时间和社会中的异质是无关地理空间的，地理空间也不能形成调查中的语言小区，因此均无法全面观察语言在时空中的变化。

所以，现今的地理语言学研究倾向于结合社会语言学的研究做整体性的交互观察。日本学者将这种研究法，称为“立体化的地理语言学研究”。在日本自行发展起来的 Glottogram（グロットグラム）研究法，将数个方言点作不同年龄层语言状况的比较研究（location × age，表示方言点加年龄层的研究）。同时展现出地理上与年龄层上（社会阶层）的语言差异，以及地理差异和年龄差异的交错关系所产生的语言差异的分布情形。这是一种“立体化的地理语言学研究”。

2. **与地理信息系统（GIS）相结合**

现今地理语言学上语言地图的绘制，开始运用地理信息系统（GIS）来绘制。一方面由于地理信息系统绘制的地图准确且精美，另一方面是因为系统内部的数据库系统，可以处理大笔的数据。对于处理大区域，如全国或是一个洲甚至全球的语料信息，有莫大的帮助。也使得绘制一个洲或是全球的语言特征图成为可能。同时对于不同的数据来源，只要将字段调整妥当，就能够统合不同的数据，有利于调查工作的分工进行。

另外借由 GIS 强大的地理数据处理能力以及图层，可以提供更完整的地理信息。例如道路、铁路、河流、山脉走势、人口密度，甚至等雨线、等温线、植被线等，这些地理信息都可能是导致语言分布改变的因素之一。GIS 可以提供我们良好的语言和地理交叉观察的平台，对语言分布进行更科学的分析。

大西拓一郎（2007）更运用 GIS 将语言地图 3D 化。在地貌上以立体图来呈现，如此可以更清楚地看出山脉高度（等高线）对语言分布的影响。运用这种技法，也能解决在处理微观地理语言学时，面对都市中高楼住户，无法标示不同楼层住户不同语言的窘境。

参考文献

［1］李仲民．从地理语言学论台湾闽南语语言地图的编制观念与方法——以台湾东北部闽南语研究为样本［D］．台北：文化大学博士学位论文，2009.

［2］徐大明．语言的变异与变化［M］．上海教育出版社，2006.

［3］曹志耘．地理语言学及其在中国的发展［A］．中国方言学报（第一期）［M］．北京：商务印书馆，2006.

［4］［日］小林隆．日本语方言形成モテルのために［A］．方言地理学の课题［C］．东京：明治书院，2002.

［5］［日］小西いずみ、三井はるみ、井上文子、岸江信介、大西拓一郎、半沢康．方言学の技法［M］．东京：岩波书店，2007.

［6］［日］大西拓一郎．现代方言の世界［M］．东京：朝仓书店，2008.

［7］［日］柴田武．言语地理学の方法［M］．东京：筑摩书房，1969.

［8］［日］真田信治．社会语言学概论［M］．王素梅，彭国跃译．上海：上海译文出版社，2002.

［9］［日］马濑良雄、佐藤亮一、小林隆、大西拓一郎等编．方言地理学の课题［M］．东京：明治书院，2002.

［10］［美］布龙菲尔德（Leonard Bloomfield）．语言论（*Language*）［M］．袁家骅等译．北京：商务印书馆，2002.

［11］J. K. Chamber & Peter Trudgill. *Dialectology*［M］．北京：北京大学出版社，2002.

• 岭南语言资源与语言技术 •

怀集县的语言[①]

杨璧菀

（贺州学院中文系　广西贺州　542800）

提　要　怀集县内的汉语方言有粤语（当地称“白话”）和客家话，少数民族语言有标话和壮语。

关键词　怀集县　语言种类　语言资源

怀集县处于广东省西北部，肇庆市北部。东接阳山县、广宁县，南连德庆县，西接封开县和广西贺州，北邻连山与连南县。本县总面积3 573平方公里，四面环山，地势自北部和西北部向东南部倾斜。西部是盆地平原，面积近400平方公里，占全县总面积的11%，为县内主要产粮区；中部、东南部是丘陵，为农林两业并举地区；东部至北部是山地，为主要竹木产区。怀集县辖18个镇（怀城大坑山$_{2003年并入}$、连麦、中洲泰来$_{2003年并入}$、洽水、凤岗、坳仔、诗洞、桥头、大岗、梁村、岗坪、马宁、汶朗、甘洒、永固、闸岗、蓝钟）、一个民族乡（下帅壮族瑶族乡）。2003年末全县人口93.10万人。

怀集在历史变迁中曾经有八百年属于广东，有七百年属于广西。今县境东部、西部古代属于不同分属，东部属四会县辖地，秦汉起隶属南海郡，西部秦时为桂林郡之地，汉时起为苍梧郡封阳县辖地，三国时起属临贺郡。东部建制为怀集县，南宋元嘉十三年（436年）分四会县的银屯乡而立，属南海郡。西部建制有永固县和洊安县。南朝刘宋年间（420—479年）从封阳县分出永固县。唐武德元年至三年（618—620年）又复置永固县，属临贺郡。唐开元二年（714年），撤销永固县，并入怀集县，属广州。南朝齐（479—502年）从封阳县分出洊安县（后改为洊水县），属临贺郡。北宋开宝五年（972年），撤销洊水县，并入怀集县，从此形成今怀集县的全境，属南海郡。元朝至元十五年（1278年），怀集改隶湖广行中书省贺州。明洪武九年（1376年），怀集隶广西梧州府。民国二年（1913年）改隶苍梧道，二十三年（1934年）属广西省第一行政督察区（平乐专区）。1952年，怀集县正式归属广东省，属西江行政专员公署。

一、怀集县的语言

怀集县内的汉语方言有粤语（当地称“白话”）和客家话，少数民族语言有标话和壮语。粤语使用人口总计约75.7万，占全县总人口的81.7%；客家话人口约0.4万，占0.4%；标话人口约16万，占17.3%；壮语人口约0.6万，占0.6%，参见表1和图1。

① 本文为国家社会科学基金项目“语言接触视角下的两广交界处勾漏粤语研究”（08BYY012）、广西壮族自治区哲学社会科学规划青年项目“标话与周边勾漏粤语词汇比较研究”（11CMZ010）、教育部人文社会科学研究西部和边疆地区青年基金项目“标话电子音像地图集”（11XJC740004）研究成果之一。

表 1　怀集县的语言分布

语言	汉语方言					少数民族语言	
	粤语				客家话		
分类	上坊话	下坊话	桥头粤语	白崖话	客家话	标话	壮语
分布	怀集西北部	怀集东部	桥头	诗洞健丰、丰安、金沙	蓝钟、闸岗、下帅、诗洞、桥头、冷坑	主要在怀集南部：诗洞、永固、桥头、梁村、大岗、桥头	下帅
人口	31 万	39.7 万	4.5 万	0.5 万	0.4 万	16 万	0.6 万
比例	81.7%				0.4%	17.3%	0.6%

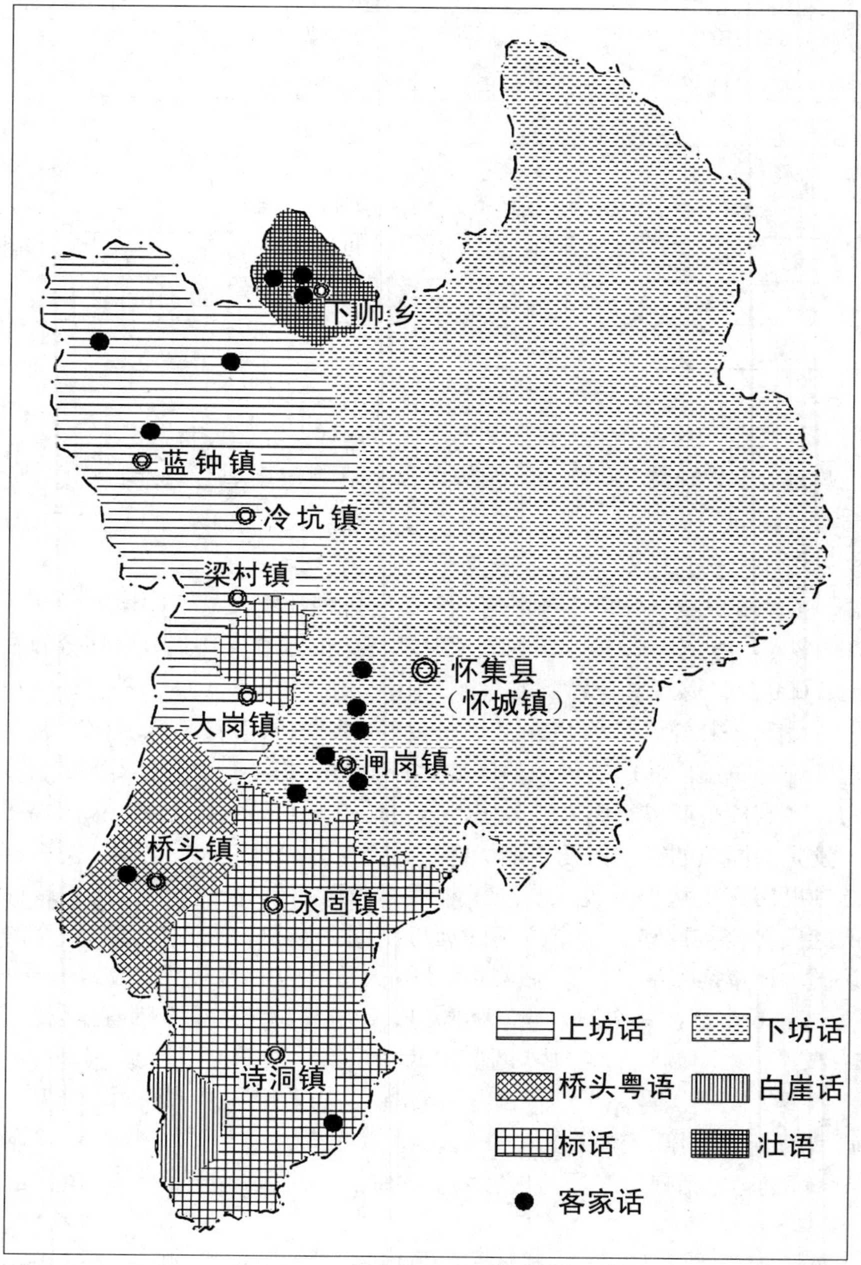

图 1　怀集县语言分布图

说明：本图仅为怀集语言的分布图，不作为行政区划的依据。

各种语言（方言）的情况如下：

1. **粤语**

怀集的粤语属于勾漏片粤语，主要有上坊话和下坊话，还有桥头粤语、诗洞的白崖话。上坊话使用于冷坑、梁村、大岗、马宁、岗坪、蓝钟等地，总人口约31万（据怀集县统计局编《（2003年度）怀集县国民经济统计资料手册》，2004）。下坊话使用于怀城、坳仔、凤岗、连麦、中洲、洽水、甘洒、闸岗、汶朗、泰来等地，总人口约39万。

表2　上坊话使用人口总计（2003年年末）

镇名	冷坑	梁村	大岗	马宁	岗坪	蓝钟
总人口数	111 626	76 934	72 349	46 005	36 627	22 261
上坊话比例	100%	75%	50%	100%	100%	100%
上坊话人口	111 626	57 700	36 174	46 005	36 627	22 261
总计	310 393					

表3　下坊话使用人口总计（2003年年末）

	怀城	坳仔	凤岗	连麦	中洲	洽水	甘洒	闸岗	汶朗	泰来
各镇人口	140 430	40 844	39 529	36 804	33 232	30 055	26 639	18 842	18 503	12 049
总计	396 927									

桥头粤语使用于桥头镇，约占全镇人口的80%，总人口约4.5万。诗洞白崖话使用于诗洞的金沙、健丰、丰安3个行政村，总人口约5 000人。桥头粤语和诗洞白崖话与封开县莲都镇的粤语比较接近，与上坊话和下坊话有一定的差距。

2. **客家话**

据《怀集县志》（1993）载，怀集蓝钟区的冯、吴、赖姓和闸岗、下帅两区村庄中的部分人讲客家话，全县约有1 000多人。据笔者2010年7月至9月在怀集的调查，怀集客家话分布在6个乡镇，17个村委会，总人口约4 000人。除了县志提到的蓝钟、闸岗、下帅3镇（乡）外，还有诗洞、桥头、冷坑3镇。怀集客家人绝大部分来自粤东梅州、惠州一带，姓氏主要有涂、冯、纪、廖、吴、赖、杨、潘等。在闸岗镇，客家话分布最广，影响较大。该镇共有8个村委会，除了善福1个村委会外，其余7个都有客家话的分布，各姓氏中又以纪氏人口最多，分布最广。大部分姓氏的客家人经过广宁县这个中转站才到怀集县，特别是闸岗镇的客家人几乎都从广宁县迁入。少数姓氏的客家人直接从客家祖地梅县或兴宁县迁入，如蓝钟冯氏直接从梅县迁入。迁入时间都在清朝一代，且都在怀集居住了5～8代以上。这些仍说客家话的姓氏多修有族谱，来自广宁的与广宁同宗祭祖，来自梅县、兴宁的也曾回过祖地祭祖，仍有客家人认同。怀集客家话可根据原籍地的不同大致分为"梅县型"和"长乐型"两类。"梅县型"和"长乐型"都有6个调，只有阳入调值相同，其他五个调调值调型都有差异。"梅县型"第1调阴平［44］调型为高平，第2调阳平［21］调型为低降，第3调阴上［53］调型为高降，第5调阴去［55］（或［45］）调型为高平，阴入［53］调型为高降。"长乐型"第1调阴平［35］调型为高升，第2调阳平［24］调型为低升，第3调阴上［21］调型为低降，第5调阴去［53］调型为高降，阴入［21］调型为低降。怀集客家话保留了原籍地客家话的特点，又在粤方言影响下产生了一些变异。

3. **标话**

标话属于汉藏语系侗台语族侗水语支的一种语言，人们把这种与粤语不同的话称为［pɛu^{33}］或［pɛu^{422}］。主要分布在诗洞、永固两镇，此外梁村、大岗、桥头的部分地区也有分布，总人口约16万，都是汉族。诗洞、永固两镇讲标话人的姓氏主要有植、梁、徐、黄、孔、袁等。梁村、大岗镇姓氏主要有梁、李、黎、覃等。

表4 怀集标话使用人口总计（2003年年末）

镇名	诗洞	永固	梁村	大岗	桥头
各镇人口	61 477	40 309	76 934	72 349	56 157
标话比例	90%	100%	25%	50%	20%
标话人口	55 329	40 309	19 233	36 174	11 231
总计	162 276				

今天的标话是原始壮侗语族语言与南下汉人带来的汉语方言交流融合的结果。今天永固、诗洞两镇居民的少数民族特征已经磨灭，服饰、建筑也都已汉化，但语言是活化石，他们使用的语言却一代一代地保留了下来。这种语言吸收了很多汉语的成分，但少数民族语言的底子没有变。标话是处在两广交界处一种独立的少数民族语言，是主要处在粤方言包围中的少数民族语言，是今广东境内除壮语、瑶语以外，由百越土著居民存留下来的语言，在语言学、民族学、历史学等方面都具有重大的研究意义。

4. **壮语**

怀集境内的壮语属于壮语北部方言连山土语，流通于下帅壮族瑶族自治乡。据最新统计，使用人口有6 000多人。姓氏有覃、韦、黄、莫、廖5姓，主要在明清时代从连山、贺县等地迁入。

二、怀集语言与历史行政区划的关系

今天怀集境内的语言（或方言）分片与怀集历史上的行政区划、建置沿革密切相关。怀集东部和西部历史上属于不同的建置。西部是永固县和洊安县（洊水县），都是分苍梧郡封阳县地而置的，在并入怀集县之前一直属于临贺郡（相当于今贺州）。东部是怀集县，是分南海郡四会县地而置的，属南海郡。永固县、洊水县历史行政区划都是分古代苍梧郡封阳县地而置的。封阳县是广西最早设立的四个县级行政单位之一，始建于汉武帝元鼎六年（前111年），辖区包括今广西贺州市八步区的南部，苍梧县的北部，以及今广东怀集县的西部和封开县的北部，县治设在今贺州市铺门镇河东村的贺江东岸。今天怀集境内的语言（方言）可以分为三大片：标话、上坊话、下坊话，与历史上三个县的界线刚好重合，参见表5：

表5 怀集语言（方言）与历史行政区划的关系

行政区划	建立时间	原所属	今地理位置	今语言（方言）
永固县	南朝刘宋年间 （424—453年）	苍梧郡 封阳县	怀集县西南部 （永固、诗洞、桥头3个镇）	标话
洊安县	南齐年间 （479—502年）	苍梧郡 封阳县	怀集县西部、西北部 （梁村、大岗、冷坑、岗坪等镇）	上坊话
怀集县	南朝宋元嘉十三年 （436年）	南海郡 四会县	怀集县东部 （怀城、甘洒、洽水等镇）	下坊话

三、怀集语言的生存状况

怀集境内的语言资源丰富，但各种语言的生存状况不同。在怀集县内，粤语上坊话和下坊话都是强势方言。由于下帅壮族瑶族乡是肇庆市唯一的民族乡，历来受到政府的重视，在下帅当地有一定的影响，下帅讲粤语或客家话的居民都会说一点壮语。标话、客家话是弱势语言（方言），这些语言（方言）都只能在家里或村里使用，人们出外都使用粤语交际。怀集大岗、梁村的标话面临被粤语同化的危险。大岗、梁村标话语音系统与上坊话一致，特别是声调系统几乎相同。因为说话的腔调相似，乍一听，还以为大岗、梁村讲标人说的标话就是上坊话。即使是七十多岁的阿婆，在讲故事的时候别人说她“一阵讲标［pɛu^{33}］，一阵讲慢［man^{21}］”（一会儿说标话，一会儿说上坊话）。客家话在怀集残存了几个方言岛，处于极其濒危的状态，怀集县内很少人知道它的存在。由于人口少，地处偏僻山村，族里出来的人才少，客家人在怀集县内没有威望。怀集当地的客家人出外都使用当地的粤语方言（诗洞卢氏在诗洞镇说标话），不会主动表明自己的身份是客家人，会讲客家话。因此，从过去到现在，有很多会讲客家话的客家人主动放弃自己的母语，转用当地的粤语方言。

因此，在怀集境内做地理语言学、社会语言学、文化语言学、濒危语言（方言）的研究，可以丰富汉语方言和少数民族语言的研究，为汉语方言和少数民族语言的研究作贡献。

参考文献

[1] 封开县地方志编纂委员会．封开县志［M］．广州：广东人民出版社，1998.
[2] 怀集县地方志办公室．怀集县志［M］．广州：广东人民出版社，1993.
[3] 梁敏，张均如．标话研究［M］．北京：中央民族大学出版社，2002.
[4] 杨璧菀．怀集白话语音研究［D］．陕西师范大学硕士学位论文，2007.
[5] 杨璧菀．标话语音研究［D］．北京语言大学博士学位论文，2010.
[6] 杨璧菀．标话研究综述［A］．甘于恩．南方语言学（第二辑）［M］．广州：暨南大学出版社，2010.

基于汉语方言数据库的语言特征提取及其在谷歌地理信息系统中的标注[①]

彭志峰

（暨南大学汉语方言研究中心/中文系　广东广州　510632）

提　要　探讨建立方言特征提取标准、符合国际标准的语言分区系统，基于方言数据提取语言特征并在谷歌地理信息系统中进行标注。

关键词　方言数据库　语言特征提取　地理信息系统

一、引　言

相对于语言学的其他学科，方言地理学还是一门相当年轻正在成长的学科。方言地理学是在方言的地理差异调查基础上展开的进一步研究，也是汉语方言研究的重要组成部分。方言地图则是汉语方言地理学的必要内容。传统汉语方言地图的绘制存在着周期长、成本高、不利于推广等缺点，而利用计算机技术可以使方言地图的绘制更为便捷、功能更为强大，近年来一些方言学者也在利用 GIS 的原理进行方言地理信息系统（GISD）的研究，往方言地理信息处理的方向发展。本文探讨建立方言特征提取标准、符合国际标准的语言分区系统，基于方言数据提取语言特征在谷歌地理信息系统中进行标注，希望形成一套高效的、能充分利用现有数据库成果、适合于大规模语言特征信息标注的、能在互联网上供大家查询和更新修正的方言地理语言特征标注研究技术标准。

二、相关概念

1. 汉语方言数据库

建立完备的汉语方言语音、词汇、语法等数据库，实现对汉语方言进行基础分析、统计和比较研究的自动化。

2. 语言特征提取

根据指定方言的特点，按照相应的数据标准化规范从方言数据库中提取一定数量具有代表性的条目，能基本反映方言的大致面貌。

3. 谷歌地理信息系统

地理信息系统 GIS 是将计算机硬件、软件、地理数据以及系统管理人员组织而成的对任一形式的地理信息进行高效获取、存储、更新、操作、分析及显示的集成。谷歌地理信息系统是一种较为理想的工具平台。该系统可免费使用，基于互联网络，操作简单，可存储大容量的语言特征信息，地图数据更新及时，能大幅度提高语言特征标注的工作效率。

4. API 接口信息标注

大部分地理信息系统软件都是处于较为封闭的开发环境，数据兼容性不好，不能较完整地导入已有

---

① 本文受到国家语委 2011 年度“十二五”科研规划项目“中国濒危语言有声资源采集、传输和集成技术研究”（YB125－11）和“中国少数民族语言和汉语方言语种及分区代码标准研究”（YB125－25）的支持。

的方言数据。而谷歌对外提供了便于二次开发的开放式地图服务应用程序接口（Google Maps API），允许开发者调用 API 接口将地理信息和方言数据库进行数据对接，最大限度地实现汉语方言数据库特征在谷歌卫星地图系统中的标注。

三、国内外研究现状

国外典型的应用有：①联合国教科文组织利用谷歌地图服务建立了世界濒危语言地图集，收集了世界上 2 474 种濒临灭绝的语言，在谷歌地图系统上进行标注，对其进行各种属性描述，并在互联网上向全世界使用者提供查询和修正补充服务；②OLAC（开放语档联盟）提供语言查询地图，规定描写语言资源和提供相关服务的元数据构成、元数据格式、元数据扩展的使用、第三方扩展的定义、扩展的文档化等；③HRELP 提供有声语档资源地图。

国内可分为语言地图集、语音数据库、词汇数据库、语法数据库等。①语言地图集：一是由中国社会科学院与澳大利亚人文科学院合编的《中国语言地图集》表现了中国境内复杂的汉语方言和数十种少数民族语言的地理分布和系属分布；二是由曹志耘主持编纂的《汉语方言地图集》，是一种描述整个汉语方言语言特征的分布图；三是由甘于恩主持编纂的《广东粤方言地图集》，是一种汉语方言语言特征分布图。②中国社会科学院开发的"北方方言基本词汇数据库"收录北方话 100 余调查点和 2 000 余条基本词汇；由丁邦新等开发的"汉藏同源词研究系统"收录了汉藏语系 122 种语言和 12 种汉语方言的 1 500 余条词汇，麦耘主持的"汉语方言词汇数据库"，刘丹青主持的"方言语法语料库"，侯精一主持的"现代汉语方言音库"，刘俐李主持的"汉语方言语音词汇库"，顾黔的江淮官话分区的方言地理研究。

总体来看，存在三点不足：①数据标准不统一，大家各自为政，彼此建立的方言数据库不能相互共享；②多采用人工归纳语言特征在地图上进行标注，由于人力所限，标注效率低，标注容易出错；③由于现有的地图信息系统多处于较为封闭的开发环境，数据兼容性不好，无法充分利用现有的方言数据资源。

四、具体实施

大致来说，可分为方言特征提取、建立语言代码系统、选取 API 函数、特征标注、网络发布五个环节。基本框架如下：

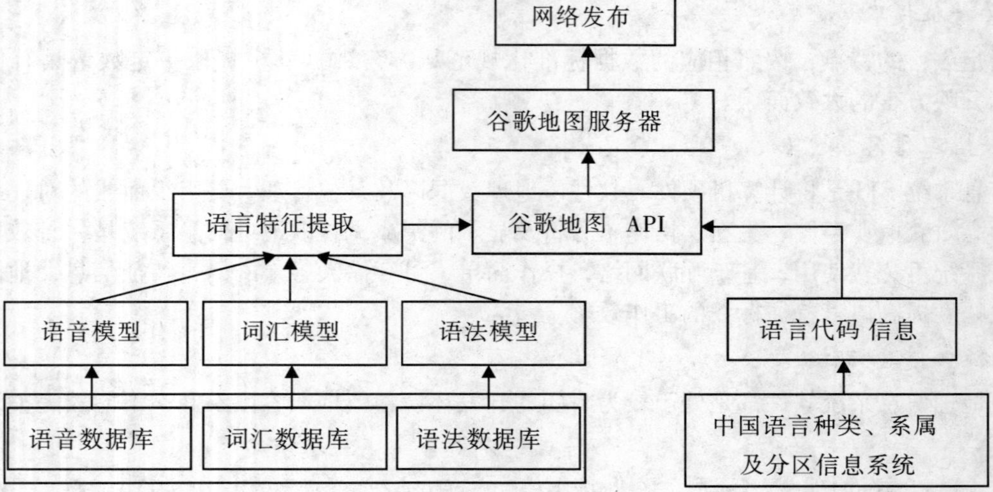

1. **方言特征提取**

方言数据库种类很多，有语音数据库、词汇数据库、语法数据库，还有其他以语言特定特征为研究对象的数据库。选择语言特征要考虑条目的数量和质量以及相应的数据标准化规范。要充分考虑到方言的共性和特性。共性特征就是能够反映汉语方言普遍性的语言特征，特性特征则主要体现在方言的分歧性和复杂性上。

2. **建立中国语言种类、系属及分区信息系统**

国际标注化组织联合制定的 ISO639 代码集，用于为全世界各语言制定适用于各方面特别是计算机系统使用的语言代码。而国内基于 ISO639 标准的 GB/T4880 标准集并没有较完全地体现我国境内的少数民族濒危语言或方言。ISO639－6 的语群系属代码也没有采用中国国内的语言系属分法。同时，GB/T4880 标准集里面没有方言及少数民族的分区和分片代码信息，而这些信息对于语言地理信息系统的制作和维护有相当大的作用。

为了能充分实现语言地理信息的共享和参与，很有必要整合现有的相关成果，在国家语言总体国情框架下，参照国际标准，尽快建立中国语言种类、系属及分区信息系统。

3. **研究谷歌地图 API 接口函数，选取合适的函数**

谷歌地图提供了 3 种地图模式（交通、卫星影像和地形）的各种层面的调用和扩展接口，它提供各种函数来帮助用户实现地图、地标、控件、图像、地图类型和折线等功能，主要 API 如下：

（1）主要控件：地图数据调用接口、加载、控制缩放和地图类型切换控件，用于地图的创建、控制和类型选取，将谷歌地图加载到方言数据库系统中。

（2）叠加层技术：根据语言特征在地图上表现的需要，可以额外添加点、线、面或是标注信息，用于图像化表示语言特征的分布状况。

（3）GMarker 地标：用于标记地图位置的对象，根据上一步所建立的语言种类分区信息系统，依赖 GMarker 对象确定标记的指示位置、显示信息等。

（4）GInfoWindow 对象：用于提供语言特征信息窗口的对象，不仅可以使用显示文本信息，还可以链接到方言数据库中的具体资源网址中。

4. **语言特征在谷歌地理信息系统中的标注规则和算法流程**

（1）数据读取：在后台将方言数据库中的语言特征数据转换为 XML 文档供地理信息程序调用。

（2）地图标记的创建和显示：通过 GLatLng 和 GMarkerOptions 来构造它，前者表示标记的经纬度坐标，后者用来存放标记图标、工具提示。

（3）地图标记的监听事件：加载鼠标单击的监听事件，当事件发生时打开的信息窗口。

（4）矢量制图：通过浏览器的矢量制图工具在地图上绘制折线的地图叠加层。

（5）分级和分区域显示。

5. **实现互联网发布和动态更新**

谷歌地图可基于互联网站发布，使用 extJs 框架来创建前端用户界面，利用 extJs 里的面板来装载方言特征信息数据和谷歌地图，动态更新数据，实现在互联网提供地图生成、查询和修正补充服务。

参考文献

[1] 甘于恩.《广东粤方言地图集》的理论价值及相关问题 [J]. 语文研究，2007 (2).

[2] 张振兴.《广东粤方言地图集》述评 [J]. 暨南学报（哲学社会科学版），2010 (3).

[3] 范俊军. 汉语方言词汇数据库研制的思路 [J]. 广东教育学院学报，2006 (2).

[4] 周宇林，付忠良. 基于 Google 地图 API 的空间信息发布 [J]. 计算机应用，2011 (5).

• 语音学和实验语音学 •

增城（石滩）粤语的 a 和 ɐ

王茂林　刘新中
（暨南大学华文学院/汉语方言研究中心　广东广州　510632）

提　要　本文采用共振峰数据分析的方法，考察了增城粤语的 a 和 ɐ。发现增城话 ɐi 和 ɐu 的起点比 ai 和 au 的高一些、后一些，ɐi 起点舌位比较靠后。与单韵母 a 相比，aŋ 的元音靠前一些，而 ɐŋ 的元音高一些，且非常靠后。在后接 -p 尾时，增城话的 a 和 ɐ 非常接近；后接 -k 尾时，a 比单韵母 a 靠前一些；而 ɐk 的元音比单韵母 a 靠后。在时长方面，增城话的 ɐ 比 a 略短。

关键词　元音　实验语音学　粤语

粤语的代表方言广州话中有 a 和 ɐ 两个相互对立的元音音位，a 为舌面前、低、不圆唇、长元音 aː。它既可以单独作韵母，又可以与 -i、-u、-m、-n、-ŋ、-p、-t、-k 等结合成韵。ɐ 较 a 舌位高些后些，是个短元音。如“街” kai^{55}、“鸡” $kɐi^{55}$ 不同，“考” hau^{35}、“口” $hɐu^{35}$ 不同（詹伯慧，2002）。

增城位于广州市区的东面，距离广州约 70 公里，增城话与广州话同属粤方言的广府片，两者比较接近，但又存在一些差异（詹伯慧，2002；何伟棠，1986）。袁家骅等（2001）指出，广州话的 aːi 在增城话中念 ai，广州话的 ai 在增城话中念 ei。但在鼻尾韵和入声韵中，增城话还是分 aː 和 a 两套。何伟棠（1986）认为就 a 和 ɐ 而言，增城话和广州话一样，都有这两套元音。詹伯慧（2002）的观点与何伟棠（1986）相同，认为广府片粤语的 a 元音在复合韵母、鼻音尾韵母和塞尾韵母中有长短的对立，例如“街”和“鸡”，广州话和增城话中的发音相同，另外“三” sam^{55} 和“心” $sɐm^{55}$，“达” tat^{22} 和“突” $tɐt^{22}$，在两方言中的发音也都是一样的。

以上研究主要是采用了传统方法，目前尚未发现运用语音软件分析的方法对此问题的研究。本文将采用共振峰数据分析的方法，考察增城粤语中的 a 和 ɐ。发音合作人为男性，增城石滩镇人。语音分析软件使用 Praat4. 5. 15。

增城粤语没有 an、ɐn、at、ɐt 韵母（何伟棠，1986），我们调查的石滩话中也没有 am 韵母，故此本文鼻尾韵只考察 aŋ、ɐŋ，塞尾韵只考察 ap、ɐp、ak、ɐk。

一、a 和 ɐ 的舌位分析

图 1 和图 2 是增城话与广州话 ai 和 ɐi 的声学元音图。这几张图是依据元音的共振峰数据作出的，纵坐标是第一共振峰，横坐标是第二共振峰，图上数据的单位是赫兹。广州话发音人也是男性，广州市区人。图中的 a、i、u 是这三个单元音的舌位，曲线是复韵母舌位滑动的轨迹。图 1 显示，增城话与广州话 ai 的起点均接近本方言中的单元音 a，与广州话相比，增城话 ai 的终点略高一些。观察图 2 可以看出，广州话 ɐi 的起点比 ai 的略高一些，但差异不很大；增城话 ɐi 的起点比 ai 的高一些，舌位比较靠后。

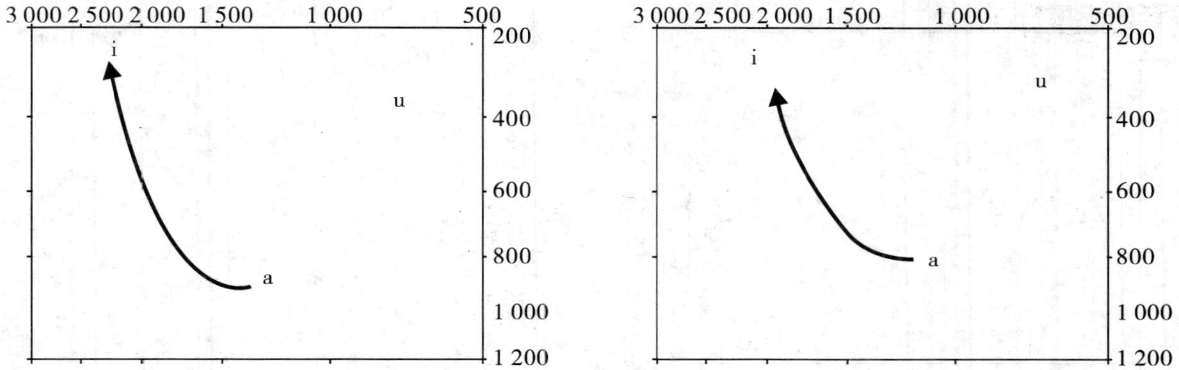

（a）增城话 （b）广州话

图 1 增城话与广州话 ai 的滑动轨迹

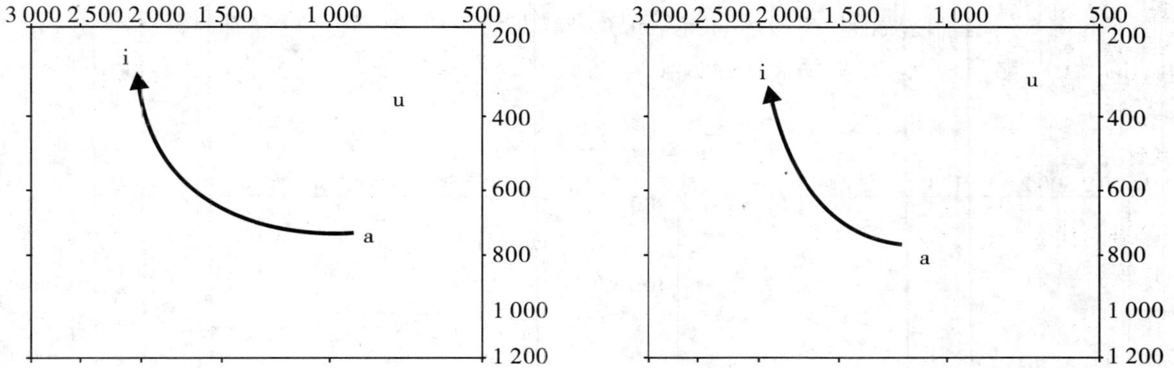

（a）增城话 （b）广州话

图 2 增城话与广州话 ɐi 的滑动轨迹

图 3 和图 4 是增城话与广州话 au 和 ɐu 的声学元音图。从这几张图来看，广州话 ɐu 的起点比 au 高一些、后一些，增城话的这两个音与广州话的比较接近。

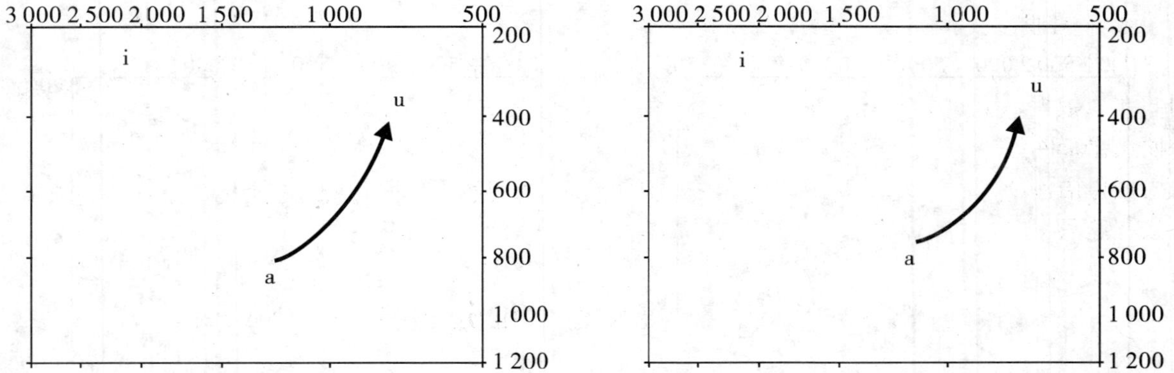

（a）增城话 （b）广州话

图 3 增城话与广州话 au 的滑动轨迹

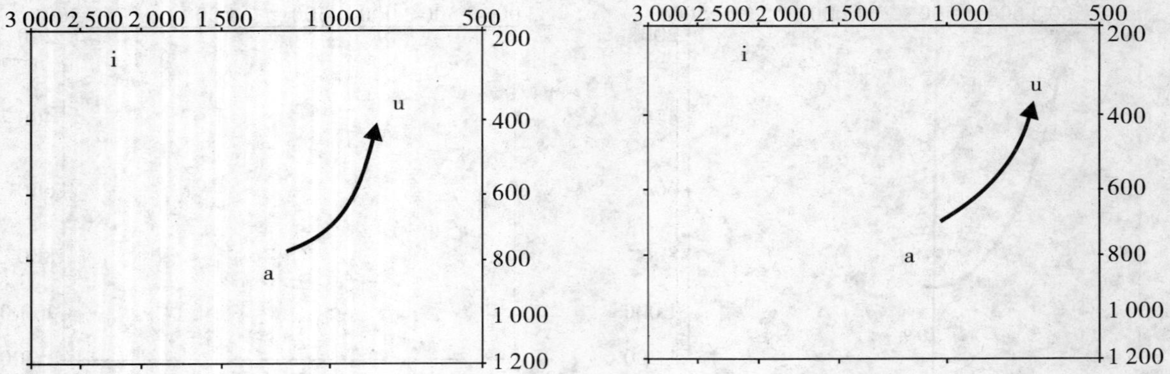

（a）增城话　　　（b）广州话

图4　增城话与广州话 ɐu 的滑动轨迹

图5和图6给出了增城话与广州话 aŋ 和 ɐŋ 元音相对稳定段的位置。可以看出，在后接 -ŋ 尾时，广州话的 ɐ 比 a 略高一点。增城话 aŋ 的元音比单韵母 a 靠前一些，而 ɐŋ 的元音比单韵母 a 高一些，且非常靠后。

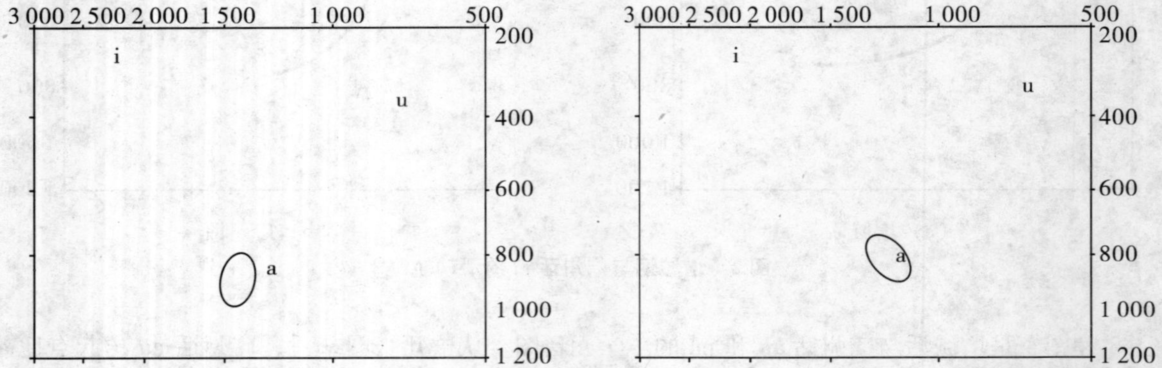

（a）增城话　　　（b）广州话

图5　aŋ 中的 a

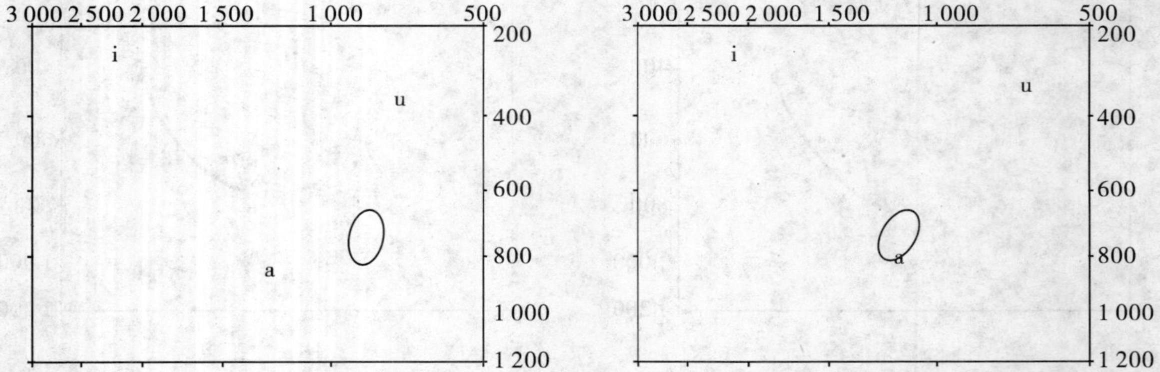

（a）增城话　　　（b）广州话

图6　ɐŋ 中的 ɐ

图7和图8是增城话与广州话 ap 和 ɐp 元音相对稳定段的位置。从这几张图上看，当后接 -p 尾时，广州话的 ɐ 比 a 高一些、靠后一些；而增城话 -p 尾前面的 a 和 ɐ 都接近单韵母 a。

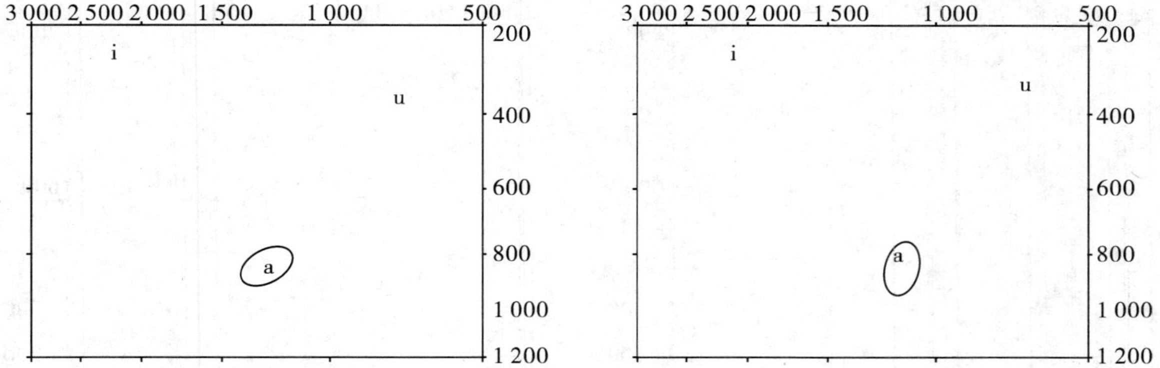

（a）增城话　　（b）广州话

图 7　ap 中的 a

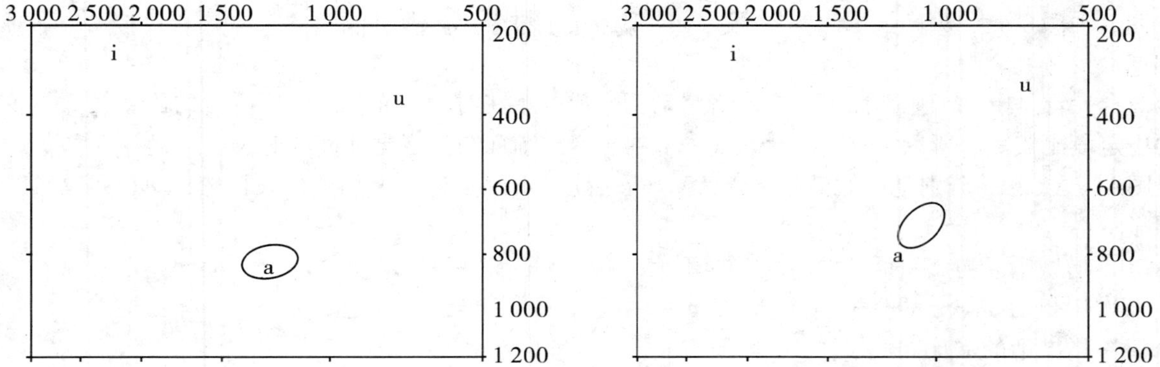

（a）增城话　　（b）广州话

图 8　ɐp 中的 ɐ

图 9 和图 10 给出了增城话与广州话 ak 和 ɐk 元音相对稳定段的位置。从图 9 可以看出，在后接 -k 尾时，广州话的 ɐ 比 a 高一点。增城话 ak 的元音比单韵母 a 靠前一些，而 ɐk 的元音比单韵母 a 靠后。

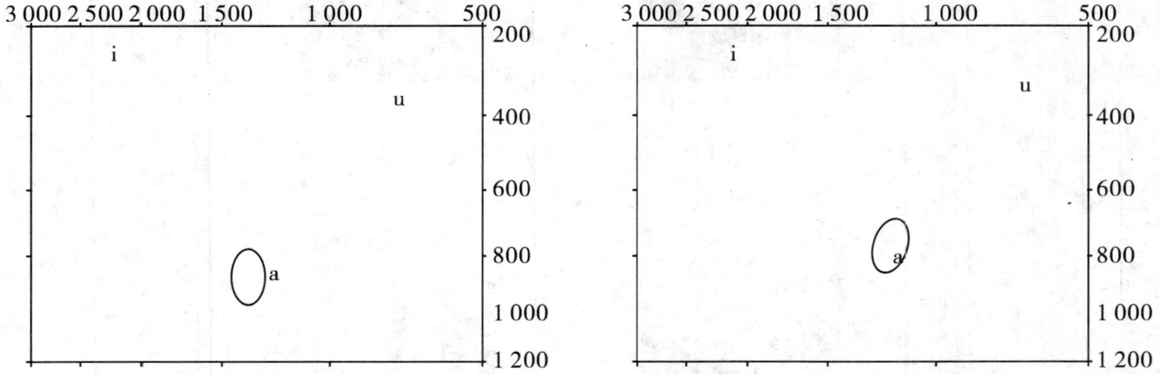

（a）增城话　　（b）广州话

图 9　ak 中的 a

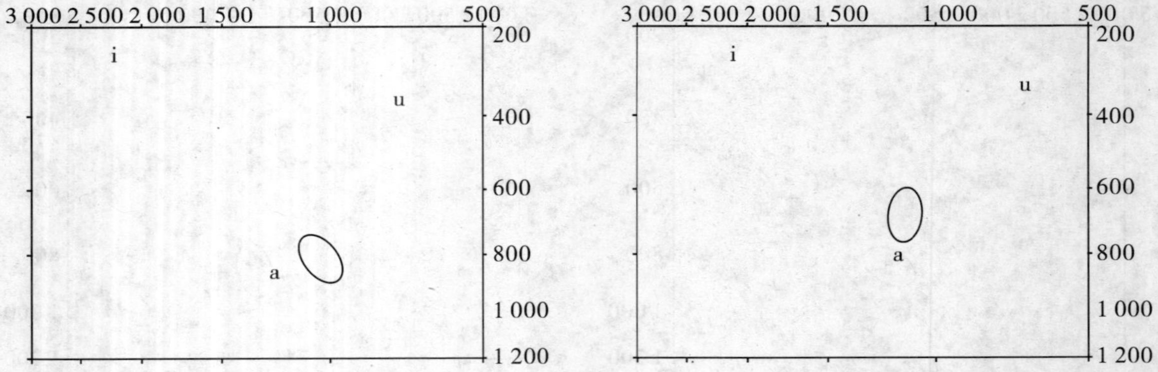

（a）增城话　　（b）广州话

图 10　ɐk 中的 ɐ

二、a 和 ɐ 的时长分析

二合元音是由一个元音向另一个元音滑动而形成的。在时长方面，过渡段所占的比例较大，单个元音的稳定段比较短。所以，这里只比较 a 和 ɐ 在鼻音尾前面与塞音尾前面的时长。

图 11、12、13 分别是增城话与广州话 a 和 ɐ 后接 -ŋ、-p、-k 尾的时长比较，单位是毫秒。这几张图显示：

（1）增城话 a 与广州话 a 的时长差异不大。

（2）广州话 a 与 ɐ 的时长相差很大，ɐ 大约只有 a 的一半，或者更短。

（3）增城话的 ɐ 比 a 略短。

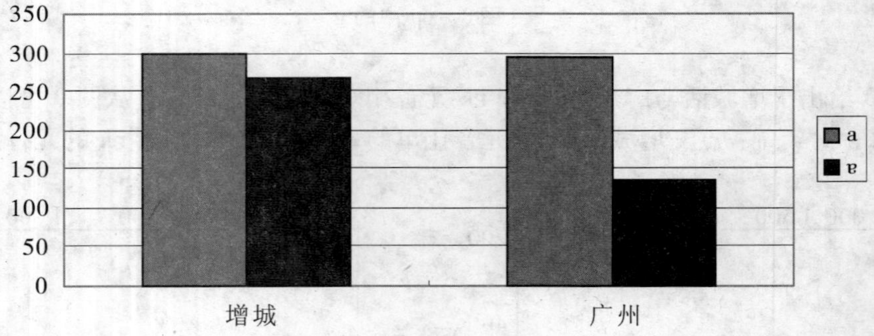

图 11　aŋ 和 ɐŋ 元音时长比较

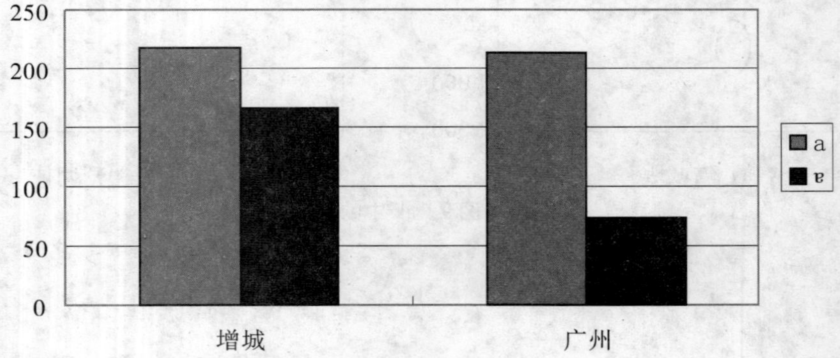

图 12　ap 和 ɐp 元音时长比较

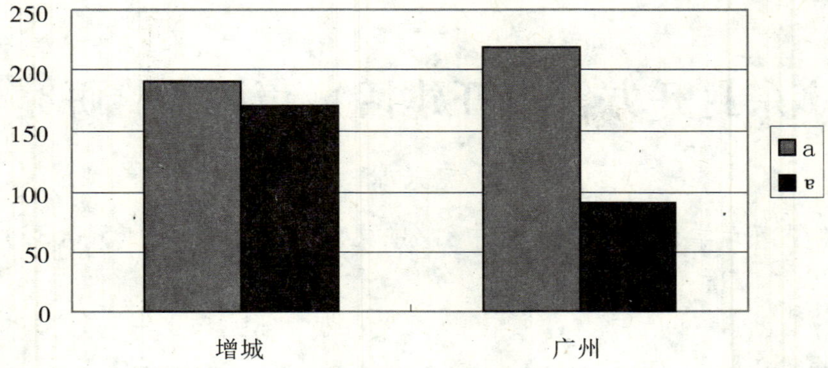

图 13　ak 和 ɐk 元音时长比较

三、总　结

通过分析我们首先发现，广州话的 ɐi 在增城话中并不念 ɐi。与单韵母 a 相比，增城话 ɐi 起点高一些，且比较靠后。增城话的 a 和 ɐ 在不同韵尾前面的表现各不相同，a 在 -i、-p 前面接近单韵母 a，在 -u 前比单韵母 a 略高一点，在 -ŋ、-k 前面则靠前一些。ɐ 在 -p 前面接近单韵母 a，在 -k 前面比单韵母靠后一些，在 -u 前面高一些、后一些，在 -i、-ŋ 前面比单韵母高一些，非常靠后。增城话 ɐ 的时长比 a 略短一些。

参考文献

[1] 何伟棠．广东省增城方言音系［J］．方言，1986（2）.
[2] 袁家骅等．汉语方言概要（第二版）［M］．北京：语文出版社，2001.
[3] 詹伯慧．广东粤方言概要［M］．广州：暨南大学出版社，2002.

广东封开方言（开建话）声调实验研究①

侯兴泉

（暨南大学汉语方言研究中心/中文系　广东广州　510632）

提　要　文章运用实验语音学的方法，对封开方言（开建话）的单字调和双字调进行了全面的声学分析。调查结果跟前人对开建话的声调描写有出入。开建话的双字调有两类变调：前字位置发生中和型连读变调，后字位置发生简化型连读变调。

关键词　开建话　声调　声学实验

一、引　言

封开县位于广东省肇庆市西部，县内主要通行的汉语方言属于粤语勾漏片，个别镇有部分人讲客家话。除了汉语方言外，封开北部跟怀集县交界的长安、金装等镇还有部分人讲标话（属于壮侗语）。封开县 1961 年由封川县和开建县合并而成，因此县内的粤方言可按原辖区分为开建话和封川话两种，两种方言差别较大，不能直接通话。开建话内部差异很小，原辖区各镇之间可以自由通话。

《粤西十县市粤方言调查报告》（下面简称《报告》）在封开县的取点方言是南丰话（南丰是原开建的县府所在地）。《报告》对南丰话的声韵调都作了一个全面的描写，其中单字调有 9 个：阴平 55，阳平 24，阴上 52，阳上 242，阴去 443，阳去 21，上阴入 55，下阴入 43，阳入 22。《报告》在音系特点部分对阳入调专门有一个说明：阳入调的字只要进入词汇，大多数读 35 调。《报告》没有对双字变调作具体的描写。

实际上，如果按照传统区分舒声调和入声调的方法对声调进行分类，开建话应该有 10 个单字调。阳入跟阴入一样，根据主元音的高低分出了上阳入和下阳入两个调，《报告》把上阳入描写为阳入进入词汇时的变调是不妥的。

本文将运用实验语音学的方法对开建话的单双字调进行全面的声学分析。

二、实验说明

本实验分 10 个调类，每个单字调类所使用的例字是 6 个，每字要求发音人读两遍。双字调有 10 × 10 = 100 种组合，每种组合举 3 个例词，同样要求发音人每词读两遍。一共四位发音人，两男两女，都是原开建县南丰镇的年轻人。由于男女声基频范围不同，两个男生和两个女生的数据分别进行平均后再进行归一化处理，这样每个单字调类在男女生中就各有 24 个样本，每对双字调男女各有 12 个样本。

两位男生的语音材料是 2007 年 3 月在北京大学中文系语言学实验室录制的，录音软件为 Cooledit2.0。采用双声道录制，左声道录制声音信号，右声道录制声门阻抗信号（EGG 信号），采样频率为 22 050Hz。两位女生的语音材料是 2007 年 8 月在广州一住宅区的安静住房中录制的，录音软件及采样频率同男生，不同的是采用单声道录制，没有录 EGG 信号。

标注和分析软件都是北大语言实验室编写的软件。分析软件利用自相关算法提取基频周期，软件自

① 本文受教育部人文社会科学研究青年基金项目（11YJC740035）和中央高校基本科研业务费专项资金项目（11JYB2029）的资助。

动提取不够准确的地方根据声音波形和宽带语图进行手工修改。自动导出基频数据程序对基频进行了时长归一化处理，处理时可以根据需要提取相应的归一化时长点数。本文对单双字调中的舒声调和长入声调（下阴入和下阳入）取30个点，短入声调（上阴入和上阳入）取15个点。① 得到基频数值后，分别对男女两组样本进行平均，然后用T值法②将基频值转换成五度值，最后把数值输入Excel画图。

三、实验结果分析

（一）单字调

单字调的实验结果见图1和图2。

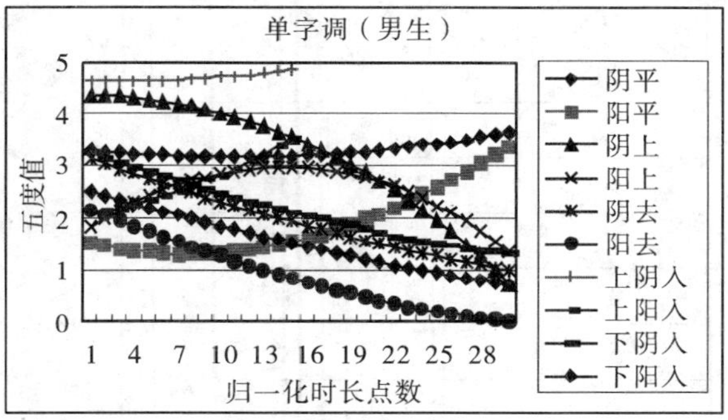

图1　开建话男生单字调

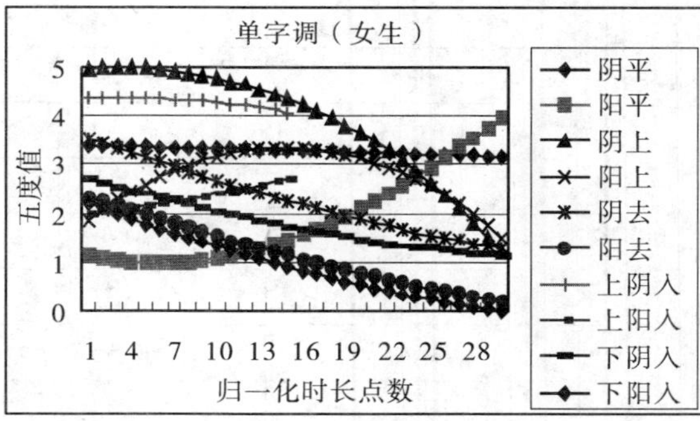

图2　开建话女生单字调

我们先看6个舒声调。舒声调中有三个降调、一个平调、一个升调和一个曲折调。三个降调中，阴上调像一条抛物线从高往低降，覆盖了调域的大部分区域；阴去调从半高往半低降而阳去是从半低往低降。从斜率来看阴上最大，阴去和阳去的斜率基本相同，所不同的只是截距。阴平的起点低于阴上而跟阴去一致，整体调型是个平调。阳平起点跟阳上的起点基本相同，终点跟阴平一致，整体是个略带曲拱的升调。阳上先升后降，起点比终点略高，是个典型的升降曲折调。

再看4个入声调。入声调有平调、升调和降调三种调型。其中上阴入是短高平调。上阳入的起点跟阳去基本相同，终点与阳平基本相同（女生略低），也是个升调，区别在于前者是个短急升调而后者是个长缓升调。下阴入和下阳入是两个平行的降调，其斜率、起终点跟阴去和阳去基本相同。从声学角度来看，下阴入和阴去、下阳入和阳入都可以各自归纳为一个调。表1是我们根据T值归纳出来相应的五度值。

对比表1和《报告》关于开建话调类和调值的描写，我们会发现实验结果最明显的是多了“上阳入”这个调类及相应的调值。《报告》中阳入调只有一类，但在音系特点部分说阳入调的字只要进入词汇，大多数读35调。这种处理并不合适。首先，大多数阳入调并没有一进入词汇都变成35，阳入中只有跟高元音③相配的那一类（也即上阳入）在后字时才读35（本文处理为34），其他都读31。而上阳入这一类是有自己的本调和变调的：它单念和在词末时读本调，在词的前字时才会发生变调并跟下阳入合并。另外，《报告》在音系归纳时把阴入调分出了上阴入和下阴入，阳入却只分一类，这在音系处理标准上是不统一的。因为开建话的阴入调和阳入调都是按主元音的高低各自分出了两个调：上阴入和下阴入，上阳入及下阳入。它们调值上虽然差别很大，但都是互补的。因此，阴入和阳入要么都不分，要么都分开。造成这种阴入分而阳入合的原因，一来由于调查者没能找到阳入调具体分化的条件，二来也可

① 我们主要根据声调的时长来决定单字调归一化处理的点数，开建话舒声调、长入声调及短入声调之间的平均时长（男）为283：242：108（ms），它们的比例粗略地可看作2：2：1。

② 关于T值公式的详细介绍请参考石锋（1986，1990）。

③ 这里的高元音是跟下阳入所配对的元音相对而言的。

能是调查者主观上受到广州话9声调系统影响的缘故。对其他3个入声调的处理也有别于《报告》：我们根据时长的不同分为短入调（上阴入和上阳入）和长入调（下阴入和下阳入）两大类，这点《报告》没有说明；另外两个长入调的调值跟《报告》也有所不同。从实验结果看，下阴入和下阳入完全可以合并到阴去和阳去里，因为它们调值基本上都是一样的，调长①相差也不明显，只不过下阴入和下阳入只跟塞尾韵搭配，阴去和阳去只跟鼻尾韵和开尾韵搭配而已。

剩下几个调类的处理只是在调值上有些细微的区别，如把阴平处理为44，阴去处理为42，阳去处理为31。这些音值上的区别在音系学上并不重要。

表1　开建话单字调五度值

单字调	男	女	综合
阴平	44	44	44
阳平	24	24	24
阴上	52	52	52
阳上	232	242	242
阴去	42	42	42
阳去	31	31	31
上阴入	$\underline{55}$	$\underline{55}$	$\underline{55}$
上阳入	$\underline{34}$	$\underline{23}$	$\underline{34}$
下阴入	42	32	42
下阳入	31	31	31

（二）双字调

1. **前字变调**

开建话的双字变调主要是前字变调，当我们把后字调类相同的基频曲线放在一起，前字再按舒声调、入声调分开画在图上②时，我们清楚地看到，无论是舒声调还是入声调都自然地类聚成两大类：阴调一类，阳调一类。两类下还可以按照入声和舒声再各自分成两个小类。具体来说，前字阴平、阴上和阴去是一类，前字上阴入和下阴入也是一类；前字阳平、阳上和阳去是一类，前字上阳入和下阳入也是一类。用相应的五度值来表示就是：阴平44、阴上52和阴去42变成32，阳平24、阳上242和阳去31变成21；上阴去$\underline{55}$和下阴入42变成$\underline{33}$，上阳入$\underline{34}$和下阳入31变成$\underline{22}$。③由此可见，开建话的前字变调属于典型的中和型连读变调。④

这个实验结果跟笔者的语感（笔者为开建人）及被调查者的听辨结果是一致的。笔者曾拿几对后字读音相同，前字声韵同而声调不同的对比词（或词组）让被调查者听辨，也得到同样的结果。前字舒声的例字如：撕肉 = 翅肉 = 耻辱［$ʧ^{h}i^{32}$ ɳ̥iok $\underline{34}$］；潭水 = 淡水 = 氮水［tam^{21} $ʃœ^{52}$］。由于开建话的4个入声调是两两互补的，因此找不到后字相同而前字声韵皆同而调不同的例词，但是被调查者还是可以感觉到上阴入和上阳入的音高发生了变化。

单字调在前字位置除了发生音高上的改变之外，调长及振幅也发生了明显的变化。一致的变化是前字调长比后字短，振幅比后字低。为了方便比较，我们统计了调查表中所有前后同调音节的平均调长和平均振幅，结果见表2。

---

① 阴去平均调长为292ms，阳去为273ms；下阴入为207ms，下阳入209ms。

② 见附图，为节省篇幅仅举前字为舒声调的例子。

③ 开建话短入调和长入调在双字调的前字位置上时长趋同，都是短调，比舒声调在前字位置的时长短一半左右。

④ 关于连读变调的类型及层级本文采用李小凡（2004）的说法。

表2 开建话前后音节的平均调长比和平均振幅比

前后字调	平均调长比（ms）	振幅均值比（dB）
阴平＋阴平	137：220	67：72
阳平＋阳平	164：234	66：65
阴上＋阴上	153：179	65：69
阳上＋阳上	172：182	62：65
阴去＋阴去	154：251	64：65
阳去＋阳去	158：216	63：66
上阴入＋上阴入	51：77	64：66
上阳入＋上阳入	62：107	60：67
下阴入＋下阴入	84：182	65：67
下阳入＋下阳入	97：190	64：65
均值	123：184	64：67

2. *后字变调*

后字调在语音上也会发生一定程度的变化，但是它跟前字变调性质不同，不涉及调类的变化，仅仅是调值上发生一些细微的变化，我们可以把开建话后字调的这种变化看作是一种简化型连读变调。跟前字变调不同的是，本地人通常感觉不到这种音值上的变化。

音值变化较为明显的是阴平调。阴平调有两个变体：在入声调和舒声阴调后变34，在舒声阳调后变24。后字阴平调值变化明显受到前字调值的影响，因为前字的调尾都是低调2或1，单字调值为44的阴平调头受前字低调尾的影响而降低为3或2。后字阳平跟单字调相比区别不大，只是调尾降低一度，主体调值是23。

后字阴上有弯头，很明显也是受到前字低调尾影响所致，去除弯头的话主体调值为42，跟单字调区别不明显。后字阳上有两个变体：在舒声调后主要变成232，在入声调后变成243。

后字阴去和阳去都是调头下降一度，分别变为32和21。

后字上阴入主要是变成45。后字上阳入没有发生变调。后字下阴入和下阳入跟阴去、阳去一样，也是调头下降一度，分别变成32和21。

总而言之，开建话单字调在后字位置上调值变化也很有规律，除阳平和阳上外，几乎所有声调的调头都比单字调下降一度（只有舒声阳调后的阴平下降两度）。后字调头的下降很明显是受前字低调尾的影响所致。调尾通常不变，只有部分阴上和入声后面的阳上调比单字调提高了一度。

四、结　论

（一）单字调

从声学表现来看，开建话只有8个单字调：44（阴平），24（阳平），52（阴上），242（阳上），42（阴去和下阴入），31（阳去和下阳入），55（上阴入），34（上阳入）。如果按照传统区分舒声调和入声调的方法，开建话则有10个单字调，其调类及调值分别为：阴平44，阳平24，阴上52，阳上242，阴去42，阳去31，上阴入55，上阳入34，下阴入42，下阳入31。我们把这10个调称为表层单字调。

这10个或8个单字调还可以根据音位归纳原则进一步进行合并：如果考虑到声调的历史来源并根据连读变调的表现，可以把上阴入和下阴入合并为一类，把上阳入和下阳入合并为另一类。如果不考虑历史来源，根据语音相似性及对立互补原则，可以把上阴入和下阳入归纳到阴平和阳平去，把下阴入和下阳入归纳到阴去和阳去里。本文采取第二种归纳方案，这样开建话只剩下 6 个单字调：1 调 44（55），2 调 24（34），3 调 52，4 调 242，5 调 42，6 调 31。归纳后的这 6 个调其实就是生成音系学里边的底层调。

（二）双字调变调规则

根据底层调，我们可以比较容易地总结出开建话的双字变调的类型及规则：

前字发生中和型连读变调。当前字单念是阴调时，不论后接什么调，前字一律变成中降或中平调（舒声变中降，入声变中平）；当前字单念是阳调时，不管后接什么调，前字一律变成低降或低平调（舒声变低降，入声变低平）。

后字发生简化型连读变调。主要变化是后字调头通常会下降一度，调尾有时会提升一度。

参考文献

[1] 封开县地方志编纂委员会. 封开县志［M］. 广州：广东人民出版社，1998.

[2] 李小凡. 汉语方言连读变调的层级和类型［J］. 方言，2004（1）.

[3] 石锋. 论五度值记调法［J］. 天津师范大学学报，1990（3）.

[4] 石锋. 天津方言双字组声调分析［J］. 语言研究，1986（1）.

[5] 王洪君. 汉语非线性音系学——汉语的音系格局与单字音［M］. 北京：北京大学出版社，1999.

[6] 詹伯慧，张日昇. 粤西十县市粤方言调查报告［M］. 广州：暨南大学出版社，1998.

附图（用 1－10 分别代表阴平－下阳入调，奇数为阴调，偶数为阳调）：

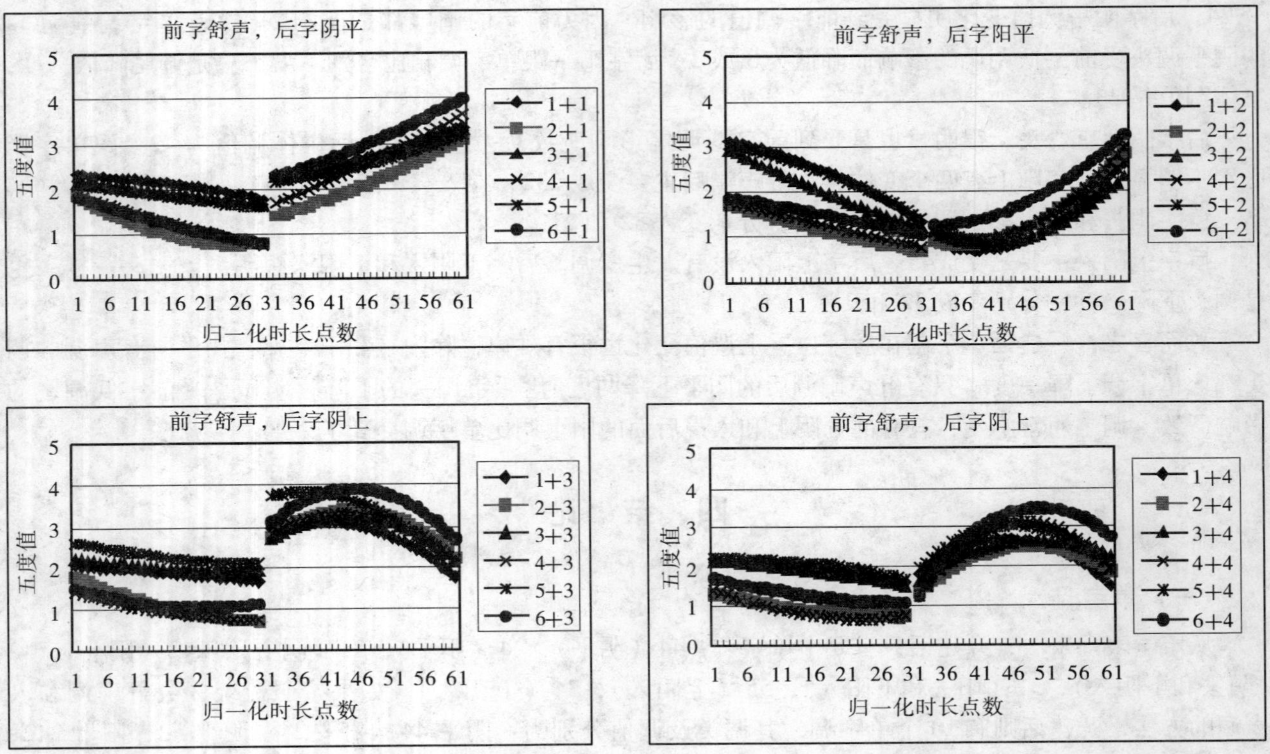

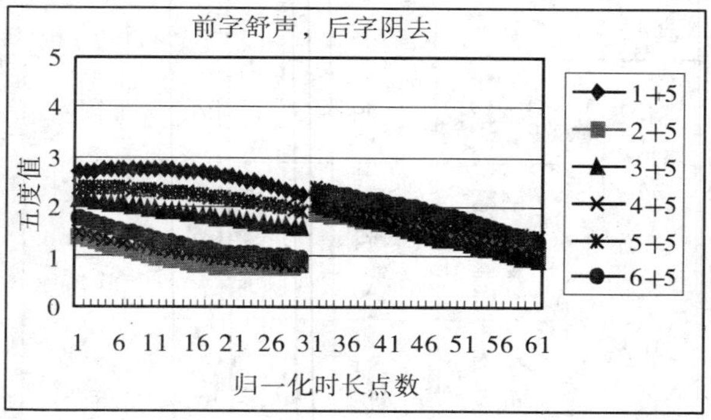

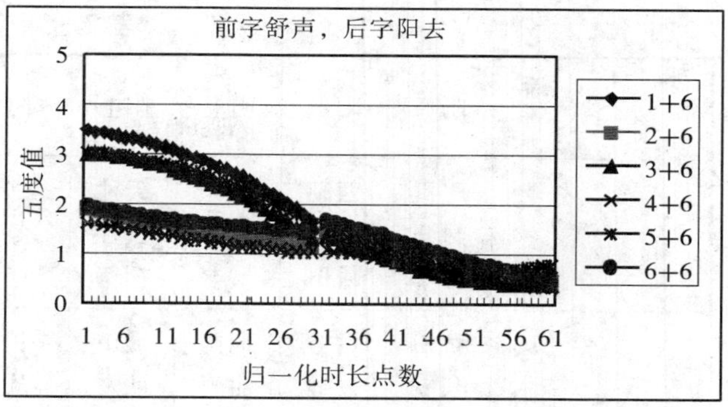

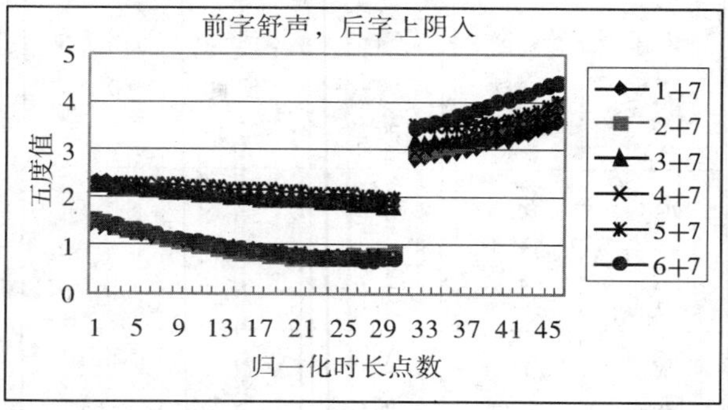

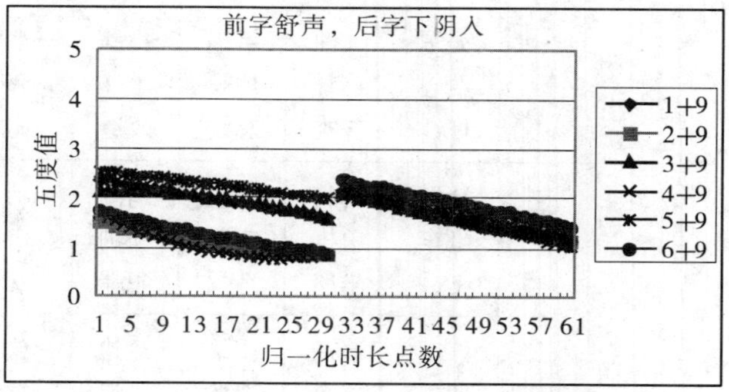

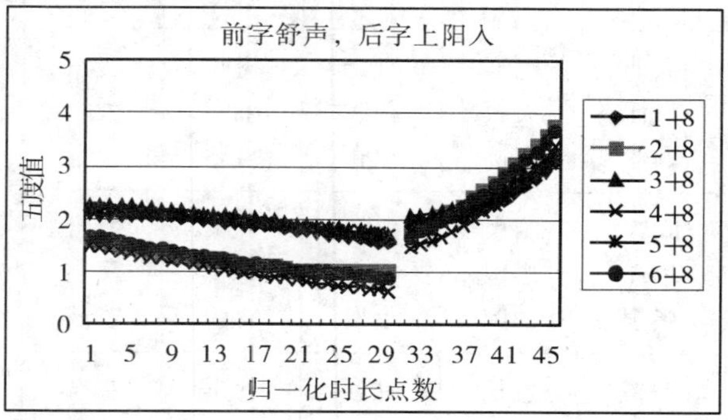

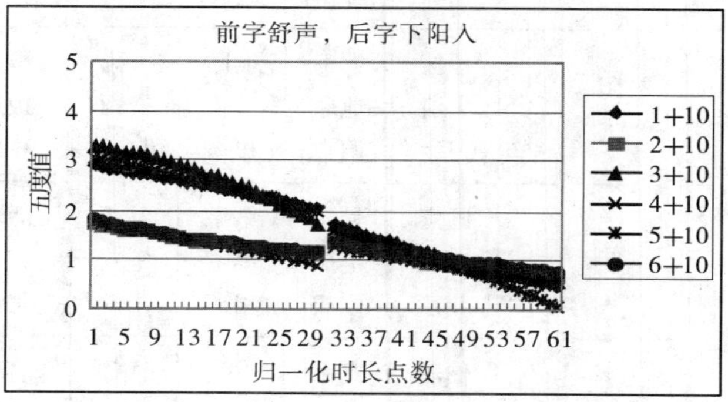

附表

表1　单字调调查表

阴平	诗希梯低砖川	阳平	时神题皮寒葵
阴上	史喜体比纸齿	阳上	是近弟礼厚淡
阴去	试戏替帝醉脆	阳去	事字第利害外
上阴入	锡吃滴踢职测	上阳入	贼熟毒服肉六
下阴入	法杀拍百窄拆	下阳入	石截笛别麦列

表2　双字调调查表

前＼后	阴平	阳平	阴上	阳上	阴去	阳去	上阴入	下阴入	上阳入	下阳入
阴平	飞机 封开 开车	西湖 开平 耕田	工厂 身体 书本	天柱 公社 招待	书记 冬至 登记	医院 车站 生病	钢笔 初一 中国	开发 拼搏 瓜壳	收集 开局 风俗	中学 开学 吹笛
阳平	杭州 长安 平装	贫穷 皮鞋 油船	词典 甜酒 皮管	城市 朋友 徒弟	长裤 从化 同意	扶助 长寿 排队	蛇粥 黄色 韩国	菩萨 球拍 头发	排毒 茶叶 和服	同学 羊杂 蝴蝶
阴上	火车 点心 打针	火油 草鞋 普查	手稿 厂长 总统	狗肚 水柱 改造	水库 海带 比赛	本事 纸袋 显示	粉笔 口诀 打的	酒角 警察 改革	体育 伙食 抢夺	主席 火药 选择
阳上	社翁 坐车 士兵	盾牌 象棋 坐船	淡水 市长 造反	动静 项羽 犯罪	动态 市镇 受气	道具 社会 有害	辨析 序曲 道德	犯法 罪恶 动作	道术 市集 道服	雨石 坐席 道学
阴去	汽车 四川 退休	酱油 算盘 种田	报纸 要紧 政府	送检 制造 对待	放弃 意见 算账	政治 孝顺 进步	抗击 正式 建设	政策 做作 送客	做贼 教育 放毒	退学 计划 放学
阳去	地区 大清 卫生	大王 地球 调查	电影 县长 户口	大雨 暴雨 自动	位置 饭店 事故	大地 电话 顺便	电笔 大叔 字迹	自觉 办法 地壳	树叶 事实 自述	蛋白 大学 电白
上阴入	国家 浙江 北京	骨头 笔头 职权	结果 笔嘴 出产	谷雨 笔友 出动	激气 织布 得意	吃饭 出汗 黑洞	结束 出国 德国	急切 执法 出发	积极 德育 复习	复合 黑白 吃药
下阴入	伯翁 搭车 接生	割禾 发财 搭题	发展 搭厂 托管	铁柱 接待 发动	客气 发票 切菜	铁树 八字 拆字	发福 觉得 拍摄	铁索 发恶 发作	恶毒 挖掘 发育	夹杂 百合 发达
上阳入	实心 读书 实施	育才 贼头 食堂	局长 墨水 入党	实在 局限 活动	局势 实际 服气	实地 俗话 实效	墨汁 活塞 实质	俗客 服法 活泼	实习 俗习 活佛	毒药 入学 独白
下阳入	石灰 学生 盒装	合同 白糖 舌头	石板 药品 学好	白肚 学士 合演	白菜 学费 药店	学位 药柜 杂技	杂质 白色 石室	合作 药帖 合格	学习 学术 石佛	白鹤 学籍 药学

安徽石台伍村方言古並奉定母的读音①

杨慧君　李婷婷

（1. 北京语言大学语言研究所　中国北京　100083；
2. 首都体育学院汉语教研室　中国北京　100091）

提　要　伍村方言中的並奉定母多数弱化，並奉母的弱化形式为［ʱb ɦβ ɦz ɦʝ h］，其中以［ʱb］为主；定母的弱化形式为［ʱɾb］，其中以［ʱɾ］为主。本文主要分析弱化形式中的［ʱb］和［ʱɾ］，通过语图分析加以证实，并从语音学角度解释並奉定母演变的机制。

关键词　古全浊声母　弱化　浊塞音　闪音　宣州片吴语

一、概　说

石台县位于安徽省南部，皖南山区西部，西接东至，北连贵池、青阳，东界黄山市，南邻黟县、祁门。全县设6个镇2个乡，总人口十万九千多人。石台境内有四大方言的五种话：吴语宣州片的石陵小片和铜泾小片、徽语、赣语以及江淮官话，本文记录的是石台县七都镇伍村的方言，属于宣州片吴语铜泾小片（以上资料依据《石台县志》整理）。

伍村位于县城东北，距县城60公里，原属七井乡，现归七都镇。笔者于2011年7月赴七都镇伍村调查方言。发音人谢木本，男，1953年生，教师，大专文化，除了伍村方言以外，还会讲县城话和不太标准的普通话。

伍村方言的古全浊声母多数已经弱化，只有少数非常用字清化，弱化形式详见下表。

伍村方言古全浊声母的弱化形式

声类	今四呼			
	开	合	齐	撮
並奉	ʱb	ʱβ（通摄［u］韵前，山摄合口［ᴀ］韵前） h（少数）	ʱh	— —
定	ʱɾ（“蝶洞又，小～”声母为边音 l）			—
从邪澄崇船禅	ʱz	—	ʱʝ	
群	ʱβ（止摄合口）h（通摄阳声韵）	—	ʱʝ	
匣	ʱβ（假遇蟹止山臻梗摄合口） h（古开口、果通摄合口）	ʱβ（部分遇摄） ø（遇蟹山臻宕摄合口）	ʱʝ	

並奉母多数读［ʱb］，少数读［ʱβ］或清喉擦音［h］；定母多数读闪音［ʱɾ］，极少数读边音［l］；从邪澄崇船禅母逢洪音读［ʱz］，逢细音读［ʱʝ］；群母逢细音读［ʱʝ］，逢开口呼读［ʱβ］或［h］；匣母逢细音读［ʱʝ］，逢开口呼读［ʱβ］或［h］，逢合口呼多数读［ø］，少数读［ʱβ］。

同大部分吴语宣州片铜泾小片的方言一样，伍村方言古从邪澄崇船禅群匣母今读作带气流擦音；而

①　本课题受北京语言大学青年自主科研支持计划资助项目（中央高校基本科研业务费专项资金）（项目批准号：2012JBYZ006）的资助。在写作过程中，曾向赵日新、曹志耘、孔江平、郑张尚芳、王莉宁、龙国贻等先生请教，谨此致谢，文中所有谬误由笔者负责。

並奉母今读［ʱb］、定母今读闪音［ʱɾ］则较为少见。本文主要探讨弱化类型中的［ʱb］和闪音［ʱɾ］，其他古全浊声母的演变将另文讨论。本文依据《方言调查字表》考察伍村方言並奉定母字，其中非常用字不收，最终考察並奉定母字197个（其中“洞”有又读）。

二、古並奉母的读音

（一）古並奉母的读音类型

古並奉母在伍村方言中多数读非典型的浊塞音［ʱb］，並奉母逢［u］韵（来自遇摄或通摄）、奉母逢山摄合口来源的［ᴀ］韵读带气流擦音［ʱβ］，並奉母逢通摄阳声韵（还有少数其他来源的字）读清喉擦音［h］；极少数非常用的並奉母字清化，其中並母读不送气塞音［p］或送气塞音［pʰ］，奉母读舌根清擦音［x］。

1. 非典型浊塞音［ʱb］

［ʱbA］33 爬琶杷钯 24 耙拔［ʱbo］33 婆菩［ʱbɛi］33 排牌 24 败背［ʱbei］33 培陪赔肥 24 倍备［ʱbɑu］33 袍跑 24 刨［ʱbɛ］33 盘［ʱbən］33 盆彭焚坟 24 伴拌愤份［ʱbɑŋ］33 旁傍凡烦矾房防 24 办范犯饭［ʱboŋ］33 棚朋蓬逢缝 24 篷凤［ʱbi］33 匹皮疲脾琵枇 24 币被鼻篦［ʱbie］24 别白［ʱbiɑu］33 瓢［ʱbiɛ］33 便~宜 24 辨辩便方~辫［ʱbin］33 贫频凭平坪瓶屏萍 24 病

2. 带气流擦音［ʱβ］

［ʱβA］24 伐罚［ʱβu］33 符扶芙 24 簿步埠父附妇服

3. 清喉擦音［h］

［hɑu］24 雹［hoŋ］33 冯［huo］24 佛（跟“贺”［ho^{24}］不同）

4. 清塞音［p pʰ］

［pən］51 蚌［pi］51 毙［pi］51 并合~

［pʰo］24 泊［pʰei］51 佩［pʰin］214 评［pʰu］24 捕

5. 舌根清擦音［x］

［xu］24 伏 51 腐［xue］24 复~兴，~原

（二）［ʱb］的音值

发［ʱb］时声带振动，嘴微张，有气流从喉部流出，通常还会伴随一个较弱的元音，最后爆破，爆破时双唇未完全闭合。

以下是伍村方言並奉母与帮滂母的音值对比图。

跟［p］、［pʰ］相比，［ʱb］有以下四个特征：①冲直条不明显。“菩”的冲直条尤其不明显，从频谱图上看，声母部分跟后面的元音差别几乎很小。②除阻时间长，音强变化慢。爆破时［pʰ］的音强增加的幅度最大，［ʱb］增加的幅度比［p］小或者相当，所用的时间明显比［p］长。③冲直条前有一段共振峰横杠，共振峰分布均匀。④有浊音横杠；浊音横杠和元音之间有共振峰加乱纹。

浊音横杠和冲直条是浊塞音的表现；冲直条不明显，除阻时间相对长，说明其跟一般的塞音有区别；分布均匀的共振峰横杠是元音［ə］的特征；共振峰加乱纹是浊擦音的体现。

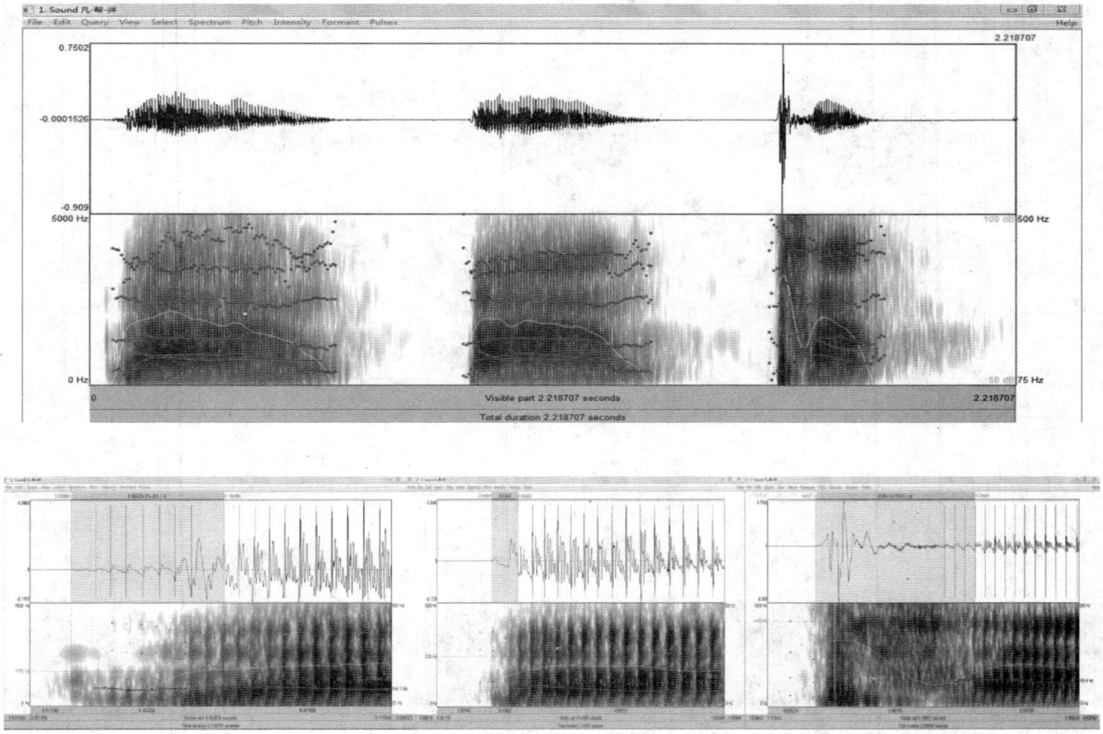

图1　凡^{ɦ}baŋ^{33}—帮 paŋ^{33}—绊 p^{h}ɑŋ^{51}（上方是音节对比图，下方为音节起始部分的对比图，图2至图6同）

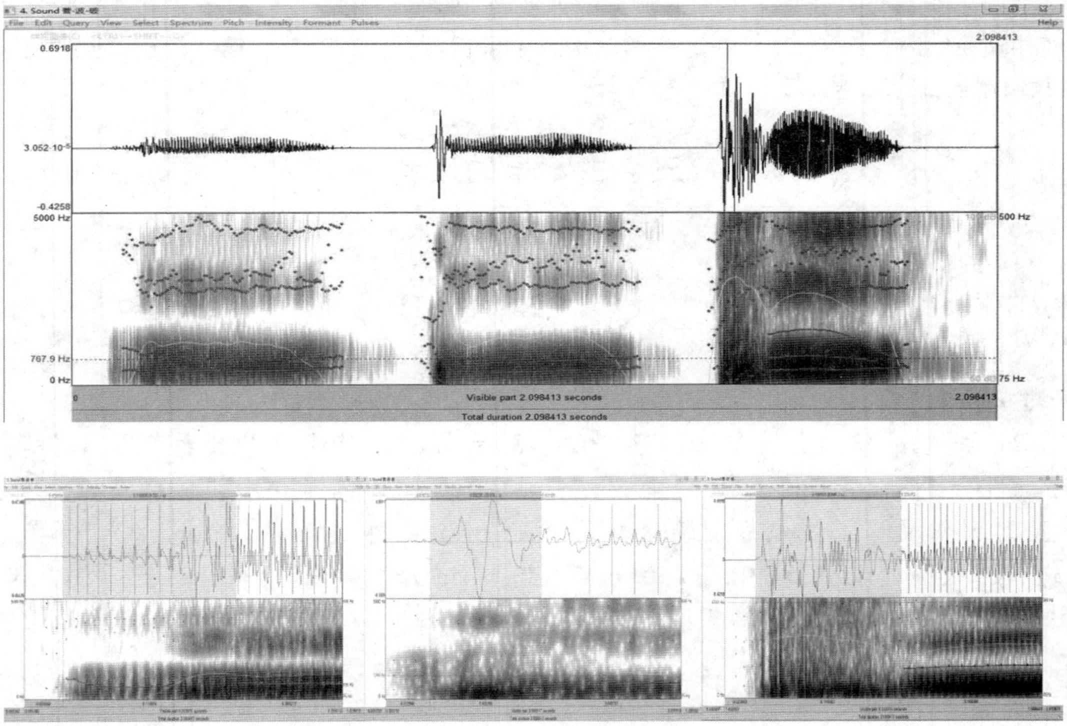

图2　菩^{ɦ}bo^{33}—波 po^{33}—破 p^{h}o^{51}

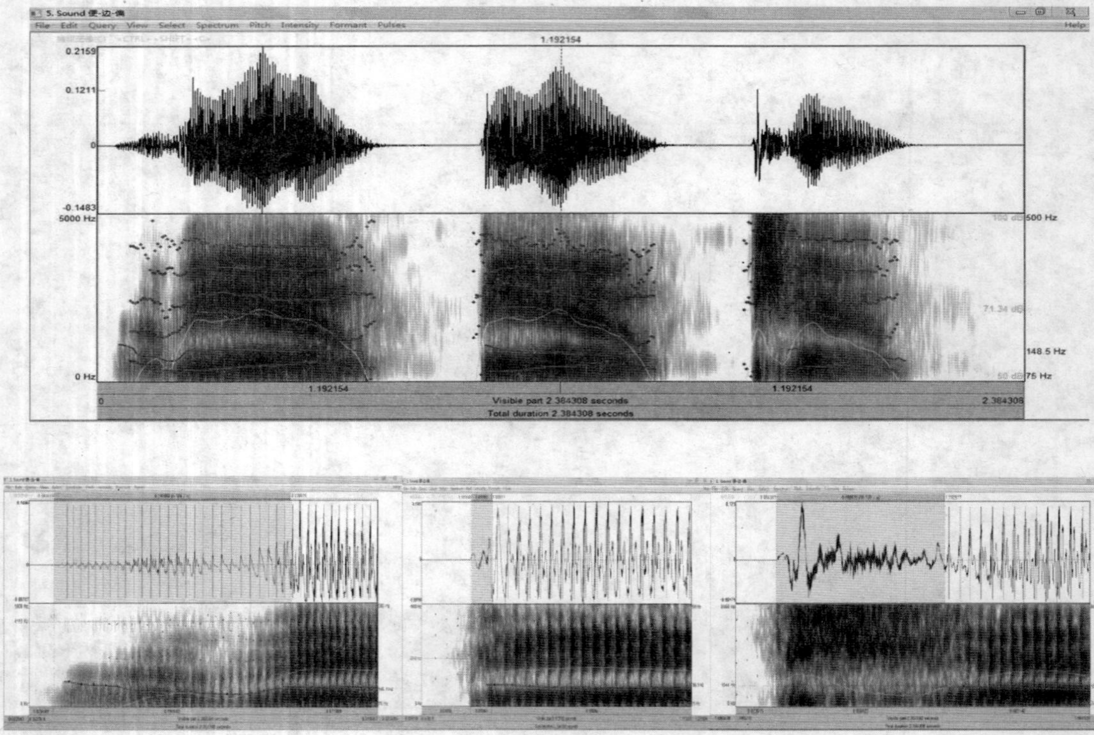

图 3　便~宜 ʱbiɛ^{33}—边 piɛ^{33}—偏 pʰiɛ^{33}

综上所述，我们可以判断这是一个非典型的浊塞音，爆破时闭合较松，爆破前伴随的元音成分是［ə］，同时伴随浊气流。元音［ə］在这一类单字音中可长可短，有时甚至没有，在做连读后字时不存在，所以我们把这个音记作［ʱb］而非［ʱᵊb］。

三、古定母的读音

（一）古定母的读音类型

伍村方言定母多数读闪音，只有“蝶洞又,小~”读边音［l］；一些非常用的定母字清化，读不送气塞音［t］或送气塞音［tʰ］。

1. 非典型闪音［ʱɾ］

［ʱɾA］24 大［ʱɾo］33 驮~东西24 独读毒［ʱɾɛi］33 台苔抬 24 待代袋［ʱɾɑu］33 桃逃淘陶萄 24 道稻盗［ʱɾən］33 谭坛团屯腾誊 24 断段缎钝［ʱɾɑŋ］33 潭谈痰檀弹堂棠螳唐糖塘 24 淡弹蛋［ʱɾoŋ］33 同铜桐筒童 24 动洞又［ʱɾi］33 题提蹄啼 24 弟第地［ʱɾie］24 叠碟笛［ʱɾiɑn］33 条调~和24 调音~［ʱɾiou］33 头投 24 豆［ʱɾiɛ］33 甜田填 24 簟电殿奠垫［ʱɾin］33 藤亭停廷庭蜓 24 定［ʱɾu］33 徒屠途涂图 24 杜肚度渡

2. 边音［l］

［loŋ］24 洞又,小~［lie］24 蝶

3. 清塞音［tʰ］

［tei］51 队兑［tou］51 逗［tən］51 邓

［tʰe］24 特［tʰin］214 挺

（二）闪音［ʱɾ］的音值

发［ʱɾ］时，声带振动，有气流从喉部流出，通常还会伴随一个较弱的元音，最后爆破，爆破时舌

尖与齿龈接触很松，时间短，一般在 20 毫秒左右。

以下是定母与端透母音值对比图。

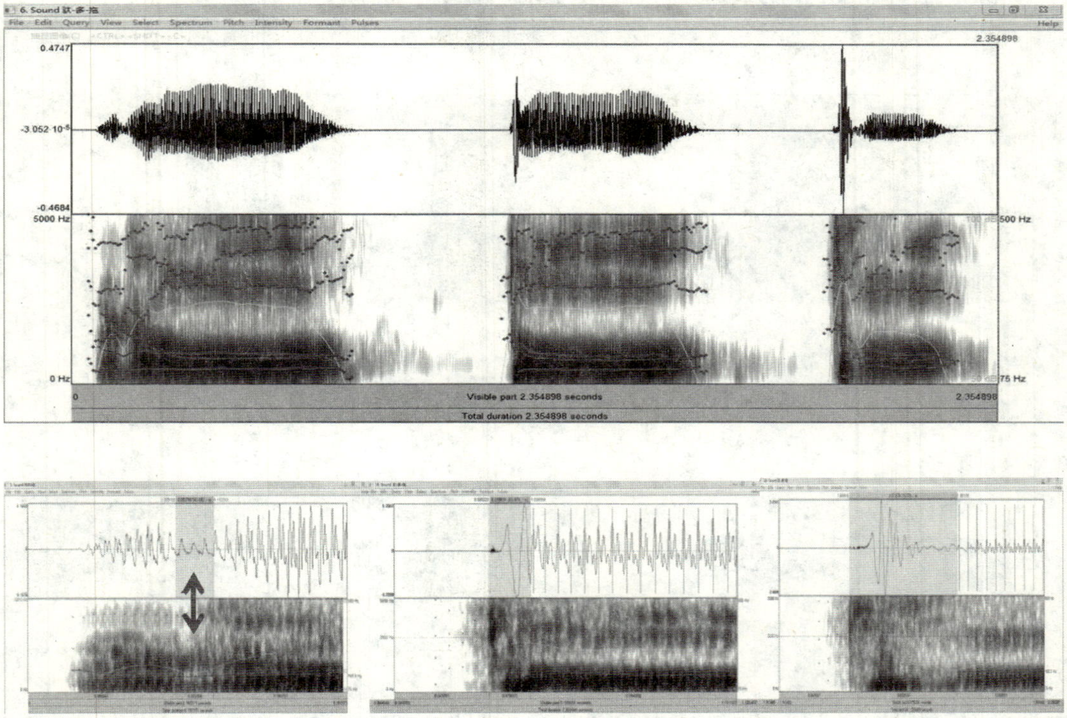

图4　驮$_{\sim 东西}$ $^{h}o^{33}$—多 to^{33}—拖 $t^{h}o^{33}$

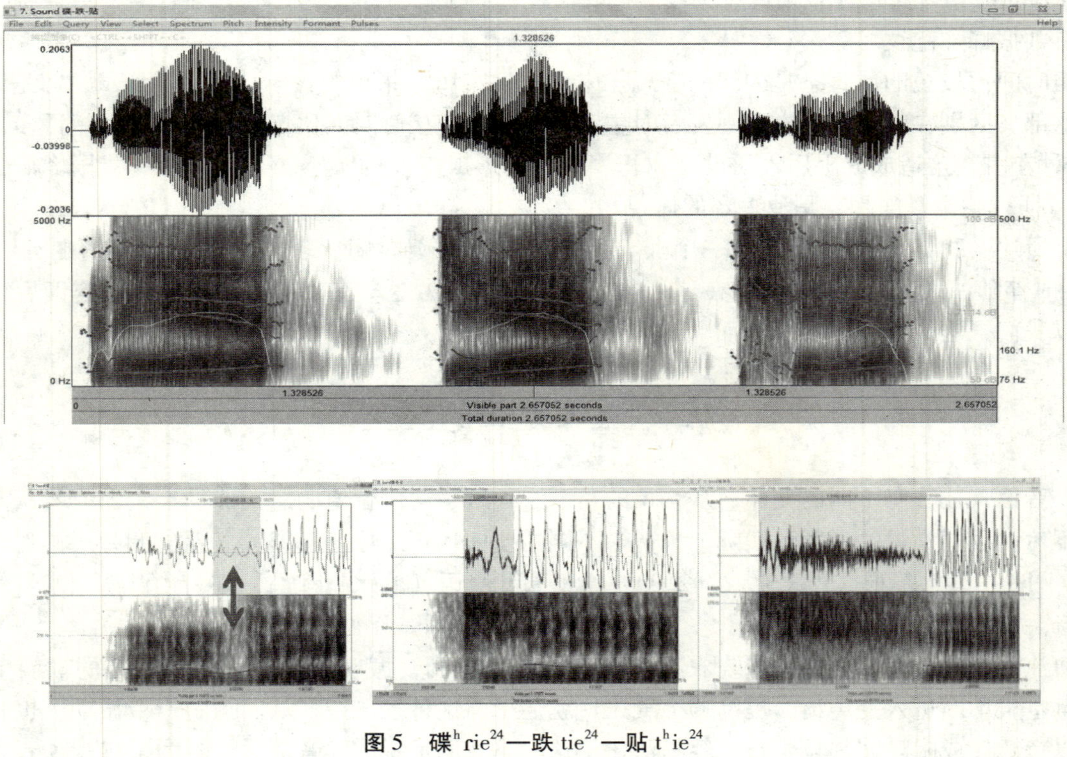

图5　碟$^{h}rie^{24}$—跌 tie^{24}—贴 $t^{h}ie^{24}$

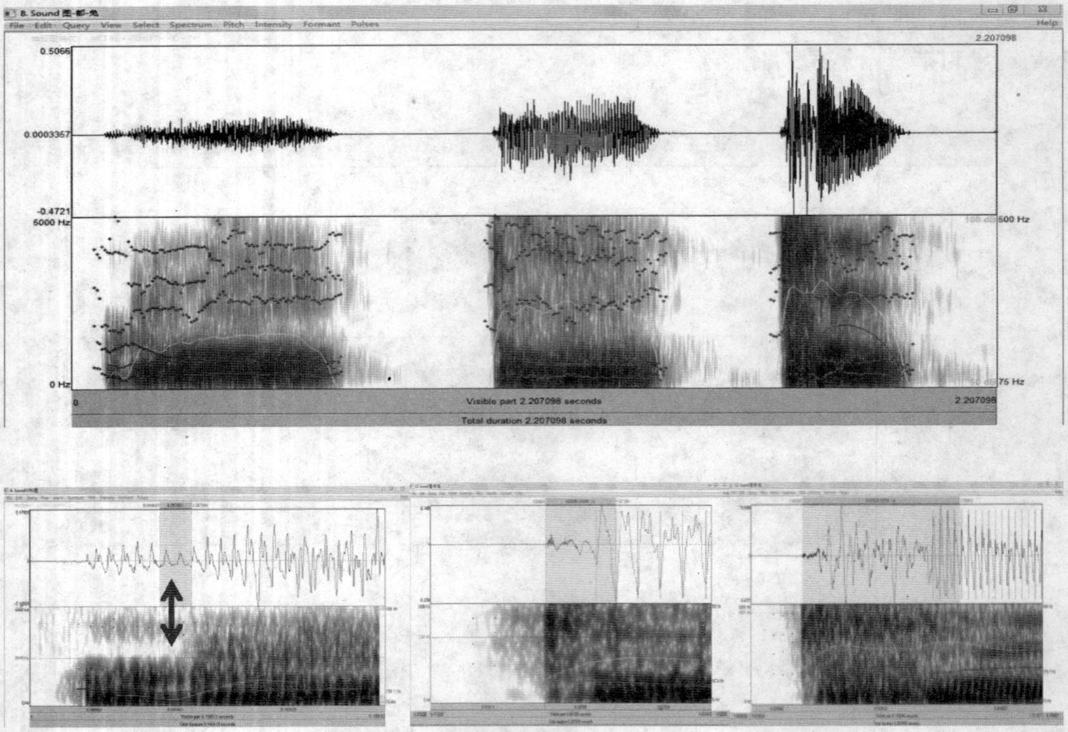

图6　图ʱɾu^{33}—都~市tu^{33}—兔 tʰu^{33}

跟［t］、［tʰ］相比，［ʱɾ］的特征是：①冲直条不明显；②成阻时段非常短（上图箭头所指的阴影区域），“驮~东西碟图”时长依次是：22 毫秒、23 毫秒、17 毫秒；③爆破时，［ʱɾ］的音强增加的幅度明显小于［t］、［tʰ］；④冲直条前有一段共振峰横杠，共振峰分布均匀；⑤有浊音横杠；浊音横杠和元音之间有共振峰加乱纹。

成阻时间比较短的冲直条是闪音的变现。朱晓农（2010）指出［ɾ］① 与浊爆音［d］都是浊音，部位都在龈部，区别在时间控制方面，发音时主动和被动器官接触时间比爆发音持阻时间短得多，一般只有 20 毫秒左右，这造成成阻后气压没时间积聚，难以形成爆发的听感。分布均匀的共振峰横杠是元音［ə］的特征；共振峰加乱纹是浊擦音的体现。

综上所述，我们可以判断这是一个非典型的闪音，爆破时闭合较松，爆破前伴随的元音成分是［ə］，同时伴随浊气流。元音［ə］在这一类单字音中可长可短，有时甚至没有，在做连读后字时不存在，所以我们把这个音记作［ʱɾ］而非［ʱəɾ］。

四、並奉定母的演变

同一音位，往往有不同的变体，从音位的角度看，区别变体音值的意义似乎不大，但若从演变的角度看则不然。我们常说的浊塞音实际上也包含不同的变体：蒋冰冰（2003）记载宣州片吴语並母浊塞音就有［b　b″　b″ʰ］等形式；朱晓农（2009）报道赣北赣语（修水、都昌）还有由常态浊塞音演变而来的内爆音。

为何浊塞音有这么多变体？朱晓农、寸熙（2006）提到，振动声带需要维持一定的喉门上下气压差，一旦空气不断进入上声道，提高喉上气压，就会抵消这种气压差，从而抑制声带振动，也就是说浊爆音难以持续。成阻时间一旦延长就容易清化，这就是我们常说的浊音清化；若为了维持浊音，往往会

① 朱晓农称之为“拍音”，这里从俗称“闪音”。

采取扩大口腔、咽腔的容量的办法维持喉门上下气压差。扩大口腔容积的手段有：软化口腔内壁、降低舌头和下巴、鼓起双颊、提高软腭以及降低喉头，手段不一样，产生的变体也就不一样。

以赣北赣语（修水、都昌）为例，内爆音是常态浊塞音降低喉头而产生的变体，当然，赣北赣语（修水、都昌）的常态浊塞音并不是中古浊塞音的遗留，而是模仿老移民形成的。

伍村方言中的並奉读［ʱɓ］、定母读［ʱɾ］也是降低喉头的结果，只不过在声带振动、喉头降低的同时张嘴，气流从喉部流出，产生［ʱ］，一旦张嘴时间长，摩擦减弱，声带持续振动，就会产生元音［ə］。发［ʱb］时，如果张嘴不明显，实际音值比较像非典型的内爆音［ʱɓ］，这是因为喉头下降、舌位降低，所以口腔容积增大、气压降低，口腔气压低于口腔外部气压，会导致气流由外往内，不过这样的情况并不多见，所以仅把它看成［ʱb］的变体。

並奉定母非典型的音值影响了其演变。浊气流［ɦ］和元音［ə］使塞音［b］成阻不足，部位闭合松，爆破时"漏气"，爆破力度减弱，塞音特征逐渐消磨，若进一步发展，浊塞音就会擦化或通音化。

我们可以看到，中古並奉母塞音特征消失的速度跟韵母四呼有着紧密的关系，在齐齿呼前，"漏气"少，塞音特征保存得更好一些；在开口呼前，尤其是较后较高的开口呼韵母前，"漏气"多，塞音磨损比较严重，有的实际音值甚至已经接近半元音了，在［ᴀ］韵前，［ʱβ］与［ʱb］存在对立，不过与［ʱb］相拼的都来自古假摄开口（包括：爬琶杷钯耙拔），与［ʱβ］相拼的都来自古山摄合口入声字，（如"发法"读［xuᴀ^{24}］）；合口呼韵母前的並奉母演变得更快，中古並奉母今只拼两个合口韵，一个是［u］（遇摄合口字和通摄合口入声字，包括：簿步埠符扶芙父附服），相应的声母已经是带气流擦音［ʱβ］，一个是［uᴀ］（咸、山摄合口入声字逢非母读韵），相应的声母是［x］（仅限古奉母，包括：伐罚）。

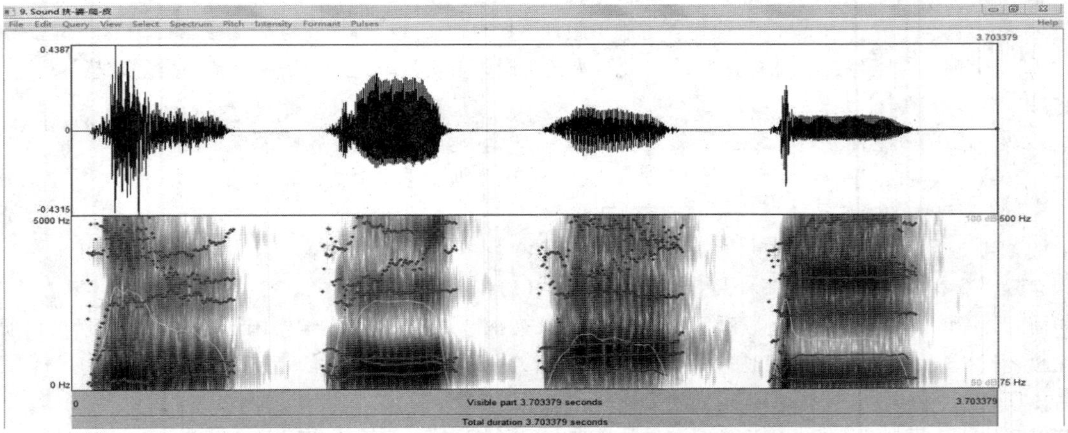

图7　扶 βu^{33}—婆ʱbo^{33}—爬ʱbᴀ^{33}—皮ʱbi^{33}

跟並奉母不同的是，伍村方言中的定母不读浊塞音，而读闪音，并且也是非典型的，前面带有浊气流，在单字音中，一般也伴随有元音。实际上，定母的［ʱɾ］跟並奉母的［ʱb］性质一样，都是浊塞音降低喉头、漏气后弱化的"产物"，只不过定母成阻部位在齿龈，成阻部位松动后气流从舌头两边流出变成了［ʱɾ］，定母的通音化速度比並奉母的擦音化速度要快。伍村方言定母在四呼前基本都读［ʱɾ］，实际在不同韵母前，［ʱɾ］的音值还是会有差异，在齐齿呼前的［ʱɾ］爆破力度略强。另外，"蝶"读［lie^{24}］（与"列"同音）、"洞"又读［loŋ^{24}］，这是浊塞音通音化的另一种表现。

五、余　论

根据蒋冰冰（2003）记录的20个宣州片吴语点的材料，古並奉定母今音值类型有浊爆音［b　b″］、弱化擦音［ɦv　ɦβ　hv　hβ］、清擦音［h］、清塞音［p　pʰ］；古奉母今音值类型有：浊爆音［b］、浊擦音［v］、通音［ʋ］、弱化擦音［ɦv ɦβ hv hβ］或零声母；古定母今音值类型有浊爆音［d d″］、颤音/闪音［rɾ］、边音［l］、弱化颤音/闪音［ɦr hr ɦɾ hɾ］、清擦音［h］、清塞音［t tʰ］。郑张尚芳（1986）、孟庆惠（1997）、夏俐萍（2009）、朱蕾（2009）先后对宣州片吴语的古全浊声母进行过记录，基本都是记作带气流擦音或带气流闪音，不过各家所记音值和定性略有不同：孟庆惠（1997）、朱蕾（2009）把这类音看做送气（或清或浊）的清擦音或闪音；蒋冰冰（2003）将其看成前带送气成分（或清或浊）的浊擦音、颤音或闪音；郑张尚芳（1986）则将其定义为前带清喉擦成分的通音（或清或浊）或闪音。这里有两个疑问：①宣州片吴语的浊塞音是如何变成带气流擦音或者带气流闪音的？②气流是如何产生和演变的？

伍村方言並奉定母的读音也许能为我们解答这两个问题提供一些启示。宣州片吴语浊塞音可能经历了这样一个演变过程：浊塞音极其不稳定，为了维持浊音，喉头下降，导致［ʱ］的产生，［ʱ］导致成阻部位松动，塞音特征逐渐消失，进而朝擦音化或者通音化的方向演变，擦音化后的声母可能还会反过来作用［ʱ］，导致气流的改变；另外韵母对浊塞音的擦音化或通音化也有一定的影响。当然，这种猜测还有待发掘材料进一步考证。

参考文献

［1］安徽省石台县地方志编纂委员会［M］．石台县志．黄山：黄山出版社，1991.

［2］曹志耘．汉语方言地图集［M］．北京：商务印书馆，2008.

［3］陈忠敏．作为古百越语底层形式的先喉塞音在今汉语南方方言里的表现和分布［J］．民族语文，1995（3）.

［4］蒋冰冰．吴语宣州片方言音韵研究［M］．上海：华东师范大学出版社，2003.

［5］龙国贻．瑶语中的内爆音［J］．民族语文，2009（5）.

［6］孟庆惠．安徽省志・方言志［M］．合肥：方志出版社，1997.

［7］孟庆惠．皖南铜太方言与吴语的关系［A］．复旦大学中国语言文学研究所吴语研究室．吴语论丛［C］．上海：上海教育出版社，1988.

［8］王森．甘肃话中的吸气音［J］．中国语文，2001（2）.

［9］夏俐萍．汉语方言古全浊声母演变研究［D］．北京语言大学博士学位论文，2009.

［10］闫淑琴．固原话中的吸气音［J］．语言研究，2002（4）.

［11］张淑敏．兰州话中的吸气音［J］．中国语文，1999（4）.

［12］郑张尚芳．皖南方言的分区（稿）［J］．方言，1986（1）.

［13］郑张尚芳．浙南和上海方言中的紧喉塞音声母 ʔb、ʔd 初探［A］．复旦大学中国语言文学研究所吴语研究室．吴语论丛［C］．上海：上海教育出版社，1988.

［14］朱蕾．宣州片吴语铜泾型古全浊声母的演变［J］．方言，2009（2）.

［15］朱晓农，寸熙．清浊音变圈：兼论吴闽语内爆音非出于侗台底层［J］．民族语文，2006（3）.

［16］朱晓农，寸熙．清浊音变圈：自然音变与泛时层次［A］．丁邦新．历史层次与方言研究［M］．上海：上海教育出版社，2007.

［17］朱晓农，刘泽民，徐馥琼．自发新生内爆音——来自赣语、闽语、哈尼语、吴语的第一手材料［J］．方言，2009（1）.

［18］朱晓农．内爆音［J］．方言，2006（1）.

［19］朱晓农．语音学［M］．北京：商务印书馆，2010.

广东汉语方言几个点的单字调[①]

刘新中

（暨南大学汉语方言研究中心/中文系　广东广州　510632）

提　要　本文使用语音学近些年来流行的采集、分析的硬件和软件，对广东的粤、闽、客三大方言的几个点的声调作了实验方言学、实验音系学的研究，主要是语料的采集、录音样本的标注、音高数据的提取，作出绝对时长的声调曲线图，结合方言调查的实践对调类和调值进行归纳分析。

关键词　声调　闽粤客方言　数据　分析

一、方法、观念上的一些说明

运用现代手段研究汉语方言似乎是现代方言研究工作不能不面对的问题，然而，我们是不是一提现代手段就会意味着怀疑和否定传统的方言学了呢？当然不是。如果有人拿了一些所谓的现代成果就轻易地否定我们的传统方言学甚至汉语的语言学、古代的小学，那么我们的语言学就会成为无源之水、无本之木，除了现象和数据，就没有它应有的人文意义。

事情的另外一面是，我们这些从事汉语方言学研究二三十年甚至更多时间的人，如何面对科技便捷、科技昌盛时代的方言研究？恐怕第一是将先哲前贤开创的事业发扬光大；第二也是更为重要的，是将方言学研究与急速变化的大时代结合起来，将它推向深入。

技术手段强调方法的规范、统一，强调实验的可验证。现代科技手段的优点之一是它能方便地使我们分类记录、保存大量的有声语言材料，可以让我们对有些问题进行精确研究、分析，可以将我们的一些机械性的劳动大为缩减，同时还可以改变我们对于很多语言现象的总体认识。然而，科技手段也不是一剂万应灵丹，它解决的是那些特定领域的特定问题。就语音而言，静态的语图研究可以使我们观察到许多细微的差别和变化，数据的提取和分析可以使我们的研究具有统计学的意义，使我们的研究可比性、客观性更强。但是，对于数据和各种语音现象的处理，也离不开作为人文学科的语言学的支持，即我们对于各种纷繁的语音现象进行分类和处理的时候，一定要结合我们的听感，作出的研究成果不违反常识和一般的语言习惯。这就意味着我们除了必要的技术支撑，还要有一些指导性的观念、理论和方法。

就技术层面而言，语言样本的采集是第一步，研究者要在熟练掌握录音的硬件和软件的同时，一定要按照相应的技术要求采集到符合基本要求的声音。条件具备就最好在录音棚录音，在外地调查则尽可能选择噪音小的安静的环境。

语言的系统性和相对性观念以及它的各种表现方式，比如语音格局的操作方法，在声调的研究、分析、描写中非常重要。它可以帮助我们不至于被纷繁的语音现象所淹没，反映在数据的提取上，首先是如何选择材料。而进行这项工作就反映在声调段的选取与标注上。我们得到的基频并不等于我们语言中的声调。刘复先生将声调的物理量分为“引音”、“主音”、“余音”；林茂灿把声调分为调型段、弯头段、降尾段，认为声调的信息只跟调型段的 F_0模式有关；石锋把声调分为调头（on - glide）、调干、调尾（off - glide），调干就是林茂灿先生说的调型段。参照语图和振幅曲线，调型段从声母、韵母的结合处开始，声调曲线在振幅平均值以下 3 分贝处作为调型段的终点。刘俐李把林茂灿的说法在他们研究中

①　本文为教育部人文社会科学研究 2009 年度一般项目“广州话单音节语图册”（课题编号：09YJA740049）的成果之一。

称为“声调承载段”。

上述这些论述基本上能够帮助我们确定声调标注、数据提取的声调调型段的位置。我们用 Prrat 的基频、第一第二共振峰加上 EGG 信号，来确定声调调型段的起点和终点。声调调型段的起点，除了声化韵之外，非鼻音声母的 EGG 信号大多与元音波形同时出现，因此每个音节元音开头的第二个波的起点作为调型段的起点是可以的；如果是鼻音声母就要去掉鼻音的部分。声调段的终点，如果是鼻音韵母，就是 EGG 信号加上鼻音共振峰的末尾对应点；非鼻音韵母则是 EGG 信号结合元音的第一和第二共振峰的末尾处。音强曲线对于确定调型段的起点和终点起一定的参考作用。声调调型段的起点较容易确定，但是终点确定问题较多，如果没有 EGG 信号，我们就在参照基频曲线、第一和第二共振峰的同时，应该结合听感。这样就可以合理地去掉调头、调尾等那些对区别意义没有作用的弯头翘尾。然而，问题并没有那么简单，我们一定要结合听感检查升调、降调最高点和最低点的数值，否则像粤语中的阴上、阳上这类声调以及潮阳话的多个降调等问题就很难办。本文是在这样的思想指导下完成的，这些只是研究的一个方面，更广更深的研究还有很多工作要做。

在声调数据的分析和处理、作图等方面也要注意。对于多数的官话方言来说，使用声调数据作成相对时间的等长图是可以的，因为它们能够反映调型的主要特点，但是对于粤、闽、客这样入声调、入声韵较为发达的方言而言，如果用等长图就不能很好地反映声调的实际，因此，我们在利用声调数据作图时，还是要根据所调查的对象来采用不同的表现方式。下面看到的 6 个点的声调就涉及粤语 2 个点，闽语 3 个点，客家话 1 个点，这些方言点的声调都用绝对时长作声调图。这实际上是要求我们在声调的考察研究中有选择地注意声调的时长问题。

二、老派潮州话的声调

我们首先看一下刘复先生的广州八声和潮州八声（刘复，1924：69～74），见图 1。广州话的各种分析非常多，我们选了一篇李慧敏的年轻人声调材料，这个材料是两个“年轻”：年轻的人以及年轻的区——天河区。关于潮州话，刘复先生的发音人是詹显哲先生，录音的时间距今已经差不多一百年了。

广州话的八声（刘复，1924：69～71）　　潮州话的八声（刘复，1924：72～74）

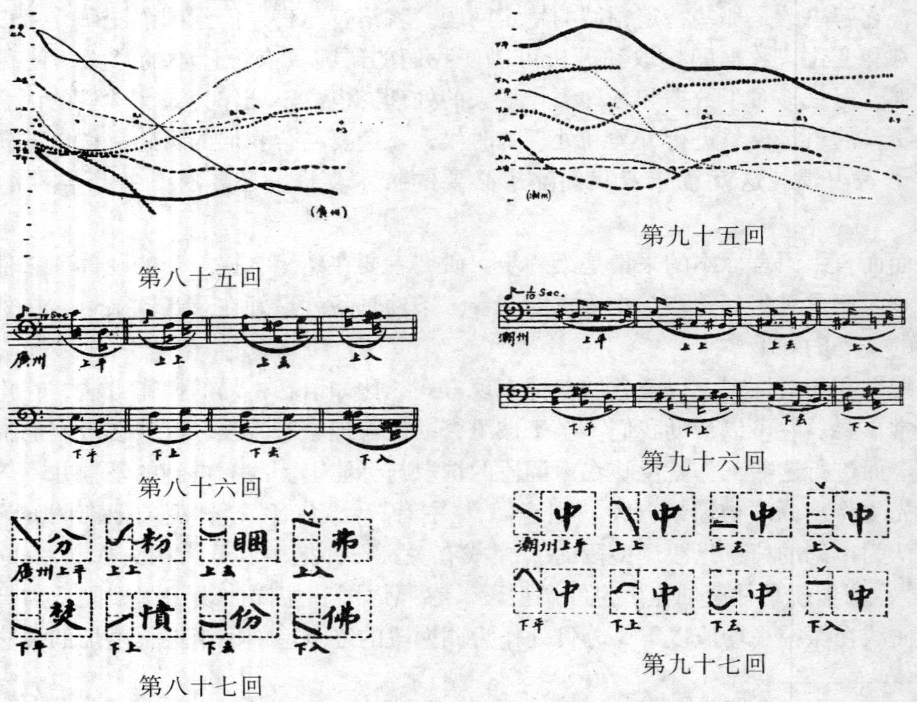

图 1　刘复《四声实验录》中的广州话与潮州话的声调

图 1 截取的是刘复先生的总图以及对于调类、调值的归纳。就潮州话而言，与现在潮州话的声调差别不大。图 2 是根据笔者 2010 年 12 月在潮州采集的语音，发音人分几组，这里用的是老派的发音，发音人是世居潮州府城的陈新伟老先生，陈先生 1937 年 12 月出生，录音时已经 73 岁。

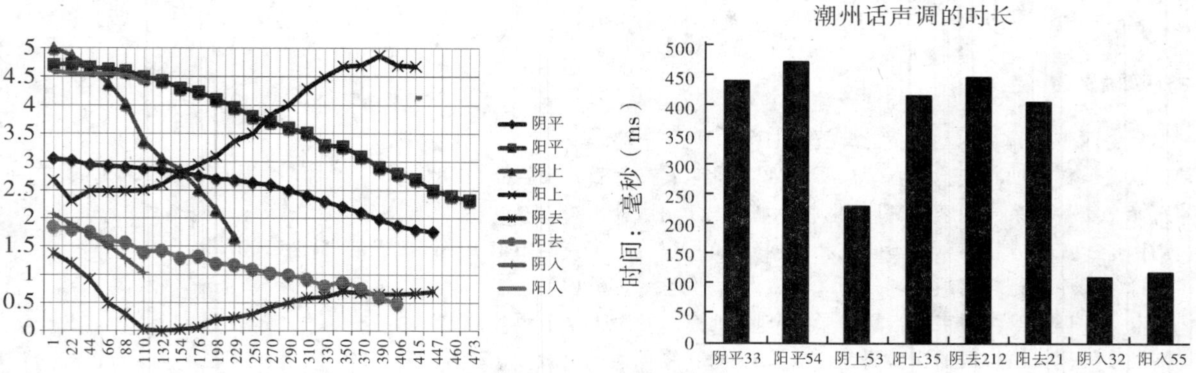

图 2　老派潮州话的声调

从图 1 和图 2 的对比中我们可以看到，潮州话四声各分阴阳的八声调格局还是一样的，声调的调型以及音高变化也基本相同，只不过表现的方式不同罢了。刘复先生除了有根据浪纹计作出的音高曲线，还有五线谱记音，还把各种声调放在分为上下的两个方格，这两个方格如果再一分为二的话，正好与五度标记法一致。这个分类方法反映了声调的相对性以及声调格局的观念。我们说声调相同，实质上是指相对音高和声调格局相同，并不是个体差异和绝对音高的调域上的不同。

下表是我们在用 Praat 提取声调并根据提取的音高数据，按照石锋先生的 T 值算法转换得出的数据，调值的整理也是按照他的原则。我们使用 Praat 语音软件和脚本（script）对每个字音进行时长的归一化和自动测量，即把每个音节的基频曲线所占用的时间间隔分成 11 段，提取这些测量点的基频数据，再根据石锋（1986）提出的 T 值公式，$T = [(\lg x - \lg\min) / (\lg\max - \lg\min)] \times 5$，进行音高的相对化，把基频数据转换成 T 值。T 值换算成五度值的方法是：T 值的 0 到 1 对应五度值的 1 度，1 到 2 对应五度值的 2 度，2 到 3 对应五度值的 3 度，3 到 4 对应五度值的 4 度，4 到 5 对应五度值的 5 度。T 值的优点是它的系统性和相对性，可用来进行统计分析。此外，它对于缺少数理背景的使用者来说，计算简单，使用方便。

潮州话［老派］声调调值、调类数据

调类	时长	调值	T 值转换后的对数值										
阴平	439	33	3.06	2.95	2.91	2.87	2.76	2.68	2.60	2.40	2.20	1.98	1.76
阳平	473	54	4.52	4.49	4.49	4.43	4.35	4.17	4.05	3.90	3.67	3.34	2.76
阴上	229	53	5.00	4.87	4.66	4.38	4.02	3.37	3.06	2.87	2.52	2.15	1.66
阳上	415	35	2.68	2.48	2.48	2.60	2.95	3.37	3.83	4.29	4.68	4.87	4.68
阴去	447	212	1.38	0.92	0.30	0.00	0.06	0.24	0.42	0.59	0.70	0.65	0.70
阳去	406	21	1.85	1.76	1.57	1.43	1.33	1.18	1.03	0.92	0.87	0.76	0.48
阴入	112	32	2.20	2.24	2.24	2.15	2.07	1.98	1.89	1.71	1.52	1.28	1.03
阳入	117	55	4.68	4.60	4.57	4.55	4.55	4.55	4.55	4.52	4.40	4.29	4.14

调类与通常的记录描写一样，需要说明的是，阳平调虽然是最高的一个平调，但主体平稳之外后面略微有点下降，所以调值记为 54，这与平常描写为 55 的并没有类别上的差异。阴去的调值记为 212 实

际上是起点比落点要高，过去描写为213也是可以的，因为曲折中的先降再升是它调型的关键。阳去调记为21，与刘复先生描写的低凹型以及现在常见的11不同，这是因为低平调常常有向下降的特点。

下面的五篇文章对单字调的描写方法与本文相同，录音和数据提取、分析都是在暨南大学发音语音学实验室完成的。选字遵循以下两个原则：一是以能单独使用的口语常用词为主，二是尽可能构成声调的最小对立。

参考文献

[1] 刘复. 四声实验录. 上海：上海益群书社 [M]，1924.
[2] 吴宗济，林茂灿. 实验语音学概要 [M]. 北京：高等教育出版社，1989.
[3] 石锋. 实验音系学探索 [M]. 北京：北京大学出版社，2009.
[4] 刘俐李. 江淮方言声调实验研究和折度分析 [M]. 成都：四川出版集团・巴蜀书社，2007.
[5] 石锋. 天津方言双字组声调分析 [J]. 语言研究，1986 (1).
[6] 林焘，王理嘉等. 北京语音实验录 [M]. 北京：北京大学出版社，1983.
[7] 平悦玲等. 吴语声调的实验研究 [M]. 上海：复旦大学出版社，2001.
[8] 朱晓农. 上海声调实验录 [M]. 上海：上海教育出版社，2005.

天河区新派广州话单字调

李慧敏

（暨南大学汉语方言研究中心/中文系　广东广州　510632）

现在广州市的十个区可分为老城区和新城区，前者有海珠区、越秀区、荔湾区，后者有天河区、白云区、萝岗区、黄埔区、番禺区、花都区、南沙区。天河区是20世纪80年代以后的新区。发音人李慧敏，从小生活在广州市天河区，发音地道。其声调虽与父辈存在差异，但能代表该年龄段（即新派广州话）的声调特点。

一、语音样本的采集

主要是单字音声调的语音分析，按照阴平、阳平、阴上、阳上、阴去、阳去、阴入、中入、阳入9个声调各选10个单字的录音作为样本。选字如表1所示，选字的原则一是选取便于提取声调的音节，二是尽可能选择声母韵母相同或相近的音节。

表 1　广州话单字调语音样本采集用字

声调	阴平	阳平	阴上	阳上	阴去	阳去	上阴入	下阴入	阳入
例字	诗	时	使	市	试	事	识	泄	食
	夫	扶	苦	妇	富	父	蝠	阔	服
	衣	移	椅	以	意	义	益	叶	热
	巴	爬	把	马	霸	骂	啪	八	白
	分	焚	粉	愤	粪	份	忽	法	佛
	魔	磨	摸	我	货	糯	剥	恶	落
	于	余	淤	雨	迂	预	咵	月	劣
	虾	霞	吓	瓦	嫁	下	黑	客	贼
	痴	池	此	似	厕	次	搣	妾	舌
	赊	蛇	舍	社	舍	射	呖	尺	石

二、实验结果及讨论

（一）实验结果

表 2　广州话单字调的 *T* 值数据

声调	*T* 值											时长（ms）
阴平	4.30	4.37	4.37	4.35	4.36	4.37	4.37	4.38	4.36	4.34	4.42	399
阳平	1.96	1.49	1.24	1.05	0.86	0.67	0.48	0.30	0.16	0.13	0.06	286
阴上	2.74	2.37	2.18	2.11	2.14	2.31	2.66	3.19	3.73	4.30	4.88	367
阳上	2.38	1.92	1.74	1.65	1.58	1.64	1.78	2.00	2.24	2.44	2.67	401
阴去	3.39	3.16	3.13	3.11	3.07	3.08	3.09	3.07	3.02	3.03	3.18	417
阳去	2.04	1.63	1.39	1.26	1.20	1.14	1.08	1.01	1.02	1.23	1.77	358
上阴入	4.32	4.30	4.29	4.29	4.26	4.24	4.21	4.18	4.13	4.06	4.01	105
下阴入	3.00	2.99	2.92	2.84	2.77	2.70	2.65	2.61	2.60	2.58	2.45	193
阳入	1.58	1.34	1.22	1.11	0.98	0.89	0.81	0.74	0.68	0.61	0.51	166

下图为广州话声调绝对时长的对数声调曲线图。

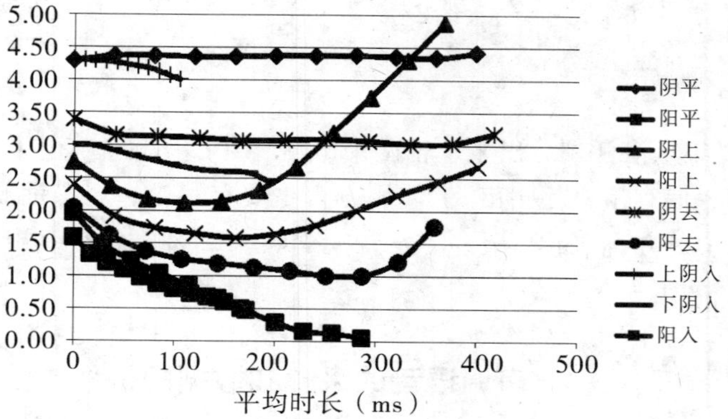

广州话单字调绝对时长声调图

（二）调类和调值

新派广州话单字调声调的主要特点表现如下：

阴平位于调域的最上部，调型较平稳，为高平调。调域在4和5之间，记作55。老派的广州话中，阴平调本有两个变体，即可读成55或53，但在新派的广州话中，较少有读成53的阴平调。60年代，张日昇先生曾对声调进行调查，当时的阴平调分化成高平（55）和高降（53）两类，现在年轻人一般读成高平的阴平调。阳平位于调域的偏下部，调型下降，为低降调。最高点在1和2之间，最低点在0和1之间，记作21。阴去位于调域的中上部，调型较平稳，起伏小，图中弯头降尾的部分对听感没有影响。调域在3和4之间，记作44。阳去位于调域的下部，比阴去的调域低。调域的主体部分在1和2之间，记作22。上阴入位于调域的上部，接近阴平调，调型微降。调域在4和5之间，由于入声调短促，记作5。下阴入位于调域的中部，靠近阴去调，调型微降。调域在2和3之间，由于入声调短促，记作3。阳入调位于调的下部，接近阳平调，调型微降。调域主体在0和1之间，记为21，这与传统上记为2没有音位对立。

张洪年先生（2002）认为，由于广州话阴上调和阳上调调值接近，调型一致，听感上难区分。因此，阴上调和阳上调的区分有消失的倾向。李书娴先生（2008）认为，由于广州话阴去调和阳去调调值相近，调型相似，听感上容易相混。因此，年轻人较难区分阴去调和阳去调。本次录音的发音人虽能区分阴上调和阳上调、阴去调和阳去调，但在录音过程中也曾出现对个别例字难以区分阴阳调的情况。由此可见，这种阴阳调不分的现象值得我们继续关注新派广州话。

综合语音实验的数据，我们把天河区新派广州话单字调总结如下：阴平55，阳平21，阴上35，阳上23，阴去44，阳去22，上阴入5，下阴入3，阳入21。

参考文献

[1] 张日昇．香港粤语阴平调及变调问题［J］．香港中文大学中国文化研究所学报，1969.

[2] 张洪年．21世纪的香港粤语：一个新语音系统的形成［J］．暨南学报，2002（2）.

[3] 李书娴．关于广州话阴去调和阳去调的听辨实验［J］．方言，2008（1）.

茂名茂南区粤语单字调

李　婷

（暨南大学汉语方言研究中心/中文系　广东广州　510632）

现在的茂名市1983年从湛江划分出来，辖两个市辖区（茂南区、茂港区）、一个县（电白县），代管3个县级市（高州市、信宜市、化州市）。使用方言主要有粤语、客家话和闽语三种。本文所记录的茂名市茂南区的粤语属于粤方言中的高廉片。发音人李婷，22岁，学生，出生及成长于茂名市茂南区，使用普通话和粤语。

一、声调语音的采集和数据的提取

（一）语音样本的选字

根据阴平、阳平、阴上、阳上、阴去、阳去、上阴入、下阴入、阳入九个调类，每个调类选用了十个例字的录音作为样本例字，如表 1 所示。

表 1　茂南区粤语单字调语音样本采集用字

阴平	阳平	阴上	阳上	阴去	阳去	上阴入	下阴入	阳入
巴歌居书敷支爹家江差	爬鹅徐余符匙蛇霞降$_{投降}$柴	把果许煮斧纸写假讲粉	马五暖与染你惹雅我蟹	霸个锯处裤翅故嫁降$_{下降}$债	骂饿让预赴豉谢下字卖	一曲出呃$_{吸}$乞挤福黑秃急	百割却脚洁接劈八渴拍	白局夺月末活石麦服合

（二）基频数据的提取

将所选例字在专业录音棚录音，之后运用 Praat 5.1 对录音材料进行标注，标注分两层：第一层是汉字层，确定每个音节的边界，并标明每个音节对应的汉字；第二层是声调层，标出每个音节声调的调型段。声调转化用了归一和 T 值转换，见表 2。

表 2　茂南区粤语单字调的 T 值数据

声调	T 值										时长(ms)
阴平	4.42	4.28	4.20	4.17	4.16	4.14	4.13	4.13	4.11	4.16	4.03	404
阳平	2.27	2.21	1.92	1.64	1.41	1.28	1.03	0.87	0.82	0.62	0.23	432
阴上	3.33	2.91	2.71	2.67	2.74	2.90	3.23	3.70	4.12	4.32	4.51	376
阳上	2.36	2.33	2.22	2.23	2.10	2.29	2.43	2.65	2.93	3.18	3.37	443
阴去	3.47	3.08	2.87	2.82	2.82	2.81	2.77	2.76	2.79	2.76	2.52	448
阳去	2.79	2.50	2.33	2.19	2.03	1.87	1.63	1.35	1.13	0.86	0.31	470
上阴入	4.61	4.55	4.48	4.39	4.31	4.26	4.23	4.21	4.19	4.13	3.95	149
下阴入	3.57	3.45	3.26	3.08	2.95	2.86	2.80	2.75	2.73	2.64	2.59	211
阳入	2.61	2.38	2.28	2.18	2.08	2.00	1.93	1.87	1.81	1.73	1.52	210

可根据表 2 数据作绝对时长的对数声调曲线图，如下图所示：

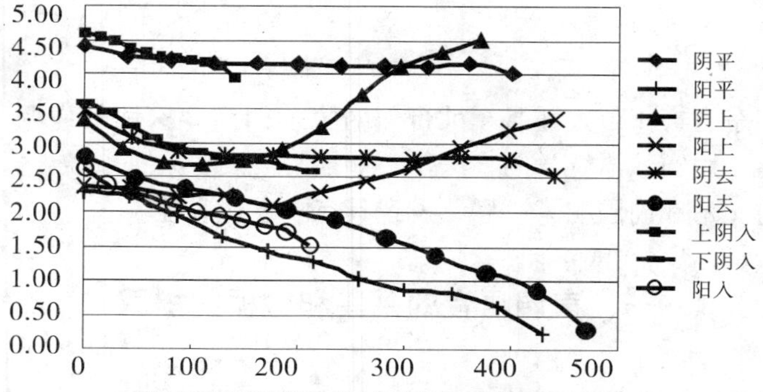

茂南区粤语声调绝对时长的对数声调曲线

二、声调的特点和调值归纳

阴平调位于调域的上部，为高平调。平调其实不是一个绝对水平的调型，全调呈微降趋势，是一条准水平线。调域在 4 和 5 之间，起伏不超过半度，对应五度值，调值可记为 55，听感上也是个平调。阳平调起始部分主要位于调域的中下部，终点部分位于调域的下部，表现为一个平缓下降的低降调，根据 *T* 值的调域显示调值可记为21。阴上调起于调域的中部，调型上升，终止于调域的上部，调域位于2到5之间，为一条明显的升调，调值可记为35。阳上调起点主要位于调域的中下部，上升至调域的中部，比阴上调的调域略低，调型为一条缓慢上升的升调，调值可记为23。阴去调位于调域的中部，全调呈微降的趋势，图中翘首和降尾对听感没有影响，调值可记为33。阳去调起点位于调域的中部，*T* 值为2.79，终点位于调域的下部，*T* 值为0.31，几乎是调域中到下部的一条对角线，下降幅度较为平缓，调值可记为31。上阴入调主要位于调域的上部，入声调类的时长较短，呈现略微下降的趋势，为一条准水平线，调值可记为5。下阴入调位于调域的中部，调型呈现略微下降的趋势，为入声调类故时长较短，调值可记为3。阳入调位于调域的中下部，是一条略微下降的短调，比下阴入的调域低，对应五度值，调值可记为2。

在茂名境内的粤方言、客方言和闽方言这三大汉语方言中，粤语是该地区分布最广、使用人口最多的方言，茂名粤语属于粤语高廉片，粤语内部的语言特点较为一致。茂名茂南区粤语声调的调值，与邵慧君（2007）所调查的茂名代表粤语——高州城区粤语的结果大体一致，但有略微不同。邵慧君认为高州城区粤语为主的粤语阳平调调值为11，阳上的调值为13；而本次录音发音人的茂南区粤语阳平调调值为21，阳上的调值为23。这种差别并没有音位的对立，只是表述的不同而已。

在对每个调类的数据进行提取和分析后，我们将茂名市茂南区粤方言的声调总结如下：阴平55，阳平21，阴上35，阳上23，阴去33，阳去31，上阴入5，下阴入3，阳入2。

参考文献

[1] 邵慧君．粤西茂名地区粤方言语音特点综论［J］．华南师范大学学报，2007（1）.
[2] 侯精一．现代汉语方言概论［M］．上海：上海教育出版社，2002.10.

广东大埔县西河客家话单字调

张淑敏

（暨南大学汉语方言研究中心/中文系　广东广州　510632）

大埔县西河镇位于广东省梅州市大埔县东北部。对大埔西河客家话的声调，前人曾有不同的说法，本文在前人所记的基础上，用实验语音学的方法作一些描写。发音人张淑敏，大埔县西河镇出生，自小生活在大埔县城，声调与父辈和周围的人一样，发音具有一定代表性。

一、声调语音的采集和数据的提取

（一）语音样本的采集及其用字

根据阴平、阳平、上声、去声、阴入、阳入6个声调各选10个例字的录音作为样本，选字如表1所示，选字的主要原则是选取便于提取基频的音节。

表1　大埔县西河客家话单字调语音样本采集用字

	阴平	阳平	上声	去声	阴入	阳入
例字	爸呼天靳冤 翻亲身分昌	背动词湖田团圆 烦情神魂长	把虎典短远 反晋沈粉厂	霸富电段怨 患尽慎愤唱	百福铁脱阅 发七失忽焯	白服□(突出)夺粤 罚疾实佛着(火)

（二）基频数据的提取

在专业录音棚录音，之后用Praat5.1对录音材料进行标注，标注分两层：第一层是汉字层，第二层是声调层，标出每个音节声调的调型段。声调转化用了归一和 *T* 值转换，最后进入公式的数值是经过归整后的数据。

从基频数据提取出的对数值见表2。

表2　大埔县西河客家话单字调语音样的 *T* 值数据

声调	*T* 值											时长(ms)
阴平	3.576	3.259	3.196	3.144	3.109	3.076	3.061	3.047	3.147	3.430	3.794	502
阳平	1.813	1.309	1.017	0.867	0.838	0.781	0.715	0.773	0.850	1.089	1.880	546
上声	2.742	2.403	2.107	1.757	1.397	1.070	0.659	0.321	0.159	0.272	0.707	446
去声	4.866	4.872	4.724	4.439	3.944	3.219	2.396	1.748	1.401	1.292	1.557	364
阴入	2.813	2.543	2.341	2.175	2.043	1.905	1.701	1.476	1.296	1.153	1.077	171
阳入	4.377	4.168	4.135	4.034	3.963	3.940	3.963	4.011	4.006	3.947	3.955	175

根据表2绘制绝对时长声调图，见下图。

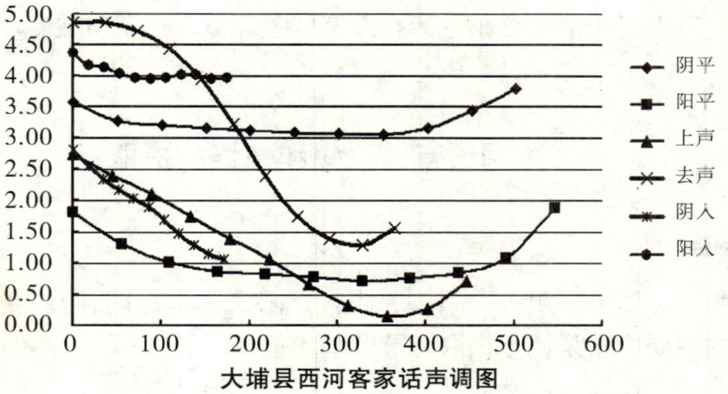

大埔县西河客家话声调图

二、声调特点以及调值的归纳

声调共6个。阴平调处于调域的中上部分，为高平调。平调其实不是一个绝对水平的调型，调域在3和4之间，起伏不超过半度，因此记为44。听感上也是个平调。阳平调处于调域的中下部分，调值曲线中间部分有少许凹陷，有轻微升降的感觉，因为主体部分是平调，因此记为平调。调域主要部分在1以下，因此调值记为11。上声调是一个中降调，图中翘尾的部分对听感没有影响，因此将其调值记作31。去声调是一个降调，从调域顶部到调域底部呈曲线式下沉，起始处下降比较平缓，然后下降到最低，翘尾的部分对听感没有影响，因此将其调值记作52。阴入是一个略降的短调，调值记为2。阳入是一个高调，调值在3.9到4.4之间，呈中间凹两头翘起的曲线，起伏非常小，调值记作5，实际在五度域的偏低位置。

吉川雅之认为西河客家话有六个调，调值分别是：阴平 44、阳平 11、上声 31、去声 52、阴入 41/31、阳入 44。其中阴入调和阳入调与本文的实验结果基本一致，本文为了将入声与其他声调区别开来，体现时长的不同，将阴入记为 2，阳入记为 5。大埔客家话声调调型主要是平调和降调。阴平、阳平、阳入这三个声调是平调，调型均呈中间凹陷、两头翘起的曲线。上声、去声、阴入均为降调，上声调和去声调的调型是先降后略上升；阴入调是一个略短的直降调。

综上所述，我们将大埔西河客家话的调类、调值总结如下：阴平 44，阳平 11，上声 31，去声 52，阴入 2，阳入 5。

参考文献

[日] 吉川雅之. 大埔县客家话语音特点简介 [E]. 李如龙，周日健. 客家方言研究·第二届客方言研讨会论文集 [C]. 广州：暨南大学出版社，1998.

澄海隆都话单字调

张燕洁

（暨南大学汉语方言研究中心/中文系　广东广州　510632）

澄海区位于韩江出海口，2003 年撤销县级澄海市，设立汕头市澄海区，包括凤翔、广益、澄华 3 个街道，莲下、莲上、溪南、东里、盐鸿、莲华、隆都、上华等 8 个镇，总人口约 706 239 人。隆都镇位于澄海区西北部。本文发音人张燕洁，自小生活在澄海区隆都镇，声调与父辈和周围的人一样，发音具有一定的代表性。

一、声调语音的采集和数据的提取

（一）语音样本的例字

根据阴平、阳平、阴上、阳上、阴去、阳去、阴入、阳入 8 个声调各选 10 个字作为录音样本，选字如下表 1 所示，选字的主要原则是便于提取音节的基频值。

表 1　澄海隆都话单字调语音样本例字

	阴平	阳平	阴上	阳上	阴去	阳去	阴入	阳入
例字	低多分诗妻呵$_{\text{(笑\~{}\~{})}}$斜粘鼾中$_{\text{\~{}文}}$	池逃云时齐河邪帘降$_{\text{投\~{}}}$幢$_{\text{—\~{}楼}}$	抵$_{\text{文}}$短粉死耻好写□$_{\text{\~{}灯}}$罕懂	弟在混是市和$_{\text{附\~{}}}$社念$_{\text{惦\~{}}}$限重$_{\text{\~{}要}}$	帝倒$_{\text{\~{}茶}}$训四刺耗舍□$_{\text{桃五\~{}}}$汉中$_{\text{\~{}奖}}$	地袋份逝饲贺射念$_{\text{\~{}书}}$巷侗$_{\text{\~{}族}}$	滴桌忽薛□$_{\text{低着头}}$□$_{\text{\~{}久}}$锡聂喝督	碟夺佛蚀蛴$_{\text{指梭子蟹}}$鹤席$_{\text{酒\~{}}}$捏学$_{\text{文\~{}}}$独

（二）基频数据

在专业录音棚录音，用 Praat5. 1 对录音材料进行标注，标注分两层：第一层是汉字层，第二层是声调层，标出每个音节声调的调型段。声调转化用了归一和 T 值转换。

表 2 为从基频数据提取出的对数值。

表 2　澄海隆都话单字调语音样本的 T 值数据

声调	T 值											时长(ms)
阴平	2.78	2.76	2.64	2.56	2.51	2.45	2.36	2.28	2.20	2.16	2.29	629
阳平	3.96	4.08	4.04	4.04	4.01	3.97	3.94	3.91	3.88	3.87	3.86	617
阴上	4.26	4.14	3.98	3.61	3.03	2.40	1.72	1.14	0.70	0.45	0.27	447
阳上	2.25	2.15	2.06	2.05	2.16	2.31	2.61	3.07	3.81	4.63	4.74	500
阴去	1.51	1.19	1.01	1.02	1.13	1.23	1.48	1.81	2.07	2.09	2.09	611
阳去	1.73	1.70	1.60	1.52	1.38	1.28	1.25	1.19	1.07	0.94	1.09	703
阴入	2.32	2.27	2.25	2.23	2.20	2.14	2.07	1.97	1.86	1.80	1.66	112
阳入	3.91	3.90	3.93	3.95	3.97	3.96	3.95	3.91	3.85	3.77	3.56	117

根据表 2 绘制绝对时长声调图，见下图。

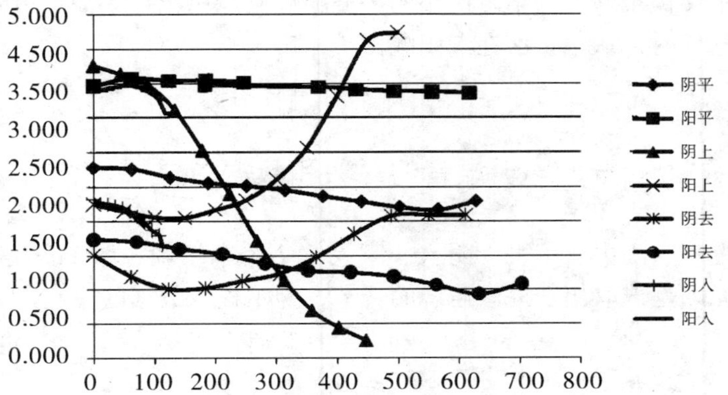

澄海隆都话声调绝对时长图

二、澄海隆都话单字调的主要特点

澄海区隆都镇的闽方言共有八个声调。阴平调处于调域的中间部分，为中平调。平调其实不是一个绝对水平的调型，调域在 2 和 3 之间，起伏不超过半度，因此记为 33，听感上也是个平调。阳平调处于调域的上部分，为高平调，调域在 4 上下，起伏不大，因此记为 55，听感上也是个平调。阴上是一个降调，从调域顶部到调域底部呈曲线式下沉，起始处下降比较平缓，然后下降到最低，因此将其调值记作 52。阳上是一个升调，调值在 2 到 5 之间，最后翘起部分对听感没有影响，因此将其调值记为 35。阴去调是一个曲折调，调值在 1 到 2.5 之间，调型先下降后上升，因此记为 213。阳去调是一个略降调，调值在 0.5 到 2 之间，因此记为 21。阴入调是一个略降的短调，调值在 1.6 到 2.3 之间，调值记为 2。阳入调是一个高调，调值在 3.5 到 4 之间，呈中间凸两头翘起的曲线，起伏非常小，调值记作 5，实际在五度域的偏低位置。

根据以上讨论，我们将澄海方言的八个声调总结如下：阴平 33，阳平 55，阴上 52，阳上 35，阴去 213，阳去 21，阴入 2，阳入 5。本文实验调查出的声调调值与林伦伦先生记录的澄海方言的声调调值大体一致，只有在阴去、阳去、阴入有稍许差别，林伦伦先生调查的阴去、阳去、阴入这三个调值分别是：阴去 212、阳去 11、阴入 1，本文的实验结果是阴去 213、阳去 21、阴入 2。从音位学的角度而言，这种差异并不是音位对立，只是表述上的不同。

参考文献

[1] 林伦伦．广东省澄海方言同音字汇［J］．方言，1994（2）．
[2] 林伦伦．澄海方言研究［M］．汕头：汕头大学出版社，1996．

潮阳陇田话的单字调

郑柔琼
（暨南大学汉语方言研究中心/中文系　广东广州　510632）

潮阳位于广东省东南部，东临汕头，北面揭阳，西靠普宁，2003 年 3 月区划变更设为潮阳区和潮南区，划归汕头市管辖。本文记录的是潮阳陇田镇的声调，潮阳陇田镇位于汕头市潮南区。本文发音人郑柔琼，祖籍潮阳陇田镇芝兰村，从小生活在潮阳陇田镇，声调与父辈、周围人一样，发音具有一定的代表性。

一、声调语音的采集和数据的提取

根据阴平、阳平、上声、阴去、阳去、阴入、阳入这 7 个单字调各取 11 个例字作为录音样本，选字如表 1 所示，选字的原则是选取便于提取声调的音节，为了提取数据的便利没有选择声母是鼻音、边音等的例字。

表 1　潮阳陇田单字调实验用字

	阴平	阳平	上声	阴去	阳去	阴入	阳入
例字	婚夫碑诗孙英丁刀班丹柢	魂鱼啤时荧纯亭朵房铜池	粉府比死笋涌顶短阪党抵	奋护币是顺应订在棒但弟	份旧避示闰用龙代磅洞地	忽福鳖薛戌溢竹桌北鞀滴	佛服舌蚀述亿敌夺缚达碟

录音在专业录音棚进行，之后用 Praat5.1 对录音材料进行标注，标注分两层，第一层是汉字层，确定每个音节的边界，标明每个音节对应的汉字；第二层是声调层，综合分析标出每个音节声调的调型段。声调数据的提取使用了阿姆斯特丹大学 David Weenink 写的脚本，声调转化用了归一和 T 值转换。首先需要得出的是整个样品中每一组样品各个测量点基频数据的平均值，然后算出每一个测量点的 T 值。下面表 2 就是从基频数据得出的对数值。

表 2　潮阳陇田单字调的 T 值数据

声调	T 值											时长（ms）
阴平	2.80	2.28	1.83	1.42	1.09	0.76	0.49	0.26	0.06	0.01	0.38	380
阳平	2.89	2.59	2.43	2.29	2.20	2.15	2.12	2.08	2.05	2.18	2.43	488
上声	4.10	3.97	3.92	3.89	3.88	3.87	3.85	3.84	3.84	3.92	3.97	452

（续上表）

声调	T值											时长(ms)
阴去	4.99	4.86	4.67	4.33	3.79	3.13	2.44	1.77	1.20	0.86	0.90	300
阳去	3.22	2.96	2.82	2.75	2.56	2.36	2.07	1.67	1.30	1.14	1.34	444
阴入	3.28	3.19	3.09	2.96	2.83	2.70	2.57	2.45	2.32	2.09	2.05	116
阳入	4.54	4.48	4.45	4.45	4.45	4.45	4.45	4.44	4.39	4.27	4.20	121

根据表2绘制出潮阳陇田话单字调绝对时长的声调对数曲线，见下图。

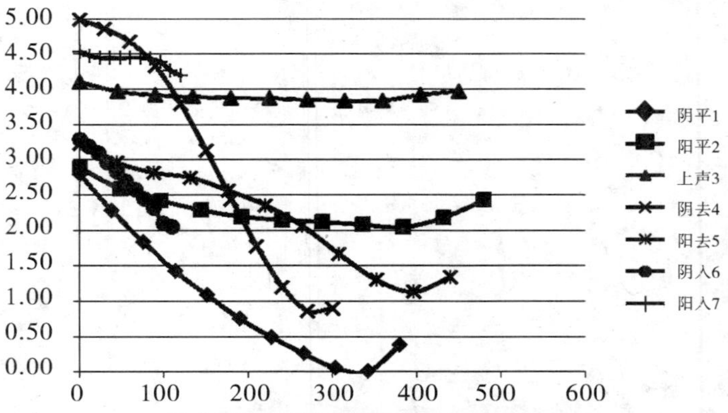

潮阳陇田话单字调声调绝对时长图

二、潮阳陇田话单字调的特点和调值

潮阳陇田话有七个调类。张盛裕先生认为老派潮阳话有八个声调，其研究主要是以老派棉城话为基础的。本文的发音人声调与父辈、周围人一样，可以代表潮阳陇田话的声调情况，就单字调而言，潮阳陇田话有七个调类，张盛裕先生的阳上调在本文中归入阴去调。

潮阳陇田话阴平调处于调域的下半部分，起始部分主要位于调域的中下部，阴平调调型曲线为凹降，它的特点是“低”和“凹”，图中翘尾的部分对听感没有影响，其调值可记作31。阳平调是处于调域中上部的一个平调，由于主体部分是平调，因此记为平调，调域在2和3之间，且整个声调音高起伏不超过半度，其调值可记作33。上声调分布在调域上部为高平调，整个声调的音高范围基本在3和4之间，并且起伏不超过半度，调值可记作44。阴去调是典型的全降调，从调域顶部到调域底部呈曲线式下降，起始处下降比较平缓。图中翘尾的部分对听感没有影响，其调值可记作52。阳去调也是降调，起点位于调域的中部，终点位于调域的下部，其连线几乎是调域的中部及下部的一条对角线，调值可记为32。阴入调是一个略短的降调，主要位于调域的上部，阴入调的时长较短，呈现略微下降的趋势，调值可记作32。阴入调调值和阳去调调值相同，但阴入调比较短促，区别较明显。阳入调是一个高调，调域位于4~5之间，阳入调的时长较短，图中翘尾的部分对听感没有影响，其调值可记作5。

潮阳话声调降调比较多。阴平、阴去、阳去、阴入这四个声调都是降调，但是它们的下降曲线各有不同。阴平调调型曲线为凹降，声调曲线在下降过程中形成凹槽；阴去调是一个幅度较大的降调；阳去调是先降后略上升；阴入调是一个略短的降调。

如何区分潮阳陇田话各个不同的降调，金健、施其生先生的《汕头谷饶方言多个降调的声学分析和感知研究》一文对我们了解这一问题有很大的启发，他们对潮阳谷饶话单字调的归纳是七个调类，与本文相同；他们通过听辩实验认为凹特征可以成为降调的区别性特征，音高、调型凹凸、拐点前后以及斜率大小是形成调型特征的关键因素，这些可能是潮阳话降调的区分上不可忽视的重要因素。

本文旨在用实验语音学的方法对潮阳陇田话声调作出描写，陇田话与金健、施其生两位先生调查的谷饶话调类相同，调值则略有不同，这反映的是调查点和发音人的差别。

综上所述，我们将潮阳陇田话七个声调的调值总结如下：阴平 31，阳平 33，上声 44，阴去 52，阳去 32，阴入$\underline{32}$，阳入 5。

参考文献

[1] 张盛裕．潮阳方言的语音系统［J］．方言，1981（1）．
[2] 金健，施其生．汕头谷饶方言多个降调的声学分析和感知研究［J］．中国语文，2010（6）．

潮州方言“唔字结构”合音条件及合音演变①

徐宇航

（香港中文大学中国语言及文学系　中国香港）

提　要　在潮州方言中，“唔”作为主要的否定词被广泛使用。在现实交流中，“唔”常常与其相邻的成分发生合音，如“唔爱”［$m^{35}ai^{223}$］，合音为 $mãĩ^{223}$，“唔是”［$m^{35}si^{35}$］合音为 $mĩ^{35}$ 等。本文从现代潮州方言“唔字结构”的合音现象出发，运用韵律句法学的理论，探讨“唔字结构”合音现象的结构条件和成因，得出了 $m^{35}+cv^{T}\rightarrow m\tilde{v}^{T}$/［$m^{35}+\varnothing\tilde{v}^{T}$］$_{66}$这样一条反映“唔字结构”合音现象与词汇音节数量、音节特征关系的音变起始公式。之后又从历时角度出发，通过对 19 世纪潮州方言传教士语料的考察，证明了“唔字结构”的合音现象始于“唔＋零声母音节”，并以词汇常用性作为隐形条件，逐渐扩散到非零声母音节上这样的预设。同时证明了该合音现象通过“唔”字“同化其后音节声母”和“自身形式消失”两个步骤完成。论文从合音发生的机制、成因、合音发生的运作模式以及合音结果等几个方面，对潮州方言“唔”字结构合音现象作了深刻的学理探讨。

关键词　潮州方言否定词　合音　韵律　传教士语料　历时演变

一、引　言

本文考察的对象是粤东闽语潮州话。潮州方言属闽南方言，主要使用于广东省东部地区。潮州方言具有广义和狭义之分，广义的潮州方言统称整个粤东闽语，狭义的潮州方言指的是在粤东潮州市区所使用的方言。本文的描写主要集中在潮州市区所使用的方言，属于狭义的潮州方言。在潮州方言中，“唔”作为主要的否定词被广泛使用。“唔”在潮州方言的地位类似于“不”在普通话的地位，单用或结合其他成分用于表示否定情况。如“不要”叫“唔爱”，“不好”叫“唔好”，“不是”叫“唔是”等。在现实交流中，“唔”常常与其相邻的成分发生合音，如上述所提到的“唔爱”［$m^{35}ai^{223}$］，合音为 $mãĩ^{223}$，“唔好”［$m^{35}ho^{51}$］合音为 $mõ^{51}$，“唔是”［$m^{35}si^{35}$］合音为 $mĩ^{35}$。

目前，学界尚无针对潮州方言“唔”的合音现象进行分析和解释的专门论述，对该合音现象的过程和成因更是无人论及。本文尝试以汉语韵律句法学的理论内容为基础，对“唔字结构”的合音现象进行分析探讨，找出其合音原由，并以历时语料为参照，构拟出该合音现象的合音过程和走向，从而解释这一问题。

二、潮州方言“唔”合音现象

在潮州方言中，“唔”是一个多产自由语素，能够和多数的可控动词、形容词及动词短语组合，也能够单用，作为回答疑问句省略式。“唔”（相当于“不”）在南方诸方言中，包括闽、粤、客方言大多读自成音节的 m 或 ŋ，这与官话、湘、赣语多读双唇塞音的情况形成了类型上的不同（桥本万太郎 1978）。② 关于“唔”字的来源，诸多学者作过相关的探讨（如黄丁华，1958；陈章太、李如龙，1983；

① 该文曾在香港中文大学冯胜利教授指导下修改，并于 2011 年国际中国语言学会年会（ICAL－19）宣读，得到在场专家学者指正，特此感谢。

② 参考张晓山．潮州话否定词研究之一：唔［A］．邓景滨．汉语方言论文集［C］．澳门：现代教育研究社，1997. 272.

张振兴，1983；严学宭、尉迟治平，1985；李如龙、张双庆，1992 等）[①]，这里不再复述。具体到潮州方言，“唔”字有两个用法，根据张晓山（1997）的研究，其一作能愿动词，可单用，以表示对行为、动作的意志否定；其二作否定副词，一般不单用，与其后的成分结合用来表示否定意义。“唔”单用的时候读为 m^{35}，与其他语素连用的时候多变调为 m^{223}。同时，在日常的使用中，有一批的 m^{35} + V/Adj 发生了合音。如：

m^{35} + V：m^{35} + ai^{223}→$m^{223}ai^{223}$→$m\tilde{a}\tilde{i}^{223}$（唔爱，不要）
m^{35} + V：m^{35} + oi^{35}→$m^{223}oi^{35}$→boi^{35}（唔解，不会）
m^{35} + V：m^{35} + ui^{223}→$m^{223}ui^{223}$→$mu\tilde{i}^{223}$（唔畏，不怕）
m^{35} + V：m^{35} + si^{35}→$m^{223}si^{35}$→$m\tilde{i}^{35}$（唔是，不是）
m^{35} + Adj：m^{35} + ho^{53}→$m^{223}ho^{53}$→$m\tilde{o}^{53}$（唔好，不好）

而另外一些 m^{35} + V/Adj 和 m^{35} + VP 则不发生合音。如：

m^{35} + Adj：m^{35} + $\tilde{o}\tilde{i}^{55}$→$m^{223}\tilde{o}^{55}\tilde{i}$（唔闲，忙碌）
m^{35} + V：m^{35} + $hi\partial u^{53}$→$m^{223}hi\partial u^{35}$（唔晓，不懂）
m^{35} + V：m^{35} + $tsai^{33}$→$m^{223}tsai^{33}$（唔知，不知道）
m^{35} + VO：m^{35} + $si\partial u^{35}$ + $na\eta^{55}$→$m^{223}si\partial u^{11}na\eta^{55}$（唔肖侬，形容行为怪异、另类）
m^{35} + VV：m^{35} + $t\gamma\eta^{223}$ + $s\gamma\eta^{223}$→$m^{223}t\gamma\eta^{11}s\gamma\eta^{223}$（唔当算，不算数）
m^{35} + VR：m^{35} + k^hia^{35} + ku^{53}→$m^{223}k^hia^{11}ku^{53}$（唔倚久，不久留）

上述例子很好地为我们展现了潮州方言“唔”合音的情况。从例子中我们可以知道，“唔”合音的运作是由“唔”字并入后接的相邻成分构成。“唔”字并入相邻成分，将合音后的声母调整为 m，自身弱化消失，合音后的音节声调为被并入成分的声调。且由于 m 声母的影响，合音后的音节多为鼻化元音韵母。具体的合音运作可用以下公式表示[②]：

$$m^{35} + cv^{T} \rightarrow m\,\tilde{v}^{T}$$

（*c* 代表辅音声母，*v* 代表元音韵母，$\tilde{v}$ 代表鼻化元音，*T* 代表声调，下同）

三、“唔”合音的条件和成因

否定词与其后相邻成分发生合音，构成句法词（syntactic word），两个语素并为一个语素，这无论在汉语早期或其他语言中，都曾出现过。如现代英文里的否定副词 never 就是从中古英文中的 not + ever 凝合而来。又如古代汉语的否定词“弗”，是由“不”和“之”合音而来（丁声树，1933）。现代汉语中的“甭”、“别”，则分别由“不用”和“不要”合音而来。[③] 因此“Huang（1988）曾指出：汉语中

① 张晓山．潮州话否定词研究之一：唔［A］．邓景滨．汉语方言论文集［C］．澳门：现代教育研究社，1997．272～273．

② m^{35} + oi^{35}→$m^{223}oi^{35}$→boi^{35} 的运作没有使 oi 带上鼻化色彩，反而是声母从 m 变为 b，属于“音韵妥协”（何大安，2004）的结果。在潮州方言中，鼻音声母 m 会使其后的元音韵母都带上鼻化色彩，因此多数非鼻化元音与 m 声母相拼时，都必须自我调整，变为鼻化元音。但 oi^{35}（会）这个词在潮州方言中使用频率非常高，语音的固定性非常强，不容易发生变化。因此在与 m 的拼合时，无法带上鼻化色彩。m 声母必须带鼻化元音，oi^{35} 无法妥协为鼻化元音，这就产生了矛盾，此时声母或韵母必须有一方实现妥协，因此在这个运作中，声母选择了妥协，由 m 变为 b，使得拼合得以完成。

③ 冯胜利．汉语韵律句法学［M］．北京：北京大学出版社，2005．226、223、227．

的否定成分必须与一个相邻的词汇形式附着在一起，组成一个独立的复杂单位（Principle－P）”①。基于此，我们在语言事实和句法规则两个层面上，为潮州方言“唔”合音现象找到了理论根基和类同事实。但“存在合理性”与“其他语言可以发生”这样的说法并无法准确地为“唔”合音找到发生的条件和发生的原因。要寻求“唔”合音的条件及成因，我们必须具体地分析该现象所发生的语言环境，从中找出规律与原则，并解释发生与不发生之间的限制条件。

首先从句子结构看“唔”在句子层次上的位置，检查能否从句法层面对“唔”合音现象作出解释。潮州方言的“唔”，在一个句子中可以重复使用，如“你唔好唔爱吃饭。（意思为：你不能不吃饭。）”，无论处于两个位置中的哪一个，都有合音的现象发生。因此，在句子层面上我们无法找到该合音现象的规律。

句法无法解释的现象，我们需要句法以外的理论来支持。比较前面所举出的例子，我们发现了一个事实：“唔”合音必须发生在两字组（即唔＋单音节词）的词汇中，三字组的词汇无法发生合音。进一步观察我们又可以得知，“唔”合音的发生，与“唔”字之后成分的词性并无关系。比如 $m^{35}+V$ 中，“唔畏”可以发生合音，“唔知”却不能合音；$m^{35}+Adj$ 中，“唔好”可以发生合音，而“唔闲”则不能合音。这样看来，“唔”合音现象不以后加成分的语法性质为区别，倒更像是一种韵律的运作。

从韵律观点出发，则可以较为充分解释“两字组合发生合音，三字组合不发生合音”这一现象。韵律构词法（冯胜利，2005）认为：“双音节是最小的音步，最小的是最基本的，因此我们把它作为标准，称为标准音步。它有构词性，在跟构词法交界的时候，它能控制词法的运作。”② 具体到潮州方言“唔字结构”合音现象，我们可以得出，当且仅当“唔”与其后相邻成分是一个具有标准音步的“双音节词”的时候，“唔”合音现象才得以发生。

但是，如果我们肯定双音节词作为“唔”合音的先决条件，就必须解释，为何有的“唔＋单音节词”发生合音，如“唔爱”、“唔是”，有的则不发生合音，如“唔闲”、“唔知”。我们认为，韵律构词学所讲的标准音步双音节词，只是作为“唔字结构”合音的必要条件，并非充要条件。“唔字结构”要发生合音，除了满足“唔＋单音节词”的条件，还必须符合其他的条件。这个条件，我们认为应该是语音上的条件。具体来说，我们认为，“唔字结构”的合音现象始于“唔＋零声母单音节词”，且这个零声母单音节词在语用上属于常用词汇。从“唔＋零声母单音节词”开始，再将合音逐渐扩散到其他常用词汇上。这个演变的初始点可用以下公式表示：

$$\mathrm{m}^{35}+cv^{T}\longrightarrow \mathrm{m}\tilde{v}^{T}/\ [\mathrm{m}^{35}+\text{ø}\ \tilde{v}^{T}]_{66}$$

这种始于“唔＋零声母单音节词”的合音扩散，由于发生在词句连读的语流中，因而必然对常用的词汇更加有效。语用频率低的词汇由于使用次数少，即便是“唔＋零声母单音节词”，也可能不发生合音，比如上述例子中使用频率相对少的“唔闲”，在潮州方言中，就没有合音现象的发生。因此，“唔＋零声母单音节词”作为“唔字结构”合音的初始条件，词汇的常用性则是合音进行的推动力量，两者缺一不可。以下通过语料证据证明这一点。

四、“唔字结构”合音现象的运作过程

证明“唔字结构”合音现象始于“唔＋零声母单音节词”，并以词汇常用性作条件在其他声母单音节词中扩散开来，最有效的方式，莫过于先寻找理论根据，构拟其演变的模式，再于历史语料中找到相关的证据。我们认为，“唔”的合音，首先是一个语音合并的过程，因此其演变必然与语音演变规律相关。以下我们从汉语合音的一般规律出发，为“唔”合音现象构拟出演变的模式，再通过历史语料印证我们的假设。

① 冯胜利. 汉语韵律句法学［M］. 北京：北京大学出版社，2005. 227.
② 冯胜利. 汉语韵律句法学［M］. 北京：北京大学出版社，2005. 409.

一般说来，语流中两个音节的合并，有“前附”和“后附”两种方式。前者表现为第二个音节向第一个音节靠拢，并入第一个音节，后者正好相反，表现为第一个音节向第二个音节靠拢。如上文所言，“唔”合音现象表现出来的是一种“唔”并入其后音节的情况，也就是“后附”合音方式。“唔”并入其后音节，成为第二个音节的声母，并失去自身的声调，这样的现象告诉我们：在“唔字结构”的合音过程中，第二个音节必须先失去自身的声母，然后再接受 m 作为自己的声母。如果从这个角度上说，“唔”合音现象必须经过“‘唔’其后音节声母弱化消失”和“‘唔’进入第二个音节”这样两个步骤。换个角度考虑，如果“唔”字相邻的是一个“零声母”音节，那么合音的两个步骤，就可以减少为一个步骤。“唔”就不用迫使相邻音节先作自身的音韵调整，弱化自身声母，反而可毫无阻力地进入第二个音节。这样，我们可以得出，如果第二个音节为“零声母”音节，那合音现象应该来得更容易（因为只需要一个步骤就可以完成合音）。基于这个考虑，“唔”合音现象始于其后跟零声母音节情况，从零声母开始，再逐渐扩散到其他声母音节，也就变得有理有据。

历史文献是证明语言演变最好的直接证据。16 世纪开始，西方传教士进入中国。为布教需要，传教士学习汉语中的各种方言，并留下大量语言材料，包括《圣经》方言译本、汉语方言语音学论著、词典类著作、课本类著作和语法书等。除《圣经》译本有“硬译”的嫌疑外①，其他材料描写的大都是当时的方言口语，记音详细、语料丰富，比方言韵书更能反映口语；且多用字母记音，较好地体现了实际发音，弥补了传统韵书只记音类不标实际发音的缺陷，可用作研究汉语语音史、词汇史和语法史的材料②。19 世纪中叶，随着通商口岸的进一步开放，传教士的足迹更是遍布大江南北，地处沿海的粤东潮汕地区也不例外。传教士的到来给潮汕地区留下诸多记录当时语言情况的资料。关于“唔”及其合音现象的记载，我们找到以下三本语料：

Dean. William. *First Lessons in the Tie – Chiw Dialect*. Swatow：American Presbyterian Mission Press. 1841.（下称 Dean，1841）

Fielde. Adele Marion. *First Lessons in the Swatow Dialect*. Swatow：Swatow Printing Office Co. 1878.（下称 Fielde，1878）

Lim. Hiong Seng. A *Handbook of the Swatow Vernacular*. Singapore：Sincapore – Printed at the Koh Yew Heanm Press. 1886.（下称 Lim，1886）

前两本语料为北美浸信会（American Presbyterian Mission）传教士的作品，第三本属于受传教士编写方言著作的启发，由民间潮籍知识分子自发用罗马字注音体系编写的方言教程。虽然后两本语料在书名上写的是 Swatow Dialect，但考察音系我们可以获知，三本书记录的属于同一个地方的方言，都是潮州方言的记录资料。③ 检索这三本语料对“唔”及其合音现象的描写，我们发现，在 1841 年的语料中，出现的“唔”合音词只有语料句子中出现频率较高的 mãĩ^{223}（不要），其他的“唔字结构”，如“唔解”（不会）、“唔畏”（不怕）、“唔好”（不好）等，都尚未有合音的情况发生。具体例子如下所示：

（1）Don’t touch that　勿摸彼物　Mai mong hur muě（Dean，1841. p. 7.）

（2）He cares for nobody　伊不畏人　I m’ ui nang（Dean，1841. p. 9.）

（3）Why can’t he do it　伊怎呢不能做　I chaw ni m’oi chaw（Dean，1841. p. 14.）

（4）Opium is not good to eat　鸦片不好食　A – pien m’ haw chi（Dean，1841. p. 12.）

（5）I don’t know　我不知　Ua m’chai（Dean，1841. p. 10.）

① 陈泽平指出：“传教士译《圣经》的时候，考虑最多的是‘信’，即如何忠实地传达‘上帝的福音’。不仅要直译英文版的《圣经》，还讲究译语是否与希伯来文、拉丁文版本切合，至于译语本身是否自然流畅则往往被忽视。更糟糕的是，一些传教士出于西方人的优越感，有意无意地漠视汉语内在的规范要求，放任‘硬译’。”引自陈泽平. 19 世纪以来的福州方言——传教士福州土白文献之语言学研究［M］. 福州：福建人民出版社，2010. 23.

② 徐睿渊. 厦门方言一百多年来语音系统和词汇系统的演变［D］. 厦门大学博士学位论文，2008.

③ 徐宇航. 两个地名，一个音系——兼论粤东闽语传教士语料的声母体系［A］. 初稿发表于 2010 年 4 月香港中文大学中国语言及文学系讲论会。

从上述例子可以看到，“唔字结构”合音在19世纪40年代的时候还属于个别现象，多数的“唔字结构”仍没有合音。这样的情况在其后几十年间有不同的表现。在1878年的语料中，同属于常用词汇的“唔解”（不会）已经开始合音，这证明合音现象进一步发展，从单一的 m^{35} 附贴到其后音节，扩散到附贴后可以产生“音韵妥协”（m→b）。具体例子如下所示：

（6） úa m̃ ài^{n} khʉ̀. I do not wish to go. （Fielde，1878. p. 1. ）

（7） mài i jîp lâi. Do not let him come in. （Fielde，1878. p. 7. ）

（8） m̄ cai ŏi cê^{n}a bŏi. Do not know whether it will clear. （Fielde，1878. p. 56. ）

（9） m̄ cai hɵ́ a m̄ hɵ́. I do not know whether they are good or not. （Fielde，1878. p. 2. ）

上述例子清楚地表现出了“唔字结构”合音发展的痕迹，从单一的“唔”并入零声母音节，到“唔”并入后进行音韵调整，这说明“唔”并入后音节的能力不断增强。与此同时，“唔爱”（不要）和 $ma\tilde{i}^{223}$ 同时出现，证明“唔”合音并不是一个不可逆的过程，在语用中合音后的词可以与合音前的词一起存在。这点与现代潮州方言的情况也是一致的。在现代潮州方言中，虽“唔”合音现象普遍存在，但在语用中，如果不用合音现象，使用“唔 + V/Adj.”形式句子也是合法的。

最后看1886年的语料。在这本语料中，$ma\tilde{a}\tilde{i}^{223}$（不要）、$boi^{35}$（不会）这样的音节已经广泛存在，而语用频率同样很高的非零声母音节“唔好”，也开始产生合音。这是“唔”合音现象进一步扩散的结果。从零声母音节向非零声母音节的发展，是“唔”合音现象的重大进展，非零声母音节也开始发生合音，这为众多的“唔”字结构提供了合音的可能。具体例子如下所示：

（10） 尔勿骗我 L ṳ́ mài^{n} – phièn uá　Don’t you deceive me. （Lim，1886. P. 16. ）

（11） 伊袂死 I bōi sí　He will not die. （Lim，1886. P. 45. ）

（12） 赌博是不好事 Puáh – chì^{n}sī m̄ – mó^{n}sṳ　Gambling is a bad thing. （Lim ，1886. P. 69. ）

（13） 不可顶减 m̄ – mó^{n}téng – siám　Don’t cheat in weighing. （Lim，1886. P. 164. ）

（14） 不是 m̄ – sī　Not，no. （Lim ，1886. P. 164. ）

1886年语料的例子揭示了“唔字结构”合音进一步发展的轨迹。从上述例子（12）、（13）可以知道，这个时候，“唔 + 非零声母音节”也开始加入了合音的行列。按照上文的假设，我们认为“唔”字结构合音始于零声母音节，再逐渐扩散到其他非零声母音节。到此，这一假设在语料的记录中得到了证实。在1841年的语料中，“唔字结构”合音现象才处于萌芽状态，这表现在语料中仅记载了 $ma\tilde{i}^{223}$（不要）一个合音词，其他的“唔字结构”，包括同样是零声母音节的“唔解”（不会）、“唔畏”（不怕），都没有记录为合音词。合音现象继续发展的情况则体现在1878年的语料中，在 Fielde 1878年的记录中，“唔解（不会）”已经合音为 boi^{35}。而1886年的语料中则有“唔好（不好）”这样的非零声母音节结构参与合音。

在证明“唔”合音现象发展轨迹的同时，我们还发现了揭示“唔字结构”合音步骤的关键资料：Lim（1886）对“唔”合音现象的描述。基于这本语料的记载，我们可以证明上文所假设的规则之外，对“唔”合音现象的合音步骤也有了更明确的认识。如（12）和（13）两个例子所示，在“唔好”发生合音的前期，“唔”后面的“好”受到“唔”的影响，声母由 h 变成 m，这个时候，“唔”只影响了其后音节的声母，同时弱化了声调，自身自成音节的形式并未消失，形成了［$m^{223}mo^{53}$］这样的形式。这一形式显然与今天我们在潮州方言中所看到的 mo^{53} 有所不同。Lim（1886）的价值正是在于它让我们看到了这样一个合音演变过程：$m^{35} + ho^{53} \rightarrow m^{223}\tilde{m}^{53} \rightarrow m\tilde{o}^{53}$，其中从 $m^{223}h\tilde{o}^{53}$ 到 $m^{223}m\tilde{o}^{53}$ 的过程，如果没有 Lim（1886）的记录，我们便无从得知。

进一步说，如果 Lim（1886）记录的“唔好”合音步骤是“唔字结构”合音的一般路线，那么从理论上讲，$ma\tilde{i}^{223}$、boi^{35} 这样的音节也应该经过了 m – $ma\tilde{i}^{223}$、m – boi^{35} 这样的阶段。这种过程若符合事实，我们对“唔字结构”合音情况的推理则又可前进一步。上文我们总结出“唔字结构”合音的公式为：$m^{35}+cv^{T}\rightarrow m\tilde{v}^{T}$，这样看来，这个公式只是“唔”合音的结果，公式的中间还可以有一个中间阶段，即公式可以扩展为：$m^{35}+cv^{T}\rightarrow m^{223}m\tilde{v}^{T}\rightarrow m\tilde{v}^{T}$。也就是说，“唔字结构”的合音并不是一步到位的演变，而是经过了两个步骤：第一，自成音节“唔”同化了其后音节的声母，自身声调受到其后音节的影响而改变，成为 $m^{223}m\tilde{v}^{T}$形式。第二，当“唔”后面的音节声母变成 m 之后，与 m^{223}在发音上就非常相似，这就很容易发生发音上的混同，从而导致 m^{223}的弱化，甚至消失。因此今天我们所看到的合音结果，便是一个“合二为一”的 $m\tilde{v}^{T}$这样的音节。这样的推理只是从 Lim（1886）对“唔好”这个词合音情况的单一记录中推断出来的，如果要说明这是“唔字结构”合音的一般过程，我们还需要其他结构的合音发展情况来支持。

现在看看现代潮州方言“唔字结构”的合音情况。比照现代潮州方言，我们发现，在目前的方言中，类似［$m^{223}mo^{53}$］这样的演变未完成形式，也仍然存在。比如在目前的潮州方言中，“唔是”（不是）这个语用频率很高的词可以发生合音，合音现象在句子中有两种不同的读法：第一种是演变完成的读法，此时的“唔是”读为 $m\tilde{\imath}^{35}$，第二种则是演变未完成的读法，读为 $m^{223}-m\tilde{\imath}^{35}$。如句子“我不是老师”在现代潮州方言中可以说成［$ua^{53}m\tilde{\imath}^{233}Lau^{223}s\gamma^{33}$］，也可以说成［$ua^{53}m^{223}-m\tilde{\imath}^{223}Lau^{223}s\gamma^{33}$］。这种情况与 1886 年语料所记载的“唔好”具有一致性。目前的“唔是”，演变的阶段跟 1886 年时候的“唔好”很相似，处于“唔”同化了其后音节声母，自身形式消失（声调）与未消失（自成音节）之间，即 $m^{35}+cv^{T}\rightarrow m^{223}m\,\tilde{v}^{T}$这样的情况。现代潮州方言“唔是”的例子与 1886 年语料所记载的例子互相印证，这更加可以肯定“唔字结构”合音现象演变步骤的可能性。

因此，通过对 19 世纪传教士语料的考察，我们证明了上述关于“唔字结构”合音先后次序的假设，同时看到了该合音现象的运作步骤，且说明了“唔”合音现象的可逆性，这就为“唔字结构”合音现象的历时演变找到了合理的路径，同时扩充了对该合音现象的诠释。

五、总　结

综上所述，本文从现代潮州方言“唔字结构”的合音现象出发，运用韵律构词学的理论解释了“唔”合音现象的结构条件和成因，得到了 $m^{35}+cv^{T}\rightarrow m\,\tilde{v}^{T}$/［$m^{35}+\o v^{T}$］$_{66}$这样一条合音与词汇结构关系的音变起始公式。之后又从历时角度出发，通过对 19 世纪潮州方言语料的检索，证明了“唔”字结构的合音现象始于“唔＋零声母音节”，并以词汇常用性作为隐形条件，逐渐扩散到非零声母音节上这样的预设。同时，通过对语料的研究证明了“唔字结构”合音现象经历了“同化其后音节声母”和“自身形式消失”这样两个步骤。这样，从合音发生的机制和成因、合音发生的运作模式以及合音结果的解释等几个方面，我们为潮州方言“唔字结构”合音现象作了一次深刻的学理探讨。

参考文献

［1］陈泽平．19 世纪以来的福州方言——传教士福州土白文献之语言学研究［M］．福州：福建人民出版社，2010.

［2］冯胜利．汉语韵律句法学［M］．北京：北京大学出版社，2005.

［3］何大安．规律与方向——变迁中的音韵结构［M］．北京：北京大学出版社，2004.

［4］徐睿渊．厦门方言一百多年来语音系统和词汇系统的演变［D］．厦门大学博士学位论文，2008.

［5］徐宇航．两个地名，一个音系——兼论粤东闽语传教士语料的声母体系［A］．初稿发表于 2010 年 4 月香港中文大学中国语言及文学系讲论会．

［6］张晓山．潮州话否定词研究之一：唔［A］．邓景滨．汉语方言论文集［C］．澳门：现代教育研究社，1997.

［7］Dean. William. *First Lessons in the Tie – Chiw Dialect*［M］. Swatow：American Presbyterian Mission Press. 1841.

［8］Fielde. Adele Marion. *First Lessons in the Swatow Dialect*［M］. Swatow：Swatow Printing Office Co. 1878.

［9］Lim. Hiong Seng. *A Handbook of the Swatow Vernacular*［M］. Singapore：Sincapore – Printed at the Koh Yew Heanm Press. 1886.

● 少数民族语言研究 ●

云南鹤庆双语现状调查

——以云鹤镇为例

李义祝

（暨南大学中文系　广东广州　510632）

提　要　双语兼用是白族聚居区语言使用的重要现象。本文立足于鹤庆县云鹤镇汉话（西南官话）和白语的基本情况，依据实地访谈和问卷调查获得的资料和数据，分析了云鹤镇居民的汉话、白语语言态度。调查显示，鹤庆双语属于汉—白兼通型，其汉话和白语在相互融合的基础上，白族的汉话水平比较高，汉族也具备一定的白语听说能力，在一定条件下，白语和汉话能够在小范围内自由运用。而对于鹤庆白语发展的前景没有呈现出明显的倾向性，但通过对儿童的调查可预测汉话水平是否会有所提高。

关键词　汉话　白语　双语　语言现状　鹤庆

一、调查点概况

鹤庆县位于云南省西北部，隶属大理白族自治州。地处横断山脉的南端，东临金沙江与永胜县隔江相望，南与宾川县接界，北与丽江市相邻，西与剑川县毗邻。全县总面积近2 400平方公里，山区、半山区地形约占90%，山间较平坦的地方形成西南地形典型的“坝子”。到2010年末，县辖7镇2乡，全县总人口为27.29万，少数民族人口18.39万，占67.38%，其中白族人口16.05万，占总人口的58.8%。除汉族和白族外，还聚居着彝、纳西、藏、苗、傈僳、怒等多个少数民族，是以白族为主的民族杂居县。

云鹤镇是鹤庆县的政治、经济、文化和交通中心，也是茶马古道上的文化重镇，它位于鹤庆坝子中部偏西，距云南省省会昆明近469公里，距大理白族自治州下关市126公里，距丽江市36公里，也是目前大理通往丽江的最主要通道。云鹤镇辖2个社区和3个村委会，具体为：东升社区、仓河社区、菜园村委会、秀邑村委会和新生邑村委会，总人口约2.3万，其中白族人口约1.4万，约占60%。除白族以外，由于移居等因素，云鹤镇几乎聚集了全县的各种少数民族。多民族的杂居深刻影响着云鹤镇的语言面貌，其中汉语、少数民族语言共存共用成为重要特征。云鹤镇居民以白族和汉族为主，故本文只考虑白族和汉族的情况，对于汉语和其他少数民族语言的双语情况暂不讨论。

白语是白族通用的语言，在其归属上还有争论，一个相对普遍观点是白语属于汉藏语系藏缅语族的彝语支。[①] 在少数民族语言的发展中，白语也受汉语的深刻影响，例如在词汇方面，60%的词语来源于汉语。汉语对白语的渗透程度甚至影响到白语系属的定性，如赵式铭、张海秋等学者在20世纪30年代曾提出“白语是汉语方言”的观点。[②] 白语按地理位置可大致分成南部方言、中部方言和北部方言，分别以大理土语、剑川土语、碧江土语作为三种方言的代表，鹤庆被划分为中部方言。但总体来说，鹤庆

① 徐琳，赵衍荪．白语简志［M］．《中国少数民族语言简志》编委会．中国少数民族语言简志丛书［M］．北京：民族出版社，1983.

② 袁明军．汉白语调查研究［M］．北京：中国文史出版社，2006.

白语与剑川白语还是有很大差异，剑川白语相对保留了更多中部白语方言的原始面貌，而鹤庆白语被汉化的痕迹更明显。

白族文字在历史文献中又叫“僰文”，是利用汉字的字音来记录白语。但是，由于汉字不能完全满足白语语音记录的需求，加上白语内部的方言土语语音各不相同，所以，白族文字长期以来并没有得到广泛通行。从1958年中国社会科学院少数民族语言调查第三工作队白语调查小组制定了《白族文字方案》（草案），到2006年剑川石龙小学学前班正式使用白文编写的教材，很多人仍然不懂“新白文”，甚至没听说过新文字的存在。除了在少数民族小学进行新白文的普及，在日常生活中基本上没有使用白文。所以无论是“旧”白文还是“新”白文，使用起来都没有汉字受欢迎。

二、调　查

本次调查以问卷的方式进行，调查问卷由调查对象基本情况、语言使用现状调查、语言使用态度调查三部分构成。依据问卷调查内容，设计封闭式问题和选项，由被调查者根据实际情况填写。

调查点为云鹤镇所辖的东升社区、仓河社区、菜园村委会、秀邑村委会和新生邑村委会。调查对象涉及不同性别、不同职业、不同年龄层次、不同受教育程度和不同婚姻状况的白族、汉族常住居民。调查共发放问卷150份，收回137份，未收回13份，收回率约91.3%。在收回问卷中，无效问卷33份①，可用问卷104份，问卷可用率占收回问卷的79.5%。

（一）调查对象的基本情况

表1　调查对象基本信息（共104人）

民族		性别		婚姻状况	
白族	汉族	男	女	已婚	未婚
57人	47人	61人	43人	82人	22人
54.8%	45.2%	58.7%	41.3%	78.8%	21.2%
职业	学生	农民	教师	行政人员	个体户
	11人	49人	17人	18人	9人
	10.6%	47.1%	16.3%	17.3%	8.7%
年龄	11~20岁	21~30岁	31~40岁	41~50岁	50岁以上
	5人	14人	39人	33人	13人
	4.8%	13.5%	37.5%	31.7%	12.5%
受教育程度	小学以下	小学	初高中、中专	大专、本科及以上	
	17人	67人	18人	2人	

云鹤镇虽为县城中心镇，但生产方式仍以农业为主，尤其是菜园、秀邑和新生邑3个村委会。故职业方面农民所占比例最大，受教育水平不是很高；受教育程度方面，小学水平占了很大比例；此次调查侧重于成年人的双语状况，因此已婚比例远超过未婚。另外，在调查过程中，被调查者的民族成分以户籍信息为准，所以有些户籍填为白族的，虽不会说白语，也暂归属于白族。总体看来，白族被调查者比例较汉族被调查者比例高出约10个百分点。

① 无效问卷：尚未完成问卷填写，共9份；填写属白族和汉族之外的民族，共12份，其中纳西族7份、傈僳族3份、彝族1份、藏族1份；填写信息明显矛盾，例如前面选择不会说白语，而后面选择用白语交谈，共5份；填写信息过于简单，有应付调查嫌疑，例如问卷所有问题都选择A项，共7份。

（二）双语使用现状的调查

鹤庆汉语方言属于北方方言西南官话片的滇西小片。西南官话在鹤庆当地习惯用“汉话”一词来指称，为便于分析，以下表格中均采用“汉话”的说法。

双语现状的调查主要从双语掌握程度、儿童双语状况及交际语言的选择三方面进行。

1. 双语掌握程度

双语的掌握程度的调查，分为三种情况，由高到低排列为：听说都会 > 只会听不会说 > 听说都不会。

表 2　双语掌握程度（总计 104 人）

	听说都会	只会听不会说	听说都不会
汉话	78 人	24 人	2 人
	75%	23.1%	1.9%
白语	42 人	31 人	31 人
	40.4%	29.8%	29.8%

从上表反映的情况看，会说汉话者占到 75%，而会听汉话者占到 98%，说明云鹤镇居民的汉话熟练程度很高。其中“听说都不会”的 2 个样本，是生活在新生邑村委会的七旬老人，因长期生活在农村，与外界接触较少，缺乏汉话习得的环境，在日常生活中只会使用白语，完成问卷时由调查者用白语口头询问代填。除这些个别老人样本以外，可以说，云鹤镇居民的汉话听说能力已经达到了很高的水平，其听懂度几乎能达到 100%。

在调查过程中还出现这种现象，有一些年轻白族人对白语只会听不会说，甚至听说都不会。这些白族人大多在 10～30 岁之间，父母多数一方是白族、另一方不是白族，所以户籍身份虽然随属于白族的一方，但因父母平时在家庭生活中也很少用白语交流，子女也随之丧失白语的听说能力。

另外，能够听懂白语的比例约为 70.2%，高于云鹤镇白族人口在总人口中的比例（约为 60%），加上有部分白族反而不会听白语，由此看来，云鹤镇汉族的白语听懂度也颇高。

2. 儿童双语状况

表 3　儿童双语状况（总计 33 人）

汉话、白语都会	只会汉话	只会白语	汉话、白语都不会
12 人	16 人	5 人	0 人
36.4%	48.5%	15.1%	0%

对于“儿童现在的双语状况”的问题，在 104 个被调查者中，已婚 82 人，其中 56 人有儿童，除去 23 份问卷中的小孩还处于学说话的婴幼儿阶段，尚无汉、白语的语言使用能力，最终有效问卷共有 33 份。若将只会说白语的加上两种语言都会说的，掌握白语的小孩可达到近 50%，说明所调查的五成家庭中的儿童具有白语的听说能力。而掌握汉话的比例也近 85%。其中，只会说白语的有 5 个样本，都是刚在所在农村上学前班的儿童。但可以预测，随着所受教育程度的提高，这 5 名儿童的汉话能力也会逐渐得到提升。所以，虽远不及问卷总数的一半，但从某种角度来说，仍可看出被调查者所在家庭的儿童基本上都会使用汉话。

3. 交际语言的选择

如果在交流前已经知道对方会说汉话或白语中的某一种时，就会存在交际语言选择的问题。分为两种情况，分别是“知道交际对象会说白语时”和“知道交际对象会说汉话时”。

表4　交际语言的选择（总计104人）

交际对象	白语	汉话	白语/汉话
会说白语者	27人	62人	15人
	26%	59.6%	14.4%
会说汉话者	7人	64人	33人
	6.7%	61.5%	31.7%

第一种情况，当知道交际对象会说白语时，近60%的人选择汉话，26%的人会坚持说白语，约15%的人认为白语和汉话都可以。另一种情况，当知道交际对象会说汉话时，除了6.7%的人选择白语外，90%以上的人有选择汉话的可能。

不过，有种现象或许值得探讨，知道对方说汉话时选择两种语言的比例（31.7%），要高于当知道对方说白语时选择两种语言的比例（14.4%）。在和一些白族农民的访谈中了解到，如果他们和会听但不会说白语的汉话使用者交谈时，仍会选择白语作为交际语言，因为在他们看来，与其夹杂着“白族腔”说着拗口的汉话，还不如说熟练的白语，因为对方听得懂白语，不会给交流造成太大障碍。

（三）语言态度的调查

关于语言态度，分别从语言使用时是否有自豪感、对县乡工作人员使用语言的看法、对外出返乡白族人使用语言的看法、对儿童未来的语言教育倾向、对白语发展前景及是否采取保护措施的态度等五方面来进行考察。

1. **语言自豪感**

表5　汉话、白语使用时能感到自豪的语言（总计104人）

	自豪	不自豪	无所谓自豪与否
说汉话	63人	25人	16人
	60.6%	24%	15.4%
说白语	56人	12人	36人
	53.8%	11.5%	34.6%

一方面，对于汉话和白语，超过了一半的人能够明显有“自豪感”，绝大部分被调查者表现出积极的态度，认为自己所掌握的语言有很强的实用性，并觉得会使用白语或汉话给自己的生活带来很多便利和轻松；另一方面，认为会说汉话者“自豪”和“不自豪”的比例，都超过了说白语者的比例，持“无所谓”观点的比例也是汉话小于白语，这说明对说汉话的语言态度要比说白语的语言态度更显著一些。

在对此问题的调查中还发现，并不是会说白语的人对说白语就持“自豪”态度，而是很大一部分不会说白语的人很遗憾自己没有在白语通行区掌握好白语，他们认为不会说白语的人在与说白语的人交流时，情感的亲密度总不及两个说白语的人。而对能说汉话持“自豪”态度的大部分人，把“自豪”进一步理解为“实用性”，他们认为掌握汉话是当今社会一个最起码的能力之一，把受过汉话高等教育的人视为“文化人”，所以，“能说汉话”不仅是“自豪”，更是“必备”。

2. 对县乡工作人员使用语言的看法

表6 县乡干部等工作人员到说白语的地方时，认为应该使用的语言（总计104人）

白语	汉话	汉话、白语都行	其他语言
28人	41人	32人	3人
26.9%	39.4%	30.8%	2.9%

当问及一些正式场合的语言使用时，比如“县乡干部、工作组或其他工作人员到说白语的地方时”，认为所应选择的语言，汉话的优势高于白语；认为两者语言皆可的比例也近三成。在认为应该选用汉话的人看来，工作人员的言行带有严肃性和规范性，汉话自身的较高社会地位和社会普及率可以使工作更有效地开展，同时也可以尊重在场不懂白语的人。而在认为应该选用白语的人看来，用白语交流能够迅速拉近工作人员和工作对象之间的距离，因语言相同而建立起来的信任可以促使工作更好地完成。另外，有2个初中生和1个个体户选择了“其他语言”，具体指普通话，他们认为这样才能更好地进行工作，也能提高工作对象的普通话水平，但持这种观点的比例不到3%。

3. 对外出返乡白族人使用语言的看法

表7 对会说白语但因在外工作等原因而不说白语的态度（总计104人）

赞成	反对	羡慕	无所谓
21人	48人	18人	17人
20.2%	46.2%	17.3%	16.3%

在近一半的反对者中，年龄在40岁以上者占多数。他们认为说白语会给双方带来无形的亲切感，故交流中应该使用自己的母语——白语。假如听到原本会说白语的人尤其是亲人，如嫁到外地返乡的女子，如果他们在与亲人的交流中放弃使用白语，而使用其他语言，则会产生距离感和陌生感。有少数老教师和退休人员认为，白语是身为一个白族人的最显著特征，放弃白语就意味着放弃民族文化和自豪感，是不自信的表现。

同时，有一个现象也值得关注。有近37.5%的被调查者持赞成甚至羡慕的态度。他们认为，由于很长时间不说白语，短暂的几天内再用白语表达难免有些不流利，选择其他语言如汉话反而会更便于沟通。既然大多数生活环境已很少说白语，偶尔返乡时说不说白语并不太重要。而在“无所谓”的被调查者看来，在汉话、白语都普遍通行的环境下，选择何种语言会因个人的习惯和能力而异。

总的来看，白族人对会说白语却故意不使用白语现象的态度，还是表现出一定的宽容，一半多的人没有像预测的那样，会因有忘本傲慢之嫌而表示出强烈不满。

4. 对儿童未来的语言教育倾向

表8 对儿童未来的语言教育倾向（总计38人）

都教	只教汉话	只教白语	两者都不教
16人	19人	3人	0人
42.1%	50%	7.9%	0%

对于“儿童未来的语言教育倾向”的问题，在104份问卷中，未婚22人，加上已婚82人中无小孩的26人，共48人参与此问题调查，但未婚者和已婚者中共有10人对此问题没有考虑，所以共有38份为可用问卷。在对下一代的语言选择方面，有一半的人选择“只教汉话”，认为掌握汉话对小孩更为有

利，特别是很多人都希望自己的小孩“走出去”时能够尽可能掌握“标准”汉语，而不是带有浓重民族口音；双语“都教”的比例也超过40%，认为白语和汉话可以同时成为小孩的常用语言；而不到10%左右的人选择只教白语。这表明，云鹤镇对汉语的认可度越来越高，小孩是否掌握白语的重要性似乎远不及是否掌握汉语。

5. 对白语发展前景及是否采取保护措施的态度

表9　对白语发展前景及是否采取保护措施的看法（总计104人）

对白语发展前景的看法			
前景很好	前景一般	可能会消亡	说不清楚
32人	19人	29人	24人
30.8%	18.3%	27.9%	23.1%

对是否必要采取措施保护白语的态度		
有必要，要积极保护	没必要，顺其自然就行	说不清楚
41人	26人	37人
39.4%	25%	35.6%

对于白语的发展前景，认为“前景很好，会有很大发展”的和认为“不容乐观，可能会有消亡趋势”的比例约各占30%；认为“前景一般”的和“说不清楚”的比例约各占20%。总体来看，乐观和不乐观比例大致相等，表明关于白语的前景问题，不同的人观点分歧较大。“说不清楚”的也有一定比例，说明对此问题被调查者没有明显的主观倾向。总的说来，对于白语的未来，大多数调查对象没有表现出很明显的“濒危”焦虑，也没有很积极的“长存”自信。

对“白语发展前景”没有表现出明显的倾向性之后，对“是否有必要采取措施加以保护”这一问题的回答，比例也是基本持平；其中认为要“保护”的略占多数。近40%的人认为有必要而且支持积极保护，约36%的人没有明确意见，25%的人认为没有必要。

三、调查结论

以上通过对调查结果的分析，我们可以得出以下结论：

首先，云鹤镇的汉语水平比较高。无论是汉族还是白族，只有不到2%的被调查者无法使用汉语。比较高的汉语水平是由地理、人文等因素共同形成的。第一，地理因素。鹤庆县特别是云鹤镇，位于“昆明—大理—丽江”这条重要的交通要道上，同时由于汉语拥有绝对强势的地位，使得无论居住还是经过这个地方的人们，大多首选汉语作为交际语。第二，人文因素。除白族和汉族外，鹤庆本身还聚居着纳西族、藏族、彝族、傈僳族、回族、苗族等多种民族，各民族语之间基本上无法通话，只能采取开放的语言态度，依靠汉语这个普及率相对高的语言作为中介，才能使民族之间顺利沟通。

其次，在一定条件下，云鹤镇的白语和汉语能够在小范围内自由运用。只要交流的一方具备能听懂白语或汉语的能力，即使不会说也能使交流保持基本通畅。在云鹤镇集市上可以经常看到这种情景，一个说着白语的农村妇女和一个说着带四川口音的汉语的商贩在讨价还价，即使不流利但还是能领会对方的意思。不过这种情况，说白语的一方会临时变通，把一些白语中的土语词用汉语表达出来，只是仍保持白语的语调。比如说到数字“一、二、三”时，说为汉语的“[i^{21}]、[ɵ^{55}]、[saŋ^{33}]”，而不是采用白语原来的“[a^{44}]、[kãu^{33}]、[sã^{55}]”的说法。

再次，云鹤镇的白语和汉语在相互影响的同时，很少出现相互排斥的现象。白语为母语的人随着社会的发展很积极地学习汉语，以汉语为母语的人在白语的环境下，也很愿意掌握一些基本的用语，即使夹带一些其他口音，但仍乐意用白语同会说白语的人交流。当然，学习白语离不开长期在白语的环境里生活。

最后，对于白语的发展前景，被调查者没有表示太多的担心，更没有看到“濒危”的痕迹。这可能与白族在云鹤镇是“多数民族”有关，也与鹤庆是一个白族“大县”有关。但值得注意的是，在被问到“如果您以后有小孩，您打算给小孩教授双语吗”时，有一半的人选择了“只教汉语”，这表明这一半的被调查者愿意下一代向汉族学习更多的东西。

四、结　语

鹤庆双语属于汉白兼通型。对待双语的态度是一个民族语言观的重要体现，通过对云鹤镇的调查，可以看出鹤庆双语观的基本面貌。云鹤镇居民对双语的使用总体持积极态度，也反映了当地白族人既热爱本民族语言，又乐于接受外族语言的积极语言观。同时，调查显示，在双语或多语的环境中，语言态度对语言使用、语言发展有着深刻的指引作用。总体看来，一方面，白语在鹤庆有广泛的使用范围，懂白语的人大多数还是愿意用其进行交流；另一方面，汉语对白语的影响仍在扩大和深入，从相关的调查中，我们可以预测鹤庆的汉语水平会有不断提高的趋势。

参考文献

[1] 陈松岑．社会语言学导论［M］．北京：北京大学出版社，1985.

[2] 戴庆厦．社会语言学概论［M］．北京：商务印书馆，2004.

[3] 范俊军．湖南（郴州）双方言的社会语言学透视［J］．湖南大学学报（社会科学版），2000（9）.

[4] 沈依青．语言态度初探［J］．清华大学学报（哲学社会科学版），1997（2）.

[5] 王远新．论我国少数民族语言态度的几个问题［J］．满语研究，1999（1）.

[6] 徐琳，赵衍荪．白语简志［M］．《中国少数民族语言简志》编委会．中国少数民族语言简志丛书［M］．北京：民族出版社，1983（12）.

[7] 张伟．论双语人的语言态度及其影响［J］．民族语文，1988（1）.

•海外汉语方言研究•

广东粤方言在东南亚的流变[①]

陈晓锦　张淑敏

（暨南大学汉语方言研究中心/中文系　广东广州　510632）

提　要　粤方言是海外华人社区流行的主要汉语方言之一，东南亚的华人社区也有流行粤方言的。本文依据实地调查获得的第一手资料，阐述了粤方言在东南亚各国的分布及其脱离中国本土母体方言后所产生的变异和所具有的特色，指出方言的强弱视乎时空而不同。粤方言在东南亚有强也有弱，强势方言将继续维持，弱势方言将逐渐消退，我们应该抓紧海外粤方言的调查研究。

关键词　广东　粤方言　东南亚　流变

广东省是著名的侨乡，省内粤、客、闽方言区的人民都有海外移民的悠久传统，东南亚一带的华人，就有相当大部分祖籍地是广东的。其中，广东使用粤方言的华人更是远涉重洋，不仅东南亚有，足迹还远及南北美洲、欧洲、大洋洲、非洲。但是，海外粤籍华人的人数到底有多少，他们分布在世界的什么地方，他们现如今的语言及方言状况如何，却一直没有具体的说法。本文拟就所掌握的材料，简述广东粤方言在东南亚的大致分布及其脱离中国本土母体方言后的变异。文章用于论述的材料全部来自作者的实地调查。

一、东南亚各国华人社区广东粤方言简介

东南亚大致包括中南半岛、马来半岛和马来群岛的 11 个国家：泰国、越南、柬埔寨、老挝、缅甸、新加坡、马来西亚、印度尼西亚、菲律宾、文莱、东帝汶。

在这 11 个国家的华人社区中，在我们做过实地调查的除东帝汶以外的其他 10 国，有广东粤籍华人聚居的是泰国、柬埔寨、越南、缅甸、新加坡、马来西亚、印度尼西亚、菲律宾 8 个国家。这 8 个国家中的泰国、新加坡、马来西亚、印度尼西亚、菲律宾的华人所占的比例都居世界其他国家前列，而这 8 个国家的广东粤籍华人的人数，广东粤方言的留存情况等则各不相同，以下是这 8 个国家广东粤籍华人及其语言方言的状况。

1. 菲律宾、缅甸

在 8 个国家中，广东粤籍华人人数最少的当推菲律宾，菲律宾华人社区的主流汉语方言是福建闽南话，闽南话也是菲律宾华人社区的单一汉语方言，只有极少量广东华人在家庭内部使用他们源自祖籍地的粤方言，笔者非常幸运地在马尼拉碰到了几位粤籍华人，他们有的来自广东东莞，有的来自广东台山，有的来自香港，大都只是在家庭内部使用祖籍地方言，平时都讲菲律宾的国语他加禄语和汉语闽南话，也说华语。粤方言在菲律宾基本没有流通的市场。

三四十年前，缅甸华人人数最多的是来自福建的闽南人，其次是广东人（包括讲粤、客、闽方言的）。如今华人人数最多的却来自讲西南官话的云南人，广东籍的华人由于受缅甸前几十年的动乱和二

① 本文为国家社科基金项目“东南亚华人社区汉语方言比较研究”（07BYY017）的阶段性成果之一。

次移民等的影响，数量已经大大减少。但是，缅甸广东粤籍华人的祖籍地却非广东南（海）番（禺）顺（德）一带讲广府话的，而是广东四邑一带讲台山话的，这在东南亚很特别。广东籍的华人主要聚居在缅甸的第一大城市仰光，仰光华人社区是我们在东南亚华人社区发现的唯一一个有粤方言台山话的社区。目前，粤籍人士，主要是中老年华人，还在使用台山话，青少年则已大都不讲了。

2. **泰国、柬埔寨、印度尼西亚、新加坡**

泰国和柬埔寨两国的华人社区都是以广东潮汕籍使用的闽方言——潮州话的华人为多，两国的潮籍华人都分别占了华人总数的80%以上，两国的广东粤籍华人虽然都各有自己的社团组织和会馆，但是由于人数少，粤方言只是少量中老年华人之间或在家庭中偶尔使用的汉语方言，平时则讲泰语或高棉语，两国华人社区的潮州话又很强势，故粤方言不过是社区中弱势的濒危方言，笔者在曼谷和金边的粤方言调查都进行得颇为艰难。而在泰国的首都曼谷之外，泰南的一个叫做“勿洞”的地方，华人社区也有粤方言，不过流通的是广西容县等地的粤语而不是广东的粤方言。

众所周知，印度尼西亚华人多，1981年印尼政府公布的数字是600万（民间估计不止），华人大致上可依祖籍地的不同，由多到少分福建、客家、潮州、广府、海南五大帮系，讲广府话的粤籍华人，位列第四，大概有13万，占华人总数的11.44%，散布于千岛之国印尼的各个岛屿，在东苏门答腊、南苏门答腊（邦加和勿里洞）、东加里曼丹、苏拉维西稍多些。由于印尼政府前几十年的政策，华人的华语和汉语方言都受到了压制，相对于在华人社区较多人讲的闽南话，以及虽然分散在西爪哇、邦加、勿里洞和西加里曼丹等地，是被使用者保护得相当不错的客家方言而言，很明显，印尼的粤方言也是弱势的。

新加坡是个以华人为主的国家，华人主要来自中国福建，福建籍华人约占总数的41%；来自广东潮汕方言区的，约占21%；来自广东粤方言区的，约占15.4%；来自客家方言区的，约占7.9%；剩下的则是来自其他地区的。在新加坡，作为官方语言之一的华语普及率相当高，华人都会说。福建闽南话因为使用者多，故祖籍地非闽南的华人也有不少会说。不过，在当今世界范围内华语热上升，以及在政府的语言政策的影响下，华人使用华语的越来越多，说汉语方言的则越来越少。与新加坡华人的华语能力逐年加强对应的是，年青一代华人的汉语方言能力正在急速消磨。据该国环境发展局1992年5月的调查，使用华语的新加坡华人由1979年的1%增长到1992年的33%；使用方言的却从1979年的89%减少到1992年的63%。1990年该国的人口普查也显示，从1980年至1990年10年间，使用方言的华人家庭从76%下降到48%。本来就处于劣势的广府话处境自然更加艰难。

无疑，在以上国家的华人社区，粤语的地位与粤语在中国和世界其他地方的强劲正好相反。

3. **越南、马来西亚**

在东南亚，只有越南和马来西亚华人社区的粤语较为流通。

中越两国的交往源远流长，汉平南越，设包含交趾、九真、日南在内的九郡是在公元前112年；宋淳熙元年（公元1174年），宋封李英宗（天祚）为“安南国王”，视为中越两国关系的正式开始，而民间的交往则一直未有停顿，仅从汉字在古越南的传播，我们也可以理解这点。史载宋、元、明、清各代的交替之际，因改朝换代、天灾人祸和经济文化交流，都曾先后有大量中国人南下交趾，明清时侨居越南的华裔被称为“明乡人、清乡人”，其时大多数华人集中在位于湄公河三角洲西北部，今胡志明市的堤岸区经商。19世纪初时，堤岸就有“海外中华”之美誉，胡志明市则为当时全越南最繁华的城市。

胡志明市旧称西贡，人口393万，今日依然是越南最大的工商业中心、最大的港口和交通枢纽。市内的堤岸区（五郡、六郡、十郡、十一郡）堪称越南的唐人街，迄今仍是华人的聚居地，华人的会馆、关帝庙、天后庙林立。民间估计，经历战乱，目前生活在越南的华人大约有一百万，而生活在胡志明市的华人就占了全越南华人总数的50%以上。该市的华人，以祖籍地为广东粤方言区的最多，粤籍华人占了全市华人的50%以上。

胡志明市的华人都能操流利的越南南部方言。又因为法国曾经在1884年至1954年间两次长期占领越南，之后美国又侵占了越南十几年，以及英语在当今世界的强势之缘故，老一辈的人也还有一些略懂法语，中青年人中则有不少精通英语。随着中国国力的提升和世界的汉语热，近年来，华语热也在包括胡志明市在内的越南南北方蔓延。

但华人日常使用得更多的是汉语方言。由于祖居地为广东粤方言区的华人数量最多，“人多势大”，因此，被当地华人叫做“广府话”的粤方言就顺势成了华人社区中的社区通用语。粤方言在胡志明市的堤岸区，可以说是畅通无阻，不单在粤籍人士的家庭中和粤籍人士交往的场合，就是在非粤籍人士交往的场合，人们也常用粤语交际，有的非粤籍华人甚至不会说自己的祖籍地方言，只说广府话，胡志明市的客家会馆、福建会馆、海南会馆里的交际用语就是广府话，就连一些越南的生意人也能说上几句粤语。据了解，粤语早年曾经是部分华校的教学用语。笔者的一位潮州籍的发音人，年轻时到胡志明市求学，因为不懂广府话，还得先在一个广府籍的老师家中生活一段时间，再去上学。虽说如今华校已改用双语教育，以越南语为主、华语为辅，但一些华人办的学习班，如教授电脑使用等，教学语言仍然是粤方言，因为学习者觉得这样才更容易接受。

华人踏足马来西亚的历史可以上溯到汉代，西汉（公元前 206 年至公元 24 年）已有中国商人经海路到这一带活动。隋唐以后，7 世纪苏门答腊就有从中国去学习梵文的僧人。明朝著名的航海家郑和自 1405 年始七下西洋，五次访问了马六甲王朝。16 世纪初，当葡萄牙人抵达马六甲时，所绘的当地地图已标有中国山、中国溪、中国村、漳州门等，表明这些地方是华人的居住地。但华人真正移居这个国家则大约只有四百年的历史，大规模的移居更是 18 世纪末 19 世纪初的事。华人为马来西亚的建设作出了不可磨灭的贡献，大马首都吉隆坡 1857 年的开埠，就与当年率众在此开挖锡矿的广东籍华人叶亚来等息息相关。

当年，初到异国他乡的华人有来自同一祖居地使用同一汉语方言的人集中居住的习惯，久而久之，在马来西亚就形成了吉隆坡、巴生、怡保等大城市的华人主要通用广东话（华人对粤语的指称），槟城、纳闽的华人主要使用福建闽南话，新山的华人主要使用潮州话，在东马（马来西亚分成被南中国海隔开的东马和西马两部分）的沙捞越、沙巴，西马的玻璃市、吉打、吉兰丹、槟城、吡叻、彭亨、雪兰莪、森美兰、马六甲、柔佛州等地的小城镇和乡村，城市边缘地带的华人主要讲客家话，马六甲却又因为当地华人几十年来的不懈努力而通用华语等局面。

因为福建厦、漳、泉一带的移民较早大规模进入大马，人数也占了马来西亚华人的大多数（约占总数的 37%），故被称为福建话的闽南话，也就顺理成章地成为马国华社中的强势汉语方言。在大马，不少母语非福建话的华人都能说福建话，甚至一些马来人也会说一点福建话。福建话在华社中的强势地位一直维持到近几十年。

大马的华人普遍掌握多语多方言，不少人除了几种汉语方言，还会华语、马来语、英语。目前，华人独资的华校推行“华语、马来语、英语”三语并行的教育，掌握这几种语言的华人也就越来越多，不仅其国语马来语和行政商务习惯用语英语受到了华人的充分重视，随着中国国际地位的不断提高，全球汉语热的不断升温，华语作为消除华人社团之间的隔阂、强化华族自身的聚合力的工具，以及作为整个华社的通用语，在语言生活中也被全体华人摆到了第一位。调查表明，如今华人的年青一代虽然汉语方言能力相对有所下降，但华语却普遍稔熟，且绝大部分将其作为首选语言，把华语作为自己的母语，这也是导致他们方言能力下降的一个原因。

如上所述，在大马华人社区，福建话、潮州话、广东话和客家话各有市场。不过，自从 20 世纪七八十年代以来，由于中国粤方言流行区珠江三角洲一带及香港、澳门的经济腾飞，粤语电影、电视剧、歌曲等在海内外华人社区的流行，粤语在大马华人社区的地位也呈上升态势。在吉隆坡等地，粤语的强势地位可以从祖籍地非粤籍的华人也都在日常生活中使用广东话略见一斑。我们的调查表明，大马的华人，原先很多都会说福建话，但现在却是相当多人会说广东话，在经济和文化的带动下，广东话的使用人口和地位正逐渐递升。这与粤方言在国内国际地位的提升相吻合，而福建话的强势地位却因为华语地位的超越和广东话地位的日渐提高受到了挑战。

二、东南亚华人社区广东粤方言的变异

散布在东南亚的广东粤方言主要是属于广府话范畴的粤语，就语言特点而言，在语言的三个基本要素中，东南亚各国广东粤方言在语音和语法两方面的变化不大，如广府话的语音都是九个声调，较完整地保留了中古的阳声韵尾和入声韵尾等，只是个别地点出现了一些小变化。

1. 语音

我们分别以一个弱势、一个较强势的广东广府粤语，及一个广东四邑台山粤语为例，先看在社区中处于弱势的泰国曼谷广府话：

曼谷广府话声调有9个，除阴平调有55、53两个调值外，其余与广东广州话无异。

声母21个，比中国国内粤方言代表点广州话的20个声母多了一个，多出的是双唇浊音b。国内的粤方言普遍没有浊辅音，b的出现应该是语言接触的结果，我们知道，泰语中有浊音b、d、v，曼谷的强势汉语方言潮州话里也有浊音b、g、z。但是我们掌握的广府话读b声母的例子只有3个，都是来自泰语的借词：□□bɔ^{55}man^{55}（水井）、□□bɐn^{53}mɔn^{22}（桑树）、□□bɐn^{53}paŋ^{55}（棕榈）。

韵母60个，有6个ə、ɤ、ia、iɔ、ɛn、uak只在借自泰语和曼谷潮州话的外来词里出现，尽管读这些韵母的音节不多，每个都是只有一两个或两三个例子，但这是曼谷广府话韵母的一大特点，反映了其脱离祖籍地母体方言以后，在新环境中发展产生的变化。

ə韵　□□□jaŋ^{55}lə^{33}pə^{21}（泰语意：爆车胎）、□□□luk^{5}ɔ^{55}tə^{22}（泰语意：蝌蚪）

ɤ韵　巴鲤鱼pa^{55}li^{33}hɤ^{55}（此为“泰、潮合璧”词，“巴”是泰语“鱼”的意思，li^{33}hɤ^{55}音来自潮州话，“鲤鱼”广府话没有用粤语的固有说法lei^{13}jy$^{21}_{35}$）

ia韵　□kia^{33}（泰语意：引擎）

iɔ韵　头家娘t^{h}ɐu^{21}kɛ^{33}niɔ^{55}（潮州话意：老板娘。广府话还另有一表示此意的粤语固有说法“事头婆si^{22}t^{h}ɐu^{21}p^{h}ɔ^{21}”）、□□ts^{h}ai^{33}iɔ^{33}（泰语意：欢呼，借用后意“干杯”）

ɛn韵　□lɛn^{55}（泰语意：硬币）

uak韵　□huak^{2}（泰语意：簸箕）

再看在社区中处于强势的马来西亚吉隆坡广东话：

吉隆坡广东话有9个声调，调类与调值均与广东广州话相同。20个声母与广州话无异。

韵母60个，有7个只出现在借自马来语和英语外来词中的韵母，如ə、ɛu、ɛm、ɛn、ɛp、ɛt、ɛk。其中，ə韵母少见于国内的粤方言，ɛ系列韵母则可见于国内的一些粤语方言区。例如：

ə韵　□□p^{h}ə^{33}mit^{2}（答应，英语：promise）

ɛu韵　K. L k^{h}ei^{55}ɛu^{55}（吉隆坡简称，马来语：Kuala Lumpur）

ɛm韵　□tsɛm^{55}（果酱，英语：jam）

ɛn韵　□□k^{h}ɛn^{21}t^{h}in^{55}（饭堂，英语：canteen）、□□（晕倒，马来语：pantang）

ɛp韵　□tɛp^{5}（录像带，英语：tape）

ɛt韵　□□p^{h}ɛt^{5}tɛŋ^{55}（式样，英语：pattern）

ɛk韵　□ts^{h}ɛk^{5}（支票，英语：check）、□□□□ka^{33}tsiam^{55}pu^{33}tɛk^{5}（马来式炒豆，马来语：kacang putih）

缅甸仰光台山话是我们在东南亚发现的唯一一个四邑粤语，故有必要介绍一下它的情况。

仰光台山话有7个声调，阴平44，阳平22，上声55，去声31，上阴入5，下阴入3，阳入2，调类数目比广东台山话少一个。

平分阴阳，如花 fa^{44}、衫 sam^{44}、泥 nai^{22}、连 len^{22}。

古上声清音字今读上声，如紫 tsi^{55}、纺 $fɔŋ^{55}$；古上声浊音字，与去声同，归入去声，如社 sia^{31}、免 men^{31}。

古去声清音字与阴平同，归入阴平，如蔡 $t^hɔi^{44}$、醉 tui^{44}，这是与广东本土母体方言的演变一致；古去声浊音字今仍读去声，如预 ji^{31}、面 men^{31}、旺 $wɔŋ^{31}$。

古入声清声母字分上、下阴入，仰光台山话与广东台山话一样，没有舌位较高的 ɐ 系列韵母，但上、下阴入字的分化却大体上如粤语广州话，广州话读上阴入和下阴入的字，仰光台山话也大都分别读上阴入和下阴入，粤语广州话：级 $kɐp^5$、笔 $pɐt^5$、搭 tap^3、血 hyt^3。仰光台山话：级 k^hep^5、息 $ɬik^5$、搭 ap^3、涩 kep^3；古入声浊音字今读阳入，如业 $ŋep^2$、直 $tsik^2$。

声母 19 个，无浊音声母，有类似广州话的半元音 j－、w－，遇到的 i、e、u 韵母及与它们做主要元音的韵母时，摩擦偶尔会稍重一些。这是声母系统与本土母体方言的不同点。

古端、透、定三母大都转为零声母和 h－声母，其中，端母主要读零声母，透母主要读 h－声母，定母读零声母和 h－声母的有，与广东台山话一致。例如，端母：刀 au^{44}、妒 u^{31}、短 $ɔn^{55}$、滴 ik^2。透母：土 hu^{55}、套 hau^{44}、听 $hiaŋ^{44}$、托 $hɔk^3$、讨 au^{55}。定母：桃 hau^{22}、甜 hem^{22}、度 u^{31}、碟 ep^2。

广东台山话古精组字读 t－、t^h－，仰光台山话精组字主要读 t－、t^h－，知组也有个别读 t－、t^h－：蕉 tiu^{44}、醉 tui^{44}、操 t^hau^{44}、侵 t^hem^{44}、聚 tui^{31}、惨 t^ham^{55}、膝 t^het^5、饲 ti^{31}、习 tep^2、爹 tia^{44}、知 ti^{44}。

古精、知、照母有分也有合，只有一套塞擦音 ts－、ts^h－，但有舌尖前擦音 s－和边擦音ɬ－，精组字如上所述主要读 t－、t^h－，古心母字读ɬ－，禅母读 s－，其他从母、邪母等也有读ɬ－的，此亦与广东台山话一致。例如：脂 tsi^{44} = 资 tsi^{44}、纵 $tsuŋ^{44}$ = 钟 $tsuŋ^{44}$、师 $ɬi^{44}$ ≠ 施 si^{44}、伺 $ɬi^{31}$ ≠ 侍 si^{31}、相 $ɬiaŋ^{44}$ ≠ 商 $siaŋ^{44}$。

韵母 49 个，韵母突出的特点与广东台山话一样，即“四呼缺一”，没有撮口呼韵母，古遇摄合口三等字读 i、u 的有：猪 tsi^{44}、雨 ji^{31}、书 su^{44}、取 tui^{55}。

没有以广州粤语等以短元音 ɐ 为主要元音的系列韵母、圆唇 œ 和以 œ 为主要元音的系列韵母，这同样也是与广东台山话一致的。

2. 词汇

词汇方面的变异主要表现在两方面：一是各国广东粤语词汇中都有大量反映祖籍国所无、居住国特有事物的自创词；二是词汇中有大量居住国主流和非主流语言，及同一社区里其他兄弟汉语方言的借词。

先看一些自创词：

各国的粤籍华人都把华人的坟场叫做“义山”；除了菲律宾，其余 7 国将祖籍国称为“唐山”；柬埔寨、缅甸、泰国、新加坡、马来西亚、菲律宾将建在马路边整排相连的房子叫做“排屋”，印度尼西亚则叫“铺屋”；泰国、印度尼西亚、新加坡、马来西亚把“超车”说成“割车”；柬埔寨、缅甸、新加坡、印度尼西亚把“西装”说成“大衫”；“塑料袋”，马来西亚、新加坡、印度尼西亚都因其薄如纸而叫它做“纸袋”；“进城”，马来西亚和新加坡两国因为这是相对于“上山芭”，因为“坡”与“商埠”的“埠”音近，也因为吉隆坡是大马最大的城市，以及新、马两国间千丝万缕的关系，而说成“落坡”；马来西亚用“阿公”这个在方言里表示家庭中最有权威的长者（祖父）之词，称呼国家最高元首；在国内的汉语和方言里，“登记”是动词，可在新加坡，“登记”却变成了指代“身份证”的名词。

上面所举的，不过是东南亚广东粤方言里有别于祖籍地方言词汇的一些例子，其实，关于现居国的地理、气候、风情、民俗、物产等，各国都有区别于中国的表现，各国的粤语里也都有丰富的表达。

由于英语在当今世界的强势，广东粤方言里来自英语的借词颇多，且不少英语借词是从港澳粤语再转来的。我们知道，东南亚的一些国家曾经是英、美帝国主义的殖民地，在马来西亚、新加坡、菲律宾等国，英语至今都是这 3 个国家重要的行政商务用语，因此，我们不难在东南亚的广东粤语里看到英语借词。

支票：新加坡□ts^{h}ɛk^{5}、印度尼西亚□tsɛk^{5}、马来西亚□ts^{h}ɛk^{5}、菲律宾□ts^{h}ɛk^{5}、缅甸□ts^{h}ɛk^{5}、泰国□ts^{h}ɛk^{5}（英语：check）。

癌症：新加坡□□k^{h}ɛn^{55}sa^{33}、马来西亚□□k^{h}ɛn^{55}sa^{35}、菲律宾□□k^{h}ɛn^{55}sa^{35}、印度尼西亚□□k^{h}ɛn^{55}sa^{35}、缅甸□□k^{h}ɛn^{44}sa^{31}、越南□□k^{h}ɛn^{55}sa^{35}、泰国k^{h}ɛn^{55}sa^{35}（英语：cancer）。

身份证：马来西亚□□ai^{55}si^{55}、菲律宾□□ai^{55}ti^{55}、泰国□□ai^{55}si^{55}（英语：identity card的简称）。

除了英语借词以外，与广东本土粤语不一样的是，东南亚的广东粤方言还各有现居国主流、非主流语言的借词。这方面，马来语因为在东南亚的马来西亚、新加坡、印度尼西亚等国是官方语言，在泰国的南部与马来西亚接壤的地方也流行马来语，又因为早年到新、马一带的华人有的后来又向东南亚的其他国家迁移，故在东南亚华人中的影响力颇大。我们发现，有的马来语借词不单出现在官方语言为马来语的粤籍华人口中，也出现在官方语言非马来语的粤籍华人，和母语为其他方言的东南亚华人口中，常用词“镭（钱）”就是一个例子：

镭，马来语duit，马来西亚、新加坡、印度尼西亚、缅甸、越南、柬埔寨、泰国的粤籍华人都用。

马达（警察）（马来语mata－mata）和“马达寮（警署）”的说法，马来西亚、新加坡、缅甸、柬埔寨、泰国的粤籍华人都说。

沙爹（一种烤肉串），马来语sate；甘榜（乡下），马来语kampung；巴刹（市场），马来语pasar；沙笼，马来语sarung；巴冷刀（马来式砍刀），马来语parang……这些借词在马来西亚、新加坡、印度尼西亚的粤语里都出现了。

也有的马来语借词只是一国的广东粤语用的，如新加坡粤语对该国名字就有一个来自马来语selat的叫法“石叻坡”。来自其他非主流语言的借词也不乏其例，至今仍被越南粤籍华人使用的，胡志明市的原名“西贡sɐi^{55}kuŋ^{22}”，就是法语的译音。

泰国、柬埔寨、越南、缅甸、菲律宾等国的主流语言分别是泰语、高棉语、越南语、缅甸语和他加禄语，这些国家的广东粤语里也就少不了来自这些语言的借词，例如：

泰国曼谷广东粤语“棕榈”叫做“□□bɐn^{53}paŋ^{55}”，“鲫鱼”叫做“巴毛pa^{55}mɔ^{35}”，“泰拳”叫做“□□mɔi^{33}t^{h}ai^{33}”。

柬埔寨金边广东粤语“贫困地区”叫做“□p^{h}ei”，“香蕉园”叫做“□□□tsuŋ^{33}ka^{33}tsɛt^{2}”，“雪”叫做“□□tik^{2}kɔk^{3}”。

越南胡志明市广东粤语“男长辈”和“女长辈”的称呼“□□am^{33}ja^{21}、□□pa^{33}ja^{21}”，越式斗笠“拉帽la^{33}mou$^{22}_{35}$”的“拉la^{33}”。

菲律宾马尼拉广东粤语“烂泥”叫做“□□pu^{55}tik^{5}”，“西红柿”叫做“□□□kɐm^{55}a^{33}ti^{55}”，把“一边喝酒一边烧烤”叫做“□□□pu^{55}lu^{55}taŋ^{55}”。

缅甸广东粤语台山话里非常特别地用“街市”指代“菜肴”，这个说法源于缅甸语表示“前往市场买菜（买物）”一词的直译，这个词又进而衍生出了“街市镭（买菜钱）、支街市（支街市镭——支买菜钱的省略）、卖街市（卖菜）、街市婆（在市场卖物的女贩）、闩街市（休市）、煮街市（做菜）、熟街市（烹饪好的菜肴）、生鲜街市（刚煮好的菜肴）”等“街市系列词”，并一直被粤籍华人所使用。据说，早年，如遇上家中有好吃的菜肴，孩子会大呼：“阿妈啊，今日真係好街市啰，财主佬街市哇（阿妈啊，今天真是好菜啊，财主菜啊）！”

在东南亚华人社区粤方言的词汇里，还有一些能清楚地显示源头的、来自社区内兄弟汉语方言的借词，这方面的表现，也是国内的粤方言少见的。兄弟汉语方言间的词语互借，主要是弱势方言向强势方言的借用，鉴于闽南话（包括福建厦、漳、泉闽南话和广东潮汕闽南话）总体上在东南亚的强势，粤语中的兄弟汉语方言借词就主要是来自闽南话的。当然，也有个别强势方言向弱势方言学习的例子，如闽方言区有一种以糯米做的糕点“红龟粿”，这种糕点在东南亚的华人社区经常可以看到，这个词也就被多国粤语借用，只是有的简说成“红龟”或“红粿”，连在社区内位列第一的强势方言——越南胡志明市的粤语也有“红粿 huŋ^{21}kwɔ^{35}（不借音）”的说法。

再如，泰国曼谷粤语借潮州话的“粿条 kwɛ^{35}tiu^{55}（也说固有的河粉）”；印尼雅加达粤语借福建话的“粿条 kwɛ^{35}tiau$^{21}_{35}$（也说河粉）”；菲律宾马尼拉粤语借福建话的“头家（老板，不借音）、头家娘（老板娘，不借音）”；马来西亚吉隆坡借自福建话的“茶昔（奶茶）tɛ^{21}sek^{5}、茶乌（红茶）tɛ^{21}ɔ^{55}”则连福建音都借用了，且这两个词的修饰成分“昔（英语 shake）”和“乌”都出现在中心语素“茶”之后，显然是受了马来语修饰成分后置的影响，很有可能是马来语先借用了福建话，然后再回流的。令人吃惊的是，在印尼粤语里，不仅有“头家、头家娘（不借音）”等福建话的一般用语，甚至还有一些以福建话音说的詈语：“相屌 sio^{55}p^{h}u^{55}（交合）、你妈娑□nu^{53}ma^{21}tsi^{55}pai^{55}（骂人粗话）！”

3. **语法**

语法方面与国内本土广东粤语有差异，一是三个国家印度尼西亚、马来西亚、新加坡的广东粤语受居住国主流语言和英语的影响，有将数词“万”说成“十千”的习惯。二是泰国、马来西亚广东粤语表示动词完成体的词尾“咗”的新表现：

（1）广州话　　　炳叔嘅几个仔女都出咗身。
　　　吉隆坡粤语　炳叔嘅几个仔女都出身咗。
（2）广州话　　　阿刘畀事头炒咗鱿鱼。
　　　吉隆坡粤语　阿刘畀事头炒鱿鱼咗。

以上例（1）的意思是“炳叔的几个孩子都自立了”，但吉隆坡粤语的“咗”不是如广州话一样，出现在动词“出”和宾语“身”之间，而是出现在动词“出”所带的宾语“身”后面表示动作的完成。例（2）的意思是“小刘被老板辞退了”，吉隆坡粤语的“咗”出现在动词“炒”所带的宾语“鱿鱼”后面，表示“炒”动作的完成，也跟广州话出现在动词“炒”和宾语“鱿鱼”之间不同。

（3）广州话　　　佢畀法院判咗刑。
　　　曼谷粤语　　佢畀法院判刑咗。
（4）广州话　　　佢去咗劳改。
　　　曼谷粤语　　佢去劳改咗。

例（3）的意思是“他被法院判了刑”，“判刑”是个离合词，曼谷粤语的“咗”不是像广州话那样出现在动词“判”和宾语“刑”之间，而是出现在动宾短语后面表示动作的完成。例（4）的意思是“他去了劳改”，曼谷粤语的“咗”出现在动词“去”所带的宾语“劳改”后面，表示“去”的动作完成，也与广州话出现在动词“去”和宾语“劳改”之间不同。

曼谷粤语的“咗”甚至还可以出现在动词宾语后附的范围助词“晒”后面。下例中的“晒”可对译为普通话的“全、都”：

汉语普通话　＜这＞些年轻人的广州话全变了音。
广州话　　　啲后生仔嘅广州话变晒音。
曼谷粤语　　啲后生仔嘅广州话变音晒咗。

以上吉隆坡粤语和曼谷粤语的说法，“咗”在表示动作的完成之余，还带有表语气的性质，这均与广东粤方言不同。

三、余　论

粤方言在国内的强势，大家有目共睹，谈到粤方言，很少会有人将它与“弱势”联系在一起。粤方言在东南亚则有强也有弱。虽然总的来说，海外汉语方言相对于其所在国度的主流语言均处于弱小的位置，但由于粤方言整体在国内外呈上升态势，东南亚华人社区的强势粤方言也将在相当一段时间里保持其目前的面貌，或许还会略有增长。

东南亚的弱势汉语方言就不一样了，在泰国和柬埔寨，要寻找合适的粤方言发音人不是件容易的事，连粤籍老者都说，他们自己平时也少讲粤语了。在新加坡和印度尼西亚的雅加达，虽然人数不多的粤籍华人试图保持粤语生命力，如经常组织活动，唱粤语歌曲，甚至自己组班演粤剧，但是他们都明白，方言的变化并非能够人为地逆转。在菲律宾马尼拉，一户男主人为广东东莞籍的第一代华人，女主人为广东四邑台山的第二代华人的家庭，其三个年轻的子女都能讲粤语，口音已经完全向广府粤语靠拢的男、女主人坚持要他们的孩子讲粤语，但是他们的努力仅能在家庭内部奏效，粤语仅仅是他们家庭成员间的用语。

其实，方言的强弱视乎时空而不同，就整体而言，粤方言是强势的，但我们在谈论抢救汉语濒危方言时，也不应该忘记海外的弱势粤方言，不应该忘记对海外粤方言的调查研究。

参考文献

[1] 陈晓锦．马来西亚的三个汉语方言［M］．北京：中国社会科学出版社，2003

[2] 陈晓锦．泰国的三个汉语方言［M］．广州：暨南大学出版社，2010.

[3] 陈晓锦，肖自辉．广东潮汕方言在东南亚的流变［A］．甘于恩．南方语言学（第二辑）［M］．广州：暨南大学出版社，2010.

[4] 陈晓锦．中南半岛五国华人社区及华人语言现状［A］．陈晓锦，张双庆．首届海外汉语方言国际研讨会论文集［C］．广州：暨南大学出版社，2009.

[5] 广东省地图出版社．新编世界地图册［Z］．广州：广东省地图出版社，2007.

[6] 陈晓锦，高洵．广东粤闽客方言歌谣在东南亚华人社区的流变［J］．暨南学报（哲学社会科学版），2010（3）.

印尼汉语方言的分布、使用、特点及影响①

甘于恩　李　明

（暨南大学汉语方言研究中心　广东广州　510632）

提　要　印尼各地通行着多种汉语方言，经过时光的流转，这些方言与大陆汉语已经有所不同，但基本面貌依然相去不远，由此可见汉语方言顽强的生命力与强大的适应力。本文探讨了 印尼汉语方言的若干问题。全文分三部分：①印尼汉语方言的分布与使用；②印尼汉语方言与大陆汉语的同与异；③印尼汉语方言对印尼语词汇系统的影响。

关键词　汉语方言　印尼　分布　特点　影响

印尼各地通行着多种汉语方言，经过时光的流转，这些方言与大陆汉语已经有所不同，但基本面貌依然相去不远，由此可见，汉语方言顽强的生命力与极其强大的适应力。这也是中华文化软实力的表现之一。本文探讨印尼汉语方言的历史与现实问题，希望对提升中华文化的软实力有实际的助益。

一、印尼汉语方言的分布与使用

根据百度百科介绍，印度尼西亚共和国简称印度尼西亚或印尼，地理位置在东南亚；印尼由上万个岛屿组成，是全世界最大的群岛国家，疆域横跨亚洲及大洋洲，有“千岛之国”之称。关于印尼华人的数据，没有一个确切的统计。② 一般认为有 1 000 万左右，是海外最大的华人族群。

印尼汉语方言的类别与使用人口，同样没有具体的数据。但从相关学者的论述中，我们可以知晓大致的情况。

印尼的汉语方言以南方方言为主，只有个别属于北方系的方言（如先达通行的“先达国语”即西南官话）。南方方言主要有闽语（包括被称为“福建话”的闽南话、闽东片的福州话、莆仙片的莆仙话以及潮汕方言）、客家话和粤语。

从分布来说，福建话主要通行于北苏门答腊、爪哇甚至雅加达。陈晓锦、肖自辉（2010：152）说：“印尼华人人数最多的是来自福建的闽南人，闽南话不仅在印尼棉兰畅通，就是在雅加达等地的华人中也很流行。”杨启光（2000：131）指出，祖籍泉州、漳州的闽南人“多聚居在诸如巴达维亚、泗水等爪哇的商业城市从事贸易活动，交际广泛，因此，闽南话成为所有汉语方言中能够较大地影响于华人日常用语、当地语言及至日后印尼语的一种新客华人日常用语”。而闽东片的福州话［杨启光（2000）称之为“福清话”］、莆仙片的莆仙话主要使用于爪哇（北苏门答腊也有部分福州人），客家人则主要聚居于西加里曼丹、苏门答腊和爪哇等地，其中“在西加里曼丹的山口洋、苏门答腊的邦加岛和勿里洞岛，其人口比例相当高，且在较短的时期里大量涌入，以至客家话可以在当地社会中通行，许多原住民都会讲客家话，而且形成了所谓的‘马来客家话’，并逐步演化成‘邦加话’、‘勿里洞话’、‘山口洋话’等。”（杨启光，2000：132）潮汕方言虽然语言上属于闽南话的一支，但在文化上潮汕籍移民多数不认同福建文化，“潮州人主要聚居在西加里曼丹且潮州话对当地社会有影响，可部分通行于西加里曼丹首府坤甸市及其邻近地区”。（杨启光，2000：132）

---

① 本文提交“和谐与共赢：国家软实力及华侨华人的角色”国际学术研讨会（2012 年 3 月 10—11 日，广州暨南大学）宣读，系原文《从印尼汉语方言的保存看中华文化的生命力——兼论中华文化的软实力》的部分内容，承蒙与会学者提出批评意见，谨此致谢！

② 黄玉婉、许振伟（2009：161）说：“2000 年的官方人口普查显示只有 1 738 936 人。与 1930 年荷兰殖民时期的 1 190 014 相去不远，实在令人难以置信，不仅专家学者质疑这些官方数据，连前总统美加华蒂也不相信。”

广府籍的华人主要居住于雅加达、棉兰、楠榜等地（黄玉婉、许振伟，2009），但由于移入时间较短，社会影响较小。“广府帮的日常用语是粤方言。由于移居时间较晚、人数较少且散居在爪哇、苏门答腊、苏拉威西各地，粤方言不但对当地社会没有影响，在华人社区也不太通行，多属于家庭用语或社团用语。”（杨启光，2000：132）另一个与粤语类似的方言是海南话，“海南帮虽然号称是印尼华人五大帮之一，但却是人数最少的一个帮，其影响本就不及前述各帮……因此，海南话在印尼也多用于海南人的家庭之中；更有甚者，一个家庭中只要有一方是其他汉语方言者，海南话往往让位之”。（杨启光，2000：132）

值得特别提出的是，在印尼第三大城市先达，通行着一种类似西南官话的语言变体，当地华人称之为“先达国语”。“先达国语”的来历比较特殊，“仙达（即‘先达’，Siantar 的音译——引注）有自称的‘中国仙达国语’与中国国语的普通话差别很大，详细听，既有广东粤语和客家方言，也有闽南话和印尼腔的糅合，还有一点四川腔。印尼仙达，居住在这里的华人大部分都是来自闽粤地区的先民，随着岁月的更迭，仙达形成了很大的华人族群，二十世纪的前半个世纪，华人历经五十年的不懈努力，创办了许多华人中小学校，在当时的历史条件下，华人学校的华语教师极其缺乏，仙达华侨社团，通过当时中国国民政府驻印尼棉兰领事馆的领事，到四川招聘了一大批华语教师到仙达任教，仙达各华人中小学的教学都是以四川的普通话为准，所以，仙达的‘中国仙达国语’带有四川腔是不足为奇的。”（北大中文论坛——印尼仙达国语：以西南官话为基础的地方共同语）严格地说，“仙达国语”不是地域方言，而是通过教学媒介转化成的一种社会方言。

遗憾的是，以上各种汉语方言，皆无详细的使用人口数据，我们只能了解到它们规模的大小。其中规模最大的为闽南话，客家话次之，粤语再次，而“仙达国语”这类小方言最少。

二、印尼汉语方言与大陆汉语的同与异

1. 印尼汉语方言与大陆方言的共同之处

印尼汉语方言离开祖居地的时间长短不一，但绝大多数仍然保留与大陆方言的相同之处，体现出母语文化强大的凝聚力。概括来说有以下几点：

（1）语音系统与大陆方言基本一致。

像印尼苏北亚齐客家话，调类与梅县客家话一样，都是6个，只是调值有细微的差异，声母也和梅县音一样是18个，韵母则大致相同，只是6个入声韵尾有喉塞化的现象。李如龙先生因此指出“客家人保存母语最坚强”（李如龙，2000a：196～197）。而据高然（2000）的调查，印尼闽南话与福建闽南话的声调类别也基本一致，调类都是7个，只是调值糅合了厦门、泉州、漳州三地的特点。

（2）基本词汇与祖籍地方言无异。尽管随着时间的推移，海外汉语方言使用的词汇逐渐受到居住国语言的影响，产生了不少借词，但基本词汇的面貌与大陆方言并无太大的区别。据李如龙（2000b：219）的调查，苏北亚齐客家话“大多数方言词汇和一般客家话相同”，如“太阳”都说“日头”，“河边”都说“河唇”，“弟弟”、“妹妹”分别说成“老弟”、“老妹”，“睡觉”用“睡目”表达，不一而足。故此客家人相互之间可以相当流畅地沟通，感受母语方言所带来的浓郁亲情。

（3）语法的基本体系保持不变。语法是一个较为稳定的语言要素，也是体现文化特征的重要表现之一。印尼各种汉语方言顽强地保留着母语的语法特色，如客家话有一些与北方方言不同的倒序词，如客人说成“人客”；雌性动物用词尾“嫲”，如“猪嫲”（母猪）、“鸭嫲”（母鸭），雄性动物用词尾“牯”，如“牛牯”（公牛）、“狗牯”（公狗），大量使用具有南方特色的“有”字句。

2. 印尼汉语方言与大陆方言的相异之处

正如杨启光所指出的那样：“由于长期生存和发展在原住民的汪洋大海之中以及印尼独立后政府所推行的同化政策，印尼华人的日常用语不能不要受到原住民语言的深刻影响”，另外，“印尼华人的日常用语不能不要受到荷兰语、英语不同程度的影响。”（杨启光，2000：142）当然，对于任何语言而

言，变异是正常现象，问题是变异的性质与方向如何。

（1）小方言的细微差异逐渐磨损，磨合出一种“折中”性质的方言。

在中国内地，我们容易对某个人或某群人的口音作出判断，确定其县域甚或乡镇的不同。例如，厦门音、泉州音与漳州音，彼此之间的语音分界比较明晰，甚至在泉州音中，熟悉者可以判别出到底是泉州城里，还是晋江、南安、惠安、安溪等地的口音，原因在于，在中国内地，这些不同区域的人，基本上是大规模聚居在一起的，这有利于各类方言特征的存留。而在海外，按小籍贯集中居住几乎不可能，只能以大的方言类别作为身份认同（如闽南话、客家话）的标杆，早期的移民为了彼此交际的方便，会慢慢地寻求一种语言上的“公倍数”，这就造成了一种与祖居地方言不同面貌的方言。伴随着这种现象，便是后代对祖籍认知的模糊与泛化。① 我们来看看印尼苏北闽南话与大陆闽南话调值的比较情况：

调类与调值 地点	阴平	阳平	阴上	阳上	阴去	阳去	阴入	阳入
厦门	55	35	53（上声）		21	33	21	5
泉州	33	24	55	22	41（去声）		5	24
漳州	45	23	53（上声）		21	33	21	121
苏北闽南话	33	24	53（上声）		21	22	5	23

注：表格根据高然（2000）改写。

从上表可以清楚地看出，苏北闽南话基本上就是大陆三地闽南话的糅合，阴平、阳平的声调与泉州无异，而上声的归类与调值则同于厦门、漳州，去声亦基本如是，但 2 个入声的形态又与泉州大致相同。这是一种非厦非漳非泉的“混合型”方言。

（2）方言间的接触除了会导致磨损外，还可能出现“增生”现象，即移入原方言所没有的元素。

“先达国语”的声调最能典型地表现这种情况。根据甘于恩、单珊（2012），“先达国语”属于西南官话，而“西南官话较为单纯，古入声不论什么声调一律归到阳平调”（詹伯慧等，2000：71），根据北京大学《汉语方音字汇》（1989：15），成都话的四个声调为：阴平 44，阳平 31，上声 53，去声 13，与我们调查的“先达国语”的调类与调值皆非常接近，“先达国语”的声调为：阴平 33，阳平 22（或 21），上声 51，去声 24，这 4 个声调调值从形态来说，并无质的差别（其调型相同）。可是，我们在调查“先达国语”的过程中，发现它还有 2 个入声，即入声 1（调值 3）和入声 2（调值 21），与西南官话的声调特性不符。比较合理的解释是，“先达国语”在与周边闽南话的接触中，“增生”出两个本方言所没有的调类。

（3）词汇系统产生不少的异族语言借词。

甘于恩、冼伟国（2009：60）在谈到马来西亚汉语方言的特点时曾经说过“华人之间接触频繁，各大方言也难免借用其他汉语方言甚至是外族语言的成分”，印尼汉语方言的情况亦类似。以苏北闽南话为例，该方言便借用了一些外来成分，借自印尼语的有：巴刹浪【市场】（←pasaran）、龟拄【虱子】（←kutu）、道隆、多隆【帮助】（←tolong）、阿巴［或者］（←apa）（高然，2000：185；黄玉婉、许振伟，2009：168）。来自英语、荷兰语的借词也有，如“德士”。爪哇客家话也从印尼语借用词语，如 loti【面包】（←roti）、lulao【区长】（←lurah）、lasi【领带】（←dasi）等（李如龙，2000a：202）。我们在调查“先达国语”字音时，也发现一些非常用字，先达华人以印尼语借词的形式读出。至于汉语方言之间的词语互借，也可以视为一种广义的外来成分借用，如苏北闽南话使用“火水”指煤油，来自粤语，使用“大碗公”指“海碗”，则来自客家话，“几侈”（多少）则是粤闽合璧词（高然，2000：188）。

① 我们在棉兰访问时，曾询问几位使用闽南话的青年的祖居地，他们只知道祖先来自福建，而具体来自福建哪个县，皆茫然不知。

（4）在语用过程中语码转换、语码夹用的现象十分常见。

在多种族、多语言的大背景下，语码转换、语码夹用的现象是十分常见的，这是语言时效原则在起作用。语码夹用例见杨启光（2000：149～152）所举三封信件。

三、印尼汉语方言对印尼语词汇系统的影响

1. 印尼语中的闽南话借词

闽南人是最早进入印尼的华人族群，虽然由于移民的时间有差异，印尼华人可以有“土生华人”和“新客华人”之分（杨启光，2000：125），但他们所使用的闽南话及其他汉语方言不断地影响着印尼语，给印尼语打上明显的烙印，这是不争的事实。当然，对于印尼语中的汉语、闽南话借词的数量，因认定的标准不同而有所分歧，李如龙（2000c：5）认为估计有200多条，杨启光（2009：49）认为有数百个，而黄玉婉、许振伟（2009：163）则指出：“印尼语中的汉语方言借词多达1 300个。”不过，主要来自闽南话的汉语方言借词在印尼语中不在少数，这是不可否认的。例如（杨启光，2009：49～51）：

Tiongkok（中国）、Hoakiau（华侨）【国名、民族】

Khonghucu（孔夫子）、HokKian（福建）【人名、地名】

enpek（伯父）、enku（舅舅）、enso（嫂子）【亲属称谓】

sian sing（老师、中医师）、siucai（秀才）、toke（头家，即老板）【社会称谓】

hokki（福气）、kia－kia（散步）、boeng（无闲）【行为性状】

aikok（爱国）、kosiong（高尚、漂亮）、hohan（好汉）【品行道德】

sianghwee（商会）、hweekoan（会馆）、kongik（公益事业）【社会活动】

kucai（韭菜）、taokoa（豆干）、tahu（豆腐）、bihun（米粉）、bacang（肉粽）、teh（茶）、ciu（酒）【食品】

bakiak（木屐）、khun（裙子）、giwang（耳环）、banji（万字，即“万字形饰物”）【用品】

taigo（麻风）、meh（脉）、tiap（一帖）、koyok（膏药）【疾病医药】

tiah（厅）、pangking（房间）、lio（寮）、teko（茶壶）、anglo（烘炉）【房屋器具】

angpau（红包）、toaha（戴孝）、hio（香）、sincia（新正，即春节）、Too（道教）、Kong Kauw（孔教）、Bunbio（文庙）【宗教礼俗】

kacuah（蟑螂）、liu（柳树）【动植物】

gua（我）、lu（你）、esai（可以）【人称代词及其他】

印尼语的闽南话借词远不止上述这些。值得注意的是，汉语借词对印尼语的影响是分层次、分阶段的，不是一蹴而就的，杨启光把这个过程分为“表层结构”、“中层结构”和“深层结构”三个阶段。我们还发现，同一种事物，在不同的语言条件下，印尼语可能会以两种借词形式体现出来，如“面”印尼语的借词词形是mie（图1），而“肉面”的借词词形则是bakmi（图2），前者可能借自福州话“面”的读音［mieng］，进入印尼语后脱落了鼻音韵尾－ng[①]；而后者－mi明显借自闽南话的厦门音。这说明印尼民族早期曾与闽东籍的福建移民有较多的接触，后期则主要与闽南人交往。

2. 印尼语中的粤语借词

有的印尼语的汉语借词来自粤语，相对闽南话而言，这部分借词不太多，如laici来自粤语的“荔枝”、cintoi来自粤语的“煎堆”，但cha sio so则为间接借自粤语“叉烧酥”，乃是先由闽南人从粤语借

---

① 汉语方言词被借入印尼语后，“其语音是被最大限度地纳入到印尼语的语音系统里加以改造，即予以‘印尼化’的”（杨启光，2009：52），这种印尼化的表现包括送气音丢失、鼻化音丢失和韵尾脱落等。

入闽南话，改造为闽南话的语音形式 cha sio so（图 3），再由闽南话输入印尼语。

图 1　Mie Raja（译为“皇帝面”）

图 2　福成肉面馆

图 3　cha sio so（叉烧酥）

参考文献

［1］北京大学中国语言文学系语言学教研室．汉语方音字汇［M］．北京：文字改革出版社，1989.

［2］陈晓锦，肖自辉．广东潮汕方言在东南亚的流变［A］．甘于恩．南方语言学（第二辑）［M］．广州：暨南大学出版社，2010.

［3］甘于恩．现代化背景下岭南方言研究之我见［J］．中文・人（马来西亚新纪元学院），2008（6）.

［4］甘于恩，单珊．印尼“先达国语”与汉语方言的传承，发展与融合（未刊稿）［D］．2012.

［5］甘于恩，冼伟国．马来西亚汉语方言概况及语言接触的初步研究［A］．陈晓锦，张双庆．首届海外汉语方言国际研讨会论文集［C］．广州：暨南大学出版社，2009.

［6］高然．印尼苏门答腊北部的闽南方言［A］．李如龙．东南亚华人语言研究［C］．北京：北京语言文化大学出版社，2000.

［7］黄玉婉，许振伟．印尼华人的语言状况［A］．陈晓锦，张双庆．首届海外汉语方言国际研讨会论文集［C］．广州：暨南大学出版社，2009.

［8］李如龙．南洋客家人的语言与文化［A］．陈晓锦，张双庆．东南亚华人语言研究［C］．北京：北京语言文化大学出版社，2000A.

［9］李如龙．印尼苏门答腊北部客家话记略［A］．陈晓锦，张双庆．东南亚华人语言研究［C］．北京：北京语言文化大学出现社，2000B.

［10］李如龙．略论东南亚华人语言的研究［A］．陈晓锦，张双庆．东南亚华人语言研究［C］．北京：北京语言文化大学出版社，2000C.

[11] Thea Sairine，孙玉卿．汉语方言对印尼城市中文名的影响［A］．陈晓锦，张双庆．首届海外汉语方言国际研讨会论文集［C］．广州：暨南大学出版社，2009.
[12] 无为．印尼先达国语：以西南官话为基础的地方共同语（北大中文论坛）.
[13] 杨启光．印度尼西亚华人的日常用语及其文化认同探析［A］．陈晓锦，张双庆．东南亚华人语言研究［C］．北京：北京语言文化大学出版社，2000.
[14] 杨启光．印尼语闽南话借词及其研究的文化学思考［A］．陈晓锦，张双庆．首届海外汉语方言国际研讨会论文集［C］．广州：暨南大学出版社，2009.
[15] 詹伯慧等．汉语方言及方言调查［M］．武汉：湖北教育出版社，2000.
[16] 詹伯慧．加强海外汉语方言研究之我见［M］．陈晓锦，张双庆．首届海外汉语方言国际研讨会论文集［C］．广州：暨南大学出版社，2009.

• 方言历时研究 •

一百年来广州话遇摄韵母读音演变研究[①]

伍　巍

（暨南大学汉语方言研究中心　广东广州　510632）

提　要　将《分韵撮要》与今广州话遇摄韵母相对照，发现该摄韵母一百年来发生了明显的变化。本文拟将现代广州话遇摄诸韵与清代《分韵撮要》中记录的广州话遇摄诸韵分类作比，并以现代粤方言的实证材料为依据，借以理清近百年来广州粤语遇摄韵母的发展变化轨迹。

关键词　粤语　广州话　韵母　历史音变

一、现代广州话遇摄韵母的读音

现代广州话遇摄韵母分 ou、u、œy、y、ɔ 五个，读音大体按洪细等列与声母两个条件分类：

遇摄一等

帮端精：	布 pou^{33}	土 tou^{35}	路 lou^{22}	祖 ʧou^{35}	苏 ʃou^{55}
见晓影：	古 ku^{35}	裤 fu^{33}	虎 fu^{35}	乌 u^{55}	

遇摄三等

非　组：	夫 fu^{55}	舞 mou^{13}				
精泥来：	徐 ʧ^{h}œy^{21}	取 ʧ^{h}œy^{35}	须 ʃœy^{55}	娶 ʧ^{h}ou^{35} ~ ʧ^{h}œy^{35}	女 nœy^{13}	
知章组：	猪 ʧy^{55}	柱 ʧy^{13}	住 ʧy^{22}	厨 ʧ^{h}œy^{21} ~ ʧ^{h}y^{21}		
	朱 ʧy^{55}	煮 ʧy^{55}	书 ʃy^{55}	署 ʃy^{35}	树 ʃy^{22}	竖 ʃy^{22}
庄　组：	初 ʧ^{h}ɔ^{55}	锄 ʧ^{h}ɔ^{21}	楚 ʧ^{h}ɔ^{35}	所 ʃɔ^{35}	助 ʧɔ^{22}	数 ʃou^{33}
见晓影喻：	居 kœy^{55}	去 hœy^{33}	虚 hœy^{55}			
	语 y^{13}	于 y^{21}	雨 y^{13}	余 y^{21}		

遇摄一等韵母两分：唇舌齿音为 ou，牙喉音为 u；遇摄三等三分：唇音为 u、ou，舌齿的精泥来与牙喉的见晓为 œy，庄组基本为 ɔ，知章影喻基本为 y。表列如下：

① 本文属于广东省人文社会科学重点研究基地暨南大学汉语方言研究中心 2008 年度重大项目"粤方言比较研究"成果。

表 1

一等			三等						
唇	舌齿	牙喉	唇	舌齿				牙喉	
				泥来	精	知章	庄	见晓	影喻
ou 布模	ou 土祖	u 古湖乌	u、ou 夫舞	œy 女旅	œy 取序	y 猪树	ɔ 初助	œy 居虚	y 于雨

二、《分韵撮要》遇摄韵母的研究

“早期”广州话音系分类的代表著作是刊行于清乾隆年间的《分韵撮要》（1782 年），该书此后刊印、传抄的版本甚多，但体例与分类基本一致，只是偶有字数的增删。笔者参照的是民国元年华天阁编辑的《分韵撮要》，距今已百年有余。该书将当时的广州话韵母（包括“吴、五”等自成音节的字在内）共分为 33 类，阴声韵与阳、入声韵分列有序。每类韵下按平、上、去、入四列归韵，除开合口不分外，同在一类的字韵母相同。

（一）《分韵撮要》遇摄韵母的分类

据华天阁编辑刊行于民国元年版的《分韵撮要》记载，当时的广州话遇摄字韵母三分，具体分韵如下：

第四诸主著
（平）诸趋拘居舒胥虚于闾徐除鱼渠殊
（上）主许举暑处妪取宇吕语绪拒女
（去）著句庶娶去处具序如虑树住
（注：一律为遇摄三等字）
第十二孤古故
（平）孤夫苏乌粗铺租刀高滔蒿熬无胡涂符卢奴豪鳌
（上）古睹祖甫吐稿草袄好嫂普母鲁妇肚老抱
（去）故素富蠹布数恶吐好躁奥告灶铺父路务户步度号傲怒
（注：包括遇摄一等与效摄一等字）
第二十三科火货
（平）科初波歌多窝河鹅罗婆锄磨
（上）火果可楚锁所左我
（去）货过个破坐饿助
（注：果摄一等与遇摄三等庄组字）

（二）《分韵撮要》遇摄韵母的读音研究

检索《分韵撮要》，遇摄字分见于第四韵“诸主著”、第十二韵“孤古故”与第二十三韵“科火货”三个韵类。

1. 第二十三类“科火货”韵母读音探讨

第二十三类“科火货”韵以果摄字为主体，其中并列“初锄楚所助”等遇摄三等庄组字，也就是说，“助”与“座”在《分韵撮要》时代韵母完全相同。今天的广州话“助”、“座”依然同音，读作 ʧɔ^{22}。这一事实在今天的粤语平面材料中可以得到广泛的印证，可以肯定，《分韵撮要》时代的第二十三类“初、锄、楚、所、助”等遇摄字的韵母为 ɔ，至今未变。

2. 第十二类“孤古故”韵母读音探讨

第十二类“孤古故”韵母主要为中古遇、效两摄的一等字（包括遇摄三等少数唇音字）。此外，流摄唇音的“妇、母”等字也并入该类。为了方便比较，根据今广州话的读音，我们将该类字分成两部分：

A. 孤古故胡户乌恶　夫符　　（广州今音：u）

B. 普布铺步甫富父无务　涂睹肚吐蠹度卢鲁路奴怒　祖粗租苏素数　（广州今音：ou）
抱刀滔老躁灶草嫂　高稿告傲熬鳌蒿好号豪奥袄　妇母

A 类字今广州话韵母为 u，B 类字韵母为 ou。在《分韵撮要》中，同属见母一等的“孤”、“高”并列于平声，同属来母一等的“鲁”、“老”并列于上声，同属见母一等的“故”、“告”并列于去声，前后两者应该同音，也就是说，A、B 两类字在《分韵撮要》时代应该完全同韵。可当时的该类韵母到底为 ou 还是 u 仍然需要论证。请看下列平面材料：

表 2

	郁南	封开	德庆	阳山	连山	从化	中山	台山
布	pu^{42}	pu^{433}	pu^{33}	pu^{35}	pu^{35}	pu^{23}	pu^{33}	pu^{33}
路	lu^{21}	lu^{21}	lu^{214}	lɐu^{22}	lu^{214}	lu^{22}	lu^{51}	lu^{22}
祖	tu^{35}	ʧu^{52}	ʧu^{55}	ʧɐu^{55}	tu^{55}	ʧu^{35}	ʧu^{213}	tu^{55}
雾	mu^{21}	mu^{21}	mu^{214}	mu^{22}	mu^{214}	mu^{21}	mu^{33}	mu^{31}
保	pu^{35}	pɔ^{52}	po^{55}	po^{52}	po^{55}	pou^{35}	pou^{213}	pau^{55}
刀	tu^{55}	tɔ^{55}	to^{42}	to^{52}	to^{53}	tou^{55}	tou^{55}	au^{33}
草	t^{h}u^{35}	ts^{h}ɔ^{52}	ts^{h}o^{55}	ts^{h}o^{55}	t^{h}o^{55}	ʧ^{h}ou^{35}	ʧ^{h}ou^{213}	t^{h}au^{33}
高	ku^{55}	kɔ^{55}	ko^{42}	ko^{52}	ko^{53}	kou^{23}	kou^{55}	kau^{33}

上列粤方言，遇摄一等与三等唇音字韵母均为 u，如果将视角扩大，在整个粤语范畴内，遇摄一等牙喉音字韵母至今均一律为 u。翻开 1907 年刊行的 *Cantonese Made Easy*，“孤古故”韵母亦记为 u。即使今广州话“甫”、“妇”等唇音字白读为 p^{h}ou，文读依然为 fu。据此我们应当相信，一百年前《分韵撮要》第十二类“孤古故”韵母当为 u。非牙喉音的“布路肚”等字韵母为 ou 当是广州话后起的音变，否则无法解释《分韵撮要》该类的统一。

上述材料中的效摄一等字韵母在相关方言中分别为 ɔ、o、u（ou），也明显呈现出粤语效摄一等韵渐次高化的发展趋向。今天的郁南粤语遇摄一等（及三等唇音）与效摄一等韵母合而为一，韵母为 u，应该是《分韵撮要》第十二类韵母历史面目在平面事实中的见证。

3. 第四类“诸主著”韵母读音探讨

《分韵撮要》提供的第四类韵母例字均属遇摄三等字，与遇摄一等字分而不混。我们不妨将这些字根据今广州话的读音作一个整理：

A. 趋徐取娶绪胥序除吕闾虑女拘居拒渠举句具去虚许　（广州今音：œy）

B. 住诸主著处暑舒殊庶树如鱼语妪宇于　（广州今音：y）

A 类属遇摄三等“精泥来见晓”组字，韵母在今天的广州话中读为 œy；B 类属遇摄三等“知章日影喻”母字，今广州话读为 y。《分韵撮要》将这两类字合为一韵，这又给我们提出了一个问题：该类韵母当时到底读作什么？我们还是从相关粤语的平面材料中寻找可能的线索。请看下列材料：

表 3

	郁南	花县	斗门	台山	鹤山	四会	罗定	阳山	广州
徐	ɬy^{21}	ʧ^{h}oi^{12}	t^{h}ui^{22}	t^{h}ui^{22}	t^{h}ui^{12}	ʧoy^{21}	ʧ^{h}oi^{21}	ʧɔy^{342}	ʧ^{h}œy^{21}
须	ɬy^{55}	ʃoi^{53}	ʃui^{33}	ɬui^{33}	ʃui^{33}	ʃoy^{42}	ʃoi^{55}	ʃɔy^{52}	ʃœy^{55}
女	ny^{13}	noi^{13}	nui^{55}	nui^{55}	nui^{55}	noy^{24}	noi^{13}	nɔy^{24}	nœy^{13}
居	ky^{55}	koi^{53}	kui^{33}	kui^{33}	kui^{33}	koy^{42}	koi^{55}	kɔy^{52}	kœy^{55}
去	hy^{42}	hoi^{33}	hui^{31}	hui^{31}	hui^{32}	hoy^{33}	hoi^{33}	hɔy^{35}	hœy^{33}
许	hy^{35}	hoi^{35}	hui^{55}	hui^{55}	hui^{55}	hoy^{33}	hoi^{35}	hɔy^{55}	hœy^{35}
猪	ʧy^{55}	ʧy^{53}	ʧi^{23}	ʧi^{33}	ʧy^{33}	toi ~ ʧy^{42}	ʧy^{55}	tɔy^{52}	ʧy^{55}
除	ʧ^{h}y^{21}	ʧ^{h}oi^{12}	t^{h}ui^{22}	t^{h}ui^{22}	ʧ^{h}ui^{12}	t^{h}oy ~ ʧ^{h}y^{21}	ʧ^{h}y^{21}	ʧɔy^{342}	ʧ^{h}œy^{21}
厨	ʧ^{h}y^{21}	ʧ^{h}y^{12}	t^{h}ui^{22}	ʧ^{h}ui^{22}	ʧ^{h}ui ~ ʧ^{h}y^{12}	ʧy^{21}	ʧ^{h}y^{21}	ʧɔy^{342}	ʧ^{h}œy ~ ʧ^{h}y^{21}
主	ʧy^{35}	ʧy^{35}	ʧi^{55}	ʧi^{55}	ʧy^{55}	ʧy^{33}	ʧy^{35}	ʧy^{55}	ʧy^{35}
舒	ʃy^{55}	ʃy^{53}	ʃi^{33}	ʃi^{33}	ʃy^{33}	ʃy^{42}	ʃy^{55}	ʃy^{52}	ʃy^{55}
树	ʃy^{21}	ʃy^{21}	ʃi^{31}	ʃi^{31}	ʃy^{32}	ʃy^{24}	ʃy^{21}	ʧy^{22}	ʃy^{22}
鱼	ny^{21}	y^{12}	ŋi^{22}	ŋui^{22}	y^{12}	y^{21}	ny^{21}	y^{342}	y^{21}
于	y^{21}	y^{53}	i^{33}	i^{33}	y^{55}	y^{42}	y^{21}	y^{342}	y^{21}

遇摄三等字韵母在以上各方言中大体为两类：

“精泥来见晓”组字韵母：oi（花县、罗定）；ui（斗门、台山、鹤山）；
oy（四会）；ɔy（阳山）；œy（广州）
“知章日影喻”组字韵母：y（花县、鹤山、四会、罗定、阳山、广州）；
i（斗门、台山）

以上诸点的遇摄三等韵母呈现两种状态：①复元音韵母；②单元音韵母。根据音系的一般规律，既然我们判定《分韵撮要》第十二类遇摄一等韵为单元音韵母 u，那么遇摄三等韵也应该是单元音韵母；遇摄原为合口韵，上述的绝大多数粤方言仍保留了这一合口的特点，据此我们认为，《分韵撮要》时代的第四类“诸主著”韵母当为 y，这一史实在 Ball 于 1907 年出版的 *Cantonese Made Easy* 一书中可以得到验证。郁南粤语的遇摄三等韵今天仍一律为 y，可以作为这一历史事实的佐证。

从以上不同粤语的平面材料来看，知章组字与不受声母影响的影喻母字韵母大致都为 y；即使是广州话，“厨”有 ʧ^{h}œy ~ ʧ^{h}y^{21} 两读，遇摄零声母细音字韵母至今均为 y，也可旁证这一历史事实。

归结中古遇摄三等字在《分韵撮要》中的韵母分类音值当为：

第二十三类“初锄楚所助”（“科火货”类）韵母读音——ɔ

第十二类“孤古故”韵母读音——u

第四类“诸主著”韵母读音——y

三、《分韵撮要》与今广州话遇摄韵母的差异及其变化历程

（一）《分韵撮要》与今广州话遇摄韵母的差异

将《分韵撮要》与今广州话遇摄韵母的分类作对比，两者的异同如下：

	《分韵撮要》	广州话	例字
A. 遇摄一等见晓匣影、轻唇	（十二类）u	u	孤古故胡户乌夫符
B. 遇摄一等端泥来精、重唇	（十二类）u	ou	肚路奴祖苏普步无
C. 遇摄三等知章日影喻	（第四类）y	y	除主舒树如鱼语于
D. 遇摄三等精泥来见晓	（第四类）y	œy	取序女居去虚

A、B 类字在《分韵撮要》中统归为第十二类，韵母为 u；今广州话一分为二：A 类字韵母为 u，B 类字韵母为 ou。C、D 类字在《分韵撮要》中统归为第四类，韵母为 y；今广州话同样两分：C 类字韵母为 y，D 类字韵母为 œy。标示如下：

《分韵撮要》　　　　今广州话

u （十二类）→ u（古胡乌夫）
　　　　　　→ ou（路土祖无）

y （第四类）→ y（除树语于）
　　　　　　→ œy（徐女去许）

从历史发展的角度看，ou 应当是 u 不同声母后的变体；œy 应当是 y 不同声母后的变体。

（二）近百年来广州话遇摄韵母的发展变化历程

1.《分韵撮要》第十二类字的分化过程

如上图的标示，《分韵撮要》第十二类字在今广州话中按声母的不同分为 u、ou 两部分，A 类“古胡乌夫”等字韵母未变，仍为 u，发生变化的是“路土祖无”等 B 类字。

《分韵撮要》共分韵母三十三类，如果我们仔细检查该书的止摄开口字，不难发现该摄的“几纪记衣”等字（非精庄组）归在第三类，而“师史四自”等字（精庄组）被另归于第十六类，两者韵母如果没有区别，《分韵撮要》则不会如此分类。参照今天广州西关老派发音人的发音，恰恰是止摄开口的这些精庄组常用字带有明显的摩擦成分，在听感上与非精庄组字有明显的区别。这说明广州话高元音有高化的特点，u 同样不例外。

当遇摄“肚路祖普”等 B 类字韵母 u 继续高化，其结果当然是 u 的裂化，过程大致为：

$$u \rightarrow {}^{ə}u \rightarrow əu \rightarrow ou$$

裂化起初，ə 仅仅是一个短而随意的流音。当 ə 逐渐成为主元音后，不免要受到韵尾 u 圆唇的同化，于是就诞生了 ou 韵母。

由外国传教士撰写，刊行于 1907 年的 *Cantonese Made Easy* 一书，将广州话的“无母务”等字记作“mò”（注［əu］），可见这一语音变化发生的时间应当不晚于 20 世纪之初。

2.《分韵撮要》第四类字的分化过程

如上图的标示，《分韵撮要》第四类字同样按声母的不同，在今广州话中分为 y（C 类）、œy（D

类）两部分。C类未变，一百多年来仍为y，发生音变的是D类韵。我们说过，广州话高元音韵母有高化的发展趋向，属于前高元音的y当然不能例外。广州话没有舌尖元音，y继续高化的结果只能产生裂化，其基本过程应当是：

$$y \rightarrow {}^{ə}y \rightarrow əy \rightarrow oy \rightarrow œy$$

这一裂化的初期，ə也同样是一个短而随意的流音。当ə成为主要元音后，同样因为圆唇的u韵尾的同化变为oy。这一事实在“表3”的相关粤语材料中可以找到事实依据。韵母oy中的主元音o因为较前的y的影响而发生前化，于是促成了œy的诞生。

在*Cantonese Made Easy*一书中，“举佢”读音被记作“$k^hö$”（注［kœy］）、“$k^höü$”（注［$k^hœy$］），可见，广州话œy韵母的产生也不晚于20世纪初。

材料来源：

本文相关粤语材料分别引自詹伯慧、张日昇：《珠江三角洲方言字音对照》（1987）、《粤北十县市粤方言调查报告》（1994）、《粤西十县市粤方言调查报告》（1997）。

参考文献

［1］华天阁．分韵撮要［M］．广州：华天阁，1911.
［2］李新魁．广东的方言［M］．广州：广东人民出版社，1994.
［3］李新魁．一百年前的广州音［J］．广州研究，1987（10）.
［4］彭小川．粤语论稿［M］．广州：暨南大学出版社，2004.
［5］王福堂．汉语方言语音的演变和层次［M］．北京：语文出版社，1999.
［6］J. D. Ball. *Cantonese Made Easy*［M］．香港：别发洋行，1907.

中山南蓢闽方言岛音系中的两个层次

陈小枫　许冬晖
（中山大学中文系　广东广州　510275）

提　要　本文考察并描述了中山南蓢闽方言岛语音系统中属于岛方言“自源层次”的白读音系与来自包围方言的“异源层次”的文读音系这两个层次之间共存并用、分工协作、互相影响的独特语言风貌。并以此作为考察点，考察岛状双方言区与包围方言之间互相渗透的基本表现，探索方言岛的演变与消亡的发展规律。
关键词　闽语　中山　南蓢　语音层次

在因长期自然接触而形成的双方言区中，来自本方言的“自源层次”与来自他方言的“异源层次”往往在双言之间共存，这种现象是双言相互接触过程中的语言渗透的体现。当然，双方言区双言之间的渗透是不平衡的，通常以相对强势的方言向相对弱势的方言渗透为主，处于强势方言包围之中的方言岛受到来自包围方言的渗透尤其严重，其两个层次共存、互相影响的表现也尤为典型。本文以中山南蓢闽方言岛语音系统作为考察点，考察在强势方言包围中的岛状双方言区语言系统中的“自源层次”和“异源层次”两个层次之间共存与相互影响的基本表现。

一、南蓢音系概况

（一）声母

辅音声母17个及零声母共18个，按发音部位和发音方法排列如表1：

表1　南蓢闽语声母表

部位＼方法			双唇	唇齿	舌尖前	舌根	喉
塞	清	不送气	p 布		t 到	k 经	
		送气	p^h怕		t^h太	k^h开	
	浊	不送气	b 篾		（$\tilde{d}$）女	ɡ 日	
塞擦	清	不送气			ts 招		
		送气			ts^h枪		
擦	清		ɸ 远	（f）费	s 散		h 符
	浊						
鼻	浊		m 门		n 怒	ŋ 硬	
边	浊				l 兰		

说明：

①f 只出现在青年组中，且不在合口呼前出现，以 f 为声母的主要是文读音。

②n 和 $\tilde{d}$ 不对立，在合口呼和齐齿呼韵母前读为 $\tilde{d}$，在其他韵母前读为 n。

（二）韵母

南蓢闽语有韵母90个，包括自成音节的 m 和 ŋ，以主要元音和韵头为纲排列如表2：

表2　南蓢闽语韵母表

	i 比	u 富	
a 家	ia 纸	ua 瓜	
e 排	* ie 夜		
ə 报			
u 武	iu 周	ui 对	
ai 赛		uai 筷	
ou 帽	io 珠	uo 布	uoi 杯
əi 坐			
ɐi 翠	* iɐi 乳		uəi 葵
au 草	iau 韭		
eu 鸟	ieu 笑		
* ɐu 咒	* iɐu 右		
am/ap 惨/塔	iam/iap 兼/页		
* ɐm/ * ɐp 禽/湿			
em/ep 甜/粒	iem/iep 尖/夹		
	im/ip 深/急		
	in/it 凳/得		
an/at 间/擦	ian/ * iat 圆/乙	uan/ * uat 关/滑	
* ɐn/ * ɐt 闽/物		* uɐn/ * uɐt 滚/屈	
en/et 填/压	ien/iet 变/裂		
ɔn/ɔt 算/骨	iɔn/iɔt 穿/绝		
		uon/uot 灌/月	
un/ut 春/出			
aŋ/ak 平/克	iaŋ/iak 饼/笛	uaŋ/uak 眶/或	
ɐŋ/ɐk 精/直		* uɐŋ/ * uɐk 永/域	
* eŋ/ * ek 瓶/革	* ieŋ/ * iek 形/液	* ueŋ 颖	
ɔŋ/ɔk 爽/北	iɔŋ/iɔk 箱/雀	uɔŋ/uɔk 光/国	
oŋ/ok 众/肉	ioŋ/iok 融/玉		
mʔ 唔			
ŋ 五			

说明：

①该韵母表以中、老年组读音为据，有7个元音音位 a、o、ɔ、e、i、u、ɐ，青年组文读音中还有新出现的 y、θ、œ 等音位，分别构成“y（朱）、θn（准）、yn（全）、θy（追）、iθy（锐）、œŋ（窗）、iœŋ（养）、œk（脚）、iœk（约）”等韵母，但不成系统。

②韵母中带 * 者仅在文读音中存在，加下划线者只在白读音中存在。

（三）声调

南蓢闽方言岛的声调系统实际上分文、白两套，其调值与调类的对应各不相同。其声调系统的文、白差异，实际上是岛方言闽语声调和当地粤音声调的差异。在多数情况下，同一个字在口语词中用岛方言声调而书面语词用粤音声调。当然，这种对应并不严整，有少数字只有白读调，而有相当数量的字则只有文读调，也就是说，口语词所承载的白读调，才是反映村话声调系统本来面目的“自源层次”，而书面词语承载的文读调则来自南葫当地粤音的“异源层次”。由于韵律特征往往是方言中最稳固的部分，所以，相对于声母和韵母系统，声调文、白对应中的两个肇自不同方言的层次壁垒比较分明，南葫话声调的文、白对应一览详见表3。

表3　南葫话文、白声调对应表

调类	调值		例字（配词）		备注
阴平	白	11	歌（唱~），花（开~），篙		各行例字中没配词者只有白读或文读调
	文	55	歌（~曲），花（天~），牺		
阳平	白	33	胡（姓~），林（树~），塍		
	文	53	胡（二~），林（森~），逃		
上声	白	53	拐（~杖），鼓（锣~），枣		
	文	11	拐（~带），鼓（~舞），旨		
阴去	白	213	炮（拍~），醋（米~），锉		
	文	33	炮（迫击~），醋（浙~），究		
阳去	白	21	义（有~），路（行~），豉		
	文	33	义（意~），路（电~），导		
阴入	白	55	七（单用），笔（单用）	碟（碗~），结（拍~），胛	
	文	55/33	七（~夕），笔（文~）	碟（飞~），结（团~），薛	
阳入	白	53	实（老~），力（出~），蜡		
	文	33	实（踏~），力（努~），乏		
变入	白	55	客（人~），索（条~）		无塞音韵尾

从表2所列各例可见，口语词所承载的白读调，才是反映村话声调系统本来面目的“自源层次”，我们从中抽出如表4：

表4　南葫话白读声调表

调类	阴平	阳平	上声	阴去	阳去	阴入	变入	阳入
调值	11	33	53	213	21	55	55	53
例字	篙	塍	枣	锉	豉	胛	索	蜡

说明：

南葫村话白读声调系统有7个声调，平、去、入各分阴阳，上声自成一调，绝大多数的全浊上字都归入阳去，古次浊上声字出现分化，一部分归入上声，另一部分归入阳去，此外还有小部分全浊及次浊去声字读为阴去调。入声字的归属比较复杂，部分中古音为舌根塞音韵尾的入声字（阴入、阳入皆有）塞音韵尾消失，变成阴声韵，其中属阳入的大部分归入上声；属阴入的则构成一个特殊的入声调，调值读同阴入55调，但没有塞音韵尾。此外，还有极小部分阳入字读如阴入字。次浊入声字大部分归阳入，少数归阴入。

（四）音变

南葫方言白读层存在连读变调现象，一般以两字连读为基础，前字变调，后字不变调。基本规律如表4。

表5　南蓢话两字连读变调基本规律一览

<table>
<tr><td>后字
前字变调
前字</td><td>阴平</td><td>阳平</td><td>上声</td><td>阴去</td><td>阳去</td><td>阴入</td><td>阳入</td><td>变入</td></tr>
<tr><td>阴平 11</td><td rowspan="2">53</td><td>33</td><td rowspan="2">53</td><td colspan="3">33</td><td rowspan="2">不变</td><td>33</td></tr>
<tr><td>阳平 33</td><td>不变</td><td colspan="3">不变</td><td>不变</td></tr>
<tr><td>上声 53</td><td colspan="8">不变</td></tr>
<tr><td>阴去 213</td><td colspan="4">55</td><td colspan="2">33</td><td>55</td><td rowspan="2">33</td></tr>
<tr><td>阳去 21</td><td>53</td><td>33</td><td>53</td><td colspan="3">33</td><td>53</td></tr>
<tr><td>阴入 55</td><td colspan="4">不变</td><td colspan="2">不变/33</td><td colspan="2">不变</td></tr>
<tr><td>阳入 53</td><td colspan="2">55/不变</td><td>55</td><td colspan="2">55/不变</td><td colspan="3">不变</td></tr>
<tr><td>变入 55</td><td colspan="4">不变</td><td colspan="2">33</td><td colspan="2">不变</td></tr>
</table>

从表4可见，南蓢话白读层的连读变调模式，反映了闽南方言音变的基本特点，但其前字变调的范围大大缩小，有逐渐向不变调发展的倾向。其中变入的变调规律与调值同为55调的阴入相似。另外，阳入读如上声作为前字，其变调规律不遵循前字为上声的规律，而与按原入声为前字组合所得的变调规律相同，只是入声尾消失了而已。这说明，南蓢闽语中部分原入声调虽然塞音韵尾消失，但仍然保留入声的语感。

二、南蓢音系中的两个不同层次及其语用分工

南蓢音系中，存在着两个不同的层次，一个是来自包围方言南蓢粤语的“异源层次”，一个是肇自岛民策源地福建闽语的“自源层次”。这两个层次各有各的语用分工。这种特殊的语言状况是在其特殊的语言与人文环境中逐渐发展演变而成的。

（一）南蓢音系自源层次的交际功用及其基本特点

“自源层次”南蓢闽语，用于方言岛社区内部以及家庭中的日常交际，代表南蓢音系的白读系统。南蓢音系的自源层次是南蓢闽方言岛的先民从其策源地福建带来的，它是南蓢音系的本源成分，也是核心成分，标示了南蓢音系的基本性质，带有闽语共同的基本特征，如：

（1）古全浊声母今读塞音与塞擦音的，今白读多读不送气。如“婆$_{並}$、盘$_{並}$、爬$_{並}$”等字隆都话白读声母为p－，“茶$_{澄}$、陈$_{澄}$、铜$_{定}$、筒$_{定}$”等字南蓢闽语白读声母为t－。

（2）古轻唇音今白读重唇音，保留了“古无轻唇音”的状态。如“斧$_{非}$、分$_{非}$、飞$_{非}$、肥$_{非}$”等字隆都话白读声母为p－，“扶$_{奉}$、浮$_{奉}$”等字南蓢闽语白读声母为p^h－。

（3）古“知、彻、澄”三母，今白读［t－］或［t^h－］。如“猪$_{知}$、丈$_{澄}$、茶$_{澄}$、郑$_{澄}$、陈$_{澄}$、虫$_{澄}$、拆$_{彻}$”等字南蓢闽语白读声母分别为t－和t^h－。

（4）古“心、邪、书、禅”母字有一部分今白读塞擦音［ts－］或［ts^h－］。如“少$_{书(多\sim)}$、叔$_{书}$、深$_{书}$、树$_{禅}$、醒$_{心}$、笑$_{心}$、手$_{书}$”等字南蓢闽语白读声母分别为ts－和ts^h－。

（5）古匣母字今白读阳调类的［k－］声母或阳调类的零声母。如属匣母字的“厚、含、汗”等字隆都话白读声母为k，“鞋、喉、下”等字南蓢闽语白读为零声母。

（6）部分次浊声母上声字南蓢闽语今白读阳去。如“老［lau꜅］、耳［gi꜅］、蚁［giɛ꜅］、有［u꜅］”等。

另外，在韵母和声调方面，南蓢闽语带有不少闽南音系的特征，如保留了闽南音系普遍存在的连读

变调规律：以两字连读为基础，前字变调，后字不变调。有一整套鼻音韵尾 -m、-n、-ŋ 和与之相配的塞音韵尾 -p、-t、-k，没有撮口呼韵母等，且没有鼻化韵。

（二）南葫音系异源层次的交际功用及其基本特点

南葫音系的异源层次，来自其直接包围方言南葫粤语。用于阅读书报与对外交际，成为南葫音系的文读系统。这种异源层次，体现了其包围方言南葫粤语的一些特征，但又受制于南葫闽语自身的发音习惯。具体表现见表6：

表6　南葫音系中的文、白对应

<table>
<tr><th>序号</th><th>例字</th><th>白读</th><th>用例</th><th>文读</th><th>用例</th><th>南葫粤语</th><th>文、白差异</th><th>比例</th></tr>
<tr><td>1</td><td>昼</td><td>tau^{213}</td><td>日~</td><td>tsɐu^{33}</td><td>白~</td><td>tsɐu^{33}</td><td rowspan="5">声、韵、调均不同</td><td rowspan="5">约10%</td></tr>
<tr><td>2</td><td>仁</td><td>gin^{33}</td><td>榄~</td><td>iɐn^{53}</td><td>不~</td><td>iɐn^{53}</td></tr>
<tr><td>3</td><td>饭</td><td>puon^{21}</td><td>食~</td><td>ɸuan/<u>fan</u>^{33}</td><td>晚~</td><td>fan^{33}</td></tr>
<tr><td>4</td><td>陈</td><td>ten^{33}</td><td>姓~</td><td>ts^{h}ɐn^{53}</td><td>~皮</td><td>ts^{h}ɐn^{53}</td></tr>
<tr><td>5</td><td>少</td><td>tsieu^{53}</td><td>单用</td><td>siu^{11}</td><td>~数</td><td>siu^{11}</td></tr>
<tr><td>6</td><td>换</td><td>un^{213}</td><td>单用</td><td>un^{33}</td><td>交~</td><td>un^{33}</td><td rowspan="3">声、韵不同，调相同</td><td rowspan="3">不到1%</td></tr>
<tr><td>7</td><td>乞</td><td>k^{h}it^{55}</td><td>~儿</td><td>hɐt^{55}</td><td>~丐</td><td>hɐt^{55}</td></tr>
<tr><td>8</td><td>盘</td><td>puon^{33}</td><td>碗~</td><td>p^{h}un^{33}</td><td>~踞</td><td>p^{h}un^{53}</td></tr>
<tr><td>9</td><td>拖</td><td>t^{h}ia^{11}</td><td>单用</td><td>t^{h}ɔ^{55}</td><td>~欠</td><td>t^{h}ɔ^{55}</td><td rowspan="3">韵、调不同，声相同</td><td rowspan="3">约40%</td></tr>
<tr><td>10</td><td>佔</td><td>tsiem^{213}</td><td>单用</td><td>tsim^{33}</td><td>霸~</td><td>tsim^{33}</td></tr>
<tr><td>11</td><td>名</td><td>miaŋ^{33}</td><td>起~</td><td>mɐŋ^{53}</td><td>著~</td><td>mɐŋ^{53}</td></tr>
<tr><td>12</td><td>旗</td><td>ki^{33}</td><td>一面~</td><td>k^{h}i^{53}</td><td>国</td><td>k^{h}i^{53}</td><td rowspan="3">声、调不同，韵相同</td><td rowspan="3">不到5%</td></tr>
<tr><td>13</td><td>胀</td><td>tiɔŋ^{213}</td><td>肚~</td><td>tsiɔŋ^{33}</td><td>膨~</td><td>tsœŋ^{33}</td></tr>
<tr><td>14</td><td>蜂</td><td>p^{h}oŋ^{11}</td><td>蜜~</td><td>hoŋ/<u>foŋ</u>^{55}</td><td>工~</td><td>foŋ^{55}</td></tr>
<tr><td>15</td><td>使</td><td>sai^{53}</td><td>~人做</td><td>si^{53}</td><td>天~</td><td>si^{11}</td><td rowspan="3">韵母不同，其他相同</td><td rowspan="3">不到5%</td></tr>
<tr><td>16</td><td>笔</td><td>pit^{55}</td><td>一支~</td><td>pɐt^{55}</td><td>文~</td><td>pɐt^{55}</td></tr>
<tr><td>17</td><td>成</td><td>siaŋ^{33}</td><td>~事</td><td>sɐŋ^{33}</td><td>年~</td><td>sɐŋ^{53}</td></tr>
<tr><td>18</td><td>疑</td><td>gi^{33}</td><td>~心</td><td>gi^{53}</td><td>怀~</td><td>gi^{53}</td><td rowspan="3">声调不同，其他相同</td><td rowspan="3">约40%</td></tr>
<tr><td>19</td><td>摊</td><td>t^{h}an^{11}</td><td>摆~</td><td>t^{h}an^{55}</td><td>~贩</td><td>t^{h}an^{55}</td></tr>
<tr><td>20</td><td>证</td><td>tsɐŋ^{213}</td><td>作~</td><td>tsɐŋ^{33}</td><td>~件</td><td>tsɐŋ^{33}</td></tr>
<tr><td colspan="2">备注</td><td colspan="7">加下划线者为新派（中、青年）读音</td></tr>
</table>

表5中，我们把南葫闽语口语音（白读）、读书音（文读）与当地包围方言南葫粤语音分别作了比较。从表5可以看出，南葫方言的白读音主要体现了闽语语音的基本特点，而对应的文读音，则在声、韵、调各方面均类似南葫粤语，其主要特点表现为：

（1）声母方面，体现了粤语语音不同于闽语的一些基本特点。如古轻唇音南葫闽语白读重唇音 p、p^{h}，文读则一般为擦音 h/ɸ（f），南葫老派文读音读 h/ɸ，新派文读音从白话读为轻唇音 f，如例3、14；古知彻澄三母部分字，南葫白读舌尖中音 t 或 t^{h}，南葫文读音则从白话读为塞擦音，如例1、4、13；古心邪书禅母字有一部分南葫白读塞擦音 ts 或 ts^{h}，文读从南葫粤语读擦音，如例5；古溪母字有一部分南葫白读为塞音，文读从南葫粤语读擦音，如例7；部分古全浊音声母字南葫白读为不送气塞音，如例4、8，文读从南葫粤语读为送气音等。

（2）韵母方面，文读音韵母的音值向南葫粤语韵母音值靠拢。

（3）声调方面，文读音调值都没有超出南蓢闽语的调值范围，文读音一般采用其中相对接近南蓢粤语的那个调类的调值。有些字的声母、韵母都相同，就靠调值的不同来区别文、白读音，如例18～20。

（三）南蓢音系两个层次的成因

南蓢闽粤双方言区的形成经历了一个漫长的发展期。几百年来，由于当地和周边移民构成的变化，当地闽、粤两种方言的势力经历了此消彼长的变化。随着社会的进一步发展和变迁，南蓢粤语以其开放性和能产性在交流中占据了绝对优势，逐渐形成了南蓢闽语向南蓢粤语渗透的格局并持续发展。这种渗透的途径有两个方面：

一是新词的大量产生。由于岛民们迁入时社会形态、经济、文化、科技等相对落后，故岛方言本身标志这些事物或现象的词很少。随着社会的进步，尤其是21世纪以来教育、文化的普及，经济、科技的发展和进步，产生了大批新词。这些新词在岛方言中原本没有对等词，于是便通过教育等文化传播方式从共同语或当地的代表方言中和盘端过。在引进这些书面词语的意义内容的同时，也借入了其语音形式（当然受到岛方言语音习惯的制约）。例如：

表7　南蓢例词读音表

例词	南蓢读音	例词	南蓢读音	例词	南蓢读音
科学	fɔ^{55}hok^{33}	教材	kau^{33}ʦ^{h}ɔi^{53}	集体	tsap^{33}t^{h}ɐi^{11}
公园	koŋ^{55}in^{53}	公路	koŋ^{55}lu^{33}	新兴	sɐn^{55}hɐŋ^{55}
人类	iɐn^{53}lɐi^{33}	炒作	ʦ^{h}au^{11}ʦɔk^{33}	美元	mi^{11}in^{53}

由于使用粤音的大量新词源源不断地进入南蓢闽方言岛的词汇系统，而南蓢闽语原有基本词汇系统逐渐萎缩，失去能产性，南蓢闽语原有的读书音逐渐被粤音所取代，南蓢人已经无法使用从策源地带来的闽音自如地阅读各种形式的书面作品，只能借助粤音。

二是反映包围方言文化的日常生活词语。双言之间长期的自然接触，也借入了一些包围方言的基本词，这些基本词有的音词并借，有的借词不完全借音，有的则借词不借音。例如：

粤语借词	南蓢闽语读音
孤寒	ku^{55}hɔn^{53}（音词并借）
冲凉（洗澡）	ts^{h}oŋ^{33}lioŋ^{33}（借词不完全借音）
斗木佬（木匠）	tau^{33}mok^{55}lɔ^{53}（借词不完全借音）
出年（明年）	ʦ^{h}ut^{55}nien^{33}（借词不借音）
银纸（钞票）	nun^{33}ʦia^{53}（借词不借音）

上例中的借词都属于粤方言的一级特征词。①

上述两种类型的粤音的长期渗透，使得南蓢粤语音系中的各种成分或整块或零碎地逐渐被吸收到南蓢闽语之中来，成为南蓢闽语语音系统中不可分割的一部分——异源层次。

① 张双庆. 粤语的特征词［A］. 李如龙. 汉语方言特征词研究［M］. 厦门：厦门大学出版社，2002.

三、南荫音系中两个不同层次的相互影响

（一）属于“异源层次”的文读音系对白读音系的影响

如上所述，南荫音系中来自粤方言的异源层次与来自闽语的自源层次各司其职，成为南荫音系不可分割的重要组成部分。这种属于异源层次的文读语音成分对闽语白读音系的影响主要表现在以下几个方面：

1. 改变了南荫闽语原有的文白对应系统，代之以白话读书音和南荫闽语白话音为分野的特殊文白对应体系

南荫方言文读音系对南荫闽语语音系统的影响的一个最显著的表现，就是改变了南荫闽语原有的文白对应系统，代之以白话读书音和闽语白话音为分野的特殊的文白对应体系。

文白异读，通常是指同一个来源的字（上古或中古音韵地位相同）在现代有两种或两种以上不同的读音，通常表现为口语跟读书音不同，或表现为雅、俗等使用场合不同等。方言的文白异读，反映了字音的不同历史层次，是方言语音特点的重要表现，也是了解方音和古音的演变关系的一个重要途径。此类成系统的、广泛的文白异读本来是闽南音系原有的特点，南荫闽语应该也不例外。但是如上文所述，南荫闽方言岛在属于粤语的包围方言长期包围下所形成的特殊的语言环境和特殊的文化传播方式，使得接近粤音的系统逐步取代了其原有的读书音系统，成为南荫人实际上的读书音。这种读书音与南荫闽语并存并用，两者有着明确的语用分工：白读系统在日常生活用语中使用，以村话音为主；文读系统主要在阅读书报与对外交际时使用，以南荫本地白话音为主，这样逐渐形成了一种有别于闽语中心区的特殊的文白异读体系：同一个字，当它用作日常生活用语时读的是村话音，而用作书面语词的语素时，只能用近似的白话音来读，具体表现见表6。而原有的属于闽语内部的文白对应虽然尚有少数残存，但因为这种已经相沿成习的粤、闽文白语用分工，原先的闽语文读音也被视作另一个白读音，见表8：

表8　南荫文、白异读表Ⅰ

例字	白读1	用例	白读2	用例	文读	用例
寒	kan^{33}	做～	han^{33}	大～	$hɔn^{53}$	孤～
学	$ɔ^{53}$	单用	$hɔ^{53}$	～堂	$hɔk^{33}$	小～

这种特殊的文白对应系统的形成，加快了包围方言对岛方言的渗透速度，是南荫岛方言蜕变的最直接驱动机制。

2. 从异源层次中引入了新的语音成分

（1）声母方面，引入了唇齿音声母 f。闽语本来没有唇齿音声母 f，闽语白读系统保存了上古汉语没有轻唇音的状态，这也是闽语语音的重要特征之一。这一特征在南荫闽语白读系统中基本保留。但是南荫方言文读系统中却存在唇齿音声母 f（老派文读在 u、ɔ、o 等圆唇元音前变体为双唇擦音 ф，新派文读则不一定），而笔者此次调查青年组，发现青年组白读系统中的一些读音也已经出现 f，这显然是从白话中引入的新的语音成分。文白对应基本体现为 f 与 p、h、k^h 的对应，有部分原本在闽语中读为 h 声母的晓母字和云母字，因受到白话文读音的影响，实际音值也向接近 f 的双唇擦音 ф 靠拢，甚至完全变成 f，这其中呈现出的面貌参差不齐，一方面显示了自源层次原有的语音习惯对来自异源层次的新的语音成分的抵御，另一方面也显示了异源层次语音成分对自源层次语音成分渗透的日益深入。

表 9　f 声母在南蓢音系中的存现

例字	白读		文读		例字	白读		文读	
	老派	新派	老派	新派		老派	新派	老派	新派
分	puon^{11}		fɐn^{55}		放	pɔŋ^{213}		pɔŋ^{33}	fɔŋ^{33}
肥	pui^{33}		fi^{53}		浮	p^{h}u^{33}		fɐu^{53}	
块	k^{h}uai^{213}		fai^{33}		府	hu^{42}	ɸu^{42}	hu^{11}	ɸu^{11}
夫	hu^{11}		hu^{55}	ɸu^{55}/fu^{55}	灰	huoi^{11}	ɸuoi^{11}	hui^{55}	ɸui^{55}
疯			hoŋ^{55}	ɸoŋ^{55}	坟	ɸun^{33}		fɐn42	
荒	ɸɔŋ^{11}		ɸɔŋ^{55}	fɔŋ^{55}	花	ɸua^{11}	fa^{11}	ɸua55	fa^{55}
园	ɸɔn^{21}				雨	ɸuo^{21}	fɔ^{21}		
会	ɸuoi^{21}		fɔi^{21}		快	k^{h}e^{213}	fɐi^{213}		
远	ɸɔn^{21}		fɔn^{21}		货	ɸuo^{213}	fuo^{213}	ɸuo^{33}	fɔ^{33}
云	un^{33}		uɐn^{53}	fɐn^{53}					

（2）韵母方面，引入了 a 和 ɐ 的系统对立。闽语韵母中本无 a 和 ɐ 的系统对立，而南蓢闽方言音系中却存在这种对立，其中 ɐ 元音显然也是从粤语中引入的新的语音成分，它主要存在于文读层中，表 10 是含 ɐ 韵母与南蓢白读层韵母的基本对应关系：

表 10　含 ɐ 韵母与南蓢白读层韵母的基本对应关系

文读韵	例字	对应白读韵
ɐi	世鸡契祭低礼追累废髻吠	ia、e、ui、uoi
uɐi	（规龟轨贵）位围	ui
ɐu	糙斗奏口昼欧秀绸求抽舅	ɔ、au、iu、eu、u
iɐu	邮由游幼有	iu、u
ɐm/ɐp	浸枕金深沉审急十	im、em、iem/ip、ep
iɐm/iɐp	音阴饮入	im、ip
ɐn/ɐt	吞熏彬根新尘阵陈邻趁伸震笋准分核笔实密漆律	ɔn、in、en、ien、iɔn、un、uon/ɔt、it、et、ut
iɐn/iɐt	仁印忍隐闰一	in、un/it
uɐn/uɐt	魂瘟困训掘骨窟	un/ut、ɔt
ɐŋ/ɐk	藤升应更性醒行领姓程订得力蚀塞贼食迹席	in、aŋ、iaŋ/it、ek、ia、io

以 ɐ 为主要元音的韵母，甚至越过文、白读界线，其中 ɐi、ɐŋ/ɐk 进入了南蓢方言的白读层，例如表 11：

表 11　南蓢文、白异读表 Ⅱ

例字	白读	文读	例字	白读	文读
迷	mɐi^{33}	mɐi^{53}	升	sɐŋ^{11}	sɐŋ^{55}
威	uɐi^{11}	uɐi^{55}	廷	tɐŋ^{33}	tɐŋ^{53}
等	tɐŋ^{53}	tɐŋ^{11}	值	tsɐk^{55}	tsɐk^{33}
证	tsɐŋ^{213}	tsɐŋ^{33}	翼	ɐk^{55}	ɐk^{33}

上例中文、白异读仅体现为声调的差异。这种情况，一方面显示包围方言的语音成分已经开始突破表层，进入了岛方言的内部，另一方面也显示，韵母系统是两个层次最容易交融的部分。

（3）声调方面，文读层对白读层的渗透主要体现在两个方面：

其一，有一小部分常用词的声调成分“不纯”，一字保持白读调，另一字变为文读调。由于中年人是对外联系比较频繁的群体，经常性的语码转换容易导致语言成分的混淆，因而这种单字调的“不纯”现象在中年组表现得尤为突出，例如表12：

表12　南蓢中、老年连续变调情况表

	例词	中年连读	老年连读
阴平＋阴平	中秋	55＋11	53＋11
阳去＋上声	漏水	33＋53	53＋53
阳去＋阴去	下卦	21＋213	33＋213

其二，闽语存在广泛的前字连读变调，这种现象在南蓢闽语白读系统中仍然存在，不过，由于南蓢闽语采用粤音作为文读系统，使得其文读系统受到粤语音变规律的制约，体现在南蓢闽语中的连读变调规律并不适用于文读词语，同样调值的字在口语词中要变调，而在书面词语中则不需要变调。例如表13：

表13　南蓢口语与书面语词差异表

口语词	书面语词
天时［$tien^{33}$ si^{33}］	天文［tin^{55} $mɐn^{53}$］

另外，我们在连读变调组词调查中发现，南蓢白读层尽管保持了闽语的连读变调的基本模式，但这种连读变调的模式开始偏离原有的常规，发生了变异。这种变异一方面表现在南蓢话白读层连读变调不能在所有双音节的组合中进行类推，另一方面表现在南蓢中青年人中遵守传统的连读变调规则的比例比老年组要小，甚至一些原有的双音节白读词语，在中青年人的语流中也向粤音看齐而不变调。①

南蓢闽语单字调与连读变调的变异，体现了南蓢文读层声调对白读层的渗透进一步深入。李如龙等根据福建省双方言区调查的事实指出：“音变规律，一般是不容易受渗透的。原来有的不容易丢，原来不同的不容易趋同，原来没有的也不容易吸收。”② 而南蓢话原有音变规律使用范围的萎缩，从一个侧面显示了南蓢话开始步上了衰亡的道路。南蓢闽语声调与音变体系的萎缩和变化，是通过来自异源层次的粤方言的词汇扩散逐步实现的。一方面，南蓢闽语本身的基本词汇系统失去了能产性并逐渐被新词语所替换，寄生在这一基本词汇之上的原有的音变规律也就随之逐渐萎缩。另一方面，来自粤方言的读书音及其音变模式以书面词语为媒介不断扩展，逐渐蚕食着原有的声调体系和音变规律，直至其最终发生动摇。

（二）属于“自源层次”的白读音系对来自异源层次的文读音系的影响

如上所述，来自包围方言的异源层次，以其在语用领域的不可或缺的地位，已经成为南蓢闽方言岛音系中不可分割的一部分。包围方言南蓢粤语，也以这种特殊的方式扩展和加深着对岛方言的渗透的范围与程度。不过，这种来自他方言的文读音系在向岛方言渗透的过程中，也受到岛方言的抵御与改造而在语音系统的各个方面发生不同程度的变异。这种变异的产生有两个方面的原因。

① 陈小枫，许冬晖．广东中山南蓢闽方言岛连读变调的变异［A］．广东汉语研究的理论和实践暨《广东粤方言地图集》专题研讨会论文，2009．

② 李如龙等．福建双方言研究［M］．香港：汉学出版社，1995．65．

其一，源于当地闽、粤两种方言势力对比的变化。从南蓢地区方言的格局和当地族谱材料看，南蓢闽地移民应该是当地早期占多数的主体移民，他们先入为主，在当地扎根逾七百载①，操粤语的居民反而是后来者。可以推断，南蓢闽语历史上曾有一段时期是当地的强势方言并使南蓢本地粤语受到极大的影响，也就是说，来自当地粤语的文读音系的一些变异实际上在南蓢粤语尚未成为当地强势方言的时候已经产生。我们的调查发现，无论是南蓢粤语还是南蓢闽语的文读音系都没有撮口呼，这一与其他地方的粤语相悖的特点可以作为这一判断的一个有力的佐证。后来，随着当地社会的进一步发展和变迁，当地移民构成发生了变化，南蓢闽语逐渐变成了粤语汪洋大海包围之中的孤岛，而南蓢粤语则挟其代表方言广州粤语的势力，以其开放性和能产性在交流中占据了绝对优势，南蓢的粤语和闽语之间的势力对比发生了扭转，形成了南蓢粤语向南蓢闽语倾斜性渗透的新格局。但历史上南蓢闽语对当地粤语的影响，也可以从南蓢闽方言岛的文读音系中略见一斑。

其二，源于岛方言自源层次的母语干扰。粤方言与闽方言，毕竟是两种差异较大的汉语方言，从语言习得的过程来看，来自粤方言的文读音对于南蓢闽方言岛居民来说是第二方言，在习得这种第二方言的过程中，不可避免地会受制于南蓢闽语自身的发音习惯，尤其是当语音成分相似而实际上并不相同时更是如此。因而，成为南蓢闽方言岛文读音系的南蓢粤语的某些语音成分，也自然受到这种母语的负迁移的影响而在声、韵、调等方面都发生某种程度的变异。这种对第二方言的母语干扰在南蓢闽方言岛老年人中尤为突出。

自源层次对异源层次的影响，遍及声、韵、调各方面，具体表现如下：

1. 声母方面的变异

南蓢闽方言岛居民在引入粤方言的唇齿音声母 f 时，由于不太习惯其发音，把在圆唇元音（u、ɔ、o 等）前面的 f 声母都发成了音感上相对接近南蓢话固有的喉擦音 h 的双唇擦音 ɸ，或者干脆就发成 h 声母，甚至在一些非圆唇元音前面添加圆唇介音 u，从而方便将 f 声母发成 ɸ 声母甚至还原成 h 声母，这些改造方式使得 ɸ 声母在老派文读中占据了绝对优势，同时也给了 h 声母一席之地，而 f 声母只有在中、青非合口呼前面作为音位变体出现，而在老派中却踪迹难寻。例如表 14：

表 14　南蓢声母变异表

例字	白读	老派文读
府	hu^{53}	hu^{11}
风	$hoŋ^{11}$	$hoŋ^{55}$
复服	hok^{53}	hok^{33}
夫	hu^{11}	$ɸu^{55}$
荒	$ɸɔŋ^{11}$	$ɸɔŋ^{55}$
花	$ɸua^{11}$	$ɸua^{55}$
货课	$ɸuo^{213}$	$ɸuo^{33}$
发罚	$ɸuot^{53}$	$huat^{33}$

2. 韵母方面的变异

白读音系对文读音系的影响主要表现在两个方面：

（1）文读音系中没有撮口呼。以广州方言为代表的粤语普遍存在以 y 为韵头的撮口呼韵母，粤语香山片代表点中山市区石岐粤语也不例外，然而，由于上文所述的历史和地理原因，南蓢粤语在南蓢闽语的影响下失去了撮口呼，以读音相似的齐齿呼取而代之，这种变异在来自南蓢粤语的文读音系中得到沿

① 陈小枫．从中山闽方言岛看闽语在广东珠三角的流播［A］．甘于恩．南方语言学（第一辑）［M］．广州：暨南大学出版社，2009．

袭。例见表15：

表15　南荫文读韵母与广州话韵母对应表Ⅰ

南荫文读韵母	广州音韵母	例字	对应白读韵	古音韵
i	y	书朱注遇输住树雨	i、io、iu、uo	遇合三
in/it	yn/yt	团段乱钻蒜短完丸夺	ɔn、ɔi、ien、uɔn/ɔt	山合一
		全转穿卷泉川权元员船远绝劣月	iɔn、en、ien、in、un、ɔn/iɔt、iet、uot	山合三
		悬血缺	en/et、iet	山合四
		村豚孙存损	ɔn、iɔn、ien	臻合一

（2）把粤语中以 œ 和 θ 为韵腹的韵母按南荫闽语的发音习惯加以改造。

表16　南荫文读韵母与广州话韵母对应表Ⅱ

南荫文读韵母	广州白话韵母	例字	对应白读韵	古音韵
i	y	女徐举虚句	i、ua	遇合三
ɐi		税脆岁	ɔi	蟹合三
		累炊垂追随衰翠	ui、ɔi	止合三
ɐn	œn/œt	尽鳞信津邻	in、ɐn、ien	臻开三
ɐn		顿论钝		臻合一
ɐn/ɐt		笋轮巡春律术	un/ut	臻合三
iɔŋ/iɔk	œŋ/œk	娘将裳让香着	iɔŋ/io	宕开三
		窗双桌琢啄	iɔŋ/无	江开二
iɔŋ/iɔk	iœŋ/œk	秧杨药约	ɔŋ、iɔŋ/io	宕开三

（3）声调方面，属于自源层次的白读声调对来自异源层次的文读声调的影响主要反映在声调的调型上。尽管调类对应不同，但南荫方言文读层的调值大多向白读层声调中固有的调值靠拢，例见前文表3。

另外，南荫闽方言岛音系中的高平调55既存在于文读层阴平字，也存在于白读层失去入声韵尾的一些入声字以及连读变调的一些前字中，具有很强的系统性，它们调值统一，应是文、白层长期磨合的结果，见表17：

表17　南荫高平调例字表

例字	文读音			例字	文读音		
初	$tsɔ^{55}$			推	tui^{55}		
酸	sin^{55}			薑	$kiɔŋ^{55}$		
例字	声调	读音		例字	声调	读音	
百	阴入	pa^{55}		尺	阴入	$tsio^{55}$	
客	阴入	ka^{55}		粟	阴入	$tsio^{55}$	
迹	阴入	$tsia^{55}$		恶	阴入	$ɔ^{55}$	
例词	前字	后字	连读调	例词	前字	后字	连读调
菜汤	阴去213	阴平11	55+11	救人	阴去213	阳平33	55+33
扫帚	阴去213	上声53	55+53	破布	阴去213	阴去213	55+213
种菜	阴去213	阴去213	55+213	做贼	阴去213	阴入55	55+55

四、小　结

南蓢闽方言岛音系中的两个层次既相对独立又互相交叉，建立了一种不可分割的互补关系，构成了南蓢岛状双方言区发展期的独特的语言风貌。综上所述，我们可以总结出南蓢闽方言岛中岛方言与包围方言互相渗透的四个主要特点：

（1）文化传播是包围方言对南蓢闽方言岛进行渗透的最主要的途径。南蓢闽方言岛由两个不同层次构成的特殊的文白异读系统，正是因借用包围方言作为读书音而逐渐形成的。这种方言岛内部的语用“双轨制”，是南蓢岛方言蜕变的最直接驱动机制。

（2）南蓢闽语自源层次的词汇系统的萎缩、基本词的能产性的丧失，是来自包围方言的异源层次得以取代岛方言原有的文读系统的内因，来自包围方言的语音成分的逐步渗透，正是通过自源层次所不具有的新词与借词的逐步扩展而实现的。

（3）岛方言的自源层次对来自异源层次的语音成分的制约和干扰，使得方言岛自源层次在被逐渐替换、蚕食的过程中留下自身的印记。

（4）就整个语音系统而言，岛方言的韵母是相对比较容易受到渗透的部分，声母次之，声调则较为顽固，反映在南蓢音系中，不分新老派的成系统的变化是文读音系韵母中 a 和 ɐ 的对立；而借入的 f 声母则或多或少受到了“改造”；至于声调，至今发生变异的只是零星个别现象，基本上仍然维持文、白泾渭分明的态势，难以交融。

双方言现象是一种历史现象，形成于语言的分化时期，进入现代社会之后，随着教育的普及和文化、经济交流的日益密切，语言的发展进入整化时期，分化让位于统一，由自然接触形成的双方言现象也会走向消亡。岛状双方言区的形成，是方言岛与包围方言自然接触的必然结果，由单方言区到形成双方言区到最终被包围方言所淹没复归单方言区，这是方言岛发展演变的历史进程中的大趋势。但是，方言岛自源层次在被逐渐替换、蚕食的过程中留下的印记将沉淀为底层，留在未来成为最终战胜者的包围方言之中。南蓢闽方言岛语音系统中两个层次的并存并用与相互影响，是方言岛发展演变的某个历史阶段的一种特殊表现，反映了岛方言对包围方言从抵御到相持到相容的微观发展过程。其中表现出的种种现象，为我们考察方言岛的演变与消亡提供了鲜活的语言材料。

参考文献

[1] 张双庆. 粤语的特征词［A］. 李如龙. 汉语方言特征词研究［M］. 厦门：厦门大学出版社，2002.
[2] 李如龙等. 福建双方言研究［M］. 香港：汉学出版社，1995.
[3] 陈小枫. 从中山闽方言岛看闽语在广东珠三角的流播［A］. 甘于恩. 南方语言学（第一辑）［M］. 广州：暨南大学出版社，2009.
[4] 陈小枫，许冬晖. 广东中山南蓢闽方言岛连读变调的变异［Z］. 广东汉语研究的理论和实践暨《广东粤方言地图集》专题研讨会论文，2009.

藤县话声韵调与中古语音之比较分析

肖　俊

（暨南大学文学院　广东广州　510632）

提　要　藤县话语音的主要特点是中古全浊音声母不论平仄今都变为不送气清音，藤县话内部有差异。韵母则保留了中古的鼻声韵和入声韵韵尾。声调平上去入都有，并且分阴阳。现以笔者的家乡话——蒙江话为代表，将藤县话声韵调与中古语音进行比较分析可见，藤县话的声韵调对中古汉语的语音系统有继承，也有超越。

关键词　藤县话　声韵调　中古语音　比较分析

藤县辖属广西梧州，位于广西东南部，该县水路交通便利，与广东相近，历史上两地贸易往来频繁，故藤县话受广州话影响较深。藤县话（当地人又叫白话）内部也有差异，本文以笔者的家乡话——藤县蒙江话为代表，记音用国际音标，谈谈藤县话的音韵情况。杨焕典等（1985）把广西粤语分为广府、邕浔、勾漏、钦廉四片，而藤县话则属于勾漏片。袁家骅先生在第二版的《汉语方言概要》中将粤方言按照分布区域分为五个小系：粤海系、钦廉系、高雷系、四邑系、桂南系，藤县话则属于桂南系。藤县语音的主要特点是中古全浊音声母不论平仄今都变为不送气清音。下面，本文将从声母、韵母、声调三个方面来比较分析藤县话与中古语音之间的关系。

一、声　母

藤县话共有 27 个声母①，包括零声母在内。

发音方法＼发音部位		双唇	唇齿	齿间	舌尖前	舌叶	舌面前	舌面中	舌面后	喉
塞音	清	p，p^h			t，t^h				k，k^h	ʔ
	浊	b			d				g	
鼻音	浊	m			n		ȵ		ŋ	
擦音	清		f	θ	ɕ	ʃ				h
	浊		v							
塞擦音	清				tɕ，$tɕ^h$	ʧ，$ʧ^h$				
	浊									
边音	浊				l					
边擦音	清				ɬ					
	浊									
半元音	浊							j		

① 这是用国际音标记录《方言调查字表》里面的 3 700 多字，然后整理归纳出来的 27 个声母，可能会有所遗漏。

藤县话声母与中古声母之比较分析

藤县话的27个声母，对中古汉语声母系统有继承，也有超越。从中古汉语声母系统在藤县话中的分化合流情况来看，藤县话有受广州话影响的痕迹。

（1）中古帮母字绝大部分读如b-，例：波菠宾笔必卜

个别字读如p^h-，例：谱鄙编蝙遍璧

（2）中古滂母字绝大部分读如p^h-，例：颇坡破怕帕铺

个别字读如b-，例：玻（玻璃）钯（钯子）怖（恐怖）扳

个别字读如p-，例：胖

（3）中古並母字大部分读如p-，例：婆薄爬琶蒲菩

个别字读如p^h-，例：捕佩跑

（4）中古明母字绝大部分读如m-，例：魔磨麻痳蟆妈

个别字读如f-，例：妇负复（复兴）

补充：非母字，大部分读如f-，例：夫府腑付赋傅废非飞富法藩贩发（头发）发（发生）粉粪奋方肪放风枫疯讽福幅蝠复(复杂)腹封

个别字读如p^h-，例：甫

个别字读如p-，例：脯（杏脯）

敷母字，大部分读如f-，例：敷俘孵抚赴肺

个别字读如p^h-，例：捧

奉母字，大部分读如f-，例：符扶芙父腐釜

个别字读如p-，例：浮缚

个别字读如p^h-，例：辅

微母字，大部分读如m-，例：无武舞侮鹉务

个别字读如v-，例：巫诬挽

小结一：①中古时期，重唇音中已经分化出轻唇音，分化的条件是合口三等归轻唇。例如："封"（通摄合口三等），属于非母字。"肥"（止摄合口三等），属于奉母字。

②藤县话声母b、p、p^h、m来源于中古的帮滂並明微。中古帮母在藤县话中浊化为b，並母则清化为p且平上声不送气，明微不分。

b来源于帮母字：爸补布佈贝拜（例外：谱鄙编蝙遍璧，声母为p^h）

p来源于並母字：婆薄爬琶杷耙（例外：捕佩跑，声母为p^h）

p^h来源于滂母字：颇坡破怕帕铺（例外：玻钯怖扳，声母为b；胖，声母为p）

m来源于明母字：魔磨摩馍麻痳（例外：妇负复，声母为f）

来源于微母字：无武舞侮鹉务（例外：巫诬挽，声母为v）

③藤县话的m超越了中古明微的分化，保留了较早的读音，只有少数几个如"巫诬挽"读作v，估计是受广州话的影响所致。

④上面的例外字变化，有部分出于"声旁类化[①]"的原因而成为特殊。如："谱"（帮母）字在藤县话中声母应是b却变为p^h，这是因其声旁"普"（滂母）是p^h而类化。"怖"（滂母）字在藤县话中的声母应是p^h却变为b，这是因其声旁"布"（帮母）是b而类化。"捕"（並母）因"甫"（敷母，此字在藤县话中仍保留上古重唇音p^h）而类化为p^h。

⑤藤县话的f主要来自非敷奉三母的合并，部分来自晓溪二母的合口字。

（5）中古端母字绝大部分读如d-，例：多朵都堵肚（肚子）戴

个别字读如n-，例：鸟（但是白读时声母为t-）

（6）中古透母字绝大部分读如t^h-，例：拖他妥唾土兔

① 声旁类化：一个字受声旁影响，声母变成与声旁字同为一个声母。

个别字读如 t－，例：椭台踏舔

（7）中古定母字绝大部分读如 t－，例：驼驮图杜肚（猪肚儿）苔

个别字读如 k－，例：澄（水浑，澄一澄）

个别字读如 t^h－，例：跳

（8）中古泥（娘）母字绝大部分读如 n－，例：挪那糯奴努女

个别字读如 l－，例：啰（啰唆）

（9）中古来母字绝大部分读如 l－，例：罗锣路露赂鹭

个别字读如 t－，例：隶

（10）中古精母字绝大部分读如 t－，例：左佐姐借租祖

个别字读如 t^h－，例：澡躁签

个别字读如 k－，例：剿

（11）中古清母字绝大部分读如 t^h－，例：搓且笡粗醋错

个别字读如 t－，例：鹊（喜鹊）

个别字读如 $tɕ^h$－，例：猜灿擦蹭（磨蹭）

个别字读如 θ－，例：翠悄（静悄悄）从（从容）

小结二：①藤县话声母 d、t、t^h、n、l 来源于中古的端透定精清泥来。端母变为浊声母，而定母变为清声母。精组与定组合流，清组与透组合流，泥来二母不相混。

d 来源于端母字：多朵都堵肚丹（例外：鸟，有文白读之分）

t 来源于定母字：达段突堂特停（例外：澄，有文白读之分。跳，声母为 t^h）

来源于精母字：走奏酒簪尖接（例外：澡躁签，声母为 t^h。剿，声母为 k）

t^h来源于透母字：拖他妥唾土兔（例外：椭台踏舔，声母为 t）

来源于清母字：草秋参惨签妾（例外：鹊，声母为 t；猜灿擦蹭，声母为 $tɕ^h$；翠悄从，声母为 θ）

n 来源于泥母字：挪那糯奴努女（例外：啰，声母为 l）

l 来源于来母字：来赖历黎累蜡（例外：隶，声母为 t）

②"椭"（透母字）声母由 t^h变为 t，与声调变化有关。藤县话声调分阴阳，本是由声母原来的清浊决定的，阴阳一形成，反过来又影响声母。"椭"应为阴上而变为阳上，而藤县话凡送气塞音和送气塞擦音都不与阳类声调相配，所以送气的 t^h变为不送气的 t，以顺应这个语音配合规律。①

③上面由于"声旁类化"而发生的声母例外变化的有："澡躁"（精母）由于"操"（清母）而变为 t^h。

（12）中古从母字大部分读如 θ－，例：坐座籍聚才材

个别字读如 t－，例：载（满载）剂（一剂药）蹲匠嚼

个别字读如 t^h－，例：辑（编辑）

个别字读如 tɕ－，例：暂

（13）中古心母字绝大部分读如 θ－，例：蓑梭唆锁琐写

个别字读如 t^h－，例：赐速

个别字读如 ɕ－，例：珊

（14）中古邪母字大部分读如 θ－，例：邪斜谢徐序叙

个别字读如 k－，例：囚

小结三：①藤县话的齿间擦音 θ 绝大部分来源于中古的从心邪。这种清擦音见于广东西部及广西大部分方言，它的出现应该是地域性的，因为当地的壮语也有而其他地区的汉语方言不多见。

②例外变音的"赐速"，应是受梧州话、广州话影响而类推为 t^h。梧州话读这两字的声母是 $ʦ^h$，藤县话则为 t^h。"剂嚼"应该是与"挤爵"（精母）有谐音关系而读为 t。

① 杨世文. 藤县话声母的中古来源［J］. 广西师范大学学报（哲学社会科学版），1988（1）.

（15）中古知母字部分读如 ʨ－，例：知蜘智致置朝
个别字读如 ʨ^{h}－，例：拄卓筑
部分读如 ʧ－，例：猪著驻注缀追
个别字读如 t－，例：爹琢啄
（16）中古彻母字大部分读如 ʨ^{h}－，例：耻痴超抽丑撤
个别字读如 ʨ－，例：侦
个别字读如 ʧ^{h}－，例：褚戳畜宠
（17）中古澄母字大部分读如 ʨ－，例：茶涂滞池弛迟
个别字读如 ɕ－，例：尘
个别字读如 ʧ－，例：除储箸厨柱住
个别字读如 t－，例：秩瞪
（18）中古庄母字大部分读如 ʨ－，例：查（山查）渣诈榨炸阻
个别字读如 ʧ－，例：庄装壮捉
个别字读如 ȵ－，例：爪
个别字读如 j－，例：眨
个别字读如 t－，例：簪
（19）中古初母字部分读如 ʨ^{h}－，例：叉杈抄钞吵插
部分读如 ʧ^{h}－，例：初楚疮闯创窗
（20）中古崇母字大部分读如 ʨ－，例：查（调查）乍雏豺柴寨
个别字读如 ɕ－，例：士仕柿事愁
个别字读如 ʧ－，例：锄助床状崇
（21）中古生母字部分读如 ɕ－，例：沙纱洒耍筛晒
个别字读如 ʨ^{h}－，例：杉产
部分字读如 ʃ－，例：帅梢捎傻梳疏
个别字读如 h－，例：厦
个别字读如 θ－，例：搜
（22）中古章母字部分读如 ʨ－，例：遮者蔗制支枝
个别字读如 ʨ^{h}－，例：疹诊
部分字读如 ʧ－，例：诸煮朱珠硃主
（23）中古昌母字大部分读如 ʨ^{h}－，例：车扯杵眵齿丑
个别字读如 ʧ^{h}－，例：处吹炊厂绰充
个别字读如 ʨ－，例：触
（24）中古船母字大部分读如 ɕ－，例：蛇麝射示葚舌
个别字读如 ʃ－，例：船赎
个别字读如 t－，例：盾
（25）中古书母字大部分读如 ɕ－，例：赊捨舍世势施
个别字读如 ʃ－，例：恕输税水说叔
个别字读如 ʨ^{h}－，例：奢翅始设束
（26）中古禅母字大部分读如 ɕ－，例：特誓逝匙是氏
部分字读如 ʃ－，例：薯署垂睡谁属
个别字读如零声母，例：余
个别字读如 θ－，例：瑞
个别字读如 ʨ－，例：植殖
小结四：①藤县话的 ʧ、ʧ^{h}、ʃ 来源于中古的知彻澄庄初崇生章昌船书禅。

ʧ 来源于知母字：猪著驻注缀追
来源于澄母字：除储箸厨柱住
来源于庄母字：庄装壮捉
来源于崇母字：锄助床状崇
来源于章母字：诸煮朱珠硃主
$ʧ^h$ 来源于彻母字：褚戳畜宠
来源于初母字：初楚疮闯创窗
来源于昌母字：处吹炊厂绰充
ʃ 来源于生母字：帅梢捎傻梳疏
来源于船母字：船赎
来源于书母字：书舒恕输说叔
来源于禅母字：薯署殊竖树垂

②藤县话的 ʨ、$ʨ^h$、ɕ 来源于中古的知彻澄庄初崇生章昌船书禅。

ʨ 来源于知母字：知蜘智致置朝
来源于澄母字：茶涂滞池弛迟
来源于庄母字：盏札侧窄睁争
来源于崇母字：雏豺柴寨巢骤
来源于章母字：遮者蔗制支枝
来源于昌母字：触
来源于禅母字：植殖
$ʨ^h$ 来源于知母字：拄卓筑
来源于彻母字：耻痴超抽丑撤
来源于初母字：抄钞炒吵插铲
来源于生母字：杉产
来源于章母字：疹诊
来源于昌母字：车扯杵眵齿丑
来源于书母字：奢翅始设束
ɕ 来源于崇母字：士仕柿事愁
来源于生母字：沙纱洒耍筛晒
来源于船母字：蛇麝射示甚舌
来源于书母字：手首守兽陕闪
来源于禅母字：恃侍韶绍邵仇

③在广州话里，舌尖前音 ʦ、$ʦ^h$、s，舌面前音 ʨ、$ʨ^h$、ɕ，舌叶音 ʧ、$ʧ^h$、ʃ 这三对是不分的。而在藤县话里，舌尖前音 ʦ、$ʦ^h$、s 和舌面前音 ʨ、$ʨ^h$、ɕ 不分，只算一对，但舌叶音 ʧ、$ʧ^h$、ʃ 是单独算一对的。

（27）中古日母字读如 ȵ－。例：惹如汝儒乳儿

小结五：中古的日母字在藤县话里全部读为 ȵ，还有一部分疑母字也读为 ȵ，例：语鱼拟验严岳玉

（28）中古见母字绝大部分读如 k－，例：歌个架嫁价稼

个别字读如 v－，例：蜗会（会计）

个别字读如 k^h－，例：概溉丐稽既规

个别字读如 h－，例：懈酵侥合虹

个别字读如 ȵ－，例：浇

个别字读如 ŋ－，例：勾沟钩

个别字读如 ʨ－，例：灸

个别字读如 l－，例：脸
（29）中古溪母字大部分读如 h－，例：可墟去开凯揩
个别字读如 f－，例：科课苦库裤恢
个别字读如 p^h－，例：棵
个别字读如 l－，例：颗抠
部分字读如 k^h－，例：垮跨夸枯区驱
个别字读如 k－，例：楷奎杞券羌酷
个别字读如 j－，例：丘钦泣犬
个别字读如 θ－，例：恰
个别字读如 v－，例：屈
（30）中古群母字大部分读如 g－，例：茄佢渠巨拒奇
个别字读如 j－，例：倚
个别字读如 k^h－，例：剧（剧烈）
（31）中古疑母字部分字读如 ŋ－，例：蛾俄鹅我牙芽
个别字读如 m－，例：卧
自成音节的：吴蜈吾梧五伍
部分字读如 ȵ－，例：语鱼渔愚虞娱
个别字读如零声母，例：御尧
个别字读如 j－，例：谚孽砚元原源
个别字读如 v－，例：玩
（32）中古晓母字部分字读如 h－，例：荷（薄荷）靴蝦虾虚
部分字读如 f－，例：火夥货花化呼虎
个别字读如 m－，例：歪
个别字读如 j－，例：休朽轩掀宪献血欣
个别字读如 k^h－，例：吸
个别字读如 v－，例：唤焕
个别字读如 θ－，例：喧楦
个别字读如 $tɕ^h$－，例：畜蓄
（33）中古匣母字部分字读如 h－，例：河何幸宏红洪
部分字读如 v－，例：和华划桦狐获
个别字读如 f－，例：乎
个别字读如 k－，例：解降茎汞
个别字读如 k^h－，例：溃
个别字读如 ŋ－，例：淆
个别字读如 θ－，例：恰
也有些字读如 j－，例：嫌贤弦现玄悬
（34）中古影母字部分读如零声母，例：阿丫鸦桠哑亚于
部分读如 v－，例：倭窝涴（弄脏）蛙洼乌
有些读如喉塞音 ʔ－，例：椅倚意衣依医
部分读如 j－，例：妖邀腰要忧优
个别读如 k^h－，例：揞噎
个别读如 ȵ－，例：饮
（35）中古云母字部分读如零声母，例：于雨宇禹羽矣
部分读如 v－，例：芋卫为位违围

部分读如 j－，例：尤邮有友又右
个别读如 ȵ－，例：炎
个别读如 h－，例：雄
（36）中古以母字部分读如 j－，例：耶爷也野夜遗
部分读如零声母，例：余馀与誉预豫
个别读如 t－，例：锐
个别读如 h－，例：裕喻易异
个别读如 v－，例：唯维惟允颖疫役
个别读如 ȵ－，例：艳焰阎孕
个别读如 k－，例：捐
小结六：①藤县话的 g、k、k^h、h 来源于中古的见溪群疑晓匣影云以。
g 来源于群母字：棋期求仇臼舅
k 来源于见母字：歌个架嫁价稼
  来源于溪母字：楷奎杞券羌酷
  来源于匣母字：解降茎汞
k^h来源于见母字：概溉丐稽既规
  来源于溪母字：砍磕缺坤捆窟
h 来源于见母字：懈酵侥合虹
  来源于溪母字：劝恳垦乞慷腔
  来源于晓母字：荷（薄荷）靴虾吓虚嘘
  来源于匣母字：河何荷（荷花）贺霞暇
②藤县话的 ŋ 主要来源于中古的疑母字：蛾饿讹伢雅呆涯崖。
③藤县话的 j 主要来源于中古的以母字：诱柚酉叶页淫。
④藤县话的 ʔ 来源于部分影母字：椅倚意衣依医。
⑤其实，ʔ 在藤县话里和零声母有点难分辨。

二、韵　母

藤县话共有韵母 51 个，包括自成音节的鼻音在内。
单元音韵母（7 个）：a　ɛ　i　ɔ　u　œ　y
复合韵母（44 个）：aːi　ai　aːm　am　aːn　an　aːp　ap　aːt　at　aːk　ak　au　aːŋ　aŋ　ɛk　ɛt　ɛm　ɛn　it　ip　im　in　ik　iŋ　iu　ɔk　ɔt　ɔi　ɔn　ɔŋ　ou　uk　ui　un　ut　uŋ　œk　ən　əŋ　iau　iam　iap　iaŋ
韵母举例如下：

a 爸把马打花嫁假茶	ɛ 爹姐借且者社些夜
i 悲比非味尾地企李	ɔ 婆磨火错果过助所
u 步布母夫兔度努固	œ 靴
y 娶女吕居去许书遇	aːi 排拜败拉街柴猜寨
ai 币批米妻泥启世危	aːm 耽惨男篮喊馅三斩
am 浸侵寝林婶心任深	aːn 班盼晚毯懒限山闲
an 笨奔民问亲论准顺	aːp 答踏纳甲夹狭插闸
ap 立粒鸽急盒汁湿十	aːt 八拔袜辣瞎察杀括
at 笔密物佛突七吉出	aːk 帕拍魄格客窄刷摘
ak 北卜墨德特克黑测	au 包泡貌闹巧考吵稍

a：ŋ 彭盲坑橙撑硬横莽
ɛk 琢藉
ɛt 雀鹊脚却勺削药弱
it 别撇必灭烈洁揭哲
im 尖甜店念欠谦险陕
ik 白百麦笛踢力革吃
iu 表飘票苗掉鸟叫挑
ɔk 博薄朴莫托各学桌
ɔi 灾代胎菜该孩开在
ɔŋ 帮网当汤浪狂广项
uk 木服读足鹿谷局竹
un 般本判门短暖寸乱
uŋ 棒梦蒙东痛弄公中
əŋ 朋烹猛等能更杏赠
iap 镊
œk
iam
aŋ
ɛm
ɛn 扁
ip 接叠妾劫歉涉协叶
in 变篇面天年见展扇
iŋ 冰平明丁宁敬行正
ɔt 割葛喝渴
ɔn 干肝鼾汉岸按安寒
ou 报毛刀豆酒草脑柳
ui 杯沛妹嘴堆雷水回
ut 拨末阔脱劣缺血越
ən 称
iau 猫
iaŋ 将酱良强唱商想仰

藤县话韵母与中古韵母[①]之比较分析

（1）果摄（歌、戈）主元音历史发展轨迹：
中古 ɑ——藤县话 ɔ，例：多罗我鹅河
（2）假摄麻韵三等的历史发展轨迹：
中古（i）a——藤县话 ɛ，例：姐写谢车夜
（3）遇摄（模、鱼、虞，都合口）：
遇摄一等元音历史发展轨迹：中古 uo——藤县话 u，例：普步
遇摄三等元音的历史发展轨迹：
鱼：中古 io——藤县话 y，例：书猪除去居
虞：中古 iuo——藤县话 u 或 y，例：夫父句雨
（4）蟹摄一二等韵的历史发展轨迹：
咍一 ʌi——ɔi，例：来海代在菜
灰一 uʌi——ui，例：杯梅推雷碎
泰一 ɑi——a：i，例：带盖
皆二 ɐi——a：i，例：排埋拜界
（5）止摄韵母历史发展轨迹：
支三（开）ie——i，例：奇离移
（合）iue——ui，例：嘴吹
之三（开）iɯ——i，例：你李里
微三（开）iəi——i，例：机气衣
（6）效摄韵母历史发展轨迹：
豪一 ɑu——ou，例：老刀保曹好
肴二 au——au，例：包闹交孝
宵三 iɛu——iu，例：飘小赵桥要

---

① 中古韵母参考的是暨南大学文学院伍巍老师的《汉语音韵学知识》（讲义）。

萧四 ieu——iu，例：条叫晓

（7）流摄一、三等韵的历史发展轨迹：

侯一 əu——ou，例：头走口欧

尤三 iəu——ou，例：流酒丑瘦九有

幽三 iou——iu 或 ou，例：丢幼

（8）果开一歌、果合一戈绝大部分合流，而区别于假开二麻。

（9）咸摄阳声韵读 -m、-n，入声韵读 -p、-t，并且有长短音之分。

（10）深摄阳声韵读 -m、-n，入声韵读 -p。

（11）山摄阳声韵读 -n、-m，入声韵读 -t、-k。

（12）臻摄阳声韵读 -n、-ŋ，例如：吞很跟津劲。入声韵读 -t、-k，例如：笔七乞俊逸。

（13）宕摄阳声韵读 -ŋ，例如：帮浪娘王放。入声韵读 -k、-t，例如：博各索削略雀。

（14）江摄阳声韵读 -ŋ、-n，例如：邦窗江胖。入声韵读 -k，例如：剥学捉。

（15）曾摄阳声韵读 -ŋ，例如：冰登肯。入声韵读 -k，例如：德力国。

（16）梗摄阳声韵绝大部分读 -ŋ，例如：争杏命，个别字读开音节，例如：打。入声韵读 -k，例如：百格额。

（17）通摄阳声韵读 -ŋ，例如：蒙送捧。入声韵读 -k，例如：足叔育。

（18）由（9）～（17）可以看出藤县话完全保留了中古韵母的鼻声韵和入声韵韵尾：-m、-n、-ŋ、-p、-t、-k。

三、声　调

声调共 9 个，不包括变调。

阴平 53　阳平 221　阴上 44　阳上 24　阴去 423　阳去 21　上阴入 5　下阴入 3　阳入 1

声调举例：

阴平 53　　批拉猜猪需书

阳平 221　　迷提毛头毫愁

阴上 44　　保岛嫂丑海嘴

阳上 24　　每累米胃抱柳

阴去 423　　到套贝最帝替

阳去 21　　币艺骂夏射话

上阴入 5　　北德黑百踢色

下阴入 3　　泼抹雪答甲博

阳入 1　　碟猎叶页踏纳

说明：阴平为降调，阳平为平降调，阴上为平调，阳上为升调，阴去是曲折调，阳去是降调。

藤县话有自己的历史发展，同时也保留了很多中古的语音面貌，继承中有发展。不过，近十几年来，由于义务教育的普及，普通话的广泛推广，加上外出广东打工的人员流量大，藤县话原有的语音面貌面临着新的挑战。年青一代中，有很多人只会普通话读音，却不知道一些字的白话读音，要不就是为了追求时髦，语音特点往广州话靠近。这些现象在实际的语言调查工作中，都应该引起注意。

参考文献

[1] 伍巍．汉语音韵学知识（讲义）[Z]．暨南大学中文系，2007.

[2] 袁家骅．汉语方言概要（第二版）[M]．北京：文字改革出版社，1989.

[3] 谢建猷．广西汉语方言研究（上）[M]．南宁：广西人民出版社，2007.

[4] 中国社会科学院语言研究所．方言调查字表（修订本）[M]．北京：商务印书馆，2009.
[5] 杨世文．藤县话声母的中古来源 [J]．广西师范大学学报（哲学社会科学版），1988（1）.
[6] 余霭芹．粤语方言问题初探 [J]．方言，1991（3）.

•方言与移民•

福建移民与粤西闽语[①]

陈云龙

（湛江师范学院人文学院　广东湛江　524048）

提　要　从文献记载和姓氏来源看，粤西闽语区移民大多来自福建，主要是旧兴化府时期的莆田。这些移民于宋、元、明时期陆续迁徙而来，逐步成为粤西的主体族群。他们或走海路，沿海分布，或走内陆经珠玑巷沿西江而下。闽语是继壮、侗语之后粤西较早成规模的汉语方言，旧时分布范围比现在广阔。现在粤西闽语可以分为云浮片（北片）、电白片（东片）、雷州片（西片）。北片来自漳州话，东片有莆仙话特点，西片与潮汕话更为接近。

关键词　移民　粤西　闽语　福建

一、福建移民

1. 有关记载

福建人进入粤西不乏历史记载。先看《中国移民史》第四卷的论述：

现代闽语区的雷州片，包括今湛江、遂溪、廉江、海康、徐闻、中山、阳江、电白、吴川诸市县，其中的大部分地区宋代都已有相当数量的福建移民。文献载：绍圣年间（1094—1098 年）南恩州“民庶侨居杂处，多瓯闽之人”（《舆地纪胜》卷八引丁健《建学记》）。特别是州治所在的阳江县，“邑大豪多莆（田）、福（州）族”（嘉靖《龙海县志》卷八《黄朴传》）。化州（治今县）也不例外，“化州（城）以典质为业者十户，而闽人居其九”（《舆地纪胜》卷 116 引范氏《久闻拾遗》）。州治所在县如此，下属县也同样。清代吴川县的巨族吴、林、陈、李各姓，祖先都是在宋代由福建沿海迁入的（陈舜系《乱离久闻录》卷上）。（葛剑雄，1997）

除此之外，贬谪粤西、海南的文人也有记载。北宋绍圣四年（1097 年）苏辙被贬海南，路经海康，在《和子瞻“次韵陶渊明劝农诗”》的小引里说：

余居海康……其耕者多闽人也。

又如，宋周去非《岭外代答》：

钦民有五种：……四曰射耕人，本福建人，射地而耕也。子孙尽闽音。

钦州古代属合浦，与今粤西属同一行政区。

---

① 本文系国家社科基金项目“粤西濒危方言调查研究”（课题编号：06BYY014）成果。

宋代以后也多有记载。明王士性《广志绎》：

廉州，中国穷处，其俗有四：……二曰东人，杂处乡村，解闽语，业耕种。

这里的“东人”说闽语，指的就是福建人。福建在粤西的东边，故名。

2. **姓氏来源**

从粤西各地县志记载看，今粤西闽语区居民多来自福建。雷州半岛是集中的闽语区，居民先祖多来自福建省莆田县。下面摘录雷州大宗姓氏的来源（据《海康县志·姓氏》）。

雷州大宗姓氏来源表

氏别	移居年代	定居地点	本源	始祖
陈	南朝	附城镇英山村	福建省莆田县	
黄	南宋	附城镇英山村	福建省莆田县	黄勋
吴	唐元和	沈塘镇处井村	福建省莆田县	
李	唐初	湛江郊镇东头山	福建省莆田县	
林	宋	沈塘镇茂胆村	福建省莆田县	
蔡	宋	附城镇卜札村	福建省莆田县	
梁	唐	客路镇迈坦村	福建省莆田县	
王	北宋真宗	白沙镇官茂村	福建省莆田县	
何	宋末	白沙镇六余村	福建省莆田县	
周	唐贞观	沈塘镇孟山村	福建省莆田县	
邓	宋建隆元年	杨家镇扶合村	福建省莆田县	
张	南宋	附城镇卜札村	福建省莆田县	张苍显
符	明初	白沙镇和家村	福建省莆田县	
谢	东晋	附城镇榜山村	福建省莆田县	
刘	宋咸淳	松竹镇刘宅村	福建省莆田县	
杨	宋高宗	松竹镇方家村	福建省莆田县	
莫	宋	沈塘镇平余村	福建省莆田县	
郑	明宣德	白沙镇桥西村	福建省莆田县	

电白是以闽语为主要方言的地区，其居民也多来自福建。据1990年的统计，电白县有姓氏257个，其中万人以上的姓氏31个。《电白县志·部分姓氏来源》探寻了主要姓氏的源头，绝大多数来自福建省莆田县。列表如下：

电白主要姓氏来源表

氏别	移居年代	定居地点	本源	始祖
李	北宋	沙琅	福建省莆田县	李原芳
杨	南宋	爵山	福建省闽县（经潮州）	杨仁寿
王	南宋	海头	福建省闽县	王昊如
崔	南宋	旦场、霞垌	福建省闽县	崔本后
黄	南宋	庄垌	福建省闽县	黄十九

（续上表）

氏别	移居年代	定居地点	本源	始祖
邵	南宋	海头	福建省莆田县	邵日荣
梁	南宋	乌石	福建省晋江县	梁宁
许	元	海头	福建省莆田县	许万二
梁	明初	小良	福建省莆田县	梁仲春
谢	明初	金带	福建省莆田县	谢公英
刘	明初	七迳	福建省莆田县	刘四五
刘	明中	官园	福建省福州市	刘崇
杨	明末	鹩哥	福建省莆田县	杨天锡
陈	明中	羊角	福建省莆田县	
蔡	南宋	庄垌	福建省莆田县	蔡秋涧

吴川兰石、覃巴是闽语区，其居民也来自福建。

兰石林姓的祖先是林知印，福建人。元朝顺帝至正二年（1342 年），到当时的南巴县任县长时进入吴川，1382 年其子孙迁入兰石地。

梁姓六始祖克家公籍处晋江，嗣迁莆田。七始祖讷言公由闽入粤，大概在南宋淳熙年间，迁高州府茂名县丞，任满后居梅禄之栋楼村。

据《吴川县志》卷十《杂记》："吴川巨族，吴林陈李几家而已。吴曰上郭（上郭村，今在吴阳镇），自闽入粤。""林姓也由闽入粤。""乾塘陈氏者，本闽兴化府罗源县珠玑巷人"，"北六都陈氏，号三山，宋南渡后，由罗源筮仕高凉刺史"。"三柏李姓，祖籍漳州龙溪县小榄村。"又据杨振泉主编《吴川文物志》（中山大学出版社，1988）第 20 页："［吴阳芷寮］吴云家谱有载，始祖吴浩今（距今十四世），因仕途险恶，于明嘉靖年间自福建迁芷寮，弃官从商。"（转引自张振兴，1992）

不仅今闽语区的姓氏来源于福建，非闽语区的姓氏也多来源于福建。化州今属于吴化片粤语的区域。但"据县内 225 姓（含不同源之同姓）族谱的记载，来自广东省内的 118 姓，来自福建 69 姓，来自广西等外省 38 姓"，"明朝是迁入的高峰，共有 121 姓，其中 66 姓来自省内，47 姓来自福建"。（《化州县志·部分姓氏来源》）

来自省内及广西的多属再迁，其中有部分祖源地也是福建。排除再迁，69 与 47 都是不小的数字，排在第二，分别占 30.6% 和 38.8%，可见福建移民的规模。不过清代以后就没有福建移民迁入化州，"清代迁入的有 63 姓，44 姓来自省内，15 姓来自广西"。（《化州县志·部分姓氏来源》）

下面列举直接来自福建的姓氏及部分辗转迁徙的姓氏。

化州福建籍姓氏表

氏别	移居年代	定居地点	本源	始祖
施	北宋	宝山之北	福建莆田	施正臣
余	南宋	下郭	福建莆田—吴川	余席针
黄	南宋	上郭	福建闽县	黄顺
池	南宋	迁罗村	福建莆田	池天井
陈	南宋	杨梅	福建莆田	陈杨梅
凌	南宋	化州城南	福建莆田	凌龙应
洪	南宋	长岐	福建晋江	洪昊

（续上表）

氏别	移居年代	定居地点	本源	始祖
李	南宋	吴川极浦	福建龙溪	李穆
陈	南宋	化州乐岭	福建莆田—海南	陈正
曾	宋	化州江口	福建莆田—雷州	曾大儒
王	元初	今化州杨梅	福建长溪	王永益
陶	元初	今化州杨梅	福建莆田	陶日新
陈	元	化州宝墟	福建莆田	陈卢直
赖	明	化州中垌	福建	赖隆
钟	明	化州中垌	福建勒古巷	钟妙英
蔡	明	化州东山	福建莆田	蔡贤
周	明中	化州合江	福建莆田	周御
黄	明中	化州那务	福建莆田	黄浚发
马	明中	化州官桥	福建莆田	马容
王	明中	化州播扬	福建莆田	王法行
王	明末	化州林尘	福建莆田	王可扬
何	明末	化州兰山	福建泉州	何彪
莫	明中	化州	福建莆田	莫庆
巫	明中	廉江石岭—化州—信宜	福建永定溪口	巫守仁

辗转迁徙化州的姓氏来源表

氏别	移居年代	原定居地点	本源	始祖
朱	明中	茂名寨地村	福建	朱文敬
吴	明中	高州	福建	
张	明中	茂名	福建上杭	张辉
黄	明中	高州高坡	福建上杭	黄坤
陈		阳江儒洞陈村	福建—吴川	陈陶

湛江周围郊区、遂溪、徐闻、阳江等也多为祖籍福建的移民。此不赘述。

3. **总结**

唐五代以后，随着冼氏家族为首领的俚族势力的衰退，汉人在粤西的政权更加巩固，外地汉族移民大量迁入。较早成规模进入的是福建移民，主要来自福建南部旧兴化府及广东东部的旧潮州府地区。他们多由海路迁徙，沿着海岸线由东向西分层次推进，最早进入粤东今潮汕地区（粤东与福建接壤，可走陆路）。接着进入粤中即今珠江流域，有诗为证，南宋诗人刘克庄《城南》诗：滨江多海物，比屋皆闽人。今中山市隆都、三乡等地保留闽语，也是明证。接着进入粤西地区，主要集中在阳江、电白、吴川和雷州半岛，并以此为基础由南而北向内陆推进。今四邑地区未见闽语，但从理论上推论，也应是闽人西进的重要一站。云浮地区及广西的闽语走的是不同的路线。云浮地区的闽语叫漳州话或福佬话。郁南是源头，罗定太平、云浮富林、广西平乐的闽语都是从郁南发散出去的。郁南位于西江与南江（西江支流）的交汇处，沿西江西进可以到广西，沿南江南下可以到罗定、云浮。因此，云浮及广西的闽语与粤西闽语走的是不同路线，粤西闽语走海路，云浮及广西闽语走内陆经珠玑巷沿西江而下。这也是福建闽语西迁的两条主要途径。海南也是福建移民的目的地，也有移民从海南辗转迁入粤西。福建移民粤西的原因或因仕宦，或为商贾，或躲避战乱，或迫于生计。大体上，宋代多为官员，宋末元初主要是躲避元兵追杀，元以后多为生计。迁徙时间主要在宋代到明末，清代以后渐趋式微。从族谱记载、口头传说看，福建移民具体的始发地多为莆田。

二、粤西闽语

1. 粤西闽语的形成

福建移民大规模迁入的结果必定导致闽语在粤西生根发芽、开枝散叶，逐渐成为强势方言。先看雷州闽语的形成。

明万历《雷州府志》卷五：

雷之语有三。有官语，即中州正音也，士大夫及城市居者能言之。有东语，亦名客语，与漳潮大类，三县九所乡落通谈此。有黎语，即琼崖、临高之音，惟徐闻西乡言之，他乡莫晓。大抵音兼角徵，盖角属东，而徵则南也。雷地尽东南音，盖本诸此耳。东语谬，黎语益侏儷，非正韵，其孰齐之？

这里提到了官话、东语（客语）、黎语三种方言（语言）。官话放在第一位，分布在州治城区，不仅官员、士大夫使用，而且“城市居者能言之”，表明是城区的交际语言。官话是“正音”，“非正韵，其孰齐之?”说明官话也是当时的权威方言。东话即闽语，又叫客语，相对于黎语，闽语后到，属客话。“三县九所通谈”，分布范围很广，使用人数众多，但是没有进入州治城区，还不是权威方言。黎语，即当时俚族（黎族）使用的语言，当时已不是当地的强势方言，只能偏安于“徐闻西乡”一角，汉族移民听不懂。

明王士性《广志绎》：

廉州，中国穷处，其俗有四民：一曰客户，居城郭，解汉音，业商贾；二曰东人，杂处乡村，解闽语，业耕种；三曰俚人，深居远村，不解汉语，惟耕垦为活；四曰蛋户，舟居穴处，仅同水族，亦解汉语，亦采海为生。郡少耕稼，所聚珠玑，以亥日聚市，黎、蛋壮稚以荷包饭而往，为之“趁墟”。

廉州，大致在廉江、钦州、北海、博白一带。这里提到了“汉音”（当为官话）、闽语、俚语（黎语）、疍家话四种方言（语言），廉州地域与雷州不同，但方言（语言）格局与《雷州府志》记载基本一致。闽语也排在第二位，主要分布在农村。当然，不像俚人和疍家那样偏僻。

民国《海康县续志·方言》引万历《雷州府志·言语志》后，加“按语”云：

雷州语三，海康多属东语，而读书则半官语也。又有惠语，多惠州人移居相沿者，然居少数。(陈）景鋆又识。

这里提到两种话，即东语、惠语。海康是县城，已经是以闽语为主。官话已不是城里的权威方言，只是教学语言，只在教学读书时使用。闽语成为海康县城流通方言。惠语属于客家话，但是“居少数”。

通过上述记载可以看出，闽语唐朝开始进入雷州，宋代有了相当的规模，明朝已是主要交际语言，清朝遍布粤西。经历由点到面，由乡村到城市的壮大过程，战胜了当地土著语言，取代了官话的地位，最终成为粤西的强势方言。

电白闽语也经历了相似的发展过程。电白县的语言和方言记载，也可以反映电白闽语的形成、壮大过程。

清光绪十三年《重修电白县志·卷三》：

唐宋以前，壮瑶杂处，语多难辨。前明军卫留居电城，今城中人语曰“旧时正”；海旁声音近雷琼，曰“海话”；山中声音近潮嘉，曰“山话”。

民国三十五年《电白新志稿》：

电白语言，比诸他县，较为复杂，确而论之，亦可分为三系：一曰海语系，二曰客语系，三曰越语系。……电白县城，原为明代之神电卫，由中原调来归都指挥所统之兵，称曰卫兵，其子孙繁殖于城之内，即今之黎马蓝各族；其语言因其地而言曰“城语”，因其时而言曰“旧时正”，即明代之正音，因其语言与今之普通话相近，故斯篇附述之。

两种县志提到的方言共有闽语、客家话、粤语、旧时正话四种。两种方言志所论方言的顺序不同，反映了方言地位的变化，清光绪十三年《重修电白县志》把“旧时正”放在第一位置，而民国三十五年《电白新志稿》把“旧时正”最后“附述之”，说明正话已经从优势方言变成弱势方言。海话清初在“正话”之后，排名第二。到民国，海话排第一。说明海话无论从使用人数还是影响力来看都是强势方言。抗战以后，“旧时正”的大本营——电城逐渐成为海话的天下，现电城已无“旧时正”。

2．粤西闽语的分布

以下材料多据方志及有关材料核实而来。

粤西闽语由西向东、由南而北具体分布如下：

雷州市，分布在雷州市境 21 个区镇。除客路、英利等区有几个乡讲白话（属粤语）、哎话（属客家话）外，全市都讲闽语。

徐闻县，分布在全境 18 个区镇，除下桥、曲界等区以及县属国营农场有些居民讲白话、哎话外，全县同行闽语。

遂溪县，多数地区使用闽语，分布于东、中、南和西南部的黄略、城西、岭北、建新、城月、洋青、沙古、河头、乐民、江洪及西北部的北潭等地。

湛江市区，分布在麻章、湖光、太平、民安、东山、东简、硇洲等 7 个市辖郊区，以及赤坎、霞山两个市区的城中村，坡头南三镇的渡口及北涯村也有分布。

吴川市，分布在覃巴、兰石、王村港 3 个镇。

电白县，闽语分海话和黎话。海话主要分布在东部及南部沿海的爵山、马踏、电城、大榜（岭门）、麻岗、龙山、旦场等镇，另外陈村、林头、观珠、望夫等镇也有少量分布；黎话主要分布在西部及西南部的水东、陈村、南海、沙院、小良、七迳、坡心、羊角、林头、霞洞等镇，另外，大衙、观珠、黄岭、旦场、麻岗、龙门有少量分布。羊角镇主要是粤语区，但罗浮、竹营、上庵、大同、共同、禄段、杨屋、潭桥、园田、黎明、新城、来龙、柏屋、坡仔、潭段等村委会讲黎话。

粤西之北的区域也有少量分布。

罗定市，分布在太平镇的腾笔村、猴子平村，罗平镇的双村、三朗村。太平镇的坑口村以前讲闽话，大概在 70 年前消失。

云浮市，分布在富林镇的寨塘和马塘两个村寨。

郁南县，分布在南靖、龙溪、涵头、浦边、北溪、漳平等地。（张燕芬，2010）

广西壮族自治区，分布在平乐县二塘镇的周塘、和平、燕塘、马家等村，张家、沙子、桥亭、附城等乡镇。（张燕芬，2010）

将今粤西闽语的分布与有关闽语的历史记载及福建移民的迁徙情况比较，可以发现，宋元明时期的粤西闽语的区域比现在要大。早期的闽语区从东到西包括从阳江到电白到钦州的连片区域，由南向北可以包括廉江、化州在内的广阔地带。大概清朝以后，闽语的区域开始逐步缩小。现在化州全境没有闽语，廉江的闽语退缩到与遂溪闽语区相连接的几个地方，吴川向东退缩到与电白闽语区相连接的几个地方，阳江只有与电白相邻的靠海的几个镇还有些许保留。闽语区由过去的片状分布，变成被割裂的块状分布。

从今阳江粤语及吴川话（早期层次的粤语）可以找到闽语的点滴印迹。如黄坡话“五”读 $ŋou^{33}$，与粤西闽语 $ŋɛu^{31}$ 接近，与粤语 m 或 ŋ 不同。阳江话“煮”读 $khɔ^{33}$（甘于恩提供，黄高飞核实），与闽语“煮鱼”之“煮”用词相同。“蝇”可读 $siŋ^{43}$（黄伯荣，1989），与闽语读音相同。以母字读 s 是闽语的特点。形容词程度加深可用同音节重复三次以上的方式表示，第一个音节变调，如“酸酸酸”读 $ɬun^{24}ɬun^{33}ɬun^{33}$。这也与闽语相同。

闽语区的萎缩与粤语的进入和强势有关，粤语的强势推进呈现出由北而南的态势。粤西北部的信宜和高州福建移民相对较少，较多移民来自粤西之北和东边的广府地区。化州靠近信宜、高州，首先受到粤语移民的冲击。阳江后来多属肇庆府，来自珠玑巷和广府的移民强势进入，粤语覆盖了当地的闽语。

按照传统划分，粤西闽语属于雷琼片。不过，两地闽语差异较多，不妨独立成片。另外以雷州概指粤西闽语也是以偏概全。粤西闽语可以分成三片：云浮片（北片）、雷州片（西片）和电白片（东片），三片闽语有明显差异。介于电白、吴川交界处的东话从地理上与电白片连成一片（属东片），但是变异较大，与东、西两片都有不同。

参考文献

[1]（明万历）雷州府志（卷五）[M]．北京：书目文献出版社，1989.
[2]（清）海康县续志（卷二）[M]．雷州：雷阳印书馆，民国二十七年（1938 年）.
[3]（明）王士性．广志绎 [M]．北京：中华书局，1981.
[4] 张振兴．广东省吴川方言记略 [J]．方言，1992（3）.
[5] 北京大学中国语言文学系语言学教研室．汉语方言字汇（阳江部分）[M]．北京：文字改革出版社，1989.

• 语法研究 •

事体形容词与事体名词的提取方法研究①

赵春利　杨泽铭

（暨南大学中文系　广东广州　510632）

提　要　本文主要就如何利用 CCL 语料库考察提取事体类形名组合规律以及事体形容词提出了四种方法，即动量词搭配法、准谓宾动词法、介词搜索法、两集合繁衍法，且对准谓宾动词的分类及其动词宾语的词类性质给予详细的证明和说明，还从逻辑角度把常见的事体形容词分成九类。

关键词　事体形容词　事体名词　准谓宾动词

要想研究事体形容词与事体名词的组合规律，就得找到哪些是事体形容词，哪些是事体名词。我们当前使用的北京大学汉语语言学研究中心的网络版 CCL 现代汉语语料库尚没有标注词性。即使有词性标注的语料库，如厦门大学海外教育学院的语料库和兰开斯特大学语言学系承担的并得到英国经社研究委员会资助的 LCMC 语料库（The Lancaster Corpus of Mandarin Chinese），由于语言工作者们受不同研究理论、研究方法、研究目的的影响，对形容词和名词的词类次范畴具体语义分类也存在着极大的分歧，并不能为事体形容词和事体名词的搜索提供直接有效的帮助。

理论语言学界曾提出过事体名词，但对如何区分和识别“事体名词”与“动词”尚没有得出一个普遍认可的结论和方法。张国宪（2005）曾把形容词分为表物和表行两类，其中，表行形容词与本文的事体形容词很类似，但他只是从语义指向和句法异位的宏观角度直接将词语与句法对应起来，对事体形容词这一分类的确立缺乏短语层面的支持。

语义语法理论认为，从形名组合的结构形式看，不论在短语层面还是句法层面，语义指向事体的形容词与事体名词应该具有很高的同现率。基于这一理论观念和语料库现状，我们提出了四种考察事体形容词与事体名词组合分布规律的方法。

一、动量词搭配法

很明显，动量词与表达一定动作行为的事体名词或名动词②具有组合同现关系，有些动量词还可以与一定的形容词组合一起修饰事体名词，形成“动量词 L + 形容词 A + 的 D + 事体名词 N”的结构，如一场激烈的战争、一次强烈的地震等。专用动量词是有限的，常见的有场、次、阵、番、顿、回、遍、通、趟、下、气等。通过语料库的调查发现，比较容易进入“L + A + D + N”结构的动量词主要有“场、次、番、阵、回”5 个，其中，“回”进入该格式的频率极低，一般被“次”替代了。在 CCL 语料库中，只发现了两例：一回激烈的扭打、一回深刻的教育。“顿”能够进入该结构，但进入以后，形

① 本项研究得到了 2012 年度教育部人文社会科学研究规划基金项目“基于语言类型学的形名组合研究”（12YJA740114）、中央高校基本科研业务费专项资金（11JYB2030）和暨南大学人才引进项目“状位述宾短语的句法语义研究”（50624044/50625044）的资助，评审专家提出了建设性建议，在此特表谢忱。

② 本文无意对名词和动词之间的区分问题进行研究，在事体类形名组合上，我们尽量淡化两者之间的差别，为了便于叙述，本文采用事体名词这一术语。

容词A一般为【态度】形容词而不是【事体】形容词，如一顿粗暴的谩骂、一顿严厉的批评。“遍、通、趟、下、气”一般不能与事体形容词组合修饰事体名词。① 因此，“场、次、番、阵”这4个动量词为我们考察事体类形名提供了很好的线索。如：

（1）一场激烈的比赛、一次偶然的邂逅、一番彻底的清理、一阵猛烈的呼唤、
一场持久的抵抗、一次周密的调查、一番深入的研究、一阵剧烈的震动。

（2）一场快乐的聚会、一次愉快的旅行、一番痛苦的挣扎、一阵悲怆的哭声。

（3）一场复杂的斗争、一次重要的会议、一番独特的思考、一阵奇怪的声音。

（4）一场严肃的谈话、一次严厉的警告、一番认真的调查、一阵粗暴的诅咒。

（1）和（2）、（3）、（4）中的N都是事体名词，但不是说，处于动量词与事体名词之间的形容词都是事体形容词。比如：（2）中是【情感】，（3）中是【评价】，（4）中是【态度】。只有（1）中的形容词才是事体形容词。通过“L+A+D+N”格式，可以考察事体类形名组合的规律，并提取出很多事体形容词和事体名词。

二、准谓宾动词法

准谓宾动词②一般只能带双音节动词宾语或者偏正结构（动词宾语是核心），如进行研究、加以分析、引起争吵。如果谓词宾语“研究、分析、争吵”等带形容词修饰语，就会形成“进行细致的研究、加以周密的分析、引起激烈的争吵”，可以码化为“V+A+的+NV（名动词）”格式。

这里主要讨论两个问题：一是常见的准谓宾动词V及其类别；二是作准谓宾动词的宾语NV的性质及其类别。

（一）常见的准谓宾动词V及其类别

准谓宾动词V，通过对CCL语料库的全面调查，根据V的语义特征及其与“A+的+NV”组合时的句法表现，V可以分为以下四类：

1. 施动类

施动类主要构成“对+N1+V+A+的+NV”句式，表示“对某事物实施了某种性质的动作行为”，如表示、加以、进行、开展、展开、致以、给以、给予、提供、寄予、予以、造成等。例如：

（5）对日趋肆虐、无法无天的暴力行为表示强烈的抗议。

（6）对事物的本身和它相关联的各方面加以周密的分析。

（7）对消极的现象、错误的思想观点开展积极的批评。

（8）人民对我们寄予充分的信任。

V的【施动义】语义特征保证了介词“对/为”的宾语N1在深层语义上成为NV的受事，所以“对+N1+V+A+的+NV”可以转换为“A+地+NV+N1”，如强烈地抗议暴力行为、周密地分析事物的各方面、积极地批评思想观点、充分地信任我们。

---

① 邵敬敏认为，除了“下、气”，几乎所有的动量词都可以修饰名词。但这时，与动量词同现的是物体或者处所名词，而不是事体名词，即使是物体或者处所名词，如果在中间插入“形容词”，我们就会觉得别扭，如一趟广州就花了他八百块钱——*一趟繁华的广州就花了他八百块钱。因此，动量词可分为两类：一类是可修饰后置事体名词的，如“场、次、番、阵、回、顿”；一类是不可修饰后置事体名词的，如“遍、通、趟、下、气”。参见邵敬敏（1996）。

② 这里借用朱德熙的观点，把“进行、给予、加以”等只能带某些双音节动词（名动词）或偏正结构的动词叫做“准谓宾动词”。参见朱德熙（1982）。

2. *受动类*

受动类主要构成"使/叫/让+N1+V+A+的+NV"句式，表示的句式义是"使某事物遭受到某种性质的动作行为"，如经不起、经得起、经受、受、受到、遭受、遭到、得到、得以、接受、取得、赢得等。例如：

(9) 我不能让慧儿再经受可怕的折磨。
(10) 使大量闲置的技术、人才、设备得到充分的利用。
(11) 使患者不出家门即可每天接受细致的检查。
(12) 最终使盗窃犯曹杰连同包庇他的父亲受到了严厉的制裁。

V的【受动义】语义特征保证了"NV"的动作行为对象是"使"字引入的宾语，所以，"使/叫/让+N1+V+A+的+NV"也可以转为"A+地+NV+N1"，如可怕地折磨慧儿、充分地利用设备、细致地检查患者、严厉地制裁盗窃犯。

3. *双动类*

双动类上述两种句式都可以构成，但"对字句"的出现频率高于"使字句"，如产生、发生、有、有了、作、作出、做、做出等。这一类V是双矢量的，既可进入"表达对某一事物实施某种性质的动作行为句式"，也可进入"表达使某事物遭受某种性质的动作行为句式"。例如：

(13) 将对整个房地产市场发生深远的影响。
美国银行业的技术革新将使银行运作发生深刻的变化。
(14) 通俗歌曲的兴起，对鼓曲这种艺术产生了强烈的冲击。
一种从小就植根于心底的东西使她产生深深的自责。
(15) 伶俐乖巧的朱姑娘已经对老教授的饮食起居有了充分的了解。
公司上下狠抓产品质量，使产品质量有了很大的提高。
(16) 以前的人们对一些现象不能作出科学的解释。
这句话以神奇的方式使我作出明智的选择。

有时，两个句式可以叠加，即"使N1对N2+V+A+的+NV"。例如：

(17) 如今支配我行为的价值观使我对这记忆产生深刻的抵触。
这些措施使粮食生产者和消费者对全省粮食供需状况有了比较全面的了解。

4. *引动类*

引动类不可进入"对字句"和"使字句"两种句式，如引起、引发、导致等。

(18) 后来彭定康故意把这件事挑出来，引发公开的争论。
(19) 邯钢的经验已经引起广泛的重视。
(20) 如果要订得低一些，又可能导致强烈的竞争。

（二）关于V所带的宾语NV的性质

准谓宾动词V既可以带名词宾语N，也可以带动词宾语NV，那么究竟NV是动词还是名词呢？如果是动词，那么本文研究的形名组合就不应该讨论这一问题。如果是名词，那么是什么性质的名词？正如尹世超（1980）所言："无法否认'进行'类动词所带的动词宾语确已丧失了动词的某些语法特点，它的语法性质确已发生了某种偏移。称之为‘动词宾语’只是出于习惯，其实这是一种体词化的动词宾语。”确切地说，是准谓宾动词所设置的句法位置将动词体词化，我们称之为动作行为的句法名词化，即事体名词。如何证明呢？我们提出“一可两不可”三条句法功能理由。

1. 可以插入数量短语

可以在准谓宾动词与动词宾语之间插入数词与动量词组成的“数量短语”，这一短语的语义指向动词宾语，使动词获得了体词性特征。

（21）敌对双方曾在万博进行了一场激烈的战斗。

（22）他的热情便经受了一次严峻的考验。

（23）你一言，我一语，几乎展开了一场热烈的讨论。

（24）围绕某些条款和内容还会有一番激烈的争论。

2. 不可以插入非程度副词

不可在准谓宾动词与动词宾语之间插入非程度副词状语，这说明“动词宾语”失去了带典型副词状语的动词功能。

（25）对屡教屡犯的人员给予严肃的批评。——＊对屡教屡犯的人员给予还严肃的批评。

（26）拿破仑侵入俄国，遭到强烈的抵抗。——＊拿破仑侵入俄国，遭到也强烈的抵抗。

（27）国有企业发生了深刻的变化。——＊国有企业发生了都深刻的变化。

（28）价格波动引发激烈的竞争。——＊价格波动引发常常激烈的竞争。

3. 不可以插入自身宾语

不可在动词宾语后插入自身的宾语，这说明“动词宾语”完全失去了带受事宾语的典型功能。

（29）对过去进行深刻的反省。——＊进行深刻的反省过去。

（30）各界围绕这些文件开展广泛的讨论。——＊各界开展了广泛的讨论这些文件。

（31）对形势加以科学的分析。——＊加以科学的分析形势。

（32）对合作给予了积极的支持。——＊给予了积极的支持合作。

通过下面的准谓宾动词与心理动词、能愿动词带宾语对比例证图就会发现“带动词宾语的准谓宾动词”的独特之处（参见尹世超，1980）：

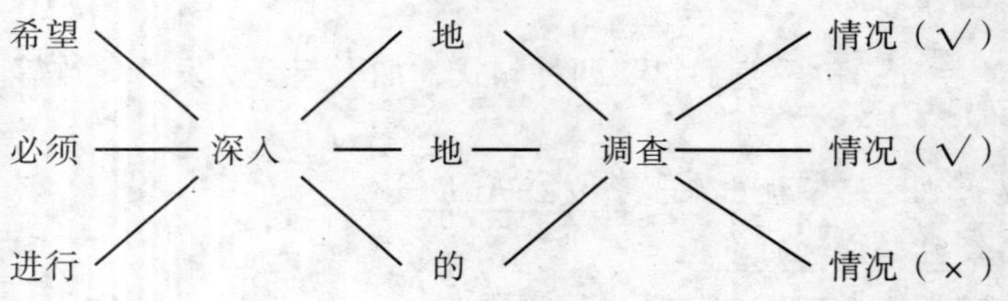

可见，与心理动词、能愿动词相比，准谓宾动词所带的动词宾语是不能再带自己的受事宾语的，动词宾语失去了动词最典型的带宾语功能，从句法上说，是准谓宾动词与动词宾语之间的句法环境强制性地使动词宾语所指示的动作、行为事体化了，我们称之为事体名词。当作准谓宾动词宾语的事体名词受到某些形容词修饰时，该形容词有时在语义上会指向事体名词的某些属性特征。

事体名词可以分为两类：一类是单纯名词，在任何句法环境下，其句法行为都是名词性的，如战争、事情、事故、灾难、风暴、声音、会议、手术、冲突等（参见邵敬敏、刘焱，2001），但是其语义具有动态性，在某些情况下主要指向一个动作行为事体；另一类是句法名词，由于受句法环境的制约，某些动词的句法行为会表现出名词性特征。比如，进入准谓宾动词宾语位置的动词就失去了带宾语功能，这一点对及物动词具有鉴别力，像发展、研究、教育、讨论、分析、抵抗、学习、观察等；进入准谓宾动词宾语位置的动词还失去受【非程度副词状语】修饰的功能，这一条对及物和不及物动词都具有鉴别力，像地震、旅行、休息、挣扎、工作、生活等。

由此可见，可以通过考察准谓宾动词与动词宾语（事体名词）之间的形容词修饰语，将其分类，提取事体形容词以寻找事体形容词与事体名词的搭配线索和组合规律。

三、介词搜索法

有的介词也能以动词为宾语，构成“介词＋动词”结构。当动词受形容词修饰时，形成“介词＋形容词＋动词”。常见的介词如“经过、通过、经、根据、基于、在……中”等，以“经过”为例，当动词作介词“经过”的宾语时，就构成句法名词，如：

（33）经过激烈的较量、经过一场激烈的较量；
经过细致的论证、经过一番细致的论证；
经过全面的搜查、经过一番全面的搜查；
经过短暂的筹备、经过一阵短暂的筹备。

其中，动词宾语前的“激烈、细致、全面、短暂”分别从“强度、细度、范围、时长”角度说明了动词宾语的事体属性。因此，部分可带动词宾语的介词也为我们搜集事体形容词提供了重要视角。

四、两集合繁衍法

这是语义语法组合搭配研究必用的方法，就是从已知事体名词寻找与之组合的事体形容词，或者从已知事体形容词寻找与之毗邻同现的事体名词。两个方向交叉检索、融合、抽象、分类，形成以事体为语义基础的名词和形容词两个集合。这种方法是语义语法的基本方法论在词语搭配上的具体运用。

从宏观上说，形名组合模型所建立的搭配模式是以形容词和名词的次范畴分类为基础的。在对事体类形名组合规律的调查研究中，我们的理论假设仍然是事体形容词与事体名词的双向选择关系。但在具体的搭配规律研究中，我们发现，单纯表达事体的名词是小部分，而大部分是受句法位置影响而名词化的动词（句法名词）。可见事体类形名组合研究已经部分地打破了形容词与“单纯名词”的界限，把“句法名词”也纳入了研究范围。从语义上说，表达事体的词类有名词，但主要是动词。更重要的是，从短语层面看，表达事体属性的形容词与单纯事体名词、句法事体名词的搭配倾向基本上是一致的，这一点可以通过下列形容词与表达概念相近的单纯事体名词“战争”和句法事体名词“战斗”的搭配特点表现出来，如下表所示：

A N/V	激烈	紧张	残酷	惨烈	漫长	频繁	合计
N 战争	19	8	81	10	9	8	135
V 战斗	143	25	8	4	2	9	191

尽管从数量上说，各属性值与“战争、战斗”的同现频次不尽相同，但从性质上说，单纯名词

"战争"与句法名词"战斗"一样，仍然保留着强度、时间、频率等事体属性特征。由于过去强调词语分类的定性研究，过于强调"战争、战斗"在某些句法功能上的差异，而忽略了对两者在短语组合层面的对比研究和探讨。基于此，我们有意识地淡化词类词性讨论，以求深化语义组合研究，从而发现部分表达相近概念的动词名词仍然保留着语义搭配的一致性，这从搭配层面角度进一步验证了以语义为本体的语义语法理论的科学性。

总的说来，四种提取事体形容词的方法主要是根据事体形容词的句法环境提出来的，语义语法在研究任何语法现象包括形名组合时并不是脱离句法，而是相反，我们始终将语义组合研究深深地根植于它们所处的句法环境以及与前后词语的同现方式。

五、事体形容词的简单分类

试图用一种整齐划一、非此即彼的标准来衡量事体类形名组合的规律性是不现实的，也是不切语言实际的。从总体上说，事体类形名组合的共性是一种逻辑概念上的倾向性，但不能由此否定任何一个事体形容词和事体名词的个性特征，而错误地认为任何一个事体形容词都可以与所有的事体名词组合，或者反过来说，任何一个事体名词都可与任何事体形容词同现。

为了说明问题，我们总结的规律和特点有时候带有很强的标准化、理想化、绝对化的倾向，主要原因可能与语料库大小、个人语感、语义特征提取方法等有关。但由于我们的研究没有可资借鉴的研究成果，受水平所限，很多分类和表述上的缺点就在所难免，我们希望得出的结论能够从正反两个方面为以后学者的研究提供一点借鉴。

我们根据四种提取事体形容词的方法，主要对所提取的九类事体形容词①与名词的组合情况进行了细致的考察，包括：

【模态】可能、必然、应该、经常、频繁、偶然、意外、突然等。
【难度】难、困难、棘手、麻烦、容易、艰难、艰苦、艰辛、艰巨等。
【急度】急迫、危急、紧急、紧迫、紧要、要紧、迫切、急促等。
【速度】快、慢、缓慢、迅速、迅猛、迅疾、迅捷、快捷、便捷、舒缓等。
【时长】漫长、短暂、短促、长久、简短、长远、长、短等。
【强度】强烈、猛烈、剧烈、激烈、狂烈、强劲、尖锐、浓烈、热烈、微弱、轻微、细微、细弱等。
【范围】广泛、普遍、全面、片面等。
【深度】深刻、深入、深远、深切、彻底、透彻、肤浅、浅显、粗浅等。
【细度】详细、详尽、详密、详明、详实、翔实、细致、细密、缜密、严密、精细、精到、精要、精密、简要、简略、简练、精练、简明、粗略、扼要、笼统、简单、概括等。

借助上述四种方法来搜索语料库，我们发现，与事体形容词组合的名词主要有三大类：①一般都可跟单纯事体名词和句法事体名词组合；②部分事体形容词可与抽象逻辑名词组合；③极个别的事体形容词可与主体名词、物体名词组合。

根据组合的特点，可以将上述九种事体形容词分成三大类：①反映事件外在属性的【模态、难度、急度】都能够与【事情】组合；②反映具体动作内在属性的【速度、时长、强度】可以分别与【速度、时间、声音】组合；③反映与主体能动性有关的具体行为属性的【范围、深度、细度】所能组合的事体名词更多地体现为【智力】语义特征，像"研究、计划、分析、考虑、调查、剖析"等。

① 张国宪将表行形容词（即事体形容词）分为七类：时间、速度、方式、范围、程度、情状、频率。参见张国宪（2005）。

参考文献

[1] 邵敬敏．动量词的语义分析及其与动词的选择关系［J］．中国语文，1996（2）.
[2] 邵敬敏，刘焱．论名词的动态性及其检测方法［J］．汉语学习，2001（6）.
[3] 尹世超．谈“进行”类动词谓语句［J］．哈尔滨师专学报，1980（1）.
[4] 张国宪．性状的语义指向规则及句法异位的语用动机［J］．中国语文，2005（1）.
[5] 朱德熙．语法讲义［M］．北京：商务印书馆，1982．58～60.
[6] 赵春利．情感形容词与名词同现的原则［J］．中国语文，2007（2）.
[7] 赵春利，石定栩．状位情感形容词与述位动词结构同现的原则［J］．汉语学习，2011（1）.

广州话后置成分“得滞”、“乜滞”和“咁滞”的变异①

单韵鸣

（华南理工大学国际教育学院　广东广州　510640）

提　要　本文通过问卷调查和对语料库的封闭性检索，调查分析了广州话后置成分“得滞”、“乜滞”和“咁滞”的变异。结果表明，在与前置修饰语的竞争中，三者都处于褪变的过程，分布主要与使用者不同的文化水平相关，但前者与后两者的变异存在一定的差别。调查结果支持本体研究中认为“得滞”、“乜滞”和“咁滞”不属于同一词类的观点。“得滞”、“乜滞”和“咁滞”的变异是广州话语法向普通话靠拢的例证。

关键词　广州话后置成分　得滞　乜滞　咁滞　变异

引　言

语言变异是语言结构系统中某些内容的实现形式不唯一的现象（徐大明，2006）。广义的语言变异包括语言历时的变化，即通常所说的“语言变化”；狭义的语言变异则只针对使用语言项目时的共时差异，关注不同社会群体之间的语言差异。本文所论述的变异主要是指狭义的语言变异。根据语言变异的定义，语法变异是指具体某个语法项目的变异。这个项目可以是某个语法范畴、语义—语法范畴、词类、具有相同句法分布的词形成的组合或结构以及某项语法规则等（曾炜，2007）。

一、关于“得滞”、“乜滞”和“咁滞”

“得滞”对应于普通话，相当于“太”，表示程度过高的意思，如：

（1）件衫大得滞。（衣服太大了。）
（2）食得多得滞。（吃得太多了。）

“得滞”修饰形容词，“形容词＋得滞”通常作谓语或补语等表述性成分，极少作定语或状语等限定性成分，像下面两句接受度比较低，甚至不能说：

（3）我唔着阔得滞嘅衫。（我不穿太宽的衣服。）
（4）早得滞考虑呢啲问题都冇用。（太早考虑这个问题也没用。）

“乜滞”与否定词共现，构成“［否］……乜滞”的句式，可修饰动词短语、形容词，相当于普通话的“不（没）怎么、不大”，表示对某个动作行为、情状的轻度否定，如：

（5）佢唔大声讲嘢乜滞。（他不怎么大声说话。）

①　本文得到导师郭熙教授的悉心指导，谨表谢意。文中谬误由本人负责。本研究获广东省哲学社会科学“十一五”规划青年项目（GD10YZW06）和广东省教育厅“育苗工程”项目（WYM10055）经费资助。

(6) 琴晚胃口唔好，都无食饭乜滞。(昨晚胃口不好，没怎么吃饭。)
(7) 个公园唔靓乜滞。(那公园不太漂亮。)

“咁滞”意义上对应普通话的“快要、差不多、几乎”，它位于谓语短语后，必须与一些有界的成分共现（张庆文，2007），表示时间、数量、状态快要接近某种程度，以修饰整个谓语或补语较为常见，如：

(8) 而家12点咁滞喇。(现在快要12点了。)
(9) 部单车烂咁滞喇。(自行车快要烂了。)
(10) 个文件我写好咁滞喇。(文件我差不多写好了。)

动词后置成分是广州话具有显著方言特征的语法现象之一，它凸显了广州话和普通话语序上的差异。很多广州话使用后置成分的表达方式在普通话里都得用前置的表达方式。在多年推普工作的作用下，广州话受到普通话的不断影响，突出的表现是后置成分已不再是唯一的表达方式，后置格式与非后置格式出现了“共存共用”的情况（黄家教等，1983）。王红梅（2007）也发现，现在年轻人口中的广州话句法语序与老年人已有不同。像本文的三个后置成分“得滞”、“乜滞”和“咁滞”，在广州话里面，要表达相同的语义，它们并不是唯一的表达方式，还有跟普通话相近的其他表达方式。不同的表达方式形成了语言变异，互相之间也就产生了竞争。研究不同表达方式之间哪种形式占优，将是考察广州话在与普通话接触的过程中所产生的变化的一个切入点。另外，三个后置成分都带有“滞”字，它们的变异是否相近？对此我们也很感兴趣。

二、研究方法

（一）变项和变式的确定

变项（variable）是变异具体表现形式的集合，它由一组特定的“变式”（variant）组成。由于句法系统的无定性（non-finite），讲话人在表达某个意义时，可以有很多不同的语法形式供选用，句法形式的选择还很容易受到语用和语义因素的制约。对语法变项的确立目前仍没有一个统一的标准（徐大明，2006）。在众多的标准当中，我们比较赞同语义对等的标准，就是在表达同一语义时不同的形式即可确定为不同的变式。不过人们说出来的形式有可能千差万别，如果不排除语用因素和词汇因素，就不可能穷尽所有的变式，所以我们觉得应该尽量摒除语用因素对“形式”的干扰，并且要对众多的“形式”进行归纳，然后才能确定有限个变式来进行研究。

1. “得滞”变项的确定和相关变式

修饰形容词，表示程度过头，广州话除了“得滞”，还有“过头”和“太过”。“过头”也为后置成分，“形容词+过头”也常用作句子的谓语或补语等表述性成分，很少作定语或状语等限定性成分。“太过”位于所修饰的形容词的前面，表示程度过高，但“太过+形容词”也可以用作限定性成分，比如可以说“太过多事情”、“太过早到达”。广州话也可以用“太”表示程度过高，句法位置和用法都跟普通话没有两样。值得注意的是，语义上“太”不完全跟“得滞”、“过头”和“太过”对应，“太”还可以用于感叹句，“太……喇（了）!”表达说话人的感叹之义，并没有认为程度过高到不如意的地步。还有，“太”用于否定句，如“唔系（不是）太……”中的“太”就没有程度过高的意思；“太+形容词”还可以用作定语或状语等限定性成分，如“太多事情”、“太晚到达”等。

可见，“太”的语义表达功能和句法功能比其余三个强，“得滞”、“过头”和“太过”语义基本一致，“太过”可用作限定性成分，句法功能又强一些，要确定变项和变式的话，只能在语义和用法最小的范围内来定义。我们把变项定义为：修饰形容词，用于表述性句法层面，表示程度超量。“得滞”、

“过头”、“太过”（部分用法）和“太”（部分用法）是该变项的四个变式。“得滞”是变式1，“过头”是变式2，“太过”是变式3，“太”是变式4。

2. “乜滞”变项的确定和相关变式

与“［否］……乜滞”对应的其他表达方法，根据所修饰的词语（或短语）的不同，也稍有区别。如修饰动词短语，表示一般的行为习惯，“［否］……乜滞”可用“唔点（不怎么）……”来替换；表示已经发生过的行为，可用“冇点/乜（没怎么）……”来替换；如修饰形容词，可用“唔系几/点（不大/不太）……”来替换。这些表达方式修饰语语序都是前置于修饰对象的。另外，还有一种表达方式，就是同时用前置后置修饰的方法，即“唔点……乜滞”、“冇点（冇乜）……乜滞”、“唔系几（唔系点/好）……乜滞”的说法。按王红梅（2007）的观点，这是语言交流引起的叠置现象。我们设“［否］……乜滞”只用后置成分修饰的为变式1，前置后置修饰成分都用的为变式2，仅用前置成分修饰的为变式3，三种变式方言特征依次渐模糊。

3. “咁滞”变项的确定和相关变式

与“咁滞”对应的其他表达方法，同样可以用前置修饰语的形式以及前置后置修饰语同用的方式。单用前置修饰语可对应“差唔多/几乎（几乎）……”、“就嚟（就快）……”等。前置后置修饰语同用的说法有“差唔多/几乎……咁滞”、“就嚟……咁滞”等。参照对“乜滞”的研究方法，我们把只用“咁滞”后置成分修饰的设为变式1，前置后置修饰成分同用的设为变式2，只用前置成分修饰的设为变式3。

（二）调查方法

我们将综合使用两个方法来进行调查：一是问卷调查法，根据设定的变量抽取一定数量的广州人对变式的常用度进行调查；二是对广州电台节目的语料进行搜索调查。

1. 调查问卷的设计

我们分别根据“得滞”、“乜滞”和“咁滞”的用法特点来设计不同数量的题目，以调查它们及其他变式的常用度。针对“得滞”，设计了两道题目，一题是修饰单音节形容词的情况，另一题是修饰双音节形容词的情况。针对“乜滞”，设计了四道题目，两道题修饰动词性成分，又细分一题表示一般的行为习惯，一题表示已经发生过的行为，两道题修饰形容词性成分，也细分一题修饰单音节形容词，一题修饰双音节形容词。针对“咁滞”，设计了四道题目来考察，包括用于表示时间接近某个钟点，用于表示数量接近某个范围，用于表示状态接近某个程度（两题，一题修饰对象在谓语部分，一题修饰对象在补语部分）的情况。每道题根据待查变项的变式数量，相应设有几个句子，代表不同的变式，几个句子的意思基本一致。调查跟“得滞”相关的两道题就分别有A、B、C、D四项，每项句子的意思一致，使用变式1、变式2、变式3和变式4等四种不同的说法。调查跟“乜滞”和“咁滞”相关的题目，由于变式都有三个，因此每道题目就含有A、B、C三项。我们要求每个被访者按平时的说话习惯判断每道题目的每一项（每个变式）的常用度，选“3”表示“经常说”，选“2”表示“也说，但不是经常”，选“1”表示“极少说甚至不说”。同一题目里面的变式可以选相同的常用度。如果题目里面的所有变式都不符合他的说话习惯（即没有一个选“3”的），则要写出符合他说话习惯的句子。他们写出句子后，我们撇除使用不同词语的因素，判断写出的句子属于哪种变式，尽量归并到最为接近的那种变式中去。例如有一位被访者有一题三个句子都没选“3”，他写出他的常用说法是“开摩托唔系好稳阵（开摩托不是很安全）”。与其说法最接近的变式是题目中的C项“开摩托唔系几稳阵”，因为这两个句子的谓语部分都是状中结构，只是状语使用副词“好”和“几”的不同，于是我们修改他的答卷，把C项他原来选的“2”改为“3”。不过这样做要比较慎重，必须确认两者同属于一种变式才能进行修改。如果不能归并，则把写出的句子另列保存起来，以备分析时用。

2. 变量的设定和抽样方法

我们调查的整体对象只限于广州出生，最好是在荔湾、越秀（包括旧东山区）、海珠这几个传统老区长大的，母语是广州话的本地人，这样调查结果会比较有代表性。

我们假设变项不同变式的常用度跟被访者的年龄和文化水平有关，即被访者的年龄和文化水平是自变量，变式的常用度是因变量。就本文的研究目的，我们只关注成年人的语言状况。对于青年、中年和老年的划分标准，目前世界各国、国际组织和我国都尚无明确统一的界定。参照过往的一些调查研究（曾炜，2007；伍巍等，2008；彭小川等，2010；《广州日报》，2011），我们界定20～35岁为青年，36～55岁为中年，56岁及以上为老年。

文化水平也是一个重要的社会因素，它在一定程度上起到社会分层的作用。我们把文化水平分为两段，20～45岁的人群接受过本科或以上教育的属于“本上”段，本科以下（大专、高中、职中、初中等）的属于“本下”段。[①] 由于历史原因，46岁及以上接受过专科或以上教育的属于“本上”段，专科以下的属于“本下”段。利用滚雪球的方法，共回收有效答卷238份，为了均衡各年龄小段（以5年为一段）的人数，我们抽取青年、中年各60名，“本上”和“本下”各30名，共得4组，每组30人；老年共30名，“本上”和“本下”各15名，得两组，每组15人。虽然后两组人数少了，但用于比较性研究，15人也在可接受人数的范围（张廷国等，2008）。这样我们总共从238份答卷中选取了150份样本作为最终统计分析样本。

我们不把性别作为特别关注的社会因素来抽样，在选取的150个样本中，男的共71人，占总样本数量的47.3%，女的79人，占总样本数量的52.7%，两者人数大致均衡。我们使用独立样本 t 检验，结果显示男女在判断变式的常用度上没有显著差异，$t=1.50$，$df=148$，$p=0.14$。

3. **语料库的制作**

我们选取了由广州电台制作的各类清谈和访谈节目，共21小时，作为语料库的语料来源。这些节目内容多样，语言输出者的年龄跨度也比较大，言语全部是未经处理过的原生态话语，能较真实地反映出现代广州话的语言面貌。21小时电台节目的转写工作完成以后，共获得近30万字的广州话话语文本材料，用以检验或补充调查结果。

三、调查结果

（一）关于“得滞”的调查结果

我们用单因素重复测量方差分析检验四种变式常用度是否存在差异，数据显示，四种变式的常用度存在极为显著的差异，$F(3, 447)=55.48$，$p=0.000$。使用Bonferroni多重比较法对四种变式两两之间差异进行检验，发现四种变式之间的差异都非常或极为显著，四种变式常用度由高到低依次为：变式1、变式2、变式4、变式3。

再用两因素方差分析的方法分别对四种变式在不同社会群体中的使用状况进行检验。数据显示，文化水平对变式1的常用度影响显著，$F(1, 144)=3.27$，$p<0.1$[②]，文化水平为“本上”段的人使用变式1的频率显著高于“本下”段的人。

年龄、文化水平以及两者的交互作用对变式2、变式3和变式4的常用度影响都不显著，说明除了变式1，另外三个变式在不同社会群体中的常用度不存在显著差异。

我们在电台节目语料库里搜索含有“得滞”、“过头”、“太过”和“太”的语料，得到用“得滞”的语料仅3项，用“过头”的语料也仅3项，用“太过”的语料4项（1项为“太过＋形容词”后作定语，剔除此项，语料总数也是3项），如：

---

① 把本科与大专分开，一方面是考虑到上本科接触的同学更多的来自五湖四海，而读大专接触的同学更多的来自本地或本省，从语言接触的程度来看，上本科的人会比上大专的人深；另一方面，虽然本科和大专同属高等教育，而实际上接受这两种不同学历教育的人毕业后，职业的层次有差别，从而形成不同社会地位和社交圈子。语言接触的程度、社会地位、社交圈子等都会对他们的语言产生影响。

② 在语言研究中，一般选择0.05或0.01的显著水平，如果研究的目的只是探索性的，显著水平就可以定得宽松一些，譬如0.05或者0.1（李绍山，2008：92）。

（11）聪：又听讲开征物业税，佢间屋虽然自己住，但係恐防超标。（又听说开征物业税，他的房子虽然自己住，但是担心超标。）

麦：又惊面积大得滞，超标。（又怕面积太大，超标。）——《拉阔车厢》

（12）M：係喇，如果你惊啲苦过头，有啲朋友话惊苦过头呢——（对了，如果你怕太苦，有的朋友说怕太苦——）

白：调味嘅时候呢落多啲糖。（调味的时候多下一点儿糖。）——《招积叹世界》

（13）所以我觉得佢一开头係太过个人英雄主义。（所以我觉得他一开始就太个人英雄主义。）——《电影世界》

搜索到“太”的语料就比较多，撇开“太”表示感叹、用于否定句或用于限定性成分中的语料，仅仅是变式4的用法的语料也有35句，可见变式4在语料库中比其他三种变式要常见。

语料库的检索结果和问卷调查结果出现不一致，表明人们的判断可能背离了实际使用情况。这是在社会语言学调查中不乏遇到的情况（胡明扬，1983）。事实上，人们的判断与实际输出不符也是一个很有意思的现象，值得我们进一步思考。

（二）关于“乜滞”的调查结果

单因素重复测量方差分析的结果显示，三种变式的常用度存在极为显著的差异，$F(2, 298) = 139.94$，$p = 0.000$。使用Bonferroni多重比较法对三种变式两两之间差异进行检验，得出三种变式常用度之间的差异都极为显著，三种变式常用度由高至低依次为：变式3、变式1、变式2。

使用两因素方差分析的方法分别对三种变式在不同社会群体中的使用状况进行分析，发现文化水平对变式1的常用度影响显著，$F(1, 144) = 0.59$，$p < 0.05$，文化水平为“本下”段的人使用变式1的频率显著高于“本上”段的人。

年龄、文化水平以及两者的交互作用对变式2的常用度影响都不显著，说明变式2在不同社会群体中的常用度不存在显著差异。

对于变式3，文化水平对讲变式3的频率影响显著，$F(1, 144) = 6.53$，$p < 0.05$，文化水平为“本上”段的人使用变式3的频率显著高于“本下”段的人。年龄和文化水平之间交互作用显著，$F(2, 144) = 3.57$，$p < 0.05$。由于交互作用显著，对年龄和文化水平进行简单效应检验，结果显示不同文化水平的中年人使用变式3的频率有极为显著的差异，$F(1, 146) = 16.39$，$p = 0.000$，“本上”段的中年人使用变式3的频率显著高于“本下”段的中年人。

总体看来，变式1和变式3的常用度主要与使用者的文化水平相关，文化水平为“本上”段的人，尤其是中年人，倾向于用前置修饰的表达方法，“本下”段的人使用后置修饰多一些，使用前置修饰少一些。变式2是一个不受欢迎的表达方式，调查时部分被访者表示该句式“很啰唆”、“太长”。

我们在电台节目语料库里没有找到变式1和变式2的语料，对于变式3则找到“唔係几（不大）……”、“冇乜（没什么）……”、“唔係好（不是很）……”的语料近百句，“冇乜（没什么）……”、“唔係好（不是很）……”占绝大多数。得到的语料结果与问卷调查结果基本相符，变式3是现在人们主要使用的表达方式。

（三）关于“咁滞”的调查结果

单因素重复测量方差分析的方法显示三种变式的常用度存在极为显著的差异，$F(2, 298) = 8.87$，$p = 0.000$。使用Bonferroni多重比较法对三种变式两两之间差异进行检验，得出三种变式的常用度由高到低依次为：变式3、变式1、变式2。变式3领先优势明显，常用度显著高于另外两个变式，变式1比变式2的常用度高，但差异不显著。

使用两因素方差分析的方法分别对三个变式的使用情况作分析，发现年龄、文化水平以及两者的交互作用对变式1和变式3的常用度影响都不显著，说明变式1和变式3在不同社会群体中的常用度不存在显著差异。

对于变式2，年龄和文化水平之间交互作用显著，$F(2, 144) = 2.72$，$p < 0.1$。由于交互作用显著，对年龄和文化水平进行简单效应检验，得出不同文化水平的老年人使用变式2的频率有显著的差异，$F(1, 146) = 4.68$，$p < 0.05$，文化水平为“本下”段的老年人使用变式2的频率显著高于“本上”段的老年人。

综上，变式3的常用度在不同社会群体中没有显著差异，说明它的优势相当突出，已被各个社会群体广泛使用。变式1的常用度也在不同社会群体中没有显著差异，变式2只在不同文化水平的老年人当中有显著差异，看来变式1和变式2的褪变都发生在大部分的社会群体当中，与变式3的使用状况正好形成此消彼长的局面。

在电台节目语料库中搜索含有“咁滞”、“差唔多”、“几乎”、“就嚟”和“就快”的语料，得到含“咁滞”的语料只有一例，与“几乎”共现，语料为“几乎血肉横飞咁滞”。用“差唔多”的语料较多，共35个，超过大半的“差唔多”都没有与有界成分共现，而是单独作谓语，剔除这些，剩下就是变式3的情况，共有8例。只用“几乎”的有4例，只用“就嚟”的有2例，没找到用“就快”的语料。搜索结果与问卷调查结果基本一致，即变式3比变式1和变式2常用。

四、三者的比较

语料库语料表明，人们在交际中倾向使用前置修饰性成分，而不是“得滞”、“乜滞”和“咁滞”。广州话向普通话靠拢是学界比较关注的一个问题。“得滞”、“乜滞”和“咁滞”在实际使用中都不及前置修饰性成分，它们的褪变是广州话语法向普通话靠拢的例证。

问卷调查结果显示，“乜滞”和“咁滞”的变异状况近似，方言特征明显的变式1被人们普遍认为常用度不及前置修饰的表达方式。而“得滞”的状况与“乜滞”和“咁滞”不同，被人们认为是最常用的表达方式，认可度甚至远比语义表达功能或句法功能更强大的“太”高。语料库里搜索到的语料试图向我们证明人们实际上还是倾向于使用前置修饰词“太”。问卷调查的结果是人们对自己语言状况的判断，语料库语料是人们语言实际输出的实证，即若两者真的出现不一致，至少也能看出一点，那就是在人们的主观印象或意识里，后置成分“得滞”还是占有相当重要的地位的，至少人们认可它，认为会经常说。比起“乜滞”和“咁滞”，连在人们的判断里都和实际的语言输出那样一并输给了前置修饰性成分，“得滞”还是略胜一筹。也就是说，在普通话的渗透下，哪怕都处于褪变的过程，“得滞”、“乜滞”和“咁滞”所处的阶段可能也不一样。“得滞”正处于被人们主观上认同而实际语言输出上不敌对手的阶段，而“乜滞”和“咁滞”在人们的主观判断和实际输出中都输给了对手。“得滞”的褪变程度没有“乜滞”和“咁滞”严重。

在对三个变项的各个变式单独进行分析之后，我们发现三个变项当中只有部分变式的常用度和社会因素相关，而且主要与文化水平相关。存在差别的是，“本上”段的人比“本下”段的人多用“得滞”，却少用“乜滞”和“咁滞”。

邓思颖（2006）曾经综述过以往学者们对“得滞”、“乜滞”和“咁滞”的分析，各家对三个词的定性看法不完全一致，而他就认为“得滞”是词尾，“乜滞”和“咁滞”都是后置副词。本文的重点不是对语法项目进行词类定性，而是关注它们的实际使用状况。从问卷调查的结果来看，“乜滞”和“咁滞”的状况更接近，“得滞”确实跟它们有点儿不同。三者都有相应的前置修饰语可与其替换使用，在使用后置还是前置修饰的竞争中，“得滞”显得比“乜滞”和“咁滞”更有竞争力一些。在语言外部因素的作用不太强烈的情况下，我们推断语法项目的竞争力强应该跟语言内部因素相关，既可能因为语义表达功能或句法功能比竞争对手强大，也可能是由于自身的句法功能更具抵御性一些。由上文的讨论可知，像“太”、“差唔多”等前置修饰语，语义表达功能或句法功能都比“得滞”、“咁滞”强，即在与对手的较量中，“得滞”并不比“咁滞”凸显优势。因此究其原因，极可能是因为“得滞”自身的句法功能比“乜滞”、“咁滞”更具抵御性一些，从而在受到前置修饰语的冲击时，“耐受性”较显强大。施其生（1995）提出广州话虚成分分类时有助词（与前置性的副词相对，除语气助词外，其他大致相当于有些学者所定义的后置副词）和形尾（相当于有些学者所定义的词尾）两种。他定义的助词是“后置的修饰性虚词，大多黏附在谓词性的词或词组之后，少数黏附在体词性的词或词组之后”，定义的形尾是“后置的修饰性虚词素，大多黏附在谓词（或功能像复合谓词的动结式、动趋式）之后，不黏附在自由词组上”。比较两者的定义即可发现形尾的黏附性比助词更强，与谓词的黏合度更高，受到冲击时，抵御性按理会比助词强一些。综上，我们认为虽然“得滞”、“乜滞”、“咁滞”都带有一个“滞”字，但它们并不属于同一词类，“得滞”应与后两者分开。如果支持“得滞”为形尾（或词尾），“乜滞”和“咁滞”为助词（或后置副词）的说法，那么它们变异状况的差异也就比较容易解释了。

五、结　语

关于“得滞”、“乜滞”和“咁滞”变异的调查表明，在与前置修饰性成分的竞争中，尽管三者都处于褪变的过程，但“得滞”的状况要比“乜滞”和“咁滞”好，“乜滞”和“咁滞”在人们的常用度判断中和实际使用中都处于劣势，“得滞”至少在人们的常用度判断中仍然获得高度认可，甚至远远超过语义表达功能和句法功能更强大的前置副词“太”。统计结果还表明，社会因素主要是文化水平因素仅对“得滞”、“乜滞”和“咁滞”的部分变式的使用有显著影响，主要表现在“本上”段的人比“本下”段的人更倾向于使用“得滞”，而“本下”段的人又比“本上”段的人更倾向于使用“乜滞”和“咁滞”。调查结果支持本体研究中认为“得滞”与“乜滞”和“咁滞”不属于同一词类的观点。“得滞”、“乜滞”和“咁滞”的变异是广州话语法向普通话靠拢的例证。

参考文献

[1] 邓思颖．粤语“得滞、乜滞、咁滞”是否属于同一个家族［J］．中国语文研究，2006（1）.

[2] 甘于恩．粤语与文化研究参考书目［M］．广州：广东科技出版社，2007.

[3] 广州市穗港澳青少年研究所，广州市团校．广州青年发展状况报告［N］．广州日报，2011－01－10.

[4] 胡明扬．关于北京话语音、词汇的五项调查［J］．中国语言学报（创刊号），1983.

[5] 黄家教，詹伯慧．广州方言中的特殊语序现象［J］．语文研究，1983（2）.

[6] 李绍山．语言研究中的统计学［M］．西安：西安交通大学出版社，2008.

[7] 李新魁，黄家教，施其生等．广州方言研究［M］．广州：广东人民出版社，1995.

[8] 彭小川，陈启萍．广州话类同义副词历时演变的特点与机制［J］．暨南学报（哲学社会科学版），2010（3）.

[9] 单韵鸣．广州话语法变异研究［D］．暨南大学博士学位论文，2011.

[10] 单韵鸣．广州话典型狭义处置句的变异［J］．暨南学报（哲学社会科学版），2012（3）.

[11] 王红梅．粤语特殊语序研究述评［J］．五邑大学学报（社会科学版），2007（1）.

[12] 伍巍，陈卫强．一百年来广州话反复问句演变过程初探［J］．语言研究，2008（3）.

[13] 徐大明．语言变异与变化［M］．上海：上海教育出版社，2006.

[14] 曾炜．变异视角下的语法研究［J］．广西师范大学学报（哲学社会科学版），2007（1）.

[15] 张庆文．粤语的程度副词“咁滞”［A］．张洪年，张双庆，陈雄根．第十届国际粤方言研讨会论文集［C］．北京：中国社会科学出版社，2007.

[16] 张廷国，郝树壮．社会语言学研究方法的理论与实践［M］．北京：北京大学出版社，2008.

试析大同方言动结式"V起了"①

杨　琦

（上海师范大学人文与传播学院　中国上海　200234）

提　要　普通话中的动结式常用动词加"好、完、成……"等表示，而在山西大同方言中，动结式常用动词加趋向动词"起"来表示，这种"V起了"的动结式结构使用频率很高，特别是在当地人的口语中十分常见。在大同方言中，动结式"V起了"表示动作完成，并获得某种结果，这一结构对动词V和相关名词性成分有特殊要求。

关键词　大同方言　V起了　动结式

吕叔湘先生在《现代汉语八百词》中指出："动结式的第二个成分由动词或形容词充当。"而大同方言中存在着一个特殊的由趋向动词"起"构成的动结式，现代汉语普通话中则没有这样的表达。通过对《现代汉语动词用法词典》中收录的1 223个动词进行考察，共有252个动词能够进入"V起了"这一格式表完成，这与动词所具备的复杂的语义特征有关。

一、"V起了"中"V"的语义特征

（一）［+自主］

根据马庆株先生对汉语动词自主与非自主的划分，考察能够进入这一格式的动词，我们发现这些动词都具有［+自主］的语义特征。例如：

A	B
木船造起了	*木船沉起了
雪人堆起了	*雪人化起了
火墙砌起了	*火墙塌起了
颜色涂起了	*颜色褪起了

马庆株（1988）指出，自主动词从语义上说是表示有意识的或有心的动作行为的。所谓有意识的动作行为指的是能由动作发出者做主，主观决定、自由支配的动作行为。A组例中的动作"造、堆、砌、涂"都是有意识的行为，是人为可控的，都是典型的自主动词；而B组"沉、化、塌、褪"则表示无意识、无心的动作行为，是动作发出者不能自由支配的行为。所以非自主动词不能进入这一格式。

需要注意的是，语言是一个柔性的规则系统，有时自主和非自主的界线并不是十分明确，自主义的稳定与否和隐现现象还受感受义素和动词多义项等因素的影响。

（1）感受动词在表示客观事物造成的某种感受时是非自主的，如"晒脸、烫手、磨脚"中的"晒、烫、磨"，表感受义时可以转化为"脸觉得晒、手觉得烫、脚觉得磨"。但感受动词还有表示非感受义的用法，表非感受义时有的是自主的，有的是非自主的。通过考察，有"泡、烤、晒、烧、热、烫、冻、磨、堵、摇、扎、挖、浇、灌、吹、压、捏"等感受动词在表示自主的非感受义时可以进入"V起了"表完成，如：

---

① 本文在写作过程中得到宗守云教授的指导，在此深表感谢！文章或有错谬之处，尚请方家指教。

大豆泡起了
白薯烤起了
粮食晒起了
衣服烫起了
剪刀磨起了

（2）动词特别是单音节动词，其意义经过引申发展，会形成多个不同的义项，这些义项中有自主义项也有非自主义项，因此，在归类时也要特别注意。如：

A
炉子生起了　（生：使柴、煤等燃烧。自主）
面条下起了　（下：放入，投入。自主）
文章改起了　（改：修改。自主）
B
*铁锈生起了　（生：产生，发生。非自主）
*鸡崽儿下起了（下：［动物］生产。非自主）
*模样改起了　（改：改变。非自主）

（二）［+弱持续］

除了必须符合［+自主］这一语义特征之外，“V起了”中“V”还要受到其他义素特征的制约。

A	B	C
电灯安起了	*电灯熄起了	#孩子抱起了
早饭做起了	*早饭扣起了	#母鸡养起了
文件修改起了	*文件批准起了	#彩灯吊①起了
车子装起了	*车子借起了	#洗衣机用起了

在上面A、B、C三组中，只有A组可以进入动结式“V起了”这一格式中。根据马庆株先生对动词持续和非持续的分类，我们发现，“V”还要满足［+弱持续］这一语义特征。A组中“安电灯、做早饭、修改文章、装车子”等都需要较长时间，有一定难度，并且要花费较大的力气，A组中动词均属弱持续动词。而B组中的“熄灯、扣早饭、批准文件、借车子”等很快便可完成，并不费太大力气，动词属于瞬间便可完成的非持续动词。C组中的动词都是强持续动词，C组句子可以说，但并不表示完成义动结式，“起”表示动作开始并持续，这是由趋向动词引申而来的，是现代汉语中常见的用法。

（三）［-损坏］

除了必须满足上述自主和弱持续这两个语义特征之外，V还不能具有损坏义。如：

A1	A2
饺子馅儿剁起了	*手指头剁起了
首饰打起了	*玻璃打起了
水烧起了	*房子烧起了

① 吊：此处指吊起来，不指吊完。

柴砍起了　　　　　　　　　　＊头砍起了
水井凿起了　　　　　　　　　＊窟窿凿起了
B1　　　　　　　　　　　　　B2
故事编写起了　　　　　　　　＊故事捏造起了
桥建起了　　　　　　　　　　＊桥炸起了
房子盖起了　　　　　　　　　＊房子拆起了

A2 组中动词和相应的名词性成分结合起来表示损坏义，B2 组中动词自身包含损坏义。

为什么表示损坏义的动词不能进入“V 起了”这一格式，一方面，上文指出，“V 起了”要求“V”符合［＋自主］的语义特征，自主是表示动作发出者有意识的或者有心的动作行为，有意识去做某事便带有了一定的目的性，而这目的往往是期盼积极方面的结果。另一方面，作为趋向动词的“起”本身有由下往上升的义项，从认识角度讲，这符合概念隐喻中的“方位隐喻”（orientational metaphor）（张敏，1998），即“人类的许多基本概念都是根据空间隐喻组织起来的，与‘上’的空间方位相关的有一般性的‘好’，也有‘好’的各种具体体现，如好是上，坏是下；高兴是上，难过是下；健康、存活是上，疾病、死亡是下”。

二、“V 起了”的语义指向

大同方言动结式“V 起了”这一结构的整体特征最终要靠动词 V 和与其相关的名词性成分共同来承担和体现，因此，有必要对“V 起了”的语义指向进行考察。

在符合条件的 252 个动词中，“V 起了”的语义指向有受事、结果、处所、工具、对象等。其中以指向受事、结果最为常见，在指向受事和结果的情况中，又有以下三种情形：一是只能指向受事（114 个），二是只能指向结果（55 个），三是既能指向受事，又能指向结果（58 个）。

（一）指向受事

因为“V 起了”所要表示的是完成义，动作一定要作用于某个客体，并产生一定的结果或影响，所以指向受事的数量最多。通过考察，我们发现只能指向受事的“NV 起了”可以分为以下几类：

1. 变化类

（1）状态变化类。

衣服理起了———→衣服变整齐了
椅子抹起了———→椅子变干净了
剪刀磨起了———→剪刀变快了
头发烫起了———→头发变卷了
鞋刷起了———→鞋变干净了
白薯烤起了———→白薯变熟了
沙发收拾起了———→沙发变整齐了

（2）位置变化类。

地雷埋起了———→地雷到地面下了
棉花塞起了———→棉花到袋子里了
水弄起了———→水到桶（水池）里了
垃圾扫起了———→垃圾到垃圾箱里了

大葱栽起了————→大葱到泥土里了

（3）认知变化类。

小说翻译起了　　电影看起了
作文批改起了　　口诀念起了
教室布置起了　　公式背起了
稿子审起了　　账单查起了
人数数起了　　图书登记起了
衣服挑选起了　　弹药补充起了
人名核对起了　　第一章读起了

虽然上述三类语义指向均为受事，但与（1）、（2）类不同的是，（3）类侧重强调认知方面动作的完成。

2. 从无到有类

电报拍起了　　物资准备起了
节目排起了　　年货办起了
龙井沏起了　　工厂办起了
午饭准备起了　　医院建起了

（二）指向结果

有一部分“NV 起了”只能指向结果，没有相应的受事或工具。如：

毛毯织起了　　*毛线织起了
山洞凿起了　　*石头凿起了
《空山鸟语》弹起了　　*胡琴弹起了
焦油炼起了　　*句子炼起了
饺子捏起了　　*橡皮泥捏起了
曲子弹起了　　*钢琴弹起了
白面推起了　　*碾子推起了
花边儿挑起了　　*丝线挑起了

（三）指向受事和结果

同时能指向受事和结果的“NV 起了”可以变化成“把 + O 受事 + V 成了 + O 结果”。

受事	结果
风景拍起了	电影拍起了————→把风景拍成了电影
水果配起了	拼盘配起了————→把水果配成了拼盘
砖铺起了	路铺起了————→把砖铺成了路
木头锯起了	家具锯起了————→把木头锯成了家具
衣服捆起了	行李捆起了————→把衣服捆成了行李
头发梳起了	辫子梳起了————→把头发梳成了辫子

鸡蛋腌起了　　　　咸鸡蛋腌起了————→把鸡蛋腌成了咸鸡蛋

需要指出的是，李临定（1990）指出：“双音节动词大多表示抽象行为，常用于书面或比较严肃的场合。”在可以进入动结式“V起了”格式的动词中，有47个双音节动词，而且大多双音节动词表示动作完成既可以加“起”也可以不加“起”，如：

文章批改起了	文章批改了
公文抄写起了	公文抄写了
会场布置起了	会场布置了
合同签订起了	合同签订了
草案拟订起了	草案拟订了

看似两者都能说，也都表示动作完成，但我们可以明显地感到，加“起”之后表达了对动作过程或结果完备程度的评价性说明，而且，加“起”后具备了［+持续时间较长］这一语义特征，如“文章批改了”，我们不知道这一动作持续时间长短，是否耗费精力，但如果说“文章批改起了”，一定表示这一动作耗费了较长时间，行为动作者下了许多工夫；另一方面，“文章批改了”对动作结果状态未作说明，而“文章批改起了”表示动作的结果让人心理上是感觉满意的。

三、“NV起了”和“V起N了”

A. 气球　吹　起了
　主　　谓
　　　—　—
　　　述　补

B. 吹　起　气球了
　述　宾
　—　—
　述　补

A句中，与动词相关的名词性成分作主语，只表示动作完成，也就是说，当名词性成分被选作话题放在“V起了”前面时，“起”只表示结果补语。“气球吹起了”只表示吹气球动作的完成并造成气球内充满空气鼓起的状态。而在B句中，如果将名词性成分放到“V起”之后，形成述宾关系时，若缺少语境或上下文等条件限制，往往会造成歧义现象。“吹起气球了”在大同方言中，既可能表示动作的完成也可能表示动作的开始。

B1. 他刚刚儿还在写作业，这会儿（现在）却吹起气球了。（动作开始）
B2. 他吹起气球了，都堆在墙圪落儿了。（动作完成）

上面A句和B句很好区分，两者不仅句法关系不同，而且A句主谓之间可以有一定的语音停顿，如：“气球，吹起了。”A句也可以变换成为“把”字句，“把气球吹起了”，“气球”已被话题化，“吹起了”则说明主体的状态和变化。而B句述宾之间结合得非常紧密，一般不可以有语音停顿。

造成B1和B2歧义的原因是趋向动词“起”在大同方言中既保留了趋向意义，同时又虚化出了结果意义。另外，B1和B2的计时起点不同，B1中“V起”的计时起点是动作的开始点，“吹”这个动作是持续的；B2中“V起”的计时起点是动作的结束点，“吹”这个动作已完成。我们可以认为“起”在大同方言中有这样一个发展路径：

开始
↑
引↑
申↑
↑　虚化
起：　　　趋向→→→→结束

区分 B1 和 B2，除了依靠一定的语境以外，还可以通过一些变换手段或设置句法槽来消除歧义。

B1 表示动作开始，如果将 V 和名词放入表示开始继续体“V 起 N 来了”这个语法槽中，则只表示动作开始。

B1. 吹起气球了（动作开始）————→吹起气球来了
打起毛衣了（动作开始）————→打起毛衣来了
纳起鞋垫了（动作开始）————→纳起鞋垫来了

B2 表示动作完成，所以可以在动词前面添加表示过去意义的“已经、早就、早已”等时间副词。

B2. 吹起气球了（动作结束）————→已经吹起气球了
打起毛衣了（动作结束）————→早已打起毛衣了
纳起鞋垫了（动作结束）————→早就纳起鞋垫了

此外，表示动作完成的 B2 可以用“V + 得/不 + 起”表示可能性，用“V + 没 + V + 起 + N”表示反复问。如：

B2. 吹起气球了（动作结束）————→可能式：吹得起气球/吹不起气球
————→反复问：吹没吹起气球?
打起毛衣了（动作结束）————→可能式：打得起毛衣/打不起毛衣
————→反复问：打没打起毛衣?
纳起鞋垫了（动作结束）————→可能式：纳得起鞋垫/纳不起鞋垫
————→反复问：纳没纳起鞋垫?

梁银峰（2006）指出，汉语趋向补语的语义演变呈现出“趋向意义 > 结果意义 >（> 时体意义）”的规律。大同方言中的结果补语“起”是由趋向补语进一步虚化来的，我们也可以认为“起”在大同方言中先于普通话完成了向结果补语的虚化。

参考文献

[1] 陈昌来. 动词研究的又一硕果——读《动词研究》[J]. 汉语学习，1996（2）.
[2] 陈祖荣. 浅谈动词的分类问题 [J]. 四川师范学院学报，1995（1）.
[3] 丁萍. 动结式“V 好”与“V 完”的比较研究 [D]. 上海师范大学硕士学位论文，2009.
[4] 关玲. 普通话“V 完”式初探 [J]. 中国语文，2003（3）.
[5] 胡裕树，范晓. 动词研究 [M]. 开封：河南大学出版社，1995.
[6] 陆俭明. “VA 了”述补结构语义分析 [J]. 汉语学习，1990（1）.
[7] 陆俭明. “V 来了”试析 [J]. 中国语文，1989（3）.

［8］梁银峰．汉语趋向动词的语法化［M］．上海：学林出版社，2007．
［9］吕叔湘．现代汉语八百词［M］．北京：商务印书馆，2010．
［10］孟琮，郑怀德等．汉语动词用法词典［M］．北京：商务印书馆，2005．
［11］马庆株．汉语动词和动词性结构（一编）［M］．北京：北京语言学院出版社，1992．
［12］马真，陆俭明．形容词作结果补语情况考察（一）［J］．汉语学习，1997（1）．
［13］马真，陆俭明．形容词作结果补语情况考察（二）［J］．汉语学习，1997（4）．
［14］邱广君．谈“V上”所在句式中的“上”意义［J］．汉语学习，1995（4）．
［15］申小龙．汉语动词分类研究述评［J］．绥化师专学报，1988（4）．
［16］张国宪．结果补语语义指向分析［J］．汉语学习，1988（4）．
［17］张敏．认知语言学与汉语名词短语［M］．北京：中国社会科学出版社，1998．
［18］周琴．述补式“V+好（了）”浅析［J］．淮阴师范学院学报，1999（2）．

附录：

能够进入大同方言“V起了”格式的253个动词

A 安、熬

B 剥、编1、编2、补、补充、背（背诵）、布置、摆、办1、办2、办3、办理、拌、包、掰

C 擦1、擦2、裁、采、采购、采集、查1、查2、缠、抄、抄写、炒、冲、筹备、锄、穿1、穿2、串、吹、搓

D 搭、打1、打2、打3、打4、打5、打6、打7、打8、打9、捣、点1、点2、叠、钉1、钉2、堆、对、读、堵、冻、订、登记、剁

F 发、翻译、缝

G 改1、改2、盖、干、割、耕、刮、滚1、滚2、裹

H 糊、划、画、换、和(huó)、核对

J 积累、挤、记录、加、煎1、煎2、剪、建立、浇、搅、校对、解、锯、卷、掘

K 砍、啃、捆、烤、看、考虑、扩充

L 拉(lā)1、拉2、拉3、拉(lá)、理、立、练、炼、量、晾

M 抹(mā)、埋、描、描写、磨(mó)、抹(mǒ)、抹(mò)、磨(mò)

N 弄、拟定、捻、碾、念、捏、衲

P 拍1、拍2、排1、排2、排3、排练、排列、耪(pǎng)、配、批改、劈(pī)、劈(pǐ)、拼、铺、泡、评

Q 沏、砌、签订、抢(qiāng)、切、清理

R 染、绕、揉、热

S 塞、扫、搜集、锁、筛、上1、上2、审、审查、生产、拾掇1、拾掇2、收1、收2、收集、收拾1、收拾2、梳、数、刷、涮1、涮2、晒、烧1、烧2、商量、设计

T 摊1、摊2、弹1、弹2、掏、淘、套、剔、剃、填1、填2、挑(tiāo)、挑选、调(tiáo)、挑(tiǎo)、涂、推、烫、谈、讨论、褪、拖

W 挖

X 选1、选2、选举、学、洗1、洗2、写1、写2、修1、修2、修3、修4、修改、修理1、修理2、绣

Y 腌、研究、轧、演、摇、印、预备、运

Z 蒸、招、治、总结、组织、栽、凿、造、作、做、扎、铡、炸、招、找、照、整理、组织1、组织2、制定、制造、种、煮、装1、装2、准备

•语言文字应用•

粤语区普通话教学的基本原则

高　然

（暨南大学汉语方言研究中心/中文系　广东广州　510632）

提　要　本文对粤语区内普通话教学所应包含的教学内容及其范围的确认及规定，教学语言的采用，课文词语句式等语言的选用，教学法的选用及其比例安排，具体教学方法的选择，教学辅助手段及其道具运用的建议，教师应有素质的提议等方面提出个人的看法和建议，以进一步明确粤语区普通话教学所应有的基本原则。

关键词　粤语区　普通话教学　基本原则

引　子

粤语区普通话教学有别于其他语言背景区域内的普通话教学，这是众所周知但又容易被忽视的问题。俗话说“量体裁衣，对症下药”，说的正是要知己知彼、有针对性地解决难题。因此，要搞好粤语区普通话教学，提高教学效果，就非得重视与加强研究粤语区普通话教学的自身特点和内在规律不可。本文正是从这个角度出发，挖掘、分析、讨论和归纳粤语区普通话教学在教学内容、教学范围、教学语言、教学形式、教学方法、教辅手段与材料、教师素质要求等方面所应有的基本要求。

一、教学范围

1. 普通话教学

普通话教学就是普通话口语教学，就是汉语口语教学，而非书面语教学、朗读朗诵教学、汉语拼音教学或方言式普通话教学等。普通话教学就是听说教学、口耳技能训练教学，其中又以“说”为主，“听”为辅，即以“开口说”、“动口”为主要学习目的与训练内容。学习者学习成功与否的唯一评判标准就是“听说”（其中又以“说”为主），而非“看”、“读”、“译”、“会意”等。普通话教学的中心围绕“听说”训练，课堂、教材一切以听说为重。换句话说，普通话课是技能训练（口耳技能）课，而不是普通话理论课，不是教师唱独角戏的课，而是全体受课者的口耳技能训练（操练）课。

2. 普通话教学所授内容的语言（语音、词汇、短语、句式、熟语、俗语等）

普通话教学所授内容语言（包括语音、词汇、短语、句式、熟语、俗语等）的选择要以中国内地普通话中心区域（以北京话为主的北方官话方言区）所使用的语言为标准，即现今在全国范围内流行比较普遍，较为固定、成熟的语言。普通话教材里应选用适当的古今较具口语性的典范的书面作品（包括唐诗、宋词、元曲、清诗词、现代诗歌、散文等作品）。从另一个角度上说，所选择的语言还应是：①口语词语句式等，而非书面语词语句式等（以“听说”为主）；②常用词语句式等，而非生僻词语句式等；③非方言色彩句式等。粤语背景人士学普通话的真正目的是将其应用于非粤语区，应用于中国内地以官话方言背景人士为主的非粤语背景人士中。在粤语区，粤语背景人士讲粤语就基本能满足交际。

3. 普通话教学所授内容（文化等）

普通话教学所授内容应以中国内地北方（官话方言区）为主的历史文化风俗民情为主要内容（与所授内容语言是一致的）。相对于粤语与粤文化而言，普通话与北方文化较之有不少差距，学语言必定得兼顾学文化，如此才能真正提高教学效果。相对于8 000万粤语背景人士来说，超过8亿官话方言背景人士的悠久历史文化风俗民情是值得重视和学习的，退一步说，光从交际角度来看，也是必须重视和学习的。

二、教学形式

1. 教学法的采用（口语教学法三分原则）

前人创造了各种言语教学法，但诸多方法中没有一种可以把言语教学方法的各种优点集于一身。较流行较常见的有“结构教学法”[也称“语法（或句型）教学法”]、“功能教学法”（也叫“交际教学法”）和“情景教学法”（也叫“话题教学法”）等。这三类教学法恰好适合言语教学中“言语训练”部分里的三个分支：①学说话（以功能或交际教学法为主，学习在不同背景、不同场合，针对不同对象等所需表达的恰当话语的教学法，以交际为目的，侧重“功能”作用）；②聊闲话［以情景教学法为主，学习在某些假定的特定环境（或背景或场合等）中所需使用的特定的语言的教学法，以情景为重，以话题为主］；③记句型（以结构或语法教学为主，通过词或短语或句型或惯用法等的模式扩展及其替换或转换练习等来学习语言，此种教学法类推性强，但学习过程较为单调）。这三种教学法各有各的优点、各有各的短处，因此应各占“言语训练”总教学量的三分之一，即“1：1：1”（不论课堂上或教材中）。这种三分的分配原则可称为“口语教学法三分原则”。

2. 口语教学形式（口语教学形式三分原则）

除了口语教学法三分原则外，口语教学形式也分三大类，可基本分配成三份，各占三分之一。这三类形式（或体裁）是：①言语训练（上已提及）；②语感积累［通过吟诵古今诗词曲赋，讲故事，讲寓言，学熟/俗语（惯用语、口头禅、成语、谚语、歇后语等）来学习以及积累言语材料，既增加语感、培养语感，又增强了对所习语言所包含的文化信息（知识）等的认识］；③言语游戏（通过玩言语游戏如哼儿歌、哼歌谣、念顺口溜、练绕口令儿、猜谜语、说笑话、唱歌曲、唱戏、演剧、配音、播音或主持节目等增强言语表达能力，提高言语表达技巧，培养学习热情和兴趣，而且也吸收相关的文化背景知识等）。这三类口语学习形式也是各有各的长处，各有各的缺陷，因此也应基本平均分配，各占总教学量的三分之一，也即“1：1：1”（不论课堂实践或教材中的安排）。上述三种形式中第①类“言语训练”较单调沉闷，第②类“语感积累”中性，第③类“言语游戏”较活跃好玩儿，因此三者按比例分配于教学教材实践中，可以有机地调节教学节奏，提高教学效率。

三、教学方法

1. 粤人学习模式

对有粤语背景的人士而言，绝大多数情况下，普通话并非闻所未闻之语言，而是或多或少都具备一定的汉字基础（粤语的书面语形式），而且粤语与普通话在某种程度上有一定的相似性，这些都是与非汉语系统语言背景人士（如外国人、外族人等）学普通话不同的。因此粤语背景人士学习普通话应重在“符合普通话表达习惯”，而不是学说貌似普通话实则粤语或第三种成分的“洋泾浜普通话”。因而在学习初始或低中级阶段，应尽量采用模仿普通话词语句式模式习惯等教学法（结构教学法为主），从而避免习得似是而非的粤味普通话（不光是语音的问题），尽可能习得“符合普通话表达习惯”的普通话。也正因为如此，粤语背景人士学习普通话的初、中级阶段不提倡开放式的free talk（自由交谈），因为在这个阶段学习者掌握的正确模式还不够，不足以用来free talk，交谈得越多，则错得越多；错得越多，则习得正确模式的机会就越少（教学时间十分有限）。在学习的中级后段或较高级阶段，待学生积累了一定的正确模式（符合普通话表达习惯），放开 free talk，效果自然显露。在初、中级阶段，适当的语言及内容封闭式 free talk 可在教师严格控制下展开（比如以某一正在学习的专题与语言为交谈材料，学习者在题内发挥）。

2. **口语学习的目的**

既然口语教学的目的是学说话，那么检验成功与否的标准就是看学生是否已学会所学内容，并且用正常的说话语速、自然的语气来说话和表达，而非朗读（或朗诵）腔，或拖腔拉调、一字一顿、拖泥带水等非正常自然腔调。口语教学中，形式内容较简单易学的，一开始就直接用正常语速、自然语气教学（包括轻声、儿化、语速、语气等）；课文形式与内容较繁复的可采用“朗读（咬文嚼字、咬牙切齿）$\xrightarrow{\text{反复练习}}$朗读（较正确及熟练）$\xrightarrow{\text{反复练习}}$说话（自然语气、正常语速）”模式进行教学，学生最终学到的是正常语速、自然语气语调的普通话。这些都需要教师从一开始就让学生养成习惯，而不能依靠学生自己去摸索。

3. **口语操练原则**

口语操练是口语教学的灵魂，是重中之重，要尽可能地让每位学习者（参与者）都参加进来。换句话说，在上一节有限时间的口语课里，需最大限度地让每位在场者参与。因此，大集体（全班或半班以上）同时操练是口语操练的最主要模式，但为了调节变换教学节奏，提高学习兴趣，可采用适当的“个人或小小集体（同桌 2 人组）或小集体（前后座 4 人组）或中集体（纵列小组至半班）”模式进行穿插交替操练。同一内容、同一主题可采用该模式组织学生反复操练，直至学生基本掌握所学内容。应尽量减少个人或小集体操练模式。

4. **教师提问原则**

教师上课提问是教学中很有效的手段之一，但不同于其他课程特点的是，口语课以学生开口操练为主，教师提问须以最精简的话语来换取学生尽可能多的回答，即教师少说话，学生多应答；教师问一句，学生答十句。不应倒过来，教师叽里咕噜说一大堆，学生只回答 yes 或 no。因此，该问哪些问题教师事前应有一定准备。

5. **表达能力的培养**

口语课不光要教授课文所含内容，也应教授学生在许多特定场合应有的特定的表达法或表达习惯，如在教室（课堂上）里回答教师提问或口头操练，都应训练学生在课堂（教室）这样的场合所需的表达能力，如音量的大小（能让教室里每位参与者都清楚地听到），说话时的语速快慢，咬字的清晰与否等，这些都是语言表达能力的一部分，是口语教学的一部分，应该引起授课者的重视而成为训练的重要内容。

6. **口语教学的 10 个 7：3**

（1）一节课中，教师用于组织教学（讲解、带读、评判、播放录音录像等）开口所占的时间不得超过总时间的 30%（即 10 分中的 3 分，也即≤3）；学生用于开口操练的时间不得少于 70%（≥7）。（学生是学习口语的主角，必须有足够的时间开口操练）

（2）一节课中，学生开口操练总量中朗读（诵）操练部分不得多于 3 份（≤3），用自然腔调、自然语速操练部分不得少于 7 份（≥7）。（自然语调语速是学习口语的终极目标）

（3）一节课中，学生聆听部分比例不得大于 3 份（≤3），开口练习部分不得少于 7 份（≥7）。（开口操练必须优先于聆听）

（4）一节课中，为了活跃课堂气氛，调节上课节奏的纯身体活动（如写、表演，不开口或少开口）比例不得多于 3 份（≤3），开口操练的比例不得少于 7 份（≥7）。（一切活动还是为了多开口）

（5）一节课中，学生口语操练中应允许有相当比例的错误出现而不必一一纠正，其允许出错比例一般不超过 3 份（≤3），准确比例应大于 7 份（≥7）。（一一纠正会花费过多的时间，而且也应通过磨合适应期来消灭或减少犯错）

（6）同一班级的学生在做口头操练时个人与小小集体、小集体（4 人以下）所占用时间比例不得大于 3 份（≤3），而大集体（或中集体）（4 人以上，如纵列小组、半班、全班）所占用时间比例应大于 7 份（≥7）。（应尽可能让更多的人参加操练，因个人或少数人原因所产生差异应由磨合适应期来消灭或减少）

（7）在教师提问学生这一活动中，教师提问的分量及时间等均不得占用总时间的 3 份以上（≤3），而学生回答问题的所占量与时间不得少于 7 份（≥7）。（应是教师问一句，学生答十句）

（8）在口语实操中，让学生自由发挥比例不得多于 3 份（≤3），让学生单纯模仿比例不得少于 7 份（≥7）。（初、中级阶段模仿是主要学习手段）

（9）教师讲解、说明过程中板书或呈现实物道具或身体动作等视觉提示（学生得使用眼睛看）比例不得大于 3 份（≤3），教师用口头提示（学生用耳听）比例不得少于 7 份（≥7）。（应尽量让学生紧扣口耳训练而非眼观）

（10）在口头操练课中，可通过书写方式或耳听背记方式记录教师的提问或教师出题，其中通过书写方式记录的比例不超过 3 份（≤3），通过耳听背记方式记录的比例不得少于 7 份（≥7）。（应尽量训练口耳，训练“听”、“说”）

四、教辅手段

1. 口语课教材（或各种媒体教材）

口语教学中教师是授课方面的核心角色，重要性胜于课本（教材），胜于任何多媒体手段。因为教师是口语操练活动的组织者，是学生开口操练的指挥者，教师与学生的关系就如同交响乐团中指挥与乐手们的关系，军训中教官与学员的关系。教师组织与指挥，学生进行实操，这是任何课本（教材），任何媒体手段都代替不了的。因此，口语课堂内，教师就是教师本人（尽量不用多媒体手段甚至少用纸质教材）；课外时，纸质教材或多媒体教材则替代教师充当教师角色。简而言之，课内教师是主角，课外则由教材充当主角。

2. 粤语辅助教学

粤语既是影响普通话的因素，又是帮助学习普通话的好帮手。粤语区普通话的教学应尽量利用粤语服务于普通话教学，如利用粤语讲解难点（比如许多用普通话解释也难以让人明白的语言现象文化历史背景等），用粤语—普通话对照方式做练习，做粤语—普通话对译练习，用粤语作提示语做练习等。巧用、善用粤语来教普通话是必要的，而且是十分有效的。这是粤语区普通话教学中的针对性手段之一，应重视并加以利用。此外，有粤语基础的教师更可研究粤普之间语言的异同，更好地、更有针对性地解决教学难题。

3. 视觉辅助手段

口语教学中应将教学注意力集中于“听说”（口耳方面），除非实际有效或需要，口语教学应尽量减少视觉方面的辅助教学手段（如课本、教材、挂图、工作纸、录像、教具等），应以口耳教学为主，多说多听，少看少读（如本部分第 1 点所谈，“读”与“看”的应放在课外）。

4. 课堂内扩音器（话筒）的使用

口语教学课中，教师应少用扩音器（咪）或不用（较大型场所另论）。在口语教学中，教师虽是学生实操的组织者与指挥者，但不应该是“上”对“下”的关系，也不是“教”与“学”的关系，而是处于平等位置上的平等关系。口语教学活动应该是平等的口头交流（交际）活动，一切组织与指挥都是隐形的、暗中的。教师的“主角”不过是较学生先行一步，用尽可能少的话语、简明的解释、清晰的引导和热情的鼓励，使学生在该活动中努力多开口、多练习，一切以“平等对话”为基础，而扩音器却容易破坏这种平等基础。

五、其 他

1. 汉语拼音教学

就实用性而言，汉语拼音教学是必需的，如学汉字、学普通话、电脑信息汉字输入等都需要，但学时需控制，课堂需精简。以每节课 1 小时为例，汉语拼音教学总课程量应不超过 12 课时。小学生或文化基础较差的成人连认带写（包括分词连写）的学习总时间不超过 12 课时；中学生不超过 10 课时；成人不超过 8 课时，或教师可酌情微调，但总量依然在 12 小时以内。无边无际的汉语拼音教学永远也教不会说普通话。

2. 教师的楷模作用

在口语教学中，教师是授课的主角，教师的口头表达（包括口音、准确度、流利度、生动度等）及其相关行为举止都是学生的模仿目标。换句话说，教师就是口语模特儿和上课期间学生的模仿对象。因此，普通话教师个人的普通话表达水平应着意提高，与语言相应的文化背景知识的认知水平也得相应提高，知识面得拓展，当好模特儿，以提高普通话教学效果。另外，适当的基础语言学知识、汉语语言学常识、粤语语言学常识等也都应成为教师当好口语模特儿的重要基础。

3. 口语教材编写原则

口语教材编写，应充分考虑，如何能在课本（教材）如此有限的空间里，在口语课程如此有限的时间里，安放进尽可能多而且有用的内容，教授尽可能多而且确实有效的东西。这便需要充分了解学习者需要教师或教材的真实意义：正因为通过自学难以习得某些语言信息，而且通过自学操练效果大都不如上课集体操练，还有自学大都缺乏系统性等缺陷，因此学习者需要教材与教师。编写教材，该教什么，该怎么教，统统都得充分考虑，不能把教什么、怎么教的任务推给任课教师，而是必须事先已在教材中把这些考虑清楚。

参考文献

[1] 中国社会科学院语言研究所词典编辑室．现代汉语词典［M］．北京：商务印书馆，1996.
[2] 束定芳，庄智象．现代外语教学［M］．上海：上海外语教育出版社，1996.
[3] 高然．对粤港澳普通话教程（第 2 版）［M］．北京：北京大学出版社，2010.
[4] 高然．粤语区适用普通话口语（第一册/第二册）［M］．香港：普通话研习社，2010.
[5] 高然．粤语区普通话口语教学的易与难［J］．（澳门）粤语研究，2011（9）.

广州市城市日常称呼语调查研究

董国保　招茵茵　于　姗　李蔓铃　薛莹莹

（暨南大学汉语方言研究中心/中文系　广东广州　510632）

提　要　本文从社会语言学及语言应用的角度出发，针对广州市日常称呼语的使用、发展情况进行调查研究。在调查的过程中，发现日常称呼语在使用过程中存在着泛化、多元化、正式化，以及与礼貌用语融合，对等式称呼和非对等式称呼并存等现象，这体现了社会制度、人际关系、交际场合、交际动机、说话人的态度等非语言因素对语言本身的影响。

关键词　称呼语　广州　非语言性语境因素　语言

一、引　言

称呼语，指人们当面招呼对方时使用的名称，是礼貌用语的重要组成部分，也是人类社会中使用最广泛的语言形式之一，具有保持、加强，甚至建立人际关系的作用。本文主要探讨非语言性语境对称呼语使用的影响。非语言性语境，指某一话语结构表达某种特定意义时所依赖的各种主客观因素，包括时间、地点、场合、话题、交际者的身份、交际目的、交际内容、交际方式、文化背景及各种与话语结构同时出现的非词语符号。可以说，称呼语的使用是社会文化、语用功能、心理情感等多种因素与语言符号的融合过程。其用法灵活多变，能适应多种非语言性语境因素的变化。

汉语的称呼系统十分繁杂，本文在称呼语的分类上参考的主要是祝婉谨先生的六分法：

> 祝婉谨先生参照欧文—特立普的研究模式，在她所著的《社会语言学概论》里，把汉语称呼语分为六大类：（一）亲属称呼语；（二）特殊亲属称呼语，指可用于非亲属关系的亲属称呼语，如叔叔、阿姨、伯父、伯母等；（三）姓名，包括全名、学名、小名、别名、老/小/大+姓等；（四）通用称呼语，指广泛用于同一社会范畴内各成员的称呼语，如同志、师傅、先生、老板等；（五）职衔，指职位、职务、职称或头衔；（六）零称呼语，指用受话人所从事的职业名称或描述正在进行的活动来呼唤对方，或发话人不称呼对方直接发话。①

本次调查研究采取自然科学的受控实验方法，根据语用学和社会语言学理论，以广州市日常称呼语为研究对象，共发放问卷600份，回收有效问卷446份（其中100份为针对公务员的问卷），回收率74.3%。

通过对称呼语在日常生活使用中的特点和规律进行论述和分析，探讨相关的非语言性语境因素对称呼语的影响。称呼语在日常生活中种类多样，并被广泛使用。在此次广州市日常称呼语的调查研究中，有几个现象值得我们关注。

二、称呼语的泛化

称呼语的泛化，指用具有一定社会关系特征的称呼语称呼不具有这种社会关系特征的人。通过对广

① 转引自：高莉琴．正在流行开来的一种称呼语——名的第一个音节+职衔［J］．语言与翻译，1998（2）：15~17.

州日常称呼使用情况的调查以及数据的分析，其泛化又可分为亲属称呼语的泛化和通用称呼语的泛化。

（一）亲属称呼语的泛化

亲属称呼语，指以血缘关系或亲缘关系为依据，按照长幼辈分相称的称呼语。由于几千年来封建社会的传统，特别是宗法制度的影响，汉民族十分重视亲属血缘关系，这不仅导致亲属称呼系统十分复杂，而且对称呼语的使用也很严格。因此，用“叔叔”、“阿姨”、“伯伯”、“伯父”、“伯母”等亲属称呼作为公共场合的社交称呼，其本身就是称呼语泛化的一种形式。

随着社会的发展，“叔叔”、“伯伯”、“哥”、“姐”等亲属称呼已广泛使用于日常交往中。在调研所涉及的对菜市场摊贩的称呼中，以亲属称谓相称的被访者有178人，他们都与菜市场摊贩没有直接亲属关系，且仅有一部分在辈分上应该称呼“阿姨”或“大姐/大妈”等。处在社会较低阶层的菜贩，因其工作与日常生活的密切联系、社会地位等原因，大部分人会对他们使用亲属称呼，且并不需要区别对方年龄大于自己或小于自己。在委托办事的场合，也会出现这种现象，说话者对被委托人除使用职位性称呼外多使用亲属性称呼。大部分被委托人的年龄、地位、所处阶层均高于说话人。由此可见，无论所处阶层、社会地位高低、是否具有亲属关系，亲属性称呼语都是广泛被使用的。

这些亲属称呼语在交际中起到了使交际双方感到亲近、缩小双方的心理距离的作用，其泛化也与中国人在言语交际中的喜欢“套亲情近乎”的民族心理有关。同时，也体现了说话人对被访者的尊重，展现了在社会发展过程中人们文明礼貌程度的提高。

（二）通用称呼语的泛化

通用称呼语，指广泛用于同一社会范畴内各成员的称呼语，如“同志”、“师傅”、“先生”、“老板”、“小姐”等。由于交流的频繁和一些礼仪场合的需要，部分称呼语在广州的日常应用中呈现出明显的泛化趋势。

1.“老板”称呼语的泛化

改革开放时期，“老板”就被赋予了有钱的成功人士的身份象征意义。近年来，人们不仅称呼私营工商业主和雇主为“老板”，自主经营的个体户、小商贩也都被冠以“老板”的头衔，国有、集体工商企业的负责人，甚至大学中的研究生导师也不例外。在本次调查中，发现日常生活中的买卖双方都有互称老板的情况。例如在某商店购买东西时，顾客：“老板，请问一瓶白醋多少钱?”店主：“五块钱一瓶。”这里的“老板”是对店主的称呼。还有这样的情景，店员对顾客说：“老板，请您看一下，这是我们最新购进的产品。”这里的“老板”则是指顾客。这在服务业中尤为明显，在一般的消费场所中服务员对顾客也会使用“老板”的称呼。这类例子生活中比比皆是，可以看出“老板”这个称呼语的使用情况已和以前不一样了。

“老板”称呼语的泛化，反映了市场主体希望得到尊重的心理需求及对个人价值被承认的渴望。这种赞赏性的称呼，在一定层面上抬高了对方，拉近了情感上的差距。同时，随着社会、经济飞速发展，人们的传统价值观念和追求取向发生的极大的变化，也折射出当下人际关系功利化、称呼语简单化的发展趋向。

2.“靓仔/女”的泛化

随着时代的发展，人们对于美的追求愈发强烈。“靓仔/女”作为粤方言区较有代表性的赞赏性称呼语被广泛使用。在日常买卖交易中，商贩对顾客的称呼，在熟识前后的调查结果所呈现的现象比较一致：称呼“靓仔/女”的为多数，均有超过半数的被访者选择这一选项。在高级场所和一般场所，消费者对服务员称呼使用“帅哥/美女/靓仔/靓女”最多，分别为31.2%、53.5%；在消费者对服务人员的称呼中有35.7%的广州本地人会使用“靓仔/女”一类称呼语，而居住三年以内的消费者有超过45.1%的人会使用。在委托办事的场合中，如在广州的政府工作部门以“靓仔/女”称呼来办手续的人达到12.8%，仅次于“先生/小姐”和“不称呼”。而且该称呼语的使用对象的年龄范围已由年轻人扩展到中年人，适用于日常生活的很多场合。

通用称呼语泛化这种现象，既在一定层面上抬高了对方，又缩小了人与人之间的社会距离，这也是

“靓仔/女”被广泛使用的原因之一。近年，伴随其在人们交际中的高频使用及使用范围的逐步扩大，“靓仔/女”原有的评价性功能已不再突出，可以说，其意义已偏重于“仔/女”而非“靓”。通用称呼语的泛化，深刻反映了几千年来人们传统伦理观念的突破、社会转型时期人们的价值观念和思想观念的变化与解放，真实地折射出了语言与社会文化和政治历史背景之间的密切关系。

三、称呼语的简化

通过分析问卷，我们不难发现，在如何称呼上级时，许多被调查者填写了“某总、某局、某处、某工、某导”这类“姓氏+职务首字”的简称。这类简称简约经济，非常便捷，为大众所接受。但是某一些称呼又不能被简化使用，例如“某主席、某省长、某主任、某乡长”等这类称呼，就不能简称为“姓+职务首字”的形式。对于此种情况，我们分别从社会语言学、应用语言学以及语法规范等角度加以研究。“姓+职务首字”的简称其实是称呼语中的缩略语。[①] 这类称呼是为了适应人们言语交际上的一种特殊需要而产生的，例如“某总”和“某总经理”去掉“经理”、“某处”与“某处长”相比去掉“长”字在表达效果上就很不一样，这大大拉近了交谈双方的距离，既简短经济，又显得亲切随和，并且不会显得不尊重。此外它们在语法上也符合规则，这类词都是双音节的复指词组，两个字之间都是名词性的修饰关系。这些称呼的出现反映了生活节奏越来越快的当代社会，“经济原则[②]”开始贯彻到语言交际中来，当然这也是人们的简约性心理[③]作用的一种结果。至于“某省长、某乡长、某主任、某主席”等一类称呼不能简化为“某省、某乡、某任、某席”则有以下几点原因：①就“某省长、某市长、某乡长、某镇长”而言，没有简化是因为“省长、市长、乡长、镇长”这类词语是以“行政区划+长”构成的，当其简化后就是表示行政区划，而非“处、局、厅、部”等表示部门单位级别的词。②就“主席”、“主任”等一类词而言，其含义的构成不是“部门单位+长”类型的，“主”和“任”分开后不表示职位的含义，两字只有合用时才能表达一个完整的意思，因而不能简化为一个字来表示，类似词语还有“经理、主管”等。而“处长、部长、局长”等词去掉“长”字后能独立完整地表达出其代表的称谓的性质，故而可以简化。

四、称呼语的多元化

随着社会的发展、文化观念的变革，称呼语的多元化成为一种不可避免的趋势。从这次对广州地区称呼语的调查来看，称呼语的多元化主要表现在三个方面：

（1）来源的多元化，指称呼语的语种来源并不是单一的普通话或粤语。从笔者事先收集到的和被调查者提供的称呼语来看，这些称呼语有来自普通话的，如“先生”、“小姐”、“阿姨”等；有来自粤语的，如“靓仔”、“靓女”、“老细”等；也有来自英语的，如“Uncle”、“Miss”，以及各类作为昵称的英文名。

（2）语项的多元化，指称呼语并不是只有唯一的职衔称呼或其他称呼类项（如“某经理”、“某主管”、“某科长”），而是亲密性称呼（“小/老+姓”或“姓名”）、通用称呼语（“先生/小姐”）及职衔称呼语等多种称呼语共存的。

（3）使用对象的多元化，指称呼语使用范围的扩大，由原先的单一对象扩展到多个对象，如“先生/小姐/老板”等通用称呼语。随着我国改革开放的继续深入、加入WTO，大批外企不断涌入，大量人员出国归来，使中西文化在碰撞中融合，现代社会的文明程度也越来越高，平等原则和情感原则正在逐渐取代等级原则，成为现代汉语称呼语使用的基本原则。从这个角度来说，称呼语的多元化趋势已经

---

① 缩略语：汉语中为便利使用，由较长的语词缩短省略而成的语词。

② 指的是将较长的称呼语简化，即简称。

③ 简约性心理，指某些人为了简便，将称呼简化的心理。

形成并将继续发展。

五、对等式称呼和非对等式称呼并存

对等式称呼指交际双方使用相同的或同一层级的称呼语，如相互直呼姓名；非对等式称呼指交际双方使用的称呼语则有所不同，如一方直呼对方的名字，另一方则用头衔加姓氏的称呼语。对等式称呼和非对等式称呼的差异反映出交际双方的社会地位关系或交际双方希望维持的社会地位关系。

这种现象在职场中尤为明显。

职场领域本身特有的商业性、功利性特点，决定了人们在职场交际中称呼对方时，首先考虑的是交际对象的职位高低和交际场合的正式与否。在汉语中，职务称呼是个非常普遍的现象，因为职务意味着一定的职权和管理范围，同时职务称呼语呈褒义或拔高趋势。被访者中61%以上的人都选择了职衔称呼，可见年龄不是最重要的，重要的是被称呼对象的职位与职权。在称呼年长上级时，除了选择职衔称呼的人数比例比称呼同辈上级略有增加外，选择亲密性称呼和通用称呼的人数比例与称呼同辈上级相比都有所下降。选择职衔称呼，反映了人们对处于该位置的人所持有的尊敬态度，而在更多的成分上反映的是中国封建农耕社会的官本位思想。当问到上级平时是如何称呼自己时，67%以上的被调查者选择了“小/老+姓”或“叫名字”等亲密性称呼，16.7%的人选择“姓+名”这类全称，13%的人选择了职衔称呼。在上下级的称呼对比中，可以看到一种明显的不对等性。职场上，在上级居高临下的情况下，隐含着一种主动与被动、控制与被控制的权力关系。下级称呼上级是被动的，他的称呼要体现出对上级的尊敬，所以多以职衔称呼上级；而上级称呼下级时，则要显得亲切、随和，因为他掌握着这个称呼关系的主动权，所以称呼下级时多使用较为亲密的称呼。

布朗和吉尔曼曾提出了支配人们使用称呼语的两个隐性社会关系原则——等同和权势。① 关于“权势”，祝婉谨先生在《社会语言学概论》中指出：“如果一个人能够控制另一个人的行为，他对这个人便拥有权势。”② 权势反映的是一种非对称性的社会关系，而这种非对等式的称呼也主要体现在上下级的称呼上。人际交往的性质决定了任何人说话都是出于一定的心理需要的，或者说是有一定的语用目的和语用动机的。所以在称呼上级时，下级出于“媚上”的动机，往往会使用职衔称呼，并希望以此造成对方心理上的优越感，以期达到交际成功的目的。而上级在称呼下级时，由于其职务较高，有着一定的优势，在话语上掌握着主动权，并不一定需要使用职衔称呼，相反，他的称呼会比较随和、亲切。就是这种称呼的不对等，体现了上级对下级的权势。

“等同”则是另一个重要的关系原则，它“暗示着人们之间的共有和一定程度的亲近”③。这种等同关系原则主要体现在同事之间的对等式称呼上。调查中发现，在被问到与同事之间的称呼时，大多数被调查者都选择了“小/老+姓”或“直接叫名字”这类对等而又显得亲密的称呼。

六、称呼语的民族性和区域性

称呼语的民族性、区域性，主要着眼于同一个社会关系的称呼表述在不同的民族、不同的地区是否不一样、如何不一样、为什么不一样，或者说，关注一下民族或区域的称呼语的特色。

（一）民族性

中国自古就有“礼仪之邦”的美名，重礼节是中国文化的传统。所以，受中国原有的文化传统的影响，中国文化的封闭性和尊卑有序的文化心理定式，导致了“贵贱有等、长幼有差、贫富轻重皆有称”的等级观念。这种传统的等级观念和等级原则并没有因为中国的封建制度的瓦解而销声匿迹，几千

① 张林玲．权势与等同：师生称呼语的社会语言学研究［J］．外语艺术教育研究，2007（1）：29～32.

② 转引自：张林玲．权势与等同：师生称呼语的社会语言学研究［J］．外语艺术教育研究，2007（1）：29～32.

③ 转引自：张林玲．权势与等同：师生称呼语的社会语言学研究［J］．外语艺术教育研究，2007（1）：29～32.

年传统的伦理道德观念已经深深植根于国民心里。而这种伦理道德观念就是称呼语的民族性，表现为称呼语的等级性及国人遵守的称呼原则——贵贱有等、长幼有差、贬己尊人，这在职场、消费场所、社交场合和委托办事场合皆有体现。现以职场中的称呼为例，作具体说明。

由于上下级之间的权势差距，他们使用的称呼语不在同一个层次上。鉴于上级是自己的领导，下级在称呼他们时会使用抬高型称呼，以博取上级的好感；而上级在称呼下级时，由于自己所处的地位，不会使用抬高型称呼，而是用友好型称呼来维护自己的权威。

（二）区域性

广东是改革开放的先驱，毗邻港澳，地理位置优越，经济发达，交通便利，有着自己独特的地区文化——粤文化。海外侨胞众多，有“洋背景”的人较多。而广州作为广东的省会，是岭南地区的政治、经济、文化中心，更是重中之重。广州汇聚了来自全国各地的形形色色的人以及海内外人士，各种文化碰撞、融合。马克思主义认为：意识是对客观世界的能动的反映。粤语除了语音、词汇与普通话有很多不同外，在称呼语上也很有特色。广州的这种地区特色也就能动地反映到了称呼语上。比如消费场所经常使用“靓仔/女”或“唔该”，外地人也习惯使用此类赞誉性称呼语。这反映了粤文化向外辐射带来的重要文化影响力，使得外来人口熟知并积极使用此称呼语。另外，这也是外来人群极力融入本地文化的一种体现。简而言之，入乡明俗，而后随俗。称呼某位同事，有可能会直接使用粤语里的“阿生”；当称呼别人为先生时，会省去“先”字，而称“姓＋生”，如“杨生”；在称呼长辈时，会使用英语称呼系统里的“Uncle”等外来词汇；在称呼亲密朋友时一般场合多会用“阿＋名”等。可以说，广东的这种包容开放的文化与特殊的历史地理背景，正好成就了称呼语的地区特色。

七、称呼语“正式化”及与礼貌用语的融合

（一）高档消费场所称呼语的“正式化”

在广州的高档消费场所，71.4%的服务员会称呼消费者为“先生/小姐”，而在一般性消费场所仅占46.1%，“先生/小姐”一类极为正式的称呼语在广州高档消费场所使用率明显要高。这是由于高档场所的服务员面对层次较高的顾客群，需要使用更为客气且富有涵养的称呼语以示尊重。而“先生/小姐”等称呼语刚好满足了这个称呼的需求。

（二）委托办事场合称呼语的“正式化”

在委托办事的场景中，“先生/小姐”的使用比例最高，其次为表示尊重的称呼代词“您”。这表明被调查者比较倾向于选择正式、礼貌的称呼用语。这可能是由于政府部门作为行政机关，是正式、严肃的场合。另外，拜托别人办事时，为了办事顺利，选择“先生/小姐”或“您”更能显示恭敬和庄重。这表明，在委托办事场合下，称呼语的使用也趋于正式化。

（三）礼貌用语和称呼语的融合趋势

以“唔该”一词使用为例，它作为粤方言区的“称呼语”，用于引起别人注意，有麻烦、谢谢的意思，是一种礼貌用语。根据调查发现，在广州，“唔该”作为称呼语的使用率很高，仅次于“靓仔/女”；使用范围覆盖很广，包括消费场合和委托办事场合等。由此可见，“唔该”作为礼貌用语，由于人们日益趋向简单方便的称呼心理，逐渐被广泛当作称呼语来使用，出现了礼貌用语被“称呼语化”的趋势。因此，我们可以发现礼貌用语与称呼语有渐趋融合的趋势，并且这种趋势不断加强。

八、结　语

恰当的称呼，是成功交谈的一半。但生活中的称呼语复杂多变，尤其在中国，如何恰当、得体地使用称呼语已成为人们日常交际的难题。对称呼语的研究，有助于加深人们对称呼语的了解，提高人们对

称呼语的驾驭能力；同时有利于促进文化交流，增进彼此间的友谊；对语言学教学和国家语言政策的制定也具有相当高的参考价值，此外，还将丰富和深化语言学及其他学科（如社会学、文化学）的相关研究。

参考文献

[1] 陈原. 社会语言学［M］. 北京：商务印书馆，2000.
[2] 陈松岑. 北京城区两代人对上一辈非亲属使用亲属称谓的变化［J］. 语文研究，1984（2）：43～49.
[3] 宋云，赵速梅. 浅谈称呼语在职场中的使用及相关因素［J］：合肥工业大学学报，2009（3）：106～108.
[4] 张林玲. 权势与等同：师生称呼语的社会语言学研究［J］. 外语艺术教育研究，2007（1）：29～32.
[5] 孙飞凤，林晓英. 论汉语称呼语——汉文化中某些观念持续性的折射［J］. 绵阳师范学院学报，2008（3）：100～103.
[6] 虞忠. 社交称呼语的人文属性［J］. 语文建设，2004（4）：14～15.
[7] 赵英玲. 论称呼语的社交指示功能［J］. 东北师范大学学报（哲学社会科学版），1997（1）：76～80.
[8] 张雪峰. 通用称呼语中“先生”与“小姐”的命运［J］. 科教文汇，2008（中旬刊）：172～173.
[9] 刘玲芳. “美女”作为称呼语的泛化［J］. 现代语文，2008（4）：98～99.
[10] 唐亚琴. “老板”称呼语泛化的原因分析［J］. 湖南医科大学学报（社会科学版），2010（3）：99～100.
[11] 曹炜. 现代汉语中的称谓语和称呼语［J］. 江苏大学学报（社会科学版），2005（3）：62～63.
[12] 金君卫，汪健. 汉语请求行为中称呼语的语用分析［J］. 池州师专学报，2007（4）：92～93.
[13] 高莉琴. 正在流行开来的一种称呼语——名的第一个音节＋职衔［J］. 语言与翻译，1998（2）：15～17.
[14] 张妙霞. 民族文化心理及其在英汉称呼语中的映射［J］. 中北大学学报（社会科学版），2010（3）：66～68.
[15] 吴洁仪，李城. 论汉语社交称呼语的类型［J］. 湖南科技学院学报，2005（8）：113～115.
[16] 朱新平. 通用称呼语的历史变革及其意义［J］. 甘肃科技纵横，2005（1）.

•词典学与汉语史•

北朝五史所见辞书未收词语考释[①]

王彦坤

（暨南大学中文系　广东广州　510632）

提　要　通过对《魏书》、《北齐书》、《周书》、《隋书》、《北史》五书的穷尽性梳理，发现其中有不少词语为《辞海》、《辞源》（修订本）、《汉语大词典》等大中型语文辞书及简修炜主编的《北朝五史辞典》所漏收，时贤相关论著如江蓝生《魏晋南北朝小说词语汇释》，蔡镜浩《魏晋南北朝词语例释》，王云路、方一新《中古汉语语词例释》，刘百顺《魏晋南北朝史书语词札记》，方一新《东汉魏晋南北朝史书词语笺释》等也未涉及。今选择25例，进行考释。

关键词　北朝　史书　词语　考释

下面考释的25个见于北朝史书之中而为辞书漏收的词语，根据汉语拼音字母的顺序排列。所引北朝史书证，其后括号内的数目字，代表中华书局标点本（《魏书》，1974年版；《北齐书》，1972年版；《周书》，1971年版；《隋书》，1973年版；《北史》，1974年版）之页码。

1. 惩肃

惩戒。《魏书·刑罚志》："此而不诛，将何惩肃！"（2887）《周书·宣帝纪》："但欲威之以槚楚，期之于惩肃，义方之教，岂若是乎？"（126）《隋书·高祖纪下》："诸有殿失，虽备科条，或据律乃轻，论情则重，不即决罪，无以惩肃。"（41）同书《刑法志》："枭首轘身，义无所取，不益惩肃之理，徒表安忍之怀。"（711）又："诸有殿失，虽备科条，或据律乃轻，论情则重，不即决罪，无以惩肃。"（714）同书《斛斯政传》："若同常刑，贼臣逆子何以惩肃，请变常法。"（1622）

按：《广韵·屋韵》："肃，戒也。"故惩肃犹言惩戒。

2. 慈养

爱护养育。《魏书·释老志》："朕为民父母，慈养是务。"（3038）

按：《说文·心部》："慈，爱也。"故慈养犹言爱养。《旧五代史》卷10《梁书·末帝纪下》："王者爱育万方，慈养百姓，恨不驱之仁寿，抚以淳和。""慈养"与"爱育"对文，义与爱育亦同。《汉语大词典》已收"爱养"、"爱育"二词，均释"爱护养育"，视之为并列结构，甚是，可从。又收有"慈育"一词，乃释曰"仁慈抚育"，则未达一间。

3. 粗险

粗暴邪恶。《魏书·陆希质传》："子珣，字子琰。开府参军。次瑾，字子瑜。性并粗险，乃为劫盗，珣、瑾俱死。"（916）同书《郑尚传》："贵宾异母弟大倪、小倪。皆粗险薄行，好为劫盗，侵暴乡里，百姓毒患之。"（1248）又《裴谭传》："谭，粗险好杀，所乘牛马为小惊逸，手自杀之。"（1567）《苻登传》："丕族子登，字文高，粗险不修细行，故坚弗之奇也。"（2079）《北齐书·段孝言传》："富商大贾多被铨擢，纵令进用人士，咸是粗险放纵之流。"（215）

按：《玉篇·阜部》："险，邪也，恶也。"粗险意指不但粗暴，而且邪恶，故每被视为薄行，如上

① 本文系教育部人文社会科学研究规划基金项目"晋南北朝十一史所见辞书未收词语考释"（项目编号：08JA740021）阶段成果。

《魏书·郑尚传》例。《梁书·夏侯夔传》亦曰："课弟谣，少粗险薄行。"又《汉语大词典》有"麤险"条，释义为"谓遣词造句粗豪奇险"，与此不同。《晋书辞典》也有"粗崄"条，释为"粗鲁阴险"，笔者以为阴险与粗鲁牴牾，似未妥。

4. **断别**

判断辨别。《魏书·羯胡石虎传》："至于降城陷垒，不复断别善恶，坑斩士女，尠有遗类。"（2050）

按：《荀子·富国》"故为之出死断亡以覆救之"。杨倞注："断，犹判也。"断别犹今言判别。

5. **功报**

因功德而得到的好报。《魏书·释老志》："弟子积薪焚其尸，骸骨灰烬，唯舌独全，色状不变。时人以为诵说功报。"（3032）

按："功报"构词方式与"善报"相类，义亦相近。《汉语大词典》释"善报"为"谓做善事而得到的好报"，可参。又，"功报"在《晋书》中尚有"论功报赏"义。《晋书·刘毅传》"既以在官，职有大小，事有剧易，各有功报，此人才之实效，功分之所得也"，又《潘岳传》"故悬以禄利，许以功报"，皆其例。至于《晋书·庾峻传》"官高矣，而意未满；功报矣，其求不已"之"功报"，则是主谓短语，而不是词。

6. **忽弃**

忽视废弃。《魏书·元孝友传》："广继嗣，孝也；修阴教，礼也。而圣朝忽弃此数，由来渐久。"（423）

按：此"忽弃"为并列结构近义复词。"忽"非"忽然"义，从下文"由来渐久"可知。他例如《晋书·王濬传》："中诏谓臣忽弃明制，专擅自由。"

7. **奖导**

勉励诱导。《魏书·冯诞传》："十八年，高祖谓其无师傅奖导风，诞深自诲责。"（1821）

按：《广韵·养韵》："奖，劝也……厉也。""厉"为"励"古字。《说文·力部》："劝，勉也。"故"奖"有勉励义。又《论语·为政》"导之以政"，皇侃疏："导，谓诱引也。"故奖导犹奖诱。《汉语大词典》释"奖诱"为"勉励诱导"，甚是，可从。他例如《晋书·职官志》："《书》曰：'唐虞稽古，建官惟百。'所以奖导民萌，裁成庶政。"

8. **降除**

谓缩短除丧服之时间。《魏书·礼志三·丧服上》："今既依次降除，各不废王政，复何妨于事，而犹夺期年之心。"（2784）

按：此"降"谓降低、减少，"除"指除服（指脱去丧服，不再守孝）。北魏太和十四年，文明太后崩，孝文帝欲为太后守丧三年。大臣数谏，固请公除（指帝王身负国事之重，因公权宜礼制而除丧服）。帝终折中，望服终期（一周年），内外众臣也悉依次随降。大臣游明根又请逾年即吉（除丧服），帝乃有此言。《汉语大词典》已收入"降除"条，唯其义为"降授，贬职"，与此不同。又《晋书》亦有"降除"用例，《武帝纪》咸宁五年："大赦，降除部曲督以下质任。"此"降除"谓停止，废除。比照同纪泰始元年："罢部曲将长吏以下质任。"此之"降除"犹彼之"罢"。"降"或释"止"，如《庄子·外物》"天之穿之，日夜无降"，成玄英疏："降，止也。"则此"降除"为同义复词。

9. **禁勒**

禁制，约束。《魏书·献文六王传上·高阳王雍》："而于忠身居武司，禁勒自在，限以内外，朝谒简绝。"（555）同书《卢度世传》："度世乃禁勒所统，还其俘虏，二境以宁。"（1046）又《卢渊传》："又水旱之运，未必由兵；尧汤之难，讵因兴旅？颇丰之后，虽静有之，关左小纷，已敕禁勒。"（1049）

按：《说文·革部》："勒，马头络衔也。"即带嚼子的马络头。其作用在于方便控制、驾驭马，引申之便有了抑制、约束义，故《玉篇·力部》曰：“勒，抑勒也。”《资治通鉴·宋纪十三》“勒军中不得妄动”，胡三省注：“勒，约勒也。”他例如《晋书·王猛载记》：“猛下车，明法峻刑，澄察善恶，禁勒强豪。”

10. **经综**

治理，管理。《魏书·源子恭传》：“今诸寺大作，稍以粗举，并可彻减，专事经综，严勒工匠，务令克成。”（934）同书《王肃传》：“自鲁阳至于京洛，行途丧纪，委肃参量，忧勤经综，有过旧戚。”（1410）又《崔鸿传》：“鸿经综既广，多有违谬。”（1505）《北史·源子恭传》：“明堂、辟雍并未建就，子恭上书，求加经综，书奏，从之。”（1031）同书《杨愔传》：“及居端揆，经综机衡，千端万绪，神无滞用。”（1504）

按：经本义为“织从丝”（见《说文·糸部》），综古义为“持丝交”（见《玉篇·糸部》），原均指织布之事，比喻引申，又皆可表示治理之义。如，《文选·张华〈女史箴〉》：“在帝庖羲，肇经天人，爰始夫妇，以及君臣。”张铣注：“经，治……言伏羲始治天下，于是立夫妇、君臣之道也。”同书《班固〈汉书述高纪〉》：“股肱萧曹，社稷是经。”李周翰注：“经，理也。”又，《文选·何劭〈赠张华〉》：“私愿偕黄发，逍遥综琴书。”李周翰注：“综，犹理也。”故经综为同义复词，意为“治理，管理”。或再略作引申，又有“规划”之义，如《晋书·傅祗传》：“祗明达国体，朝廷制度多所经综。”

11. **峻极**

严厉，严酷。《魏书·慕容盛传》：“盛以宝暗而不断，遂峻极威刑，纤介嫌忌，莫不裁之于未萌，防之于未兆。”（2070）

按：《荀子·赋》：“出入甚极，莫知其门。”杨倞注：“极，读为亟，急也。”本例“极”之用法当与上《荀子·赋》同，峻极犹言峻急。《汉语大词典》已收“峻极”词条，义项凡三：①谓极高。②谓极为陡峭。亦以形容书法的劲挺峭拔。③古寺院名。在嵩山。未及此义。

12. **开率**

开朗直率。《魏书·许彦传》：“逊弟晔，字叔明，性开率。”（1038）

按：《晋书》亦有用例，《谢尚传》：“及长，开率颖秀，辨悟绝伦，脱略细行，不为流俗之事。”《汉语大词典》已收“开率”词条，所用书证正是《晋书·谢尚传》例，而释曰“犹显露”，非是。

13. **匡训**

匡正教导。《魏书·礼志三》：“而圣母匡训以义方，诏诲以政事，经纶内外，忧勤亿兆，使君臣协和，天下缉穆。”（2786）

按：《说文·匚部·匡》段玉裁注：“引申叚借为匡正。《小雅》‘王于出征，以匡王国。’传曰：‘匡，正也。’盖正其不正为匡。”又《玉篇·言部》：“训，教训也，诫也。”匡训犹言匡教。《汉语大词典》释“匡教”为“纠正指教”，可参。他例如《晋书·孝武帝纪》：“顾命之托，实赖匡训。”

14. **懋亲**

指皇室宗亲。《魏书·献文六王下·彭城王勰传》：“王以明德懋亲，任属保傅，出居蕃陕，入御衮章，内外克谐，民神攸属。”（578）

按：懋亲即茂亲。懋、茂古通用。《说文·心部》“懋，勉也”，段玉裁注：“古多叚茂字为之。”又《书·仲虺之诰》“德懋懋官”。蔡沈《集传》：“懋，茂也。”此亦“懋”通“茂”。《说文·艸部》：“茂，草丰盛也。”引申为泛指蕃盛、美盛。《黄帝内经素问·五运行大论》“其化为茂”，王冰注：“茂，蕃盛也。”《文选·汉武帝〈诏〉》“其令州县察吏民有茂才异等可为将相及使绝国者”，张铣注：“茂，美盛也。”皆其例。茂亲本来的意思是美盛之亲，南北朝时则专用于指皇室宗亲。史籍中又时或书作“懋亲”。除上例外，他例如《陈书·南康愍王昙朗传》：“南康王昙朗，明哲懋亲，蕃维是属，入质北齐，用纾时难。”《晋书·哀帝纪》：“琅邪王丕，中兴正统，明德懋亲。”同书《恭帝纪》：“大司马明德懋亲，太尉道勋光大，并徽序彝伦，燮和二气，髦俊引领，思佐鼎饪。”今“茂亲”已入收《汉语大词典》，“懋亲”却被漏收，当补。

15. 钦祇

钦佩敬重。《周书·孝闵帝纪》："是以钦祇圣典，逊位于公。"（46）

按：《说文·示部》："祇，敬也。"钦祇犹言钦敬。他例如《晋书·郑冲传》："古之哲王，钦祇国老，宪行乞言，以弥缝其阙。"《宋史·礼志十六》："肃雍显相，百辟尽钦祇。"

16. 散绝

分散零落。《魏书·天象志四》："三月丁巳，有流星起五诸侯，入五车，至天潢散绝为三，光明烛地。"（2430）

按：《广雅·释诂三》："绝，落也。"《楚辞·离骚》"虽萎绝其亦何伤兮"，王逸《章句》亦曰："绝，落也。"此散绝犹言散落。他例如《晋书·天文志上》："天纪九星，在贯索东，九卿也，主万事之纪，理怨讼也。明则天下多辞讼；亡则政理坏，国纪乱；散绝则地震山崩。"《汉语大词典》已收"散绝"词条，释曰："谓皮绳断绝，竹简散乱毁损。古时以竹简写书，用皮绳串连，年久则绳断简散。"义不及此。

17. 衰灭

衰落灭亡。《魏书·序纪》："石胡衰灭，冉闵肆祸，中州纷梗，莫有匡救。"（13）

按：衰灭犹言衰亡、衰绝。他例如《晋书·乐志上》："九月之辰谓为戌，戌者灭也，谓时物皆衰灭也。"同书《刘波传》："伏愿远观汉魏衰灭之由，近览西朝倾覆之际，超然易虑，为于未有，则灵根永固，社稷无虞。"又《庾翼传》："自尔以来，上参天人之征，下采降俘之言，胡寇衰灭，其日不远。"

18. 凶粗

凶恶粗暴。《魏书·咸阳王禧传附子坦》："坦傲佷凶粗。"（541）同书《羯胡石勒传》："周曷朱性凶粗，不为群胡所附。"（2047）《北史·卢元明传》："元明弟元缉，字幼绪，凶粗好酒，曾于妇氏饮宴，小有不平，手刃其客。"（1083）

按：凶粗一词于《晋书》、《南史》中也有用例。如《晋书·裴宪传》："王浚凶粗丑正，尚晋之遗藩。"《南史·梁宗室上·萧见理传》："见理字孟节，性甚凶粗，长剑短衣，出入廛里，不为宗室所齿。"同书《梁简文帝诸子·桂阳王大成传》："大成性甚凶粗，兼便弓马。"

19. 秀远

形容超逸不凡。《周书·晋荡公护传》："朕兄故略阳公，英风秀远，神机颖悟，地居圣胤，礼归当璧。"（176）

按：秀远犹俊远。秀、俊均有超群出众之义。《礼记·礼运》"五行之秀气也"，孔颖达疏："秀，谓秀异。"《楚辞·大招》"沙堂秀只"，蒋骥注："秀，出群之意。"又《淮南子·氾论》"当此之时，天下雄俊豪英暴露于野泽"，高诱注："才过千人为俊。"故《吕氏春秋·怀宠》"举其秀士而封之"，高诱注："秀士，俊士。"《汉语大词典》已收"俊远"词条，释曰"形容超逸不凡"，甚是，秀远义可准此。他例如《晋书·袁山松传》："山松少有才名，博学有文章，著《后汉书》百篇。衿情秀远，善音乐。"顺及，《南齐书》亦有"秀远"用例，《张融传》曰："扶容曼彩，秀远华深。"然"秀远"与"华深"对文，同属主谓词组而不是词，意义也与此相去甚远。

20. 旋师

凯旋的军队。《隋书·高祖纪下》："夏四月己亥，幸骊山，亲劳旋师。"（32）

按：史籍中"旋师"作动词用，表示"军队返回"之义，甚为常见。似此作名词用者，则极罕见。他例如《晋书·孝武帝纪》："十一月庚申，诏卫将军谢安劳旋师于金城。"比较《隋书·食货志》："九年陈平，帝亲御朱雀门劳凯旋师，因行庆赏。"此之"旋师"，义犹彼之"凯旋师"；唯此为名词，彼为名词性短语而已。

21. 营聚

营寨，军营。《魏书·萧宝夤传》："乃遣轻车将军刘智文、虎威将军刘延宗率壮士千余，夜渡淮，

烧其竹木营聚，破贼三垒，杀获数千人，斩其直閤将军王升明而还，火数日不灭。”（1316）

按：《说文·㐺部》：“聚，会也。从㐺，取声。邑落云聚。”营聚犹营落。《汉语大词典》释“营落”为营寨，可从。

22. **游思**

留心。《魏书·高允传》：“敦心六经，游思文藻，终辞宠命，以之自保。”（1082）

按：《汉语大词典》有“游思”词条，释曰：“谓不专一的心思。”显然不适用于本例。此例“游思”与“敦心”对文，义亦相近。敦心“犹言专心致志”（见《汉语大词典》），则游思当犹言游心，意谓“潜心；留心”（《汉语大词典》“游心”义项①）。他例如《晋书·索袭传》：“游思于阴阳之术，著天文地理十余篇，多所启发。”取义相同。游表示“潜（心），留（心）”义，文献中还有别的词例，如《汉书·艺文志》“儒家者流……游文于六经之中，留意于仁义之际”，游文谓“潜心文字”（见《汉语大词典》）；《后汉书·樊准传》“庶政万机，无不简心，而垂情古典，游意经蓺”，游意谓留意；《后汉书·贾逵传》“犹朝夕恪勤，游情六蓺”，游情犹钟情；《三国志·魏志·管宁传》“娱心黄老，游志六艺”，游志犹留心；《晋书·皇甫谧传》“今子以英茂之才，游精于六艺之府，散意于众妙之门者有年矣”，游精犹言留神；葛洪《抱朴子·逸民》：“未若游神典文，吐故纳新，求饱乎耒耜之端，索缊乎杼轴之间”，游神“谓专心致志”（《汉语大词典》“游神”义项①）。

23. **震局**

恐惧不安。《魏书·慕容盛传》：“于是上下震局，人不自安，虽忠诚亲戚，亦佥怀离贰。”（2070）《北史·僭伪附庸·燕慕容垂传》：“盛以宝暗而不断，遂峻极威刑，于是上下震局。”（3073）

按：上《魏书·慕容盛传》“震局”，《晋书·慕容盛载记》作“振局”。“振”之本义为“举救也”（见《说文·手部·振》），此当读“震”，取惊惧义。《说文·雨部》：“震，劈历振物者。”则本义为雷。《易·震》曰：“震惊百里，惊远而惧迩也。”故又引申出惊惧义。又《说文·口部》：“局，促也。”局促，不安之貌。震局之“局”，当取此义。他例如《晋书·慕容宝载记》：“（慕容详）荒酒奢淫，杀戮无度，诛其王公以下五百余人，内外震局，莫敢忤视。”

24. **震溃**

惊慌逃散。《魏书·僭晋司马睿传》：“苏硕及章武王世子休率劲贼孔卢、张偏等数十人击李阳于柤浦，退走，硕等追之，庾冰司马滕含以锐卒自后击之，硕、逸等震溃，奔于曲阿。”（2099）又：“温乃伐瑾，瑾等拒战，于是筑长围守之，城中震溃，遂平瑾。”（2101）

按：《尔雅·释诂》、《广韵·震韵》并曰：“震，惧也。”《文选·阮籍〈为郑冲劝晋王笺〉》“榆中以西，望风震服”，张铣注：“震，惊也。”震溃犹惊溃。他例如《晋书·文帝纪》：“狂狡奔北，首尾震溃。”《新唐书·李靖传》：“督兵疾进，行遇候逻，皆俘以从，去其牙七里乃觉，部众震溃。”

25. **志烈**

志向与贞节。《魏书·高湖传》：“子归义，有志烈。”（755）同书卷三十四史臣曰：“王洛儿、车路头、卢鲁元、陈建，咸以诚至发衷，竭节危难，苟非志烈过人，亦何能以若此！”（805）《隋书》卷五十三史臣曰：“凡此诸将，志烈过人，出当推毂之重，入受爪牙之寄，虽马伏波之威行南裔，赵充国之声动西羌，语事论功，各一时也。”（1360）同书《列女传》史臣曰：“兰陵主质迈寒松，南阳主心逾匪石，洗媪、孝女之忠壮，崔、冯二母之诚恳，足使义勇惭其志烈，兰玉谢其贞芳。”（1811～1812）

按：《广韵·薛韵》：“烈，忠烈。”《逸周书·谥法》：“秉德遵业曰烈。”或曰忠烈，或曰秉德遵业，皆贞节之体现，此引申作名词词素用，当取“贞节”之义。他例如《晋书·邵续传》：“续朴素有志烈，博览经史，善谈理义，妙解天文。”

参考文献

[1] 徐中舒．汉语大字典［M］．武汉：湖北辞书出版社，成都：四川辞书出版社，1986—1990.
[2] 罗竹风．汉语大词典［M］．上海：汉语大词典出版社，1986—1993.
[3] 许慎．说文解字［M］．北京：中华书局，1963.
[4] 宗福邦等．故训汇纂［M］．北京：商务印书馆，2003.
[5] 郝懿行．尔雅义疏［M］．北京：北京市中国书店，1982.
[6] 顾野王．宋本玉篇［M］．北京：北京市中国书店，1983.
[7] 王念孙．广雅疏证［M］．南京：江苏古籍出版社，1984.
[8] 陈彭年等．宋本广韵［M］．北京：北京市中国书店，1982.

姚弗如《潮声十七音新字汇合璧大全》的音系及其相关问题①

张屏生

（中山大学　台湾高雄）

提　要　姚弗如1934年所编著的《潮声十七音新字汇合璧大全》（本文简称《大全》）是第一本提出潮汕方言声母应该要有十七音（多出"杏、袅"二母）的辞书。笔者先将《大全》一书整理出"潮声十七音新字汇合璧大全音节检索表"，归纳出《大全》一书的音系，再和其他相关辞书的音系作比较，并讨论相关问题。

关键词　潮州话辞书　潮州音　十五音　辞书编纂

一、前　言

粤东的潮汕方言②是属于闽南方言的一个次方言，它和福建境内的闽南方言的语音差异主要反映在声母有18音，而不是15音。其中《大全》是第一本提出潮汕方言声母应该要有十七音（多出"杏、袅"二母）的辞书，③之后《增三》、《新编》、《韵汇》、《潮汕》更增为十八音。虽然姚弗如知道用十五音不足以描写潮汕方言，但是他并没有运用"音韵格局"的概念来编制《大全》，因此以现在辞书的编纂理念来看，它仍然存在着一些缺点。笔者拟通过《大全》一书音节检索表（请参阅附录）的制作，整理出本书的音系；并通过与其他相关辞书的音系比较来呈现《大全》的音系和潮汕其他相关辞书的语音差异，以及讨论这些差异现象的相关问题。

本文使用国际音标标音，其中声母有p、p^h、b、m、t、t^h、n、l、ts、ts^h、s、dz、k、k^h、g、ŋ、h，零声母记音的时候不写出，列表的时候用ø。韵母的元音有a、ɔ、o、e、ə、ɨ、ɛ、i、u，鼻化韵仅在主要元音上面加上鼻化符号"～"，例如："猫"ŋiãu。"ʔ"表喉塞，调的部分是以数字标示调类的情况；改写时分别用字号较大的数字"1（阴平）、2（阴上）、3（阴去）、4（阴入）、5（阳平）、6（阳上）、7（阳去）、8（阳入）"标于该音节的右边（一律标本调），例如："冬"taŋ1。

二、潮汕方言辞书

为了行文方便，先将本文所要讨论的潮汕方言辞书罗列如下：

① 本文获"国际潮团联谊年会国际潮团发展基金"资助，谨此致谢。

② 为了行文方便，本文将通行于粤东的闽南方言统称为"潮汕方言"，而现在潮州市所管辖地区的闽南话就直接以地名来区别，如"潮州话"、"揭阳话"、"普宁话"、"潮阳话"……

③ 虽然马重奇在（2011）《20世纪初叶粤东澄海方言音系研究》一文中针对本书作了相关的论述，但仍然有一些问题未能澄清。

（一）传统十五音韵书

这种韵书主要是供该方言地区的人依音识字的工具书。① 目前笔者所收录到的潮州话十五音韵书共有9本，按著作年代的先后顺序排列如下：

（1）张世珍（1913）《潮声十五音》（本文简称《潮声》）。

（2）江夏懋亭氏（1915）《汇集雅俗通十五音——击木知音》（本文简称《击木》）。

（3）肖云屏（1926）《潮语十五音》（本文简称《潮音》）。

（4）姚弗如（1934）《潮声十七音新字汇合璧大全》（本文简称《大全》）。

（5）蒋儒林（1937）《潮语十五音》（本文简称《潮语》）。

（6）谢益显（1965）《增三潮声十五音》（本文简称《增三》）。

（7）李新魁（1979）《新编潮汕方言十八音》（本文简称《新编》）。

（8）周耀文（1999）《潮汕话韵汇》（本文简称《韵汇》）。

（9）杨扬发（2001）《潮汕十八音字典》（本文简称《潮汕》）。

（二）罗马字辞书

（1）Josiah Goddard（高德）（1847）《汉英潮州方言字典》（本文简称《汉英》）。

（2）Adele Marion Fielde（菲尔德）（1883）《汕头方言音义辞典》（本文简称《汕头》）。

（3）William Ashmore（威廉·耶士摩）（1884）《汕头话口语语法基础教程》（本文简称《基础》）②。

（4）John Sieele（施约翰③）（1924）《潮正两音字集》（本文简称《潮正》）。

（5）高本汉《中国音韵学研究》（本文简称《研究》）④ 中汕头部分的音系。

（6）林莲仙（1977）《潮读反切音标两用正音表》（本文简称《潮读》）。

（三）现代国际音标记音的辞书

蔡俊明（1991）《潮州方言词汇》（本文简称《潮州》）。

三、《大全》的语音系统

（一）声母

《大全》一书的声母，根据笔者的归纳如下：

① 这种“十五音”地方韵书，其实就是有一些简单解释的同音字字典，笔者手边的《击木知音》就是笔者的父亲在1987年返乡探亲所携回，并且说这是他们当地人用来识字的主要读物。陈亦修也提到：“《雅俗通十五音》虽不为士大夫所重视，但它却是一本在闽南潮州乃至于南洋群岛，流传极广深入民间的‘不完备的好书’。”（谢益显，1965.1）。这种韵书在编制上是利用汉字的反切原理来记录该方言的字音，例如：边（pĩ）、君（kuŋ）一声，就可以拼出puŋ1这样的一个音节，在那一个音节就有一些puŋ1的同音字在上头。读者在使用上必须将所要查的字切分成声、韵、调三个部分，如果将声母、韵母、声调编码，就可以玩“射字”的游戏。这种游戏就是由一方用拍手或其他方式，拍出三个数码（一下为一，两下为二），分别表示声母、韵母、声调，另一方根据这三个数码拼出一个字音。所以这一类韵书又有“空古传声”、“击木知音”、“拍掌知音”等名称。虽然这些地方韵书编纂者的专业水平并不高，但是这些韵书仍然可以提供一些用于比较的材料。罗常培（1963）就提到：“这种书本来为一般人就音识字用的，它们辨别声韵固然不见得精确，而大体总是以当地乡音为准；这实在是我们调查方言最好的间接材料。”

② 此书笔者未见，它的音系内容主要是参考林伦伦（2005）一文。

③ 以往材料都认为是“汲约翰”。

④ 高本汉《中国音韵学研究》中（543页）提到的汕头音就是参考Gibson的材料，所以笔者也将高本汉的材料注录在比较材料中。根据吴守礼（1997.420）以及林伦伦（1998）的说明，可能是Rev. John C. Gibson. *Sawtow Index-to the Syllable Dictionary of Chineseby S. Wells Williams, and to the dictionary of the Vernacular of Amoy by Carstairs Douglas.* 1886.《汕头标准字音表》载于《威廉斯和道格拉斯字典的汕头方言索引》），这本书笔者未见。高本汉的材料是以文读系统来作为推断的依据，不过在注解的地方，他也把白读和文读的对应规律显示出来，大体而言，高本汉所收录的汕头语料和《潮正两音字集》上面的记音非常相近，但也有不同的地方，在高著594页“凡、泛”记成huan，“梵”huan法huap，但是《潮正》“凡、泛”记huam、法huap，而“梵”也记成huan。显示uam有异化的迹象。

表1 《大全》声母表

p 边	p^h 坡	b 文	m 杳	
t 地	t^h 他	l 柳	n 袅	
ts 增	ts^h 出	dz 入		s 时
k 出	k^h 去	g 语	x	
ø 英				h 喜

《大全》的声母有17个（含零声母），b－、l－和m－、n－在与阳声韵、入声韵①拼合的音节中有对立，这是和一般潮汕方言十五音或十八音最大的不同。（请参阅表1）比较令人不解的是语音变化应该都是系统性的变化②，所以当b－、l－会出现相应的鼻音声母m－、n－的时候，和g－相应的鼻音声ŋ－也应该会出现；潮汕方言早期的罗马字辞书像《汉英》、《汕头》、《基础》③、《潮正》、《研究》都是十八音，从《大全》成书的时间来看，它应该也有十八音。所以《大全》之所以会缺ŋ－，不应当看成是“音韵规律无法说明方言事实的结果”，而应该是编纂者的疏漏。（请参阅表2）我们必须了解一个事实——“文献现象不一定等于实际的语言现象”，如果仅就文献现象进行比较，我们就会发现一个矛盾：早期的罗马字辞书都是十八音，而年代稍晚的潮汕传统辞书变成了十五音，难道后来又回头演变成十八音？事实上应该是潮汕方言在《汉英》的时候就已经有十八音，只是潮汕方言传统辞书的编纂者照搬模仿闽南地区的十五音韵书，所以才会只有十五音。

表2 潮汕方言相关辞书声母比较表

		1	2	3	4	5	6	7	8	9	10	11	12	13	14	15	16	17	18
	IPA	p	p^h	b	m	t	t^h	l	m	ts	ts^h	s	dz	k	k^h	g	ŋ	h	
1	《汉英》	p	p^h	b	m	t	t^h	l	n	ts ch	ts^h ch^h	s	j	k	k^h	g	ng	h	
2	《汕头》	p	p^h	b	m	t	t^h	l	n	c	ch	s	j	k	k^h	g	ng	h	
3	《基础》	p	p^h	b	m	t	t^h	l	n	ch	ch h	s	j	k	k^h	g	ng	h	
4	《潮正》	p	p^h	b	m	t	t^h	l	n	ts ch	ts^h ch h	s	j	k	k^h	g	ng	h	
5	《研究》	p	p^h	b	m	t	t^h	l	n	ts tɕ	ts^h $tɕ^h$	s	dz ʑ	k	k^h	g	ŋ	h	
6	《雅俗通》	边	颇	门	门	地	他	柳	柳	曾	出	时	入	求	去	语	语	喜	英
7	《潮声》	边	坡	文		地	他	柳		增	出	时	入	求	去	语		喜	英
8	《击木》	边	颇	文		地	他	柳		贞	出	时	入	求	去	语		喜	英
9	《潮音》	边	颇	文		地	他	柳		贞	出	时	入	求	去	语		喜	英
10	《大全》	边	坡	文	杳	地	他	柳	袅	增	出	时	入	求	去	语	?	喜	英
11	《潮语》	边	颇	文		地	他	柳		贞	出	时	入	求	去	语		喜	英

① 在入声韵出现b－/m－对立的音节只有“木”bak8、“目”mak8这个例子。

② 王力（1987：659）：“总的来说，辅音的变化都是系统性的变化。除个别特殊情况外，同系的声母，必然有同样的变化。例如，当精母齐撮字由［ts］变［tɕ］的时候，清从心邪四母的齐撮字也一定同时由［ts^h，s］变［$tɕ^h$、ɕ］。”

③ 此书的音系内容主要是参考林伦伦（2005）一文。

（续上表）

		1	2	3	4	5	6	7	8	9	10	11	12	13	14	15	16	17	18
12	《增三》	边	颇	文	明	地	他	柳	莲	贞	出	时	入	求	去	语	遇	喜	英
		B	P	BB	M	D	T	L	N	TZ	TS	S	R	G	K	GG	NG	H	英
		ㄅ	ㄆ	万	万	ㄉ	ㄊ	ㄋ	ㄌ	ㄗ	ㄘ	ㄙ	ㄖ	ㄍ	ㄎ	G	兀	ㄏ	英
13	《潮州》	p	p^h	b	m	t	t^h	l	m	ts	ts^h	s	z	k	k^h	g	ŋ	h	
14	《新编》	波	抱	无	毛	刀	妥	挪	罗	之	此	思	而	哥	戈	鹅	俄	何	英
15	《韵汇》	玻	颇	无	摸	多	妥	挪	罗	资	雌	思	而	哥	可	鹅	俄	何	英
16	《潮汕》	b	p	b^h	m	d	t	n	l	z	c	s	r	g	k	gh	ng	h	
17	《入门》	b	p	b^h	m	d	t	n	l	z	c	s	r	g	k	gh	ng	h	

下面例字是反映潮汕辞书中部分阳声韵中 b/m、l/n、g/ŋ 出现对立的情形。（《研究》的材料没有标示调类）

表 3　相关辞书 b/m、l/n、g/ŋ 对立音节表

相关文献	汉英	汕头	潮正	研究	潮声	击木	大全	潮语	增三	潮州	新编	厦门
1 木，明通合一屋入	bak8	bak8	bak8	bak	bak8	bak8	bak8	bak8	bak8	bak8	bak8	bak8
2 目，明通合三屋入	mak8	mak8	mak8	mak	bak8	bak8	mak8	bak8	mak8	mak8	mak8	bak8
3 蜜，明臻开三质入	bit8 mit8	bit8	bit8 mit8	bit	bik8	bit8	bik8	bik8	bit8	bek8	bik8	bit8
4 南，泥咸开一覃平	lam5 nam5	lam5	lam5 nam5	×	lam5	lam5	naŋ5	lam5	nam5	nam5	nam5	lam5
5 男，泥咸开一覃平	lam5 nam5	lam5	lam5 nam5	lam	lam5	lam5	naŋ5	lam5	nam5	nam5	nam5	lam5
6 览，来咸开一敢上	lam2 nam2	lam2	lam2 nam2	lam	lam2	lam2	naŋ2	lam2	nam2	nam2	nam2	lam2
7 揽，来咸开一敢上	lam2 nam2	lam2	lam2 nam2	lam	×	lam2	nam2	lam2	nam2	nam2	nam2	lam2
8 榄，来咸开一敢上	lam2 nam2	lam2 ×	lam2 ×	lam	lam2	lam2	×	lam2	nam2	nam2	nam2	lam2
9 蓝，来咸开一谈平	lam5 nam5	lam5 ×	lam5 ×	lam	lam5	lam5	lam5	lam5	nam5	nam5	nam5	lam5
10 篮，来咸开一谈平	lam5 nam5	×	lam5 ×	lam	lam5	lam5	lam5	lam5	nam5	nam5	nam5	lam5
11 兰，来山开一寒平	lan5 nan5	laŋ5 ×	lan5 ×	lan	laŋ5	lan5	laŋ5	laŋ5	lan5	laŋ5	laŋ5	lan5
12 拦，来山开一寒平	lan5 nan5	×	lan5 ×	×	laŋ5	lan5	laŋ5	×	lan5	laŋ5	×	×
13 栏，来山开一寒平	lan5 nan5	laŋ5 ×	lan5 ×	×	laŋ5	lan5	laŋ5	laŋ5	lan5	laŋ5	laŋ5	lan5
14 鳞，来臻开三真平	lan5 nan5	×	lan5 ×	×	×	lan5	×	laŋ5	lan5	laŋ5	laŋ5	lan5
15 零，来梗开四青平	lan5 nan5	laŋ5 ×	lan5 ×	×	laŋ5	lan5	×	laŋ5	×	laŋ5	laŋ5	lan5

（续上表）

相关文献	汉英	汕头	潮正	研究	潮声	击木	大全	潮语	增三	潮州	新编	厦门
16 难，泥山开一寒平	lan5 nan5	laŋ5 ×	lan5 ×	lan	laŋ5	lan5	laŋ5	laŋ5	nan5	naŋ5	naŋ5	lan5
17 林，来深开三侵平	lim5 nim5	lim5 ×	lim5 ×	×	lim5	lim5	nim5	lim5	lim5	lim5	lim5	lim5
18 淋，来深开三侵平	lim5 nim5	lim5 ×	lim5 ×	×	lim5	lim5	nim5	lim5	lim5	lim5	lim5	lim5
19 霖，来深开三侵平	lim5 nim5	lim5 ×	lim5 ×	×	lim5	lim5	nim5	lim5	lim5	lim5	lim5	lim5
20 临，来深开三侵平	lim5 nim5	lim5 ×	lim5 ×	×	lim5	lim5	nim5	lim5	lim5	lim5	lim5	lim5
21 能，泥曾开一登平	neŋ5	leŋ5	×	léŋ	leŋ5	leŋ5	leŋ5	leŋ5	neŋ5	neŋ5	neŋ5	liŋ5
22 龙，来通合三钟平	leŋ5	leŋ5	leŋ5	léŋ	leŋ5	leŋ5	leŋ5	leŋ5	leŋ5	leŋ5	leŋ5	liŋ5
23 力，来曾开三职入	lek8	lek8	lek8	lék	lek8	lek8	lek8	lek8	lek8	lek8	lek8	lik8
24 肉，日通合三屋入	nek8	nek8	nek8	×	lek8	lek8	nek8	lek8	nek8	nek8	nek8	hik8
25 玉，疑通合三烛入	gek8	gek8	gek8	×	gek8	gek8	gek8	gek8	gek8	gek8	×	gik8
26 狱，疑通合三烛入	gek8	gek8	gek8	×	gek8	gek8	gek8	gek8	gek8	gek8	gek8	gek8
27 逆，疑梗开三陌入	ŋek8	×	ŋek8	ŋék	gek8	gek8	gek8	gek8	ŋek8	ŋek8	ŋek8	gik8
28 吟，疑深开三侵平	ŋim5	ŋim5	ŋim5	ŋim	×	×	giŋ5	gim5	ŋim5	ŋim5	ŋim5	gim5
29 银，疑臻开三真平	ŋən5	ŋən5	ŋən5	ŋən	gin5	gin5	×	giŋ5	ŋin5	ŋeŋ5	ŋəŋ5	gun5
30 验，疑咸开三艳去	ŋiam7	ŋiam7	ŋiam7	ŋiam	giam7	giam7	giam7	ŋiam7	ŋiam7	ŋiam7	ŋiam7	giam7
31 迎，疑梗开三庚平	ŋeŋ5	ŋeŋ5	ŋeŋ5	×	geŋ5	geŋ5	geŋ5	geŋ5	ŋeŋ5	ŋeŋ5	ŋeŋ5	giŋ5
32 五，疑遇合一姥上	ŋõu6	ŋõu6	ŋõu6	×	gou6	gou6	gou6	gou6	ŋõu6	ŋõu6	ŋõu6	gɔ7
33 元，疑山合三元平	ŋuan5	ŋuan5	ŋuan5	ŋuan	guan5	guan5	guaŋ5	guaŋ5	ŋuan5	ŋuaŋ5	ŋuaŋ5	guan5
34 愿，疑山合三愿去	ŋuan6	ŋuan6	ŋuan6	×	guan6	guan6	guaŋ6	guaŋ6	ŋuan6	ŋuaŋ6	ŋuaŋ6	guan7

（二）韵母

《大全》的韵母是由 a、o、ə、e、i、u 6 个主要元音，i、u 2 个介音，i、u、ŋ、k、ʔ 5 个韵尾所构成，排列如下：

表4 《大全》舒声韵对照表（“＊”是马重奇材料中所没有的韵）

a 胶	ai 皆	au 高	ã 柑	ãi 埋＊	ãu 茅＊			aŋ 江
o 哥	oi 鸡	ou 姑	õ 魔＊	õi 肩	õu 某＊			oŋ 公
e 家			ẽ 庚					eŋ 弓
ə 居								əŋ 扛
i 基		iu 朻	ĩ		ĩu 螯＊			iŋ 金
ia 佳			iã 京					iaŋ 兼
								ioŋ 恭
ie 喽		ieu 娇	iẽ 姜		iẽu 苗＊			
u 龟	ui 归			ũi 美＊				uŋ 君
ua 柯	uai 乖		uã 官					uaŋ 光
ue 瓜			uẽ 媒＊					
10	4	4	8	3	4			9

表5 《大全》促声韵对照表（“＊”是马重奇材料中所没有的韵）

aʔ 鸭	×	auʔ 乐	×	ãiʔ 捺＊	×				ak 角
oʔ 薄	oiʔ 八	○	õʔ 膜＊		○				ok 国
eʔ 伯			ẽʔ 脉						ek 鹿
×									ək 乞
iʔ 铁		iuʔ	ĩʔ 乜		×				ik 笔
iaʔ 壁			×						iak 列
									iok 曲
ieʔ 尺		ieuʔ 亍	×		×				
uʔ 欻	○			○					uk 骨
uaʔ 活	×								uak 钹
ueʔ 血	○		uẽʔ 物＊	○					
9	1	3	.4	1					9

（1）《大全》的韵母有69个，其中舒声韵有42个，入声韵有27个；ãi、ãu、õ、õu、ĩu、iẽu、ũi、uẽ、ãiʔ、õʔ、ẽʔ、ĩʔ、uẽʔ是因为声母多了m－、n－，使得后面的韵母受到同化变成鼻化韵之后所增加的。

（2）《大全》的阳声韵－m、－n、－ŋ和入声韵－p、－t、－k分别合并为一套，所以韵母数相对少了许多。笔者参考了潮汕方言的相关材料，阳声韵这一套应该是念－ŋ，入声韵这一套是念－k。根据林伦伦（1996：5）的叙述，目前澄海就有部分地区有这种口音。[①] 如果是这样，那么这种音变在1934年就已经产生了。

（3）“肩”韵例字念/õi/。因为这个韵收了一个例字“看”（睇），一般潮汕方言念 t^hõi2，所以“肩”韵应该要念/õi/，这个韵揭阳话、潮阳话念 ãi 韵。

（4）“扛”韵例字念/əŋ/。这个韵除了“当、汤、桑、缸”等字之外，还收了“均、巾、斤、沟、根、筋、觔、跟、釿、钧、恩”等例字，这些在潮安、汕头、澄海念/əŋ/韵[②]，而揭阳话、潮阳话念/iŋ/韵。

（5）“兼”韵例字念/iaŋ/。这个韵收了“森”siaŋ1[③]，这个字现在潮州话念 siam1，澄海话念 siaŋ1，潮阳话、揭阳话念 sim1。

（6）“归”韵例字念/ui/。这个韵收了“县”kui7，这个字潮州话、揭阳话、汕头话、澄海话念 kũi7，潮阳话念 kuãi7。《大全》的审音可能有误，但是从这个字也可以判断应该是念 kũi7。

（7）“居”韵笔者拟成/ə/，以往这个元音潮州话各家审音不同，高本汉（1948）、詹伯慧（1959）记/ɯ/，《汉语方音字汇》和《汉语方音词汇》记/3/，李永明记/ɤ/，董同龢（1959）、蔡俊明（1991）记/ə/。林伦伦、陈小枫（1996）所载的汕头方言记/ɯ/，而林伦伦（1996）所载的澄海方言记/ə/。根据笔者2009年调查潮州话的审音，音值接近/e/，基于音标使用的考虑记成/ə/。这个韵的相关例字潮阳话念 u 韵。

（8）“娇”韵笔者拟成/ieu/。这个韵的例字，根据笔者调查的审音，接近［iəu］，基于音韵格局的考虑记成/ieu/、相关的韵母记成/ieuʔ/、/iẽu/。这个韵潮州话念/ieu/（或/iəu/）韵，澄海话念/iou/

① 笔者2009年8月调查潮州当地的潮州话，发音人李潮锋（枫溪人，调查时年57岁）就是把中古－m/p、－n/t韵尾的例字也念成－ŋ/k。可见这种音变有逐渐扩散的趋势。

② 李永明（1959）是把“扛”韵分成/ɤŋ/、/e/两个。从声韵拼合的角度来观察，这两个韵是互补的。“扛”韵例字《字汇》记/ɯŋ/韵、李永明记/ɤŋ/、林伦伦在汕头方言记/ɤŋ/、在澄海方言记/əŋ/。

③ 除了“森”以外，还有另外一个常用字“蔘”，但是此字《大全》未收。

韵，汕头话、揭阳话、潮阳话念/iau/韵。

(9)“喽”、“姜”韵例字念/ie/、/iẽ/韵。这两个韵潮州话、澄海话念/ie/、/iẽ/韵，汕头话、揭阳话、潮阳话念/io/、/iõ/韵。

(三) 声调

基本调类：《大全》有8个基本调，如下：

表6 《大全》声调表

声韵调名	阴平	阴上	阴去	阴入	阳平	阳上	阳去	阳入
传统十五音调名	上平	上上	上去	上入	下平	下上	下去	下入
调序	第一声	第二声	第三声	第四声	第五声	第六声	第七声	第八声
	1	2	3	4	5	6	7	8

四、《大全》一书编纂的相关问题

(一)《大全》的主体音系

所谓“主体音系”是指“辞书编纂作为定音的音韵系统”，因为各地的方言都有次方言的差异，编纂辞书只能选择一种标准来作为规范，这个标准就是该书的“主体音系”。作为主体音系的内容有两种情况：①指“在不同的次方言变体中使用频率较高的音读，也就是最具有广泛代表性的口音”。②指“在不同的次方言变体中通懂度较高的音读”（张屏生，2010）。通过上述“音韵格局”[①] 来判断，《大全》一书的主体音系和现在的澄海话比较接近。现在潮汕地区大部分的潮州话仍有－m/p、－ŋ/k，但是《大全》却选用把－m/p、－n/t合并到－ŋ/k的澄海话为标准来编纂，这样做会失去辞书规范的效果。笔者认为这可能是因为编纂者本身是说澄海话，或者编纂者所设定的使用者是澄海地区的人。

(二) 声母数的问题

马重奇（2008：341）认为“‘［b－、g－、l－］三个浊声母与元音韵母相拼后，元音韵母带上鼻化成分，即［me］＝［mẽ］、［ne］＝［nẽ］、［ŋe］＝［ŋẽ］。所以可以认为［m－、n－、ŋ－］不拼口元音韵母，与［b－、l－、g－］不拼鼻化韵母互补。’[②] 这是柳［l/n］、文［b/m］、语［g/ŋ］在不同语音条件下所构拟的音值”。所以马重奇（2008：348）又说：“潮汕方言五种韵书是根据不同次方言音系而编撰的地方韵书……从音系比较上说，声母系统虽有十五音、十七音和十八音之说，但实际上是相同的，均有l、n……十八个声母；……”

从上述两段叙述来看，马重奇认为潮汕方言和其他福建地区闽南话的声母系统一样；b－、l－、g－拼口音韵，m－、n－、ŋ－拼鼻化韵，所以b－、l－、g－和m－、n－、ŋ－是互补的，只是处理的方式不同，所以才会说“声母系统虽有十五音、十七音和十八音之说，但实际上是相同的”。不过事实恐怕不是这样简单，因为潮汕话的b－、l－、g－和m－、n－、ŋ－在某些阳声韵和入声韵中出现对立，例如，“木”bak8≠“目”mak8、“兰”laŋ5≠“侬”naŋ5、“玉”gek8≠“逆”ŋek8。早期的潮汕方言辞书是照搬福建的十五音辞书，所以无法反映潮州话的真实面貌，才会有后来的十八音辞书。这个判断的关键在于他没有从声韵拼合的情况来了解；如果研究者能够先制作音节检索表，就能够更精确地掌握声韵拼合的情形。下面是《大全》一书“文b－”、“杳m－”和“柳l－”、“袅n－”对立的音节：

1. b－和m－对立的音节

(1)【文】buŋ5 雯文玟阌纹芠。(6页)

① “音韵格局”是指“语言的声母、韵母和声调彼此搭配的系统”。

② 这段叙述引自林伦伦、陈小枫（1996：37）。

【杳】muŋ5 㝅①糜瑞扪樠们门。（7 页）

（2）【文】bak8 嚜墨木桊纆。（181 页）

【杳】mak8 唛目钼。（181 页）

（3）【文】bik8 蜜。（153 页）

【杳】mik8 嘿宓密䍃灭威蔑谧忈默蔑。（153 页）

2.l－和 n－对立的音节

（1）【柳】laŋ2 懒攮囊。（171 页）

【袅】naŋ2 挽漭莽蟒鎶腙。（173 页）

（2）【柳】laŋ5 囊廊拦斓榄栊栏泷澜狼琅砻稂笼籣聋脓兰蜋螂襕谰踉阑难韊。（177 页）

【袅】naŋ5 岚惏枏楠男蓝蝻諵人南喃囡娄。（179 页）

（3）【柳】liŋ2 琏辇。（146 页）

【袅】niŋ2 凛廪菻。（147 页）

（4）【柳】liŋ5 嶙磷璘瞵粼联辚䡼遴邻驎鲢鳞麟。（149 页）

【袅】niŋ5 林淋琳痳临霖。（151 页）

（5）【柳】liaŋ2 辆魉裲蜽脸緉噞两俩。（49 页）

【袅】niaŋ2 敛殓。（52 页）

（6）【柳】liaŋ5 涟嗹梁怜椋樚粱凉良辌謰连链。（56 页）

【袅】niaŋ5 帘廉濂磏帘鬑簌莶镰鲇奁。（58 页）

（7）【柳】liaŋ6 亮倞吝喨蔺甐谅躏量悋。（58 页）

【袅】niaŋ6 念。（59 页）

（8）【柳】liaŋ7 健楝练炼。（60 页）

【袅】niaŋ7 念。（60 页）

（9）【柳】lek8 仂勒扐捋泐竻绿肋防鳓陆屴瓅。（96 页）

【袅】nek8 匿嫟惄搦昵溺衵肉。（97 页）

（10）【柳】liak4 喦。（53 页）

【袅】niak4 蹑镊䌰颞嗫聂籋滠涅欇摄捏苶踂。（56 页）

（11）【柳】liak8 冽列栗捩㩿擽晾栵洌溧篥粒莂鬣鴷。（60 页）

【袅】niak8 瘟錜。（62 页）

（三）韵母数的差异

笔者先将本文所讨论的辞书编成“潮州话相关辞书韵母数比较表”，下面就根据这个比较表来讨论：

表 7　潮州话相关辞书韵母数比较表

相关文献	阴声韵	鼻化韵	阳声韵	－ʔ 入声	鼻化、－ʔ 入声	－p、－t、－k 入声	总数
1.《汉英》	20	13	17	10	5	16	81
2.《汕头》	18	18	17	14	12	16	95
3.《基础》	18	17	15	13	6	16	85
4.《潮正》	18	17	15	13	6	16	85
5.《研究》	18	16	15	11	2	16	78

① 传统的十五音辞书经常会有一些冷僻的怪字，这些怪字有的甚至会出现在特殊的音节中，例如“唇音声母和唇音韵尾”搭配的……但还无法真切地了解作者的编纂意图。

（续上表）

相关文献	阴声韵	鼻化韵	阳声韵	-？入声	鼻化、-？入声	-p、-t、-k入声	总数
6.《雅俗通》	18	17	15	13	9	15	87
7.《击木》	18	9	15	17	7	14	80
8.《潮声》	18	8	11	12	1	11	48
9.《潮音》	18	8	14	?①	?	14	54?
10.《大全一》	18	7	9	14	2	9	59
11.《大全二》	18	15	9	13	5	9	69
12.《潮语》	18	8	11	18	7	11	73
13.《增三》	18	19	20	14	6	17	94
14.《潮州》	18	18	14	14	14	13	91
15.《新编》	18	14	12	12	4	12	72
16.《韵汇》	18	12	12	12	4	12	70
17.《潮汕》	18	18	12	13	2	12	75

说明：

表7中的《大全一》是马重奇（2011）所构拟的韵母系统，《大全二》是笔者所构拟的韵母系统。

（1）-m、-n、-ŋ的阳声韵和-p、-t、-k的入声韵因为除了《汉英》、《汕头》、《潮正》、《击木》、《增三》② 外还有-n/-t的区别所以数量较多。而《大全一》、《大全二》因为合流所以数量较少。

（2）鼻化韵的部分是相差比较大的，原因是潮州话有十八音，所以和m-、n-、ŋ-相配的韵母（阳声韵和入声韵除外）都变成鼻音了，有些鼻化韵是这样多出来的。③

（3）“鼻化加喉塞”④ 的韵母形式是不同辞书音系上相差比较大的情形，所以计算韵母数最好要分开算。

（四）文/杳、柳/袅声母和韵母的搭配

传统十五音用十五个声母来描写福建地区闽南话的声母，从音位上来看这是对的。西洋传教士所编的罗马字辞书把b-、l-、g-和m-、n-、ŋ-分成两套，那是因为他们从听感上认为这是两套不同的声母，在运作上以b-、l-、g-拼口音韵、以m-、n-、ŋ-拼鼻化韵，这样就成了互补分配。但是《大全》却不是这样做的，如下：

（1）文：b-可以拼口音韵，也可以拼鼻化韵，例如“祃 ba3”（132页）、“吗 bã7”（125页）。

（2）杳：m-可以拼口音韵，也可以拼鼻化韵，例如“勿 mai3”（64页）、“夜 mã5”（75页）。

（3）柳：l-可以拼口音韵，也可以拼鼻化韵，例如“膀 la5”（133页）、“拿 lã2”（124页）。

（4）袅：n-可以拼口音韵，不拼鼻化韵，例如“奶 nai2”（63页）。

比较理想的做法是：

（1）“吗 bã7”改成 mã7。

（2）“勿 mai3”改成 mãi3。

---

① 表7中的“?”是因为笔者未见原书，根据王永鑫（1993）所提供的材料也无法作出具体的判断。

② 《潮正》、《增三》是为了配合当时的“国语”推行，所以才会刻意地区分-n/ŋ、-t/k韵尾，而《击木》是照搬漳州的十五音，所以也把-n/ŋ、-t/k韵尾作了区分，而实际的情况应该是不分的。

③ 有些材料会将这种音节的韵母标成没有鼻化的形式，例如“麻”mua5；另外也有材料会标成“麻”buã5。笔者统一标成 muã5。

④ 这种“鼻化加喉塞”的韵母形式，有些学者会认为是“边际韵”，不把它列入音系中讨论。例如董同龢（1959）。

（3）“拿 lã2” 改成 nã2。

（4）“奶 nai2” 改成 nãi2。

本文所整理《大全》的韵母格局就是采用这种方式，所以会和马重奇的归纳有所不同。

五、小　结

潮汕方言传统的闽南话十五音辞书目前所知，共有《击木》、《潮声》、《潮音》、《大全》、《潮语》、《增三》、《新编》、《韵汇》、《潮汕》，远比福建闽南话单一方言的十五音多①，这也显示潮汕地区文教事业的发达。而《大全》是潮汕方言辞书当中首先突破传统闽南话辞书十五音的声母格局的重要著作，虽然它存在几项缺点：

（一）审音不精

有“杳 m－”母、“袅 n－”母，却没有相配的“□ŋ－”母。因为在此之前的 19 世纪西洋传教士所编的罗马字辞书都是十八音，不可能到了 1934 年变成十七音，而后又增生为十八音。后来的《增三》、《新编》等便作了修正。

（二）声母和韵母的搭配紊乱

作者没有音韵格局的系统观念，所以无法准确根据声韵拼合的原理来妥适地安排“文”／“杳”、“柳”／“袅”声母和口音韵及鼻化韵拼合的相对位置。

（三）主体音系并非“最具有广泛代表性的口音”

从上文剖析的结果看，《大全》的主体音系最接近澄海话，它只剩下－ŋ/k 和－ʔ 韵尾。从政治、经济、文化、人口等因素以及从语音系统的协调机制考虑（张屏生、吕茗芬，2011），澄海方言并不是潮汕方言中最具有广泛代表性的口音，因此不适用于澄海以外的潮汕地区，也与辞书一般的规范要求相违背。

参考文献

[1] 王永鑫．肖云屏《潮语十五音》评介［Z］．第三届国际闽方言研讨会论文，1993.

[2] 北京大学中文系语言学教研室．汉语方言字汇［M］．北京：语文出版社，2008.

[3] 江夏懋亭氏．汇集雅俗通十五音全本（击木知音）［M］．上海：萃英书局，1915.

[4]［日］安重龟三郎．实用日汕语快捷方式［M］．汕头东瀛学校发行，台北出版，1920。笔者所见是台湾大学图书馆所收藏的版本。（收入波多野太郎编《中国语学资料丛刊》第 4 篇第 4 卷“尺牍·方言研究篇”，东京不二出版株式会社，1986.）

[5] 周耀文．潮汕话韵汇［M］．北京：中国社会科学出版社，1999.

[6] 李新魁．二百年前的潮州音［Z］．第三届国际闽方言研讨会论文，1993.

[7] 李新魁．新编潮汕方言十八音［M］．广州：广东人民出版社，1979.

[8] 李如龙，李竹青．潮州方言语音的演变［A］．郑良树．潮州学国际研讨会论文集［C］．广州：暨南大学出版社，1994.

[9] 林伦伦．关于潮汕方言字典及编写方言字典的一些字典［J］．汕头大学学报（人文科学版），1995（4）.

[10] 林伦伦．澄海方言研究［M］．汕头：汕头大学出版社，1996.

[11] 林伦伦．汕头市话刍议［J］．汕头大学学报（人文科学版），1997（1）.

[12] 林伦伦．潮州话口语入门［M］．汕头：汕头海洋音像出版社，2002.

[13] 林伦伦．从“汕头话口语语法基础教程”看 120 年前的潮州方言音系［J］．语言科学，2005（2）.

① 例如泉州方言辞书有黄谦的《汇音妙悟》、《拍掌知音》，漳州方言辞书有谢秀岚的《汇集雅俗通十五音》、《增补汇音》、《渡江书十五音》，厦门方言辞书有叶开蕴的《八音定诀》，以单一方言来看数量远不及潮汕方言。

[14] 林伦伦，陈小枫．广东闽方言语音研究［M］．汕头：汕头大学出版社，1996.

[15] 姚弗如．潮声十七音新字汇合璧大全［M］．1934. 本书由林伦伦先生 2009 年 12 月印赠，谨此致谢。

[16] 马重奇．20 世纪初叶粤东方言音系研究［A］．龙庄伟，曹广顺，张玉来．汉语的历史探讨——庆祝杨耐思先生八十寿诞学术论文集［C］．北京：中华书局，2011.

[17] 马重奇．闽台闽南方言韵书比较研究［M］．北京：中国社会科学出版社，2008.

[18] 张屏生．潮正两音字集音系初探［A］．郑良树．潮州学国际研讨会论文集［C］．广州：暨南大学出版社，1994.

[19] 张屏生．潮阳话和潮州内部部分次方言的语音比较［A］．曹逢甫，蔡美慧．第一届台湾语言国际研讨会论文选集［C］．1995.

[20] 张屏生．教育部《台湾闽南语常用词词典》的定音原则［Z］．第八届两岸中山大学中国文学学术研讨会论文，（广州）中山大学主办，2006.

[21] 张屏生．A. M. Fielde《汕头方言音义辞典》的音系及其相关问题［Z］．第五届国际暨第十届全国清代学术研讨会论文，（广州）中山大学主办，2008.

[22] 张屏生．《实用日汕语快捷方式》的音系及其相关问题［Z］．第八届潮州学国际研讨会论文，（广州）中山大学主办，2009.

[23] 张屏生．闽南语辞典所列方言变体的处理回顾与发展［J］．台湾语文研究，2010（2）.

[24] 张屏生，吕茗芬．潮州话相关辞书的音系比较及其相关问题［Z］．第十二届闽方言国际学术研讨会论文，（台湾）中央研究院历史语言研究所主办，2011.

[25] 杨扬发．潮汕十八音字典［M］．汕头：汕头大学出版社，2008.

[26] 董同龢．四个闽南方言［A］．历史语言研究所集刊 30 本［M］．台北：中央研究院，1959.

[27] 蒋儒林．潮语十五音［M］．香港：南光书局，1937.

[28] 蔡俊明．潮州方言词汇［M］．香港：香港中文大学中国文化研究所吴多泰中国语文中心，1991.

[29] 谢秀岚．汇集雅俗通十五音［M］．版本甚多，有会文堂本、庆芳书局影印本，俱不知刊年。

[30] 谢益显．增三潮声十五音［M］．香港：著者出版，1965.

[31] 罗常培．汉语方言研究小史［A］．中国科学语言研究所．罗常培语言学论文选集［M］．北京：中华书局，1963.

[32] Adele Marion Fielde（菲尔德）. *A Pronouncing and Defining Dictionary of the Swatow Dialect, Arranged According to Syllables and Tones*（《汕头方言音义辞典》）［M］．本书由杜建坊先生 2008 年 1 月印赠，谨此致谢。

[33] Bernhard Karlgren（高本汉）．中国音韵学研究［M］．赵元任，罗常培，李方桂译．台北：商务印书馆，1970.

[34] Bernhard Karlgren（高本汉）．中国语言学研究［M］．贺昌群译．上海：商务印书馆，1934.

[35] Josiah Goddard（高德）. *A Chinese and English Vocabulary in the Tie Chiu Dialect*（《汉英潮州方言字典》第二版）［M］．上海：American Presbyterian Mission，1883. 第 1 版是在曼谷发行。

[36] William Ashmore（威廉·耶士摩）. *Primary Lessons in Swatow Grammar* ［*Colloquial*］（《汕头话口语语法基础教程》）［M］．汕头：English Presbyterian Mission Press（英国长老会教会出版社），1884. 本书由林伦伦先生 2009 年 12 月印赠，谨此致谢。

[37] John Sieele（施约翰）. *The Swatou Syllabary with Mandarin Pronunciation*（潮正两音字集）［M］．上海：英国长老教会出版社，1924.

[38] John C. Gibson . *Sawtow Index-to the Syllabie Dictionary of Chinese by S. Wells Williams, and to the Dictionary of the Vernacular of Amoy by Carstairs Douglas*（《汕头标准字音表》，载于《威廉斯和道格拉斯字典的汕头方言索引》）［M］．高本汉《中国音韵学研究》中（543 页）提到的汕头音可能就是参考这本书，这本书笔者未见，是参考吴守礼《福客方言文献目录》和林伦伦（1998）的记载。

附录

姚弗如《潮声十七音新字汇合璧大全》音节检索

韵母		a 胶			aʔ	a			ã	ã 柑			×	ã			×
IPA	八音	上平	上上	上去	上入	下平	下上	下去	下入	上平	上上	上去	上入	下平	下上	下去	下入
p	边	130	131	131		133											
p^h	坡				132	133						124					
b	文			132												125	

（续上表）

韵母		a 胶			aʔ	a			ã	ã 柑			×	ã			×
IPA	八音	上平	上上	上去	上入	下平	下上	下去	下入	上平	上上	上去	上入	下平	下上	下去	下入
m	沓																
t	地		131		132				133	124	124	124			125		
t^h	他	130			132				133								
n	裊																
l	柳	130				133			133		124			124			
ts	增	130	131	132	132				133			124					
ts^h	出	131	131	132	133	133											
s	时	130	131	132						124							
dz	入																
k	求	130	131	131	132	133				124	124	124					
k^h	去	130	131	132	132												
g	语																
ŋ	语																
h	喜				133				133								
ʔ	英	130	131	132	132												

韵母		au 高			auʔ	au			auʔ	aŋ 江			ak	aŋ			ak
IPA	八音	上平	上上	上去	上入	下平	下上	下去	下入	上平	上上	上去	上入	下平	下上	下去	下入
p	边	67	69				72			169	171	173	175	177	179		180
p^h	坡	68	70	70		71	73			170		174	176	177			181
b	文		70							○	○	○	○	○	○	○	181
m	沓			71		72	73			171	173			178	180	180	181
t	地	68	69			71	73	73		170	172	174	175	177	179	180	181
t^h	他	68	70	70		71	73			170	172	174	176	178			181
n	裊	69	70	70		72					173		○	179	180		
l	柳		69			71	72	73			171		175	177	179		180
ts	增	68	70	71			73			170	172	174	176	178	180	180	181
ts^h	出	68	70	71		72				171	173	174	176	178	180		181
s	时	68		71						170	172	174	176				
dz	入																181
k	求	67	69	70		71	73			169	172	173	175			180	
k^h	去	68	69	70						170	172	173	175	177			181
g	语	68				72	73		74	171	173			178	180		181
ŋ	语									○	○	○	○	○	○	○	
h	喜	69	70	71		72	73	73		171	173	175	177	179	180	180	
ʔ	英	68	70	71		72	73			171	173	174	176	178	180		181

说明：

（1）表中数字为页码。

（2）这个表的用途有四个：

①音标对照，因为这个表提供了国际音标和传统辞书的对照，即使没有学过传统十五音三字反切法的人也可以寻音找到。

②便于使用者查找，例如，要想知道《大全》的“眼”在书中的哪一页，我们就可以找到 gaŋ2 这个音节，在 173 页。

③归纳音系，根据这个检索表我们就可以知道《大全》的声韵调系统，还可以看出声韵拼合的关系。例如，在“江”（aŋ/k）韵中，“袅”（n－）母和“柳”（l－）母有出现对立的音节。

④发现辞书编纂的缺失，《大全》的鼻化韵大部分没有和 m－、n－、ŋ－声母相拼的音节，可是既会出现在“庚”韵又会出现 mẽ5（75 页）、mẽʔ8（78 页）这种音节。这两个音节如果按《大全》的编纂方式应该放在“家”韵中。

清代俗语辞书《直语补证》在方言词典编纂方面的价值[①]

曾昭聪

（暨南大学中文系　广东广州　510632）

提　要　清代俗语辞书《直语补证》中所记录的方言词对当代方言词典编纂有一定的参考价值，主要表现在四个方面：有些方言词方言词典未收而《直语补证》可补之；有些方言词方言词典未完整指明其使用地区而《直语补证》可补之；以《直语补证》所录词条为线索可以对方言词典中的书证进行纠正或补充；方言词典中有些书证是从他书转引《直语补证》，当直接引用。

关键词　俗语辞书　直语补证　方言词　方言词典

清代浙江钱塘（今余杭）梁同书所著《直语补证》是一部俗语辞书，以对翟灏《通俗编》进行补正为主要目的。《通俗编》三十八卷，收录俗语五千余条，分天文、地理、时序等三十八类，依类编排。梁同书曾撰《直语类录》一书，翟灏《通俗编》出，遂不再刊行，而剪辑是书材料成《直语补证》一卷。详见《直语补证·自序》。

《直语补证》共列416个词目，有的一个词目实际上解释字、词、语若干条，因此分别统计该书共有字、词、语条目452条（除去重复的“先生”、“媳妇”两条不计）。《通俗编》已收录而《直语补证》重加讨论的词目共计65条，此外则均为新增者，即《通俗编》所未收录者。

《直语补证》新增词目及其释义、书证在当代方言词典编纂上有较重要的参考价值，其中已有不少条目在当代方言词典里是直接征引《直语补证》的。例如“串”，《汉语方言大词典》义项三：“〈动〉开玩笑。吴语。江苏常州［tsʻɤ^{41}］覅瞎～，快点做生活别乱开玩笑，快点干活。清梁同书《直语补证》：‘吴下谓相谑为～。’”又如“餢沙”，《汉语方言大词典》：“〈名〉豆沙。官话。清梁同书《直语补证》：‘《方言》：“餹谓之餢”，注：“以豆屑杂饧。”音髓。正今所云～也。’”又如“阿舅”，《明清吴语词典》“阿舅”条：“〈名〉妻子的兄弟。……阿舅，俗呼妻兄弟之称。（直语补证）”又如“打把势”，《明清吴语词典》：“〈动〉搭架子。□俗以无所凭借而妄自炫赫者，谓之瞎打把势。（直语补证）”又如“邹”，《明清吴语词典》“邹”条：“〈形〉坏；不好。……今人言物之不佳或薄小者曰邹。（直语补证）”由此可见当代辞书在编纂过程中确实是有意识地参考过《直语补证》的。虽然如此，《直语补证》一书中仍有不少材料可供当代辞书编纂时参考。

其一，有些方言词方言词典未收而《直语补证》可补之。

例如，蒜苻/蒜苻头，《直语补证》“苻”条：“俗称上锐而下圆者曰苻头，如蒜苻头、扇苻头之类。《颜氏家训》云：江南呼蒜颗为蒜苻。”（883页）按《颜氏家训·书证》：“《三辅决录》云：‘前队大夫范仲公，盐豉蒜果共一筩。’‘果’当作魏颗之‘颗’。北土通呼物一甴，改为一颗，蒜颗是俗间常语耳。故陈思王《鹞雀赋》曰：‘头如果蒜，目似擘椒。’又道经云：‘合口诵经声璅璅，眼中泪出珠子碟。’其字虽异，其音与义颇同。江南但呼为蒜苻，不知谓为颗。学士相承，读为裹结之裹，言盐与蒜共一苞裹，内筩中耳。《正史削繁》音义又音蒜颗为苦戈反，皆失也。”（470页）王利器集解：“卢文弨曰：‘今人言颗，俱从苦戈切，又言蒜蒲，疑上“符”字当为“苻”，苻有蒲音，《左传》“萑苻”是也。’案：《广韵·三十四果》：‘颗，苦果反。’又《左传·昭公二十年》作‘萑蒲’，不作‘萑苻’。”（472页）卢文弨虽引《左传》有误，但说“今人……又言蒜蒲”，则“蒜蒲”当是其时之方言俗语。

---

① 本文为国家社科基金项目“明清俗语辞书及其所录语词研究”（项目编号：09BYY048）成果。

由以上讨论可知：《颜氏家训》谓南北朝时期“蒜颗”乃“俗间常语”，“江南但呼为蒜符”，这是方言词的不同；至清代《直语补证》有“俗称……蒜苻头”，卢文弨说“今人……又言蒜蒲”，则当是当时方言情况。则“蒜符”一词与“蒜苻”、“蒜蒲”可称不同时代的一组异形词，同时又有语音上的关系。“蒜符”、“蒜苻”、“蒜蒲”、“蒜苻头”，《汉语方言大词典》、《明清吴语词典》、《汉语大词典》均未收。

栌和尚，《直语补证》“栌和尚”条：“船尾加栌小橛，以铁为之。《方言》‘隐棹谓之桨’下注：‘摇栌小橛，江东又名为胡人。’胡人即俗语云云之意。”（890页）按，“栌和尚”作为“俗语”，其义可作一探讨。“栌”为“橹”之异体。“栌和尚”与“胡人”均指在船边或船尾安放橹的支钮。关于其得名之由，《方言》卷九：“所以隐棹谓之𥳑”，郭注：“摇槭小橛，江东又名为胡人。”① 钱绎笺疏：“橹、艣，并与槭同。《说文》：橜弋也。《北堂书钞》云：今系舟木曰橜，所以摇槭谓之橛，故系舟木亦谓之橜也。今世以铁为之，状类小菌，谓之橹人头，与胡人之名亦相近。”（547页）橹用以行船，“橛”用以承“橹”，“橹”或作“栌”，与“虏”同音，“虏”又是对胡人的蔑称；“橜”“状类小菌”，菌头光滑，类胡人与和尚头（常无头发），故名之“胡人”、“橹人头”、“栌和尚”。《汉语方言大词典》收“橹人头”：“〈名〉木船尾部加橹用的圆头铁柱。吴语。上海松江。”（7191页）又收“胡人”，义项一：“〈名〉用以稳定船橹的小木橛。古方言。”但未收“栌和尚”。《明清吴语词典》、《汉语大词典》亦未收该词。

杀擂，《直语补证》“杀擂”条：“宋汪元亮《醉歌》绝句：乱点连声杀六更。即虾蟇更。俗谓之杀擂。”（899页）按，原诗是《醉歌》其五：“乱点连声杀六更，荧荧庭燎待天明。侍臣已写归降表，臣妾佥名谢道清。”“虾蟇更”本有二义。据《汉语大词典》，一是“击木柝警夜。以柝声似虾蟆叫，故称”。《直语补证》所谓“虾蟇更”，则是第二义项，指宋时宫中称五更以外的六更（当以其时蛙鸣最响）。按，宋有六更之制。宋周遵道《豹隐纪谈》：“杨诚斋诗云：‘天上归来有六更。’盖内楼五更绝，柝鼓变作，谓之虾蟆更，禁门方开，百官随入，所谓六更者也。外方则谓之攒点云。”明方以智《通雅》卷三十更引郭青螺之说：“即今之发擂耳。”据《直语补证》，知清代吴方言称擂虾蟆更鼓为“杀擂”。然则“六更”（即宋代之“虾蟇更”、“攒点”，明代之“发擂”，清代之“杀擂”）指宋代开始的宫禁中打六更（即天刚亮的时间）。《明清吴语词典》“杀五更”条：“〈名〉五更末；黎明。□吴谚谓五更将终曰杀五更。（吴下方言考4卷）”据此，则“杀”为结束义。清陈澧《声律通考》卷六：“《补笔谈》所谓‘杀声’，《词源》所谓‘结声’，皆谓曲终之声，即蔡季通所谓‘毕曲’也。”“杀五更”指五更鼓结束。五更之后“柝鼓变作，谓之虾蟆更，禁门方开，百官随入，所谓六更者”，即百官上朝之时。“杀擂”即以“柝鼓变作”结束一夜所擂之鼓。该词《汉语方言大词典》、《明清吴语词典》、《汉语大词典》均未收。

品理，《直语补证》“品理”条：“今市井常语，凡是非不能判决，则集众议以折服之。谓之‘品’，此字义不见经传，惟《广韵》‘品’字注：‘两口生讼，三口乃能品量。’是此语所本。”（916页）按，《说文·品部》：“品，众庶也。”《广韵·寝韵》：“品，二口则生讼，三口乃能品量。”《增韵·寝韵》：“品，品量也。”由《直语补证》“凡是非不能判决，则集众议以折服之”可知“品理”即集众人而评是非。《汉语方言大词典》、《明清吴语词典》、《汉语大词典》均未收该词。

其二，有些方言词方言词典未完整指明其使用地区而《直语补证》可补之。

例如，纣棍，《直语补证》“纣棍”条：“驴后络以横木，俗名纣棍。按，《考工记·辀人》：缁其半后。注：缁者，辔络之类，一曰马纣。盖本此。”（883页）按，《汉语方言大词典》“纣棍”条：“〈名〉两端由革带系于鞍上而横拴在牲口尾下部的短木棍。㊀中原官话。甘肃甘谷。李恭《陇右方言发微》：‘陇南通称在马后遒迫使不得却缩之皮条曰“緧”，近马尾处用棍、鞍之两旁用皮绳者曰～。’㊁晋语。山西忻州［$tʂəu^{53}kuəŋ^{53-31}$］。㊂西南官话。四川。明李实《蜀语》：‘骡后木曰～。’贵州遵义。”（2365页）按，《汉语方言大词典》对于“纣棍”一词只列出其在中原官话、晋语和西南官话中的用法，而据

① 周祖谟校笺：“𥳑，《御览》卷七七一及《绀珠集》引作桨”。“槭，《御览》及《绀珠集》引作橹”。见《方言校笺》，第59页。

《直语补证》，则清代吴语中亦有此“俗名”（梁同书为浙江钱塘人，所收“俗语”若未注明为何方言则为吴语）。当据补。另外《明清吴语词典》、《汉语大词典》亦未收该词。

麻札，《直语补证》“麻札”条：“扬子《方言》蚝蟒即蝗。注：‘蚝音近诈，亦呼虴蜢。’今北方人呼蚂蚱，或麻札，即此二字。颠倒声转之异。《元史·五行志》：至元五年，京师童谣曰：白雁向南飞，马札望北跳。随俗写耳。”（903页）按《方言》卷十一：“蟒，……南楚之外谓之蚝蟒，或谓之蟒……”《说文·虫部》段注：“蚝蟒，即今北人所谓蚂蚱，江南人谓之蝗虫。蚝蟒、虴蜢，一语之转。”王夫之《诗经稗疏·豳风》“斯螽、莎鸡、蟋蟀”：“斯螽，毛传曰：‘蚣蝑也。’……《方言》及《广雅》谓之舂黍。郭璞曰：‘江东呼虴（蚱）蛨（蜢）。’今按，虴蛨似螳螂，项稍短而无斧，六七月间好入人葛衣中，闽粤人生啖之。”章炳麟《新方言·释动物》：“《说文》：‘蝗，螽也。’今通言谓之蝗，或谓之蛨虴，或谓之虴蜢。《方言》作蚝蟒。”由此，知“蚝蟒”、“虴蛨”、“虴蜢”、“蚱蜢”是一组古今方言音转异形词，“蚂蚱”、“麻札”、“马札”、“蛨蚱”是另一组古今方言音转异形词。两组异形词又是“颠倒声转之异”。《汉语大词典》未收“麻札”。《汉语方言大词典》“麻札”条：“又作‘麻蚱’。”“麻蚱”条：“〈名〉蚱蜢；蝗虫。西南官话。……也作‘麻札’”，后举《直语补证》例。（5706页）按：由《直语补证》“今北方人呼作蚂蚱，或麻札”及其所引《元史》“京师童谣曰：白雁向南飞，马札望北跳”，知《汉语方言大词典》仅列为“西南官话”有所不妥，亦当为北方方言。

连展，《直语补证》“捻钻儿饭”条：“山西人作一种麦饭，形若细米而长，名曰捻钻儿饭。钻读去声。予初不解所谓，因思放翁诗‘拭盘进连展’注：‘淮人以名麦饵’，定为此二字之讹。”（910页）则可知山西“捻钻儿”乃“连展”之方言音转（部分晋语n、l不分）。《汉语方言大词典》未收“捻钻儿饭”，但收有“连展”条，义项一：“〈名〉用麦粉制成的面条、面饼等。”所出方言是冀鲁官话、胶辽官话、古方言。其中古方言引陆游诗。（2601页）按，由陆游《邻曲》诗自注“淮人以名麦饵”知宋代江淮官话如此，注为“古方言”不够确切。又，由《直语补证》知清代晋语亦然，但音有小变耳。另外“冀鲁官话”清代已然：清王士祯《池北偶谈》卷十三“唐诗字音”条：“‘拭盘堆连展’，连上声。今山东制新麦作条食之，谓之连展。连读如辇。”《汉语方言大词典》从1929年《雄县志》转引，亦不妥。

八八儿，《直语补证》“八八儿”条：“《示儿编》引王虚中《劝孝文》：鸜鹆曰八八儿。今俗有胡狲弄八八儿之语。当谓此。”（917页）按，宋孙奕《示儿编》卷十五“物重名”条：“物之名有重言之者……鸜鹆曰八八儿（王虚中《劝孝文》）。”所谓“鸜鹆”，《汉语大词典》“鸲鹆”条：“亦作‘鸜鹆’。”义项一：“鸟名。俗称八哥。”《汉语方言大词典》“八八儿”条：“〈名〉八哥儿。㊀西南官话。云南昭通。[꜀pa꜀pa꜀ɚ]。㊁湘语。湖南吉首[꜁pa·pər]。”按，由王虚中《劝孝文》知宋代即有“八八儿”之词，由《直语补证》“今俗有胡狲弄八八儿之语”知清代吴语亦有此词，不限当代西南官话与湘语。另外，《明清吴语词典》、《汉语大词典》未收该词。

其三，以《直语补证》所录词条为线索可以对方言词典中的书证进行纠正或补充。

例如，酒孃，《直语补证》“酒孃、酒脚”条：“大隐翁《酒经》：酴米，酒母也，今人谓之脚饭。故又曰脚也。”（915页）按，酴，《说文·酉部》：“酴，酒母也。”此“酒母”乃是指酒曲，而《直语补证》所引《酒经》中的“酴米”所指“酒母”实指用来酿甜酒的蒸饭。两者意义并不相同。四库本《北山酒经》卷下“酴米”条：“蒸米成麋，策在案上，频频翻，不可令上干而下湿，大要在体衬天气。温凉时放微冷，热时令极冷，寒时如人体。金波法：一石麋用麦蘖四两，糁在麋上，然后入麴酵一处，众手揉之，务令麴与麋匀。若麋稠硬，即旋入少冷浆同揉，亦在随时相度，大率搜麋，秖要拌得麴与麋匀足矣……”①“麴”即酒曲，则“酴米”（即下文的“麋”）非酒曲明矣。甜酒酿成之后，原来的“酴米”就成为甜酒中的酒糟。《汉语方言大词典》亦误读此语：“脚饭”条：“〈名〉酒曲。吴语。浙江镇海。清光绪五年《镇海县志》：‘《大隐翁酒经》酴米，酒母也。今人谓之~。’”实际上，“酴米”、“脚

① 按，《宋史·艺文志》所载大隐翁《酒经》，与无求子《酒经》实为同一书，又名《北山酒经》，作者是宋人朱肱。参陈圣宇.……文志》中两《酒经》作者考[J].新世纪图书馆，2007（3）.

饭”均指用来酿甜酒的蒸饭，因其可生酒，故名“酒母”。又，“酒孃”、“酒娘”、“酒酿”为异形词，均可指甜酒中的酒糟或带糟的甜米酒。《汉语方言大词典》“酒娘糟”条义项一：“〈名〉甜酒酿（一种食品）。吴语。上海松江。”义项二：“〈名〉酒曲。闽语。福建福州。1922 年《福建新通志》：‘酒母曰酒娘，亦曰～。’”义项一指带糟的甜米酒，义项二对《福建新通志》中的“酒母”的理解恐亦有误，似当指甜酒中的酒糟。

袜船，《直语补证》“韈船”条：“今人称韈下缘曰船。杜诗：天子呼来不上船。一云，船，领缘也。施之于韈，形更近似。”① 按，此以“韈船”立目，则可知该词清代已见。《汉语大词典》未收。《汉语方言大词典》“袜船”条列三义项。义项一：“〈名〉没有筒儿像便鞋的布袜。㊀西南官话。四川成都［ua^{21}ts‘uan^{21}］。㊁吴语。上海［maʔ^{2}zø^{13}］。”义项二：“〈名〉袜子近底儿的边缘部分。吴语。浙江宁波。［maʔ$^{12-2}$ʑiĩ$^{22-44}$］。”义项三：“〈名〉袜楦子。吴语。上海崇明［ɦaʔ^{22}ʑø$^{24-55}$］。”根据《直语补证》的释义，可以看出清代方言中的用法是《汉语方言大词典》中的第二个义项，然《汉语方言大词典》未有书证。该词典“凡例”说：“现代方言口语中多数名物词和其他容易理解的常用词，释义后一般不举例。如释义后仍不大明了的，则根据已有资料选用方言例证。”这种情况只限于“现代方言”，对于较早的用法，如果不举例就不容易弄清某方言词的产生年代及其原来所使用的地区，所以对于古今兼收的方言词典来说，较早的方言用例还是应尽可能举其文献例证。《直语补证》关于“韈船”的立目和释义可以证明：①该词清代已出现；②该词清代时在浙江钱塘（《直语补证》作者是清代浙江钱塘人，即今余杭）方言中使用，不仅仅是当代宁波方言中使用。

其四，方言词典中有些书证是从他书转引《直语补证》，当直接引用。

例如，呆木大，《直语补证》“呆木大”条：“俗谓不慧者为呆木大。驮去声。《辍耕录》‘院本名目’有此。”（886 页）按《辍耕录》卷二十五确记有“呆木大”，与今义是否相同还需考证。因“木大”为宋代戏曲角色名，推测这一角色名所指角色应为“不慧者”。台湾《重编国语辞典》（修订本）“呆木大”条义项一：“愚蠢的人。直语补证·呆木大：‘俗谓不慧者为呆木大。’亦称为‘呆木’。”《汉语大词典》未收该词。《汉语方言大词典》亦未收该词，但收“呆木头”，所录义项有二，其一：“〈形〉不机灵；不聪明。吴语。江苏江阴。浙江绍兴。”其二：“〈名〉比喻发呆不动或反应迟钝的人。吴语。上海［ŋɛ$^{23-22}$moʔ$^{12-55}$dɤ$^{23-21}$］。《歇浦潮》第三十回：‘他们都和～一般，焉能得你的寂寞。’浙江绍兴。鲁迅《故事新编·出关》：‘孔子好像受了当头一棒，亡魂失魄的坐着，恰如一段～。’”（2660 页）《明清吴语词典》收录该词，“呆木徒”下注：“又作‘呆木大’”，但所引出处是“光绪镇海县志 39 卷”。实则三词可视为同一方言内部的音转异形词。但《明清吴语词典》系转引，当直接引用《直语补证》。

孝堂，《直语补证》“孝堂”条：“丧家所悬素幕曰孝堂。殊无义。按，《太平御览》卷四十二引《齐地记》曰：巫山一名孝堂山，山上有石室，俗传云郭巨葬母之所，因名焉。然则今俗以幕为堂中之具，遂以为名耳。”（911 页）按，《汉语方言大词典》“孝堂”条义项二：“〈名〉孝幔。吴语。上海松江。浙江镇海。清光绪五年《镇海县志》：‘《直语补证》：“丧家所悬素幕曰～。”’”

白蜡蜡，《直语补证》“白蜡蜡”条：“俗以作事无济曰白蜡蜡。按，《朝野佥载》载：张鷟号青钱学士，时有董万举举明经不第，号曰白蜡明经，与鷟为对。即此意。”（919 页）按，《汉语大词典》未收“白蜡蜡”条，但收“白蜡明经”条：“唐时对屡试不第者的戏称。蜡性光滑不着物，用讥作事无成。《类说》卷四十引唐张鷟《朝野佥载》：‘张鷟号青钱学士，以其万选万中。时有明经董万举九上不第，号白蜡明经，与鷟为对。’明张鼎思《琅琊代醉编》亦载此事，作‘白腊明经’。”《汉语方言大词典》“白蜡蜡”条：“〈形〉白费劲儿。吴语。浙江宁波［baʔ$^{12-2}$lɪɪʔ$^{12-4}$lɪɪʔ$^{12-4}$］。”未举书证，当据《直

① 《直语补证》所引以为杜诗中“船”为“领缘”之说由来已久，但不同意此说者亦大有人在。明方以智《通雅》卷三十六“以不上船为襟穿者误也”条：“《续演繁露》曰：范传正作李白墓碑云：玄宗泛白莲池，白不在宴，皇欢既洽，召作序，白已被酒于翰苑中，命高力士扶以登舟。按此即杜诗谓‘天子呼来不上船’者也。或者谓方言以衣襟为船，误矣。智按，以不上船为衣者，《冷斋夜话》也。蜀人呼衣系带为‘穿’，好奇者以‘穿’作‘船’。《冷斋》附会奇说，故取之。吴曾曰：始于王玄之《诗话》，以夏彦刚云‘蜀以襟头为船’，无据。”

语补证》补。《明清吴语词典》“白蜡蜡”条：“〈形〉喻做事无效果。俗以作事无济曰白蜡蜡。（直语补证，光绪镇海县志39卷引）”

明清俗语辞书很多，其中所记录的方言词也很多，这些方言词对当代方言词典的编纂有较重要的参考价值，相关研究应当重视明清俗语辞书。

参考文献

[1] 罗竹风．汉语大词典（缩印本）[M]．上海：汉语大词典出版社，1997.
[2] 石汝杰，[日] 宫田一郎．明清吴语词典 [M]．上海：上海辞书出版社，2005.
[3] 教育部重编国语辞典编辑委员会．重编国语辞典（修订本）[M]．台北：台湾商务印书馆，1982.
[4] 王利器．颜氏家训集解（增补本）[M]．北京：中华书局，1993.
[5] 许宝华，[日] 宫田一郎．汉语方言大词典 [M]．北京：中华书局，1999.
[6] 周祖谟．方言校笺 [M]．北京：中华书局，1993.
[7]（宋）孙奕．示儿编丛书集成初编本 [M]．上海：商务印书馆，1935.
[8]（宋）周遵道．豹隐纪谈 [M]．说郛（涵芬楼藏版一百卷本）卷七．
[9]（宋）朱肱．北山酒经 [M]．文津阁四库全书（二七八）[M]．北京：商务印书馆，2005.
[10]（明）方以智．通雅 [A]．方以智全书（一）[M]．上海：上海古籍出版社，1988.
[11]（清）王夫之．诗经稗疏 [A]．船山全书（三）[M]．长沙：岳麓书社，1992.
[12]（清）梁同书．直语补证 [A]．通俗编（附直语补证）[M]．北京：商务印书馆，1958.
[13]（清）章太炎．新方言 [A]．章太炎全集（七）[M]．上海：上海人民出版社，1999.
[14]（清）陈澧．声律通考 [A]．续修四库全书（一一六）[M]．上海：上海古籍出版社，2002.
[15]（清）钱绎．方言笺疏 [M]．上海：上海古籍出版社，1984.
[16]（清）王士祯．池北偶谈 [M]．北京：中华书局，1982.

“醮”词源考①

钟　奇

（暨南大学汉语方言研究中心　广东广州　510632）

提　要　“醮”字表达多种意义。其中“敬酒”和“尽爵（即干杯）”是原始义，表示道教祭祀仪式的“醮”源于前者。在词源上，“醮”源于酒杯义的“爵”，“爵”又源于麻雀义的“雀”。

关键词　道教仪式　醮　词源　词族

一、引　言

道教的仪式有个专门而特别的叫法：醮。有九龙醮、三朝醮、火醮、水醮、升化醮、五朝醮、平安醮、北阴醮、安坟醮、安宅醮、传度醮、延生醮、拔亡醮、定命醮、罗天大醮、祈禄醮、祈安清醮、往生醮、周天大醮、保嗣醮、保胎醮、消灾醮、真武醮、断连醮、普天大醮、谢罪醮、解星醮等（胡孚琛，1995：519～521）。在工具书中，我们查到“醮”的意义是“祭祀”，是“僧、道设坛祈祷”，但找不到与之相关的“醮”的原始义（汉语大字典编委，1992；罗竹风，1993）。为了更好地理解道教祭祀仪式的发展轨迹，有必要解答这一问题。

《汉语大字典》（1992. 1498～1499）中 jiào 音的“醮”有 5 组义项：①古代冠礼、婚礼的一种仪节。②祭祀；又指僧、道设坛祈祷。③尽。1. 水尽；饮酒尽。2. 方言。财尽，贫穷。④已婚的妇女再嫁。⑤独酌而醉。

《汉语大词典》（1993. 1442）中有 7 组义项：①古代冠礼、婚礼中的一种简单仪节。谓尊者对卑者酌酒，卑者接受敬酒后饮尽，不需回敬。②祭神。亦指道士设坛祈祷。③指女子嫁人。后多指再嫁。④尽；完。⑤贫穷。⑥独酌而醉。⑦用同“蘸”。方言。沾。

其中⑦显然有误。“醮”是“蘸”的省偏旁俗字，应读同“蘸 zhàn”。

除去义项⑦，《大字典》、《大词典》基本相同，只是个别义项的分合稍有差异。

二、“醮”族字的形、义演化图

通过对资料的爬梳整理，我们得出下面的“醮”族字的形、义演化图。

图中斜杠/表示不止一种文字形式，花括弧｛｝内为语义。另外，“爵”还引申出其他义。但与“醮”无关，略去。

① 本论文属广州市哲学社会科学发展“十一五”规划 2008 年度课题“广州粤语资源监测理论与实证研究”（项目编号：08Y61）成果。

雀｛麻雀｝
↓
爵｛酒杯｝→釂/醮｛尽爵，即饮酒尽、干杯｝→醮/潐｛水尽｝
→醮｛财尽，贫穷｝
↓
爵｛酒｝
↓
醮｛敬酒｝→醮｛古冠礼中敬酒，行古冠礼中的敬酒仪式｝
→醮｛古婚礼中敬酒，行古婚礼中的敬酒仪式｝→醮｛女子出嫁｝→醮｛女子再婚｝
↘醮｛给鬼神敬酒，行对鬼神的敬酒仪式（即祭祀）｝→醮｛道士设坛作法｝
↘醮｛在其他庄重场合中敬酒，行其他仪式｝

三、“醮”族字的形、义演化图的解释

“醮”的所有义项均由“雀”、“爵”衍生而来。

（一）雀｛麻雀｝→爵｛古酒杯｝→爵｛酒｝

“雀”即今天的麻雀。

《说文·隹部》：“雀，依人小鸟也。从小隹，读与爵同。”（许慎，1963：76）

古“雀”、“爵”同音。现在的不同音是后来变化的结果。可能与避讳有关。

《诗经·召南·行露》：“谁谓雀无角？何以穿我屋？”（阮元，1993：54）

《礼记·三年问第三十八》：“小者至于燕雀，犹有啁噍之顷焉，然后乃能去之。”（阮元，1993：961）

因古代饮酒器（即相当于现在的“酒杯”）的形状像“雀”，也命名为“雀”，但文字形式写作“爵”（参见段玉裁，1981：141；藤堂明保，1965：255～256；王宁，1996：324）。

《说文·鬯部》：“爵，礼器也。象雀之形，中有鬯酒。又持之。所以饮。器象爵者。取其鸣节节足足也。”（许慎，1963：106）

甲骨文、金文中已出现“爵”。

《合》二四五〇六：“庚戌卜，王曰贞：爵其用。”白公父爵：“白公父作金爵，用飨用酌。”（许伟建，1998：201）

《诗·小雅·宾之初筵》：“酌彼康爵、以奏尔时。”（阮元，1993：489）

《左传·桓公二年》：“舍爵、策勋马，礼也。”（阮元，1993：96）

“爵”又代指“酒”。

《易·中孚》：“鸣鹤在阴，其子和之，我有好爵，吾与尔靡之。”（阮元，1993：150）

《诗·邶风·简兮》：“左手执龠，右手秉翟。赫如渥赭，公言锡爵。”（阮元，1993：93）

《礼记·郊特牲第十一》：“宾入大门而奏《肆夏》，示易以敬也。卒爵而乐阕，孔子屡叹之。”（阮元，1993：483）

（二）爵｛酒｝→醮｛敬酒｝

作为名词的“爵｛酒｝”衍生出动词“敬酒”，语音由入声韵变为阴声韵，文字形式则由“爵”变成“醮”。

何以得出这样的结论？有三方面的证据：

1. 语音方面的证据

“爵”、“醮”上古声母相同，都是精母；韵母不同，分别属于入阴相配的药、宵部（郭锡良，1986：45、163）。而阴入对转是上古汉语中词性改变、语义引申时常见的音变现象（王力，1982：14～17）。

2. **文字方面的证据**

“爵”、“醮”形、音变化的另一平行证据是：“嚼”是“噍”的异体字。

“说文：‘噍，啮也。嚼，噍或从爵。’大徐读才肖切，又才爵切。小徐读寂要切。段注：‘古焦爵同部同音。唐韵乃分，噍切才笑，嚼切才爵矣。今北音去声，南音入声。’”（王力，1982：220）

3. **文化习俗方面的证据**

先秦时代，“爵”既是饮酒器，又是礼器。在《仪礼》、《礼记》中，可见到“以爵敬酒”的情形。

《仪礼·乡饮酒礼第四》：“主人坐取爵，实之宾之席前，西北面献宾。宾西阶上拜，主人少退。宾进受爵，以复位。”《仪礼·燕礼第六》：“宾西阶上拜，筵前受爵，反位。主人宾右拜送爵。”（阮元，1993：82、160）

《礼记·祭义第二十四》：“食三老五更于大学，天子袒而割牲，执酱而馈，执爵而酳，冕而揔干，所以教诸侯之弟也。”《礼记·祭统第二十五》：“尸饮五，君洗玉爵献卿；尸饮七，以瑶爵献大夫；尸饮九，以散爵献士及群有司，皆以齿。明尊卑之等也。”（阮元，1993：823～834）

“爵”既是单独的某种饮酒器，又是各种饮酒器的总称。即既是专名，又是通名。多种饮酒器都可称作“爵”。

《五经异义·爵制篇》引《韩诗》：“一升曰爵，二升曰觚，三升曰觯，四升曰角，五升曰散。总名曰爵，其实曰觞。”（许慎，1888：64）

《礼记·明堂位第十四》：“爵，夏后氏以琖，殷以斝，周以爵。”（阮元，1993：580）

作为专名，“爵”是用来敬酒的，而“觯”是用来酬（即回敬）酒的。

《周礼·冬官考工记第六》：“勺一升，爵一升，觚[①]三升。献以爵而酬以觯。”（阮元，1993：637）

而且在饮酒器中，用“爵”敬酒比用“散”规格高。

《礼记·礼器第十》：“贵者献以爵，贱者献以散。”（阮元，1993：454）

（三）醮｛敬酒｝→醮｛古冠礼中敬酒，行古冠礼中的敬酒仪式｝
→醮｛古婚礼中敬酒，行古婚礼中的敬酒仪式｝
↘醮｛给鬼神敬酒，行对鬼神的敬酒仪式（即祭祀）｝
↘醮｛在其他庄重场合中敬酒，行其他敬酒仪式｝

“醮”可出现在不同的场合、针对不同的对象。以下是汉或汉以前的用例。

（1）“醮”可在祖庙中，义为“祖庙中仪式性的敬酒”、“行拜大将的敬酒仪式”。

《吴子》：“于是文侯身自布席，夫人捧觞，醮吴起于庙，立为大将，守西河。”（中华书局，1978：1）

（2）“醮”可在家中，义为“敬酒以表尊敬”。

《晏子春秋》五卷：“乃令粪洒改席，尊醮而礼之。”（中华书局，1978：144）

（3）“醮”可在古冠礼中，义为“古冠礼中仪式性的敬酒”、“行古冠礼中的敬酒仪式”。

《仪礼·士冠礼》：“若不醴，则醮用酒。”“若庶子，则冠于房外，南面，遂醮焉。”“醮辞曰：‘旨酒既清，嘉荐亶时。始加元服，兄弟具来。孝友时格，永乃保之。’再醮曰：‘旨酒既湑，嘉荐伊脯。乃申尔服，礼仪有序。祭此嘉爵，承天之祜。’三醮曰：‘旨酒令芳，笾豆有楚。咸加尔服，肴升折俎。承天之庆，受福无疆。’”“适子冠于阼，以著代也。醮于客位，加有成也。”（阮元，1993：21、28、30、32）

《礼记·曾子问第七》：“孔子曰：‘天子赐诸侯大夫冕弁服于大庙，归设奠，服赐服，于斯乎有冠醮，无冠醴。……’”《礼记·冠义第四十三》：“故冠于阼，以著代也。醮于客位，三加弥尊，加有成也。”（阮元，1993：361、998）

（4）“醮”可在古婚礼中，义为“古婚礼中仪式性的敬酒”、“行古婚礼中的敬酒仪式”。

《仪礼·士昏礼》：“然后祭行。庶妇则使人醮之。妇不馈。”“父醮子，命之曰：‘往迎尔相，承我

① 郑玄注说“觚”应是“觯”。

宗事，勗帅以敬，先妣之嗣。若则有常。'"（阮元，1993：61、62）

《礼记·昏义第四十四》："父亲醮子，而命之迎。男先于女也。"（阮元，1993：999）

《荀子·大略》："亲迎之礼，父南向而立，子北面而跪，醮而命之：'往迎尔相，成我宗事，隆率以敬先妣之嗣，若则有常。'子曰：'诺！唯恐不能，敢忘命矣！'"（中华书局，1978：323）

"醮"的对象除了可以是人外，还可以是鬼神、动物，义为"祭祀"。

（5）对象是神龟。

《史记·龟策列传第六十八》："左胁书文曰：'甲子重光，得我者匹夫为人君，有土正，诸侯得我为帝王。'求之于白蛇蟠杅林中者，斋戒以待，譺然，状如有人来告之，因以醮酒佗发，求之三宿而得。"（司马迁，1959：3225）

（6）对象是神。

宋玉《高唐赋》："醮诸神，礼太一。"李善注："醮，祭。"（萧衍，1977：267）。

（7）对象是大鱼。

《竹书纪年》卷上："［黄帝］游于洛水之上，见大鱼，杀五牲以醮之。"（罗竹风，1993：1442）

（8）对象是金马碧鸡之神。

《汉书·郊祀志》："或言益州有金马碧鸡之神，可醮祭而致，于是遣谏大夫王褒使持节而求之。"（班固，1962：1250）

（1）~（5）中"醮"用法的"公因子"是"敬酒"。"敬酒"也可引申出（6）~（8）的意义：给鬼神、灵异之物敬酒，即"祭祀"。

"敬酒"义能很好地说明"醮"的各种语义及其引申义，也就是说，它是"醮"的原始义。

许多汉字所表示祭祀原本都有某种具体的祭品："祭"的祭品是肉，"柴"的祭品是柴（段玉裁，1981：3、4），"禋"的祭品是烟（参见《周礼·春官宗伯第三》郑注。阮元，1993：274）。从"醮"字的形旁"酉"和以上的用例，我们不难推出"醮"原本的祭品是酒。

（四）醮｛给鬼神敬酒，行对鬼神的敬酒仪式（即祭祀）｝→醮｛道士设坛作法｝

汉以后，"醮"又进一步专指道士设坛作法。

收入《道藏》的晋人作品《太上洞渊神咒经·步虚解品考》（6册，1988：55、59）写道："建斋设醮，祠谢五帝神仙"、"修斋设醮，不依科仪之考"。

其中已出现"醮"。

张泽洪（1996）认为："大约从东晋开始，'醮'已专指道教祭祀仪式。"

《正字通·酉部》："醮，凡僧、道设坛祈祷曰醮。"

《颜氏家训·治家》："符书章醮亦无祈焉。"卢文弨补注："道士设坛伏章祈祷曰醮。"（汉语大字典编委，1992：1498）

（五）醮｛古婚礼中敬酒，行古婚礼中的敬酒仪式｝→醮｛女子出嫁｝→醮｛女子再婚｝

"醮"又由行婚礼中的敬酒仪式引申为女子出嫁。

刘敬叔《异苑》卷五："乌伤陈氏，有女未醮，著屐径上大枫树颠，了无危惧。"

孙光宪《北梦琐言》卷五："大凡士族女郎，无改醮之礼。"（罗竹风，1993：1442）

魏徵寿《隋书·李谔传》："五品以上妻妾不得改醮。"（汉语大字典编委，1992：1499）①

《孔子家语·本命》："夫死从子，言无再醮之端。"

《北齐书·羊列传》："一门女不再醮。"（罗竹风，1993：520）

因"改醮"、"再醮"略称"醮"，而使"醮"有了"再婚"之义。

蒲松龄《聊斋志异·马介甫》："既殡，弟妇恋儿，矢不嫁。妇唾骂不与食，醮去之。遗孤儿，朝

① 《汉语大字典》、《汉语大词典》将上例与本例中的"醮"当成义项"再嫁"的用例。误！若"醮"是"再嫁"，"改醮"岂不是"再再嫁"？

夕受鞭楚。”

徐珂《清稗类钞·棍骗类》：“苏俗呼土棍为獭皮，凡偪醮、搆讼、杀牛、开赌诸不法事，皆出其手。”（汉语大字典编委，1992：1499）

（六）爵｛酒杯｝→釂/醮｛尽爵，即饮酒尽、干杯｝→醮/潐｛水尽｝

→醮｛财尽，贫穷｝

“酒杯”义的“爵”由名词分化出动词“干杯”，文字形式则变成了“釂”或“醮”。

《说文·酉部》：“釂，饮酒尽也。从酉，嚼省声。”段玉裁注：“酒当作爵。此形声包会意字也。（段玉裁，1981：749）

《礼记·曲礼第一》：“长者举未釂，少者不敢饮。”郑玄注：“尽爵曰釂。”（阮元，1993：41）

《白虎通德论·爵》：“爵者，尽也。”（班固，1927：56）

《汉书·游侠传·郭解》：“解姊子负解之势，与人饮，使之釂，非其任，强灌之。”（班固，1962：1301）

《韩非子·外储说左上第三十二》：“一曰。鲁人有自喜者，见长年饮酒不能釂则唾之，亦效唾之。”（中华书局，1978：208）

《荀子·礼论》：“利爵之不醮也。”（阮元，1993：234）

其中“尽爵”，义即饮酒尽、干杯。“形声包会意字”则意味着“爵”和“釂”同源。

“饮酒尽”而后又扩大到“水尽；财尽”。其中表示“水尽”时，文字形式又可写作“潐”。

《尔雅·释水》：“水醮曰厬。”郭璞注：“谓水醮尽。”陆德明释文：“醮，尽也。字或作潐。”《说文·水部》：“潐，尽也。”《玉篇·水部》：“潐，水尽也。”明沈榜《宛署杂记·民风二·方言》：“贫曰醮，富曰肥。”

《醒世姻缘传》第八十七回：“丢这么些银子，弄得手里醮醮的，我有不替你买得么?”（汉语大字典编委，1992：1499）

（七）义项⑤“独酌而醉”的用例很晚，明清始有。

明郎瑛《七修类稿·义理·酒》：“主人进酒于客曰酬，客酌主人曰酢，独酌而醉曰醮。”

清阮葵生《茶余客话》：“独酌而醉曰醮。”（汉语大字典编委，1992：1499）

这一义项在“醮”族字的形、义演化图中尚未找到合适的位置，留待今后作进一步的研究。

四、结　语

就“醮”字而言，“醮”的原始义是“敬酒”和“尽爵（即干杯）”。表示道教祭祀仪式的“醮”源于前者。

就词源而言，“醮”源于古代的酒杯“爵”，“爵”又源于“雀”。

参考文献

［1］道藏［M］. 北京：文物出版社，天津：天津古籍出版社，上海：上海书店，1988.

［2］（东汉）班固. 白虎通德论［M］. 上海：商务印书馆，1927.

［3］（东汉）班固. 汉书［M］. 北京：中华书局，1962.

［4］（清）段玉裁. 说文解字注［M］. 上海：上海古籍出版社，1981.

［5］胡孚琛. 中华道教大辞典［M］. 北京：中国社会科学出版社，1995.

［6］罗竹风. 汉语大词典［M］. 香港：三联书店有限公司，上海：汉语大词典出版社，1993.

［7］汉语大字典编辑委员会. 汉语大字典（缩印本）［M］. 武汉：湖北辞书出版社，成都：四川辞书出版社，1992.

［8］郭锡良. 汉字古音手册［M］. 北京：北京大学出版社，1986.

［9］（清）阮元. 十三经注疏［M］. 台北：艺文印书馆，1993.

[10]（西汉）司马迁［M］．史记．北京：中华书局，1959.
[11]［日］藤堂明保．汉字语源辞典［M］．东京：学灯社，1965.
[12] 王力．同源字典［M］．北京：商务印书馆，1982.
[13]（南北朝·梁）萧衍．文选［M］．北京：中华书局，1977.
[14]（东汉）许慎．说文解字［M］．北京：中华书局，1963.
[15]（东汉）许慎．五经异义疏证［M］．上海：蜚石馆，1888.
[16] 许伟建．上古汉语词典［M］．长春：吉林文史出版社，1998.
[17] 杨天宇．礼记译注［M］．上海：上海古籍出版社，1997.
[18] 张泽洪．道教斋醮源流刍析［J］．宗教学研究，1996（3）.
[19] 中华书局．先秦诸子［M］．北京：中华书局，1978.

略论两汉章句对六朝儒经义疏之影响[①]

刘卫宁

（暨南大学中文系　广东广州　510632）

提　要　六朝儒经义疏固受当时佛教讲经撰疏之直接启发而产生，但究其渊源，则与前代注经传统特别是两汉章句有着极为密切的传承关系。本文分别从文体性质、体式特点和训释体例三个方面，比对两种训诂体式的共通之处，讨论两汉章句对六朝儒经义疏之影响。

关键词　章句　义疏　训诂学史

儒家经注，至两晋南北朝时，体系已渐趋完备周密，计其体式，则有传、笺、微、述、义、注、章句、义疏等体。而其中所谓“义疏”，本非儒家注经故例，晋代以前，实未尝见。自东晋刘宋间儒家义疏始见以来，至南北朝时期，已为一时经学之主流。其蔚然成风，何其速也。

前辈学人，如梁启超、柯凤荪、牟润孙诸先生，每论及此，多谓六朝儒家义疏由借鉴模仿释家之讲经撰疏而来。[②] 然六朝儒家义疏之形成及体例特点，除了受当时学术风气影响之外，实与前代之注经传统有着密切的联系。

今考两晋南北朝儒家之讲经，其仪式、内容与两汉时期已极相似；及其撰成义疏，亦与流行于两汉时期之章句体渊源极深。据此而言，则两晋南北朝儒经讲疏体义疏之发生，固然直接受当时佛家讲经撰疏之启发，但亦自有其经学背景。从训诂学史的角度而言，由章句而至于义疏，终究一脉相承。

下文拟从文体性质、体式特点和训释体例三方面，略述两汉章句对六朝儒经义疏之影响。

1. 两汉经师由讲经而撰有章句，由此启发六朝儒经义疏之形成

两晋南北朝讲经之有义疏，犹汉代讲经之有章句。两种训诂体式之功能属性，大略相同。义疏（或称讲疏），为讲经时之记录或预撰之讲义，可视为讲经之成果和依凭。而汉代章句，与讲经亦有密切关联。

《后汉书·桓荣传》：“初，荣受朱普学章句四十万言，浮辞繁长，多过其实。及荣入授显宗，减为二十三万言。郁复删省定成十二万言。由是有《桓君大小太常章句》。”

《后汉书·儒林传·钟兴》：“钟兴字次文，汝南汝阳人也。少从少府丁恭受《严氏春秋》。恭荐兴学行高明，光武召见，问以经义，应对甚明。帝善之，拜郎中，稍迁左中郎将。诏令定《春秋》章句，去其复重，以授皇太子。”

桓荣为显宗讲授经学，乃依所受朱普学章句，予以删省。钟兴教授皇太子，亦以《春秋》章句为本。

《后汉书·桓郁传》：“帝自制《五家要说章句》，令郁校定于宣明殿。”《注》引《东观记》曰：“其冬上亲于辟雍，自讲所制《五行章句》，已，复令郁说一篇。”

此谓显宗先制定章句，以为讲经之依凭。

《后汉书·文苑传·边让》：“初涉诸经，见本知义。授者不能对其问，章句不能逮其意。”

《三国志·吴书·虞翻传》：“又为《老子》、《论语》、《国语》训注，皆传于世。”裴松之《注》谓“《翻别传》曰：‘前人通讲，多玩章句，虽有秘说，于经疏阔。’”

---

①　本文系中央高校基本科研业务费专项资金资助项目“魏晋南北朝儒经义疏研究”（项目编号：10JYB2082）阶段成果。

②　牟润孙．论儒释两家之讲经与义疏·引言［A］．牟润孙．注史斋丛稿［M］．北京：中华书局，1987.

细玩两例文义，亦皆以章句为讲授之凭借。①

其讲说无章句者，则特别说明。如：

《汉书·儒林传·费直》："费直字长翁，东莱人也。治《易》为郎，至单父令。长于卦筮，亡章句，徒以《彖》、《象》、《系辞》十篇文言解说上下经。琅邪王璜平中能传之。璜又传古文《尚书》。"

《汉书·儒林传·高相》："高相，沛人也。治《易》与费公同时，其学亦亡章句，专说阴阳灾异，自言出于丁将军。"

今按：《汉书·儒林传·丁宽》："景帝时，宽为梁孝王将军距吴、楚，号丁将军，作《易说》三万言，训故举大谊而已，今《小章句》是也。"高相学无章句，说经则自托出于丁宽（丁将军）之《小章句》。此《小章句》，亦称《易说》。其体称"说"，且高相用为"专说阴阳灾异"，则此《小章句》亦为讲说而撰也。

可见汉儒讲经，需有章句以为依凭。反而言之，则章句之作，亦多由于讲经。

《汉书·张禹传》："初元中，立皇太子，而博士郑宽中以《尚书》授太子，荐言禹善说《论语》。诏令禹授太子《论语》，由是迁光禄大夫……初，禹为师，以上难数对己问经，为《论语章句》献之。"

《后汉书·儒林传·包咸》："包咸字子良，会稽曲阿人也……建武中，入授皇太子《论语》，又为其章句。"

除了经师自己撰写之外，学生依据师说而做记录整理，亦可成为章句。

《汉书·儒林传》："（尹更始）又受《左氏传》，取其变理合者以为章句，传子咸及翟方进、琅邪房风。"

《后汉书·儒林传·牟长》："长自为博士，及在河内，诸生讲学者常有千余人，著录前后万人。著《尚书章句》，皆本之欧阳氏，俗号为《牟氏章句》。"

由讲经而得撰有章句，则章句实可视为讲经之结集与成果也。

张伯伟《评点四论》谓："这时（笔者注：指汉代）的章句主要是博士对弟子的口说，以后写定。既是口头解说，务求详密，于是愈衍愈繁。"以为汉儒口授经义，写定而为章句。清人沈钦韩《汉书·艺文志疏证》并谓"章句者，经师指括其文，敷畅其义，以相教授"。又谓"章句各师具有，繁简不同耳。秦恭增师法至百万言，桓荣受朱普学章句四十万言，荣减为二十三万言，其子郁复减省成十二万言是也"。则亦以章句为教授经文之蓝本。

要之，两汉章句为讲师自撰或由其学生记录、整理师说而成，而门人弟子后来讲经，并需依据章句，为之增减损益，自东汉至三国时，尤为通例。② 两晋南北朝之讲疏体义疏与两汉章句性质相似，均为当时讲经之记录或讲义。

因此，周裕锴先生在《中国古代阐释学研究》一书中提出："这些（魏晋时期）注疏之作因其繁简不同、形式各别又可分为两种：一种是随文注释，类似于汉代经学的章句，如未详作者的《杂阿毗昙心序》曰：'取记所闻，以训章句。'这是记录师授口义，随文作释。"③

戴君仁先生《经疏的衍成》也据章句与义疏两者的性质相同，认为："章句则是对弟子们讲的，如现在学校中的讲义，讲义可以印出来，章句也可以写定。我想汉儒的章句，应是南北朝义疏之祖。"

以上所述明确指出了两汉章句与两晋南北朝儒经义疏之传承关系。

2. 六朝儒经义疏解经时多作科段，对两汉章句离章辨句的体式特点当有所借鉴

梁启超论中国佛典，以为："尤有一事当注意者，则组织的解剖的文体之出现也。稍治佛典者，当

① 两汉之讲经，除了讲演经义外，别有发问论难此一方式。而章句也具备了应对辩难之功能。如《后汉书·曹充传》："拜充侍中。作章句辩难，于是遂有庆氏学。"《后汉书·丁鸿传》："鸿年十三，从桓荣受《欧阳尚书》，三年而明章句，善论难，为都讲。"《汉书·夏侯建传》："（建）又从五经诸儒问与《尚书》相出入者，牵引以次章句，具文饰说。胜非之曰建所谓章句小儒，破碎大道。建亦非胜为学疏略，难以应敌。建卒自颛门名经。"这也说明，章句作为辩难之依凭，为讲经服务。

② 《论衡·谢短》："夫儒生之业五经也，南面为师，旦夕讲授章句。"《晋书·儒林传》谓"（徐邈）虽不口传章句，然开释文义，标明指趣，撰正五经音训，学者宗之。"此知两汉章句，直到晋时，仍以口传为常。

③ 周裕锴．中国古代阐释学研究［M］．上海：上海人民出版社，2003. 175 ~ 176.

知科判之学，为唐宋后佛学家所极重视。其著名之诸大经纶，恒经数家或十数家之科判，分章分节分段，备极精密。（原注：道安言诸经皆分三部分：一序分，二正宗分，三流通分。此为言科判者之始，以后日趋细密）……其影响于学界之他方面者亦不少。夫隋唐义疏之学，在经学界中有特别价值，此人所共知矣。而此种学问实与佛典疏钞之学同时发生，吾固不敢迳指此为翻译文学之产物，然最少必有彼此相互之影响，则可断言也。"①

牟润孙由此深入论之，以为："任公先生盖见群经义疏与释典之疏均有科分，发现其有相类似之点，其意似欲从此点论儒家义疏在文体上所受浮屠影响，而辨认未明，语意含混。既未指明释氏经疏之分段落，亦未说出儒家经疏之体若何，仅由'同时发生'一语囫囵推之，谓其必有彼此相互之影响。以意测之，梁先生所欲言者，殊未透彻。"② 并举例说明南北朝儒经义疏既仿自释氏义疏，亦注重科段。

盖当时儒者之讲经，自经书之篇首至于末节，逐章逐节，次第讲解，以成系列讲座，其前后段落次序，当区分清楚，以便听者，并使讲经时更具条理。《周书·儒林传》记熊安生为尹公正讲《礼》，"公正有口辩，（熊）安生语所未至者，便撮机要而骤问之。安生曰：'礼义弘深，自有条贯。必欲升堂睹奥，宁可汩其先后。但能留意，当为次第陈之。'"《南史·儒林传》亦称严植之"讲说有区段次第，析理分明。每当登讲，五馆生毕至，听者千余人。"既谓"次第陈之"、"区段次第，析理分明"，可见讲说经书，须明确段落次序。

其撰为义疏，亦复如是。故科分章节段落，亦为儒经义疏之重要体例。

如刘炫《古文孝经述义》之科分《孝经》。《隋书·经籍志》孝经类"小序"云："遭秦焚书，为河间人颜芝所藏。汉初，芝子贞出之，凡十八章……又有《古文孝经》，与《古文尚书》同出，而长孙有《闺门》一章，其余经文，大较相似，篇简缺解，又有衍出三章，并前合为二十二章，孔安国为之传。至刘向典校经籍，以颜本比古文，除其繁惑，以十八章为定。"

考今马国翰《玉函山房》本，刘炫于第一章篇目下云："古《孝经》，《庶人章》分为二，《曾子敢问章》分为三，又多《闺门》一章，凡二十二章"，并于第七、第十二、第十三章篇目下，各有科段。此刘炫之科分《孝经》全书也。

如周宏正《周易义疏》之科分《周易·系辞》。《周易·系辞上》篇名之下，周宏正云："'天尊地卑'为第一章，'圣人设卦观象'为第二章，'彖者言乎象者'为第三章，'精气为物'为第四章，'显诸仁藏诸用'为第五章，'圣人有以见天下之赜'为第六章，'初六藉用白茅'为第七章，'大衍之数'为第八章，'子曰知变化之道'为第九章，'天一地二'为第十章，'是故易有太极'为第十一章，'子曰书不尽言'为第十二章。"

又《周易·系辞下》，周宏正云："并为九章……第一起'八卦成列'至'非曰义'，第二起'古者包牺'至'盖取诸夬'，第三起'易者象也'至'德之盛'，第四起'困于石'至'勿恒凶'，第五起'乾坤其易之门'至'失得之报'，第六起'《易》之兴'至'巽以行权'，第七起'《易》之为书'至'思过半矣'，第八起'二与四'至'谓易之道'，第九起'夫乾天下'至'其辞屈'。"

此均讲疏体义疏自为科段例也。而其科分，一般均于章首或篇首处即为标明，用以提纲挈领，段落起讫亦极明晰。亦牟润孙氏所谓"讲说时首明其例，以括全书，撰疏时因详记之，其后随讲随分"③是也。

解经之作科段，非自义疏始。汉儒章句，已见其例。

如赵岐《孟子章句》，清儒焦循认为："赵氏子《孟子》，既分其章，又依句敷衍而发明之，所谓'章句'也。"④

东汉王充《论衡·正说篇》云："夫经之有篇也，犹有章句也；有章句，犹有文字也。文字有意以

---

① 梁启超．佛学研究十八篇·翻译文学与佛典［M］．上海：上海古籍出版社，2009.

② 牟润孙．论儒释两家之讲经与义疏·论义疏之文体［A］．牟润孙．注史斋丛稿［M］．北京：中华书局，1987.

③ 牟润孙．论儒释两家之讲经与义疏·论义疏之文体［A］．牟润孙．注史斋丛稿［M］．北京：中华书局，1987.

④ 焦循．孟子正义（卷一）［M］．北京：中华书局，1987.

立句，句有数以连章，章有体以成篇，篇则章句之大者也。”

张荣明据此认为：“在王充看来，章句就是以判定辞义为基础的分章断句。”①

就现存资料而论，如《老子河上公章句》分全书为八十一章，赵岐《孟子章句》将《孟子》七篇细分为二百六十一小章是也。汉代章句之分别科段，仅于注经时以标题或语意表明段落所在，并无明言分章，更未详细区分说明各章节段落之起讫如何。如《老子河上公章句》各章，仅标《异俗》、《守道》等篇名；《孟子章句》，赵岐每于一小章之后概括章指，说明本章主题，读者据此知有章节。而两晋南北朝之讲经，则较汉儒为系统，至其所撰讲疏体义疏，亦能于章节段落之科分，多所措意，讲解更为详细明晰。上举刘炫、周宏正两例，即为明证。然而，两汉章句既以分章断句作为主要体式特点，甚至以此命名，则其对后来学者之以科段解经，自然有所启发。特别是六朝经学，其学术背景仍然不出汉学范围，儒经义疏之多作科段，对两汉章句之体式特点显然不能置若罔闻，而当有所借鉴。

而牟润孙论义疏文体，引吉藏《法华义疏》以为：释氏法师解经，有所谓开与不开两类，儒经义疏，因亦有科段和无科段之区别。② 此似可商榷。

今考吉藏《法华义疏》，其“序品第一”云：

“问：寻天竺之与震旦，著笔之与口传，敷经讲论者不出二种。一者科章门，二者直解释。如天亲解涅槃有七分，龙树释般若无章门，盖是天竺论师开不开之二类也。河西制涅槃疏开为五门，道融讲新法华类为九辙。至如集解净名之说，撰注法华之文，但拆其玄微，又不豫科起尽。盖是震旦诸师开不开两义也。今所释者其义云何。

答：夫适化无方，陶诱非一。考圣心以息患为主，统教意以开道为宗。若因开以取悟，则圣教为之开。若由合而受道，则圣教为之合。如其两晓并为甘露必也，双迷俱成毒药。若然者岂可偏守一逕，以应纏九逵者哉。

问：有人言经无大小，例开三段：序，正，流通。是事云何。

答：领向圆通之论，开道息患之言，足知众途是非，宁问三段之得失耶。必苟执三章，过则多矣。而群生因初分以取悟则初分为正，借后章以受道则后章非傍。何得言初后是非正经，中段乃为宗极。将非秉执规矩局释大方耶。”

此谓释氏法师解经，其途径有著笔与口传两种，并有开与不开之区别。而问者以为“言经无大小，例开三段：序，正，流通”，则当时释氏之解经，以科段为常。

吉藏《仁王般若经疏》卷上一云：“然诸佛说经，本无章段。始自道安法师，分经以为三段。”梁光宅寺法云法师《法华经义记》卷第一云：“今一家所习，言经无大小，例为三段。”唐良贲《仁王护国般若波罗蜜多经疏》卷上一亦谓“解本文者，先总判科，后随文释经。昔有晋朝道安法师，科判诸经以为三分，序分、正宗、流通分。故至今据唐慈恩三藏译《佛地论》，亲光菩萨释《佛地经》，科判彼经，以为三分。”均以道安之后解经皆有科段，其不为科段者，殆为特例。而其中之分别，则与解经之文体性质密切相关。其用为讲经之文体如义疏者，如“河西制《涅槃疏》，开为五门；道融讲《新法华》，类为九辙”。均有科段。其少数无科段者，则是“集解净名之说，撰注法华之文”，与讲经撰疏无关。

如僧宗泐、僧如玘《般若波罗蜜多心经注解》，题称《注解》，则无科段；法藏所述《般若波罗蜜多心经略疏》，乃讲经所成之义疏，则有科段，其谓“将释此经五门分别：一教兴，二藏摄，三宗趣，四释题，五解文”是也。如僧宗泐、僧如玘《金刚般若波罗蜜经注解》无科段，而智俨所述《佛说金刚般若波罗蜜经略疏》，卷首称“将欲释文先于文首作五门分别：一明教兴所由，二明藏摄分齐，三明教下所诠宗趣及能诠教体，四释经题目，五分文解释”，隋天台智者大师说《金刚般若经疏》云：“释总三卷，分文十二分：一序分，二护念分，三住分，四修行分，五法身非身分，六信者分，七校量显胜分，八显性分，九利益分，十断疑分，十一不住道分，十二流通分。讲说时别一途开章耳。就此一经，

① 张荣明．汉代章句与《白虎通义》［J］．学术研究，2004（2）．

② 牟润孙．论儒释两家之讲经与义疏［A］．牟润孙．注史斋丛稿［M］．北京：中华书局，1987.57.

开为三段：序，正，流通。”均有科段。

今考《大正藏》所载经疏，其体例大率如此，凡称“义疏”者，均有科段。称“注”称“注解”者，一般无有科段。

据此似可推知，释氏之由讲经而撰为义疏，尤需科段，即“开”之类。吉藏《法华义疏》，其中多有科段，亦即此例。

若儒家义疏纯由模仿释氏讲经撰疏而来，则所有义疏亦当各有科段。但事实上，现存六朝隋唐两宋儒经义疏，均有分科段和无科段之别，其代表性著作，则为《论语义疏》之多分科段，与《公羊义疏》之不分章段。儒经讲疏体义疏虽受释氏讲经撰疏之启发而来，然科段之有无，未必全袭释氏体例，而有其本身之理由及渊源。

科分章段之目的，在于讲经时能更具条理。故其经书前后一体，首末相次，别无段落者，需要科分；或者一章之中，篇幅繁重，需要分开小节或意义层次者，亦需要科分。曾国藩《经史百家简编序》云：“自六籍燔于秦火，汉世掇拾残遗，征诸儒能通其读者，支分节解，于是有章句之学。”是汉儒解经时，分解典籍为若干段落章节，便于诵读解释，因有章句之学。唐天台沙门湛然述《法华文句记》卷第一云：“言文句者……句谓句读，义通长短，故云。名诠自性，句诠差别。此亦不论色行等体，今但以句而分其文，故云文句。古之章疏，或单题疏，或单题章。章谓章藻。诗云：彼都人士，出言成章。亦云章段。分段解释成若干章。疏者，通意之辞，亦记也。”

章句、文句、义疏，名虽不同，其对经文进行分章析句之特点，实相共通。

至如经书本身章节层次明显，无须为之科分，抑或文字散漫不成段落无法科段者，则讲经者不再科段，固非因袭释氏讲疏。如《春秋》为编年体史书，经文按照年数月份编排，一事已毕，又起一事，无须科段，层次自明。故徐彦之《公羊义疏》与二刘之《左传述义》，均不需科段。而因经文文辞简短而不需科段之《尔雅》，邢疏以为：“此书之作，以释六经之言，而字别为义，无复章句。今而作疏，亦不分科段。”① 换言之，能分章断句者才有科段的可能，“无复章句”者自然也就不分科段了。

据上所述，六朝儒经义疏解经时之作科段，对两汉章句离章辨句的体式特点当有所借鉴。

3. **六朝儒经义疏遵述故说之训释体例，沿袭了两汉章句固守家法之特质**

两汉章句讲究家法②，讲经论难，先明家法，弟子解经，亦当坚守师说，此其学贵专门之特点，亦其故步自封之弊端。而六朝儒经义疏，学有所宗，每以一家旧说为主，敷演经义，一般不能反驳所宗之旧注。后人所谓“疏不破注”，正是两汉章句之遗风。

《汉书·扬雄传》：“当其亡事也，章句之徒，相与坐而守之，亦亡所患。”

《后汉书·马援传》：“尝受《齐诗》，意不能守章句。”

《后汉书·王充传》：“师事扶风班彪，好博览而不守章句。”

《后汉书·卢植传》：“能通古今学，好研精而不守章句。”

研习经学，而称之为“守章句”，则此章句俨然家法师说之象征，固有其权威不容置疑之地位在。

《后汉书·公孙述传》：“欲为西伯之事，尊师章句，宾友处士。”李贤《注》：“章句谓郑兴等也，处士谓方望等也。”

乃以章句代指经师。

《汉书·儒林传》：“恭增师法至百万言，为城阳内史。”

此“师法”则指章句。

《后汉书·胡广传》：“限年四十以上，儒者试经学，文吏试章奏。”同书《顺帝纪》作“限年四十以上，诸生通章句，文史能笺奏乃得应选”，又《左雄传》曰“请自今孝廉年不满四十不得察举，皆先

① 郭璞注，刑昺疏：尔雅注疏·释诂第一．北京：北京大学出版社，1999.

② 朱渊清《汉代经学三题》：“不同的句读自然意味着对经文的不同解说，不同的章句就形成汉代各家的家法。”又说：“章句是经师授课的讲义，写定就成为他的经学学说。”（复旦大学出土文献与古文字研究中心．出土文献与传世典籍的诠释——纪念谭朴森先生逝世两周年国际学术研讨会论文集［C］．上海：上海古籍出版社，2010.）

诣公府，诸生试家法，文吏课笺奏”。

是两汉经学与家法、章句，紧密相连，难以分割。

戴君仁先生《经疏的衍成·两汉解经书的性质》甚至认为：“他们（指博士）所讲的东西，写定的即是章句，亦即是家法……家法当即是博士们的五经章句……家法、师法、章句当是一物之异称。”

事实上，章句与家法师说，一为文体，一为制度，性质与功用，固然有所不同，但两者作为两汉经学鼎盛时期之代表，在参与成就此一时期学术风气的过程中，互为依托。非章句无以确立家法，非师说无以撰成章句，关系极为密切。

《后汉书·曹褒传》：“拜充侍中。作章句辩难，于是遂有庆氏学。”

又《后汉书·桥玄传》：“桥玄字公祖，梁国睢阳人也。七世祖仁，从同郡戴德学，著《礼记章句》四十九篇，号曰‘桥君学’。”

又《后汉书·樊儵传》：“初……儵删定《公羊严氏春秋》章句，世号‘樊侯学’，教授门徒前后三千余人。”

均因有章句而成一家之学。可见章句乃某一学派成为家法之关键要素，非章句无以确立家法。反过来，章句之撰写，亦必须有师说的支持，不能凭空草创。

《汉书·儒林传》：“张山拊字长宾，平陵人也。事小夏侯建，为博士，论石渠，至少府。授同县李寻、郑宽中少君、山阳张无故子儒、信都秦恭延君、陈留假仓子骄。无故善修章句，为广陵太傅，守小夏侯（《尚书》章句）说文。恭增师法至百万言，为城阳内史。”颜师古《注》：“言小夏侯本所说之文不多，而秦恭又更增益，故至百万言也。”

既言张无故“善修章句”，又谓其“守小夏侯说文”；秦恭“增师法至百万言”,则两人所作章句，乃据小夏侯所说范围而作敷演增删，实质上难以突破。

《后汉书·张奂传》：“初，牟氏章句浮辞繁多，有四十五万余言。奂减为九万言。后辟大将军梁冀府，乃上书桓帝，奏其章句。”《注》：“时牟卿受书于张堪，为博士，故有牟氏章句。”

此谓张奂因牟氏故说，删减而自成章句。而牟氏之章句亦因其师张堪而来。

《后汉书·牟长传》：“著《尚书章句》，皆本之欧阳氏，俗号为《牟氏章句》。”

《后汉书·曹褒传》：“拜充侍中。作章句辩难，于是遂有庆氏学。”

牟长少习《欧阳尚书》，故所著《尚书章句》，皆本之欧阳氏。曹褒学宗沛人庆普，后自撰章句，乃称“庆氏学”。然则章句之作，若非全由师说所衍成，至少亦当有师说之支持。

由此可见，两汉群经章句，大概都是因循师说而撰成，学统上有所宗主，解经内容自然不容驳斥家法师说。即使到了东汉末年，学风转变，学者急欲摒弃前代墨守之弊端，成就新的学术风气，章句之学也逐渐衰落，但是，章句体学有宗主的训释体例却影响深远，依然广泛运用于六朝学者的经学注疏中。即使章句之学受到批判，但是新生的义疏之学仍然“疏不破注”。《隋书·儒林志》总论六朝经学异同，乃谓：“南北所治，章句好尚，互有不同。江左《周易》则王辅嗣，《尚书》则孔安国，《左传》则杜元凯。河、洛《左传》则服子慎，《尚书》、《周易》则郑康成。《诗》则并主于毛公，《礼》则同遵于郑氏。大抵南人约简，得其英华，北学深芜，穷其枝叶。”依然以“章句”代称各家学术宗主，两汉以来固有的经学风格在六朝时期依然为相当部分学者所沿袭。

故清儒阎若璩《尚书古文疏证》卷一云：“大抵孔颖达纂经翼传，不为无功，而第曲徇一说，莫敢他从。如《毛诗》、《戴记》则惟郑义之是从。至于《尚书》则又黜郑而从孔。是皆唐人粹章句为义疏，欲定为一是者之弊也。”

乃称义疏曲徇一说、欲定为一是者之弊，由因循章句而致。

据此而言，两汉章句固守家法之特质，对后来儒经义疏遵述故说甚至疏不破注之训释体例，实有所影响。

又，马宗霍《中国经学史》第八篇《南北朝之经学》云：“盖汉人治经，以本经为主，所为传注，皆以解经。至魏晋以来，则多以经注为主，其所申驳，皆以明注，即有自为家者，或集前人之注，少所折衷，或隐前人之注，迹同攘善，其不依旧注者，则又立意与前人为异者也。至南北朝，则所执者更不能出汉魏晋诸家之外，但守一家之注而诠解之，或旁引诸说而证明之，名为经学，实即注学。于是传注之体日微，义疏之体日起矣。”

以为两汉与六朝儒者解经之区别，在于汉人治经，六朝人治注。其实未必。

西汉刘歆《移让太常博士书》，责备五经博士“信口说而背传记，是末师而非往古”。

《三国志·吴书·虞翻传》：“又为《老子》、《论语》、《国语》训注，皆传于世。”裴松之注谓“《翻别传》曰：‘前人通讲，多玩章句，虽有秘说，于经疏阔。’”

疏不能破注，因此牵强于注文，“所执者更不能出汉魏晋诸家之外”，以致忽略经文本身。但汉儒末学墨守家法，因此拘泥于章句，以致“是末师而非往古”、“多玩章句”而“于经疏阔”，亦脱离本经。此与马宗霍所谓（义疏）名为经学，实即注学，何其相似。

以上所述，乃由两汉章句与六朝义疏之文体性质及学术特点相似处，分三部分论证两者之传承关系。

事实上，《汉书·夏侯胜传》：“受诏撰《尚书》、《论语说》。”《注》：“解说其意，若今义疏也。”所谓“若今义疏”者，实指夏侯胜之《尚书章句》。① 陆德明《经典释文序录·注解传述人·尚书》云：“受诏撰《尚书》、《论语说》，号为大夏侯氏学。”《注》谓“《艺文志》夏侯胜《尚书章句》二十九卷”是也。

则唐人已将章句、义疏相提并论，认识到两者之间一脉相承的学术关系了。

参考文献

[1] 吴承仕．经典释文序录疏证［M］．北京：中华书局，1984.

[2] 马宗霍．中国经学史［M］．上海：上海书店，1984.

[3] 牟润孙．论儒释两家之讲经与义疏［A］．牟润孙．注史斋丛稿［M］．北京：中华书局，1987.

[4] 汤用彤．汉魏两晋南北朝佛教史［M］．北京：北京大学出版社，1997.

[5] 戴君仁．经疏的衍成［J］．（台湾）孔孟学报，1970（总 19）.

[6] 周裕锴．中国古代阐释学研究［M］．上海：上海人民出版社，2003.

[7] 申屠炉明．南北朝儒家经学义疏三论［J］．江苏社会科学，2001（4）.

[8] 张伯伟．评点四论［J］．中国学术，2001（2）.

[9] 吴承学，何诗海．从章句之学到文章之学［J］．文学评论，2008（5）.

[10] 张荣明．汉代章句与《白虎通义》［J］．学术研究，2004（2）.

[11] 朱渊清．汉代经学三题［A］．复旦大学出土文献与古文字研究中心．出土文献与传世典籍的诠释——纪念谭朴森先生逝世两周年国际学术研讨会论文集［C］．上海：上海古籍出版社，2010.

[12] 尚永琪．六朝义疏的产生问题考略［A］．《中国典籍与文化》编辑部．中国典籍与文化论丛（第六辑）［M］．北京：中华书局，2000.

① 按：据《汉书·艺文志》所载录：夏侯胜有《尚书章句》二十九卷，《解故》二十九篇，《鲁（论语）说》二十一篇。《汉书》所谓“受诏撰《尚书》、《论语说》”，当指《尚书章句》及《鲁（论语）说》。

俞樾“反言观”辨析

李香平

（暨南大学华文学院　广东广州　510610）

提　要　俞樾《古书疑义举例》多次论及反言，一方面总结出“助语用不字例”、“反言省乎字例”等文献反言的外在形式特征，反映出俞樾已具备初步的语法学思想；另一方面又囿于文献反言的形式标志以及故训随文释义训释方式，在训释实践中错判反言句式，造成误读和误释。俞樾有关“反言”的论述及训释实践中出现前后矛盾，其主观原因在于对反言的判断过分依赖句尾语助词，单凭语感来分析句法结构，客观原因则在于古代文献句子形式标志不足，单纯依靠外部的形式标记来判断句类，极易造成误判。

关键词　俞樾　反言　训诂

反言又叫反诘，是一种修辞句式，一般用问句的形式表示确定的意思。其句式特点表现在形式与内容的不一致，肯定形式往往表示否定，否定形式往往表示肯定。故训中也相应以“某，不某也”、“不某，某也”等作为该类句式之训释条例。由于古代文献无标点，又加上语气词表示意义具有不确定性，遂使得对这类句子的理解和训释存在着很大的分歧。

俞樾是传统故训大家，具备初步的语法学思想，在训释古代文献中，比较重视古代文献中的文法。所著《古书疑义举例》在“反言省乎字例”、“也邪通用例”、“语急省”等处都论及反言的问题。[①] 考察俞氏在《古书疑义举例》中的相关论述，可以看出其对反言的理解以及相关的语法观念。

一、传统训诂学家对反言的训释

上古汉语反言有两种：一种是是非问反问句，一种是特指问反问句。其中特指问反问句有疑问词作标记，因而结合语境判断句式，理解句义难度不大，例如《诗经·小雅· 沔水》中有：“莫肯念乱，谁无父母？”这里的“谁无父母”在形式上是特指问，而在语用功能上则是一种反诘问，无须回答。是非问反问句由于多数句末没有语气词，句子前也不一定有表示反诘的副词，形式上很像普通的肯定句和否定句，极易造成句式判断的困难。例如：

①我闻其声，不见其人。不愧于人？不畏于天？（《诗经·小雅·何人斯》）

郑玄《笺》云：“女今不入唁我，何所媿畏乎？皆疑之未察之辞。”将“不愧于人？不畏于天”这两句看作一般的疑问句。宋代严粲《诗辑》曰：“‘不愧于人，不畏于天’乎？责之之辞也。”亦从语用功能上指出其反诘的意义。元刘瑾撰《诗传通释》曰：“女独不畏于天乎？奈何其譖我也？”虽没有明确指明该处为反诘，但用一个含反诘语气的句子对译，意图是很明显的。

古代文献中根据语境可判定为反问的例句很多，传统训诂学家在解释这些句意时，采用了如下几种方法：

第一，直接指明句意。反言的主要特点是形式与内容的不一致，肯定形式往往表示否定，否定形式往往表示肯定。因此，历代故训在训释这一类句子时，通常根据上下文语境来断定整个句子的含义，直

① 俞樾等. 古书疑义举例五种［M］. 北京：中华书局，1956.

接指明其句法意义。例如：

②《尚书·尧典》：“帝曰：吁！嚚讼，可乎？”《传》曰：“言不忠信为嚚，又好争讼，可乎？言不可。”

③《左传·隐公六年》：“《商书》曰：‘恶之易也，如火之燎于原，不可乡迩，其犹可扑灭？’”杜预《集解》：“言不可扑灭。”

上述文献所引反问句，故训皆采用正言直接指明句意。

第二，用带有反问语气的副词和句末语气词形式的反诘句来解释。由于古代文献中出现的一部分反言跟一般陈述句或一般疑问句没有明显区别，注释家为了指明语意，有时会选择一个有形式标记的反问句来解释经文中无标记的反问句，使语意清楚明白。例如：

④《诗经·豳风·鸱鸮》：“今女下民，或敢侮予？”郑玄《笺》：“我至苦矣，今女我巢下之民，宁有敢侮慢欲毁之者乎？”

⑤《论语·述而》：“求仁而得仁，又何怨？”何晏《集解》：“以让为仁，岂有怨乎？”

上述例句中用“宁……乎”、“岂……乎”等标记明显的反问句式来解释原文中没有明显标记的反问句，凸显了经文原意。

古代文献中的反言没有明显的形式标记，需要依靠语境和语气来表示，而语气往往只能在口语交际中得到凸显，因此，对于文献中的一部分反言很难判断和释读。即便训释家判断出反言，由于传统的训诂以解释句意和训释词义为主，几乎不会涉及句式句法的讲解，因此后人在理解前人的训释结论时，很容易曲解前人的训释，这一点在《汉语大词典》相关词条注释中有明显的反映。例如：

“不”字条：12. 助词。无义。用以足句或加强语气。《诗·小雅·车攻》：“徒御不惊，大庖不盈。”毛传：“不惊，惊也；不盈，盈也。”

“可”字条：22. 不可。《书·尧典》：“异哉！试可乃已。”孙星衍注：“史迁作‘试不可用而已’。”又疏：“史公‘可’为‘不可’者，声之缓急。俗字增为‘叵’，即‘可’字也。”

“敢”字条：5. 不敢；岂敢。《书·盘庚上》：“予敢动用非罚？”《左传·昭公二年》：“寡君命下臣来继旧好，好合使成，臣之禄也。敢辱大馆？”杜预注：“敢，不敢。”

《汉语大词典》中所引“某，不某也”大部分就是反言句式，故训只从文意理解的角度说明其句义，因此“某，不某也”在意义上可以成立，却并不代表其中的“不”是没有意义的助词。顾炎武在《日知录》卷32“语急”一节中罗列了多处可确定为反言的例子，认为“古人多以语急而省其文者”。把反言现象理解成一种语急省，是故训家对反言句式的误解，《汉语大词典》没有仔细审视故训结论，视“不”为无义助词，释“可”为“不可”、“敢”为“不敢”，又使错误进一步发展。

二、俞樾对反言的理解

俞樾在《古书疑义举例》卷四“反言省乎字例”、“也邪通用例”两条中专门谈到了古代文献中的反言问题，这是传统训诂学家第一次专门谈到反言句式。其基本观点有三：

第一，从句法形式与句法意义的关系方面，明确提出反言句式在表达语义方面与一般句式的差异，即用否定的形式表示肯定的意思，而“乎”是反言句式的重要形式标记。俞氏在“反言省乎字例”条中，一共列举了10条例证，例如《尚书·西伯戡黎》：“我生不有命在天？”俞氏据《史记》指出句末当有“乎”字。又《逸周书·大戒》：“连官集乘，同忧若一，谋有不行。”其中“谋有不行”很容易被看成是一般否定句，但俞氏指出：“‘行’下亦当有‘乎’字，‘谋有不行乎’，必行也。”

第二，指出古文简质，文献反言往往省略“乎”，后人理解时可以意加之。俞氏在“反言省乎字例”中指出：“‘乎’者语之余也，读者可以自得之。古文简质，往往有省‘乎’字者。”这说明俞氏已认识到，文献释读中将“乎”视为判断反言句式的形式标记是有局限性的。俞氏于书中列举多例省略“乎”字的反言，例如《老子》七十七章：“是以圣人为而不恃，功成而不处，其不欲见贤?”俞氏认为：“末句当云‘其不欲见贤乎’文义始明。而各本皆未增加，犹《老子》原文也。”又如《逸周书·大戒》：“连官集乘，同忧若一，谋有不行?”俞氏认为“‘不行’下亦当有‘乎’字，‘谋有不行乎’言必行也”。俞氏并于文中强调指出：“凡若此类，当善会之，虽不可增加，以失古书之旧，然亦不可不知。读者毋以反言为正言，致与古人意旨剌谬也。”

第三，提醒古代文献句末语气词存在通假、代用等情况，要细加辨察，以免为表象所迷惑。句末语气词是判断古文献中反问句的重要显性标记，但由于古人行文用字率易，句末语气词除了上文所说的省略外，还存在通假和代用两种情况，这就增加了文献句式判断的难度。例如《论语·八佾》：“入太庙，每事问。子闻之曰：是礼也?”俞氏在《古书疑义举例》卷四“也邪通用例”中指出：“也读为邪，乃反诘之词，正见其非礼也。学者不达‘也’、‘邪’通用之例，以反言为正言，而此章之意全失矣。《论语》中以‘也’为‘邪’者甚多。”俞氏于篇中共列举了《论语》5 例、《孟子》1 例、《晏子春秋》1 例句末用“也”的反言句，指出所举例句中的“也”，“必读为邪，方得当日语气。以本字读之，则神味为之索然矣”。俞氏又指出：“亦有应用‘也’字而以‘与’字代之者，使失其读，则正言若反矣。”例如：《礼记·祭义》：“夫人曰：‘此所以为君服与。’”俞氏指出，“‘与’即‘也’字……郑不解‘与’字之义，误以为问者之辞，《正义》并以为夫人致问，失经意甚矣。”

总的说来，俞氏对古代文献中反言的句法特点、句法形式已有一些初步的论述。较之前人，其认识是比较深入和科学的。遗憾的是，作为一名以注释经书为己任的经学家，俞氏往往着眼于经书局部文意的通达，而未能对文献中出现的特殊文法现象作更为宏观的综合研究，因此《古书疑义举例》中不可避免地出现了相互矛盾的现象，体现出作者自身对这一问题认识的模糊。

三、俞樾训诂实践中对反言的误解及原因分析

俞樾之于反言，思想上已依稀有了一定程度的认识，归纳出“反言省乎字例”、“也邪通用例”，看到文献语言中反言句式的外在形式特征，其认识已明显超过了前人，具有一定程度的现代语法学思想和观念。然而在俞樾的训诂实践中，这一语法思想并没有得到彻底的贯彻。例如《古书疑义举例》卷四“助语用不字例”中，依然基本沿袭了顾炎武、王引之等的观点，将《诗经》等文献中一系列不用“乎”字或用其他语气词的反问句都认定为一般陈述句，反映出俞氏在该问题上的前后矛盾。

具体说来，俞樾在理解反言上的局限主要表现为对反言的判断过分依赖于句尾语助词“乎”，对于没有形式标记的反言，机械地将其中的否定词视为无义或是省略。例如：在“助语用不字例”一条中，俞樾列举了《诗经》中 5 个反问例句，由于受四字韵文格局的限制，句子后面都未用表反问语气词，传注用“不某，某也”直接指明句意，俞樾没有理解这种训释条例，遂误认为其中“不”是不表示意义的助词。如《车攻篇》：“徒御不警，大庖不盈?”传曰：“不警，警也；不盈，盈也。”俞樾按：“不，语也。”实际上《诗经》中“徒御不警，大庖不盈”等一类含“不”的句子，原是省略了语气词“乎”的反问句。关于这一点，黄德宽先生有详细论述，他认为毛《传》、郑《笺》都将《诗经》中这部分句子看成是反问句，只不过毛《传》用“不某，某也”的条例来直接指明句意，而郑《笺》习惯用一个特征明显的反诘句来说明《诗经》原意。[①] 如在解释“徒御不警，大庖不盈”时，郑《笺》云：“徒行輓辇者，与车上御马者，岂不惊戒乎？言以相警戒也。君之大庖，所获之禽不充满乎？言充满也。”用了“岂不惊戒乎”和“所获之禽不充满乎”两个反问句。俞氏没有理解传注训诂的训释原意，得出

① 黄德宽. 诗经“不”字疑义［J］. 安徽大学学报（哲社版），1985（4）：78～82.

"'不'为语助"的结论。后世字典辞书因袭俞氏这一错误，在解释"不"时，增列"语助"义项，遂使这一错误造成广泛的影响。

考察俞氏在反问句式认识上存在的矛盾，我们可以从中探讨传统训诂学家语法观念薄弱的深层原因。

第一，凭语感而不是理性来分析某种句法结构，其对句法的观察和描述只能是表面的、浅层次的。孙良明先生认为从王念孙的"文同一例"到俞氏的"文法一律"，说明清代训诂考据著作中蕴涵了多角度、多层面的丰富的语法分析内容。① 但无论是王氏父子还是俞氏，对古代"文法"的把握都是建立在读经时随文释义的基础上，并没有对文献中存在的某一特殊语法现象进行全面深入的研究。"反言省乎字例"先是依靠异文确定经文原文应该有语气词"乎"，然后得出古书反问句往往省略"乎"，这是基于作者口语语感而作出的判断，并没有对古代文献中的反言进行大量的调查研究。而《诗经》句子受到诗歌句式字数所限，也就不可能有包含句末反问语气词的相应异文，遂失依赖，而致误判。

第二，古代文献句子形式标志之不足，在训释中难以依靠外部的形式标记来判断句类，这是俞氏等传统故训家误解反言之客观原因。俞氏在"反言省乎字例"中判断《尚书》中的反言时，利用了《史记》有"乎"的异文，而当文献中没有相关异文可相佐证，亦无其他外在形式标记时，要判断其为反言，实属困难。例如在《古书疑义举例》卷二"语急省"一节中，俞氏采用了顾炎武《日知录》中关于"语急"的部分例证，认为传注训诂中存在的"如"为"不如"，"敢"为"不敢"，都是语急省文的例子。实际上顾炎武《日知录》中列举的"语急"例证，绝大部分都是反问句。顾炎武《日知录》卷32"语急"中有两条性质相同的例证：

⑥《尚书·西伯戡黎篇》："我生不有命在天?"

⑦《吕刑篇》："何择非人？何敬非刑？何度非及?"

顾炎武认为"我生不有命在天"中"不"字上省"岂"，"何择非人？何敬非刑？何度非及"中"人"下、"刑"下、"及"下各省一"乎"字。俞氏根据《史记》异文，认为两者都是省略了句末语气词"乎"②，而并没有将二例归入"语急省"中，这反映了俞氏对前人的超越。相反，当文献中没有异文证明其省略语气词"乎"，也无其他明显外在句法形式标记时，俞氏对于文献中反言句式的判断则体现出一定程度的因袭，如"助语用不字例"一条所列例证，俞氏基本沿用王引之在《经义述闻》第三十二《通说下》列举的"不某，某也"的例证，以为："乃古人有用'不'字作语词者，不善读之，则以正言为反言，而于作者之旨大谬矣。"实际上，王氏所引《诗经》之例证，绝大部分与反言省乎字例并无本质之不同。

第三，古代文献故训训释词句时多采用"随文释义"的方式，而这种"随文释义"式的训诂容易混淆句意与词义之区别，误将句意附会为词义，这是俞氏等传统故训家误读反言故训的主观原因之一。文献故训训释经书中的反言，无论采用"某，不某也"还是"不某，某也"的条例，其本质都是文意训诂而不是词义训诂，不必进入字典辞书而专列义项。而恰恰在这一点上，俞氏等传统训诂家犯了错误。他们往往混淆了文意训诂与词义训诂的界限，错将句意当成词义。

四、结　语

综上所述，俞氏在《古书疑义举例》一书中对反言的论述既体现了现代语法学思想的萌芽，同时也反映出传统训诂学中语法研究的局限性。"不某，某也"和"某，不某也"作为古代传注训诂对反言的训释条例，是文意的训诂而不是词义的训诂，后代学者据此推出词语的某些义项是不符合语言事实

① 孙良明. 从王念孙的"文同一例"到俞樾的"文法一律"[J]. 山东大学学报（哲学社会科学版），1996（1）：73～77.

② 俞樾等. 古书疑义举例（卷四《反言省乎字例》）[M]. 上海：上海古籍出版社，2006.

的。俞氏已经看到了古文献中反问句在形式上的某些特点，却不能在训诂实践中贯穿始终，在论证中前后矛盾，无法突破前人的认识，这既是时代的局限，也是传统训诂学在面对语法现象时难以跨越的障碍。

参考文献

[1] 陈焕良．“语急”献疑［J］．中山大学学报，1992（3）．
[2] 周明初．“某，不某也”训诂例献疑［J］．古汉语研究，1992（2）．
[3]（清）王引之．经传释词［M］．南京：凤凰出版社，2000．
[4]（清）顾炎武．日知录［M］．黄汝成集释．上海：上海古籍出版社，2006．

•方言与文学•

粤方言木鱼书《花笺记》方言词研究刍议[①]

廖敏敏　曾昭聪

（暨南大学中文系　广东广州　510632）

提　要　《花笺记》是用粤方言创作的木鱼书作品，其语料价值主要表现在方言词方面，但相关研究几为空白。对《花笺记》的研究可以从版本异文与校勘、粤方言词探源、辞书编纂及近代汉语词语考释以及特殊词汇等不同角度进行。

关键词　花笺记　粤方言词　方言文学

《花笺记》是用粤方言创作的木鱼书作品。所谓木鱼书，是中国南方弹词系统的曲种，又称摸鱼歌，流行于广东地区。木鱼书起源于明末，清代以后兴盛。早期是随编随唱，后来才记录曲词，辗转传抄，成为木鱼书。明末清初时出现的木鱼书《花笺记》文辞优美，情节动人，成书之后在珠江流域及海外使用粤语的华人中广泛流传，并且很早就被翻译成英、法、俄、德、荷等多种语言传播国外，在当时享誉盛名。《花笺记》成书于明末清初，目前所见版本以清康熙五十二年所刻静净斋本为最早；该书作者不详，或以为该书的批评者钟戴苍即作者，然不足据。从文学研究角度来看，《花笺记》是粤方言文学作品中的杰出代表，在文学史上应该占有重要地位。从语言研究的角度来说，《花笺记》的价值也是毋庸置疑的，因其保存了相当多的粤方言词汇，在汉语词汇史与粤方言词汇研究方面具有重要价值。本文拟就《花笺记》方言词研究作一综论。

一、《花笺记》版本及其方言词研究价值

由于种种原因，《花笺记》曾在国内一度亡佚，极少有人知道有这样一部作品。1927 年郑振铎先生在巴黎发现该书，并在随后所写的《巴黎图书馆中之中国小说与戏曲》中加以推荐，该书才传回中国，为学界所认识。据考，目前《花笺记》的主要版本有：①巴黎藏本，有两种，均名《第八才子花笺》。②荷兰藏本，有三种，前两种均名《绣像第八才子书》，第三种名《第八才子花笺记》。③英伦藏本，有三种：《绣像第八才子书》、《绣像第八才子笺注》、《绣像花笺》。此外还有一种英译版本，即汤姆斯英译的《花笺》。④丹麦藏本：《绣像花笺》。⑤香港大学藏本：《绣像第八才子笺注》。以上诸本，目前比较统一的看法是巴黎的藏本较为完整，也最忠于原著，但国内很难看到。[②] 除此之外，国内校订本有三种：一是陈汝衡校订的《花笺记》（1957），二是薛汕校订的《花笺记》（1985），三是梁培炽辑校标点的《花笺记》（会校会评本，1998）。前两种校订本所据底本不够理想，梁培炽辑校标点本则据诸本会校会评，在三种整理本中后出转精，颇足征信。当然此书也有一些不足，我们在引用时需要注意，这一问题后面还要谈到。

从语言研究角度来说，《花笺记》一书具有很大语料价值，这主要表现在方言词研究方面。《花笺

① 本文为国家社科基金项目“明清俗语辞书及其所录俗语词研究”（项目编号 09BYY048）成果。

② 以上关于《花笺记》各版本的介绍参考了梁培炽辑校标点．花笺记·前言（会校会评本）［M］．广州：暨南大学出版社，1998. 20～26.

记》方言词研究价值主要表现在两个方面：

其一，《花笺记》中方言词是汉语词汇史研究的重要语料。

任何一个民族的语言，随着历史的发展，都会有古今和地域的歧异。由于古今汉语、共同语与方言之间有历史的继承和亲属的渊源，它们之间就形成了一种错综复杂的关系。一方面，在大范围的古代汉语（包括中古近代汉语）中，曾经是很普通的词语，随着历史的发展，在后来共同语中已经消失，但可能保存在其他方言中，这就为我们在考释词义时利用方言词语提供了可能和根据；另一方面，利用方言词语以考释词义，往往也可以为方言词语找到其较早用例并上溯其语源。由于方言是语言的地区性反映，它在不同程度上保留了古代汉语的音读、词汇和某些语法现象，因此在考释近代汉语口语词时，类似《花笺记》这样的具有浓厚的地方色彩并且在时代性方面与现代汉语比较接近的方言作品就具有重要的作用。罗常培先生曾经指出："金元戏曲中之方言俗语，今日流行于民间者尚多，惟董理无人，索解非易。"不唯金元戏曲，其实整个近代汉语中的词语都是这种情况。我们要善于利用近代汉语阶段的方言作品，虽然传统训诂学的一些方法仍有其实际意义，但由于近代汉语词语的口语性特别强，因此在对近代汉语词语进行考释时要特别强调参证方言。关于近代汉语词语考释的方法，蒋绍愚先生归纳为认字辨音、参照前人诠释、排比归纳、因声求义、参证方言、推求语源。近些年来，大家比较注意各种方法的综合运用，但是，在参证方言方面，总的来说还是不够的。这表现在两个方面，一是在近代汉语词语研究成果中除极少数论著外，一般对参证方言重视不够。二是当前学界对几部名著的方言词研究得较充分，如对《西游记》中的江淮官话、《金瓶梅》中的山东方言、《歧路灯》中的河南方言、《跻春台》中的四川方言等，都有较深入的研究，相比较而言，《花笺记》等木鱼书中粤方言词研究却一直是一个空白。

其二，《花笺记》中方言词是研究词语演变尤其是粤方言几百年来演变的重要语料。

粤方言几百年来有何演变，与今天的粤方言相比有何不同？《花笺记》在这一方面为我们提供了很好的研究语料。因其具有多个不同的版本，各版本传抄时用词或有歧异，这些版本异文在一定程度上揭示出了《花笺记》中方言词的演变。对此，已有学者从语音上揭示出这一演变。例如《花笺记》卷二《棋边相会》："佢重回头开一下笑脸，我估呢条残命死花旁。""呢条"一词，梁培炽校："原本等均作'哩条'，今按五桂堂、以文堂及醉经堂本改，'哩'改成'呢'，下同，不另出校。"关瑾华认为：呢（[nei^{55}] 或 [ni^{55}]）在粤方言中为近指的单数形式，相当于普通话的"这"。前出的静净斋本子里作"哩（[lei^{55}] 或 [li^{55}]）"，后出的五桂堂、以文堂、醉经堂等本子里作"呢"，这与粤方言，特别是广州方言近代以来出现的"n、l 声母混同"的语音变异情况有关；这里出现的异文情况，可以从方言演变角度为版本的先后顺序提供一个旁证。不独语音方面如此，词汇方面同样有值得我们研究的语料。例如：《花笺记》卷四《柳阴哭别》："自古相思成病症，恐怕瘦损花容恼坏人。""瘦损"一词，梁培炽校："以文堂、五桂堂及醉经堂等本作'愁损'。"按，"瘦损"一词，义为"消瘦"，例如元王实甫《西厢记》第二本第一折："恹恹瘦损，早是伤神，那值残春。"清吴伟业《永和宫词》："贵妃瘦损坐匡床，慵髻啼眉掩洞房。"后出诸本不知其义，误改为"愁损"（义为"忧伤"），虽然语义相关，但毕竟不同于原本。这也证明明末清初时粤方言中有"瘦损"一词，但后来就不用了。

《花笺记》作为粤方言作品，而且是唱词的底本，蕴涵了大量的俗语词汇。例如由表示否定的"唔"组成的词汇"唔敢"、"唔该"、"唔想"、"唔去"、"唔肯"等，"唔"的应用十分灵活，可以与不同词性的词组合。还有"咁"，也经常用在动词、形容词甚至名词前面表示"那么，如此"义，如"咁在行"、"咁猖狂"、"咁高才女"等，也是粤语中很有特色的词。另外还有一些量词用法也很独特，如"匀"表示"次"，"条"可以不加数词而单用。同时还可以用在句首表示一定的指代意，如"朱门深锁人难见，条肠想断眼将穿"。此外，还有很多单音节词如"睇"、"系"、"佢"、"嗰"等，都是粤方言中所保留的古语词。总之，《花笺记》中保存了许多粤方言词，对我们研究历史上的粤方言词和汉语词汇史都有重要作用。

二、《花笺记》粤方言词研究现状

汉语词汇史上关于方言的研究成果很多。最早的是汉代扬雄的《方言》，此后续书很多。这些著作以记录方言词为主。从专书方言词汇研究的角度来说，这一工作越来越受到重视，经过许多学者多年的努力，也取得了一定的成果。但是相对来说，研究的对象和领域比较集中，除了扬雄的《方言》以及后来的各种版本的注释之外，相应的研究工作主要集中在一些名著的方言词研究方面，如南朝梁萧统《文选》、明李实《蜀语》、清曹雪芹《红楼梦》、清蒲松龄《聊斋志异》等的方言词汇研究，论文和著作已多达数百种，研究者甚至能从中发现多种方言的痕迹。另外，虽也有对诗词、歌谣的方言研究，但总体来说，语料仍嫌狭隘，不够丰富。就方言的体系来说，接近官话的方言文学作品中的方言词研究得较为透彻，可作为研究语料的专著也较多，而南方诸方言文学作品中的方言词的研究则仍有大量工作要做。

粤方言的研究本身成绩很大，但在方言文学作品的方言词研究方面却几为空白，究其原因，一是研究者重视不够，二是粤方言文献史料较为有限，因此能做专书方言词研究的很少，不能不说是一个遗憾。但是，《花笺记》也并不是绝无仅有的粤方言文学作品。谭正璧先生在《木鱼歌、潮州歌叙录》中曾经指出："在清初，不但木鱼歌已见诸记载，而且还有长篇作品的刻本流传下来。但这些作品，当时不称'木鱼'，也不称'南音'，而只称'歌本'。据我所知，当时至少已有四种长篇木鱼很见流行。四种是被品评为'第八才子'的《花笺记》，'第九才子'的《二荷花史》，'第十才子'的《金锁鸳鸯》和一种只知书名未见传本的《四美联床》。"现在，经过学界的努力，已经挖掘了不少相关文献，出现了像《清康乾时期岭南图书的发展》、《二千多年以来的广州文献》、《岭南汉唐间地理博物体志怪小说》等论著，为我们寻找和系统地研究粤方言语料提供了宝贵的线索。《花笺记》作为第八才子书，它的地位和作用也是不言而喻的，应该成为粤方言专书研究中重要的语料。

从研究现状来看，对《花笺记》（包括其他木鱼书）进行文学、文献研究的成果时或可见，但从方言词研究角度来看，则几为空白。仅有的相关研究主要表现在版本校勘上，这以梁培炽的会校会评本为代表。但这一研究本身也有一定的问题。专门从方言词角度进行研究的成果至今未见。

三、研究展望

明清俗语词的研究在汉语史学界中越来越受重视，以北方方言创作的通俗文学作品中的一些方言词已经有不少研究成果，但同时期粤方言地区的文学作品却一直少有人关注。这一方面是受语言和地域的限制，很多人可能以为粤语很难懂，因其在体系上是距离官话较远的方言，所以对它既畏惧又轻视；另一方面，粤方言本身的历史文献数量确实相对有限，相比北方方言和其他方言如闽方言、吴方言等，方言文献不是特别丰富，难成体系。但是，明清时期作为近代汉语继续发展并逐渐向现代汉语过渡的重要时期，在汉语史上有着重要地位，而粤方言作为留存近代汉语俗语词较多的一种方言，对汉语史的研究是很有价值的。

《花笺记》从字数来说不是很多（其他木鱼书也一样），所以完全可以作穷尽性研究。对其词汇作彻底的统计和系统的分析，并结合同期语言状况的研究成果和辞书辞典等，会发现其词汇特色，能够作为汉语词汇史研究的补充。研究工作可以从以下几个方面进行：

其一，版本异文与校勘研究。梁培炽辑校标点的《花笺记》（会校会评本）以法国巴黎国家图书馆所藏之静净斋版《第八才子花笺》为底本，并详列后出诸本之异文，为我们从事版本异文研究提供了很好的帮助。该会校会评本在每一出之后均详列异文，这是有益的工作；不过他所作的校勘则不可尽从。因其每言版本异文，均从原本，或"据文意改"，而事实上后出诸本仅仅是原本的后起字、通假字或异体字而已，并非误字。关瑾华《校勘俗文学文献的方法——从〈第八才子书花笺记会评会校本〉校记之商榷谈起》一文已举例说明梁校失误，这一辨误工作尚需继续进行。兹举数例：《花笺记》卷四

《柳阴哭别》之《二酉斋花笺文章》：“话别忽忽，殊恨面颜之渐隔；愁思渺渺，维时泪眼亦将干。”“忽忽”，梁校：“原本及会文堂本作‘忽忽’，按考文堂本改。”按，考文堂本未必是，而原本及会文堂本未必非。因“忽忽”有“失意貌”之义，如《史记·韩长孺列传》：“乃益东徙屯，意忽忽不乐。数月，病欧血死。”《南史·刘孝绰传》：“晚年忽忽不得志。”均此义。“忽忽”在这里亦通，故未必误。又下文：“如以数言，不过五步之近，及以我行，则觉十步之馀。”“十步之馀”，梁校：“原本等均作‘十步之赊’，据文意改。”按，此“据文意改”，但改错了。原本“赊”不误，“赊”有“远”义，如唐吕岩《七言》诗：“常忧白日光阴促，每恨青天道路赊。”“赊”正与上文“近”相对。又如，《花笺记》卷五《房中化物》：“烧锦绣，化罗衣，弦多点乱似旧时。”“似旧时”，梁校：“原本、芥子园作‘侣旧时’，按胜源堂、会文堂及文畬堂等本改。”按，“侣”字乃误读，当作“佀”字，“佀”即“似”之异体，非误字。这一类情况很多，需要一一鉴别。

其二，《花笺记》粤方言词探源。《花笺记》作为粤语文本，其用词必然有着粤语的特色，并与古汉语有着紧密的联系。我们在考释《花笺记》中的粤方言词时，可以对词的来源进行考究，深入揭示其词义来源。如“恶”，《花笺记》卷四《花园复遇》：“瑶仙听见人行动，不理芸香先占步，唔想两下刚刚如对面，都为云霞罩住恶观瞻。”又卷四《誓表真情》：“极怕鼓声敲落云头月，破人肝胆碎人心，个一阵伤情真恶抵，凄凉对住一盏断肠灯。”按，“恶”在唐代即有“粗略、不好”之义，杜甫《峡中览物》诗：“形胜有余风土恶，几时回首一高歌。”引申为形容词“难”，在粤语中则再引申作副词。这一用法与近代汉语中的用法是有引申关系的，《花笺记》中很多表示“难以、困难”意义的地方都是用“恶”这个词，不过在现代粤语中使用得比较少，可见这一用法在从近代汉语到现代汉语的流变中已经产生了变化。“畀”，《花笺记》卷五《姚生劝试》：“知君平日高才子，要取功名只当尘，无过近为些闲事，含愁不畀我知闻。”又，卷六《簡传机密》：“即日按兵全不动，私行不畀外人知。”“畀”来自于古汉语，是“给予”的意思。《诗·小雅·巷伯》：“取彼谮人，投畀豺虎。”《尔雅》：“畀，赐也。”“畀”是先秦时的汉语常用词。在广州话中，该词一直沿用至今。又如“睇”，《花笺记》卷六《龙爷奏婚》：“夫人好笑称：‘娇女，我儿言语未知机，佢不忘恩旌表你，圣上为媒恶主持，两老于今单睇你，得儿安乐放开眉。’”卷六《双凤团圆》：“举头睇见女娇儿，相公心下还疑梦。”按，“睇”来自古楚方言，是“看”的意思，扬雄《方言》：“陈楚之间，南楚之外曰睇。”《楚辞·九歌·山鬼》：“既含睇兮又宜笑，子慕予兮善窈窕。”晋赵至《与嵇茂齐书》：“龙睇大野，虎啸六合，猛气纷纭，雄心四据。”“睇”在粤方言中也一直保留至今。

其三，《花笺记》方言词研究与辞书编纂及近代汉语词语考释。《花笺记》在粤方言文学作品中是有代表性的，其中不少方言词的用法可以为当代大型语文辞书存在的问题和遗漏进行补正，并为近代汉语俗语词考释提供参证。例如《汉语大词典》、《汉语方言大词典》均是“古今兼收”的大型语文辞书，然其中有不少词语未收，或虽已收录，但例证滞后。通过对《花笺记》方言词进行研究，可以为这些字典拾遗补缺。如“佢”，《花笺记》卷三《主婢看月》：“知他亦系多情种，玉貌高才美少年。若得共佢谐所愿，无枉今生结发缘。”又，卷四《对花自叹》：“自恨玉容空对面，多少私情对佢言。坚心不管人肠断，惹场新恨上眉尖。”按，“佢”，也作“渠”，近源在中古近代汉语：《古诗为焦仲卿妻作》：“虽与府吏要，渠会永无缘。”《三国志·吴志·赵达传》：“滕如期往，至，乃阳求索书，惊言失之，云：‘女婿昨来，必是渠所窃。’”远源则在上古汉语“其”，明代亦有音“其”的：明方以智《通雅》：“唐时谓人曰渠，今呼为其，或坑蛇切。”《汉语大词典》“佢”释义：“方言。他。《中国近代反帝反封建历史歌谣选》：‘唔知太平军出城打，串炮连天去接佢。’郭沫若《海涛集·涂家埠六》：‘今晚好不好去通知他？’‘唔得！听晨我同呢一道见佢去。’”《汉语大词典》没有提到该词的来源，例证也较晚，可以稍加补正。

其四，《花笺记》特殊词汇现象研究。《花笺记》一书记录了相当多的粤方言词，其中颇多特殊用法。例如书中的同素异序同义词就较多。所谓同素异序同义词是指由两个相同的词素构成，词素次序互为倒置的一组同义词。从汉语史的角度来看，同素异序同义词是汉语词汇由单音词发展为双音词过程中的一种语言现象。而《花笺记》作为讲唱文学的底本，它的行文与辞赋非常相近，考虑到口语及押韵等因素，比较它和同时代文献的词汇，出现同素异序同义词的情况可能更为普遍和灵活。如“肠断”与“断肠”：《花笺记》卷四《主婢私谈》：“那日见生同姐会，佢话一时肠断两三番。我姐心肠如铁石，不知人在断肠间。”虽然二词词性不同，然词义相关，可以进一步研究。此外，还可以将《花笺记》中的词与明清时期其他作品中的词进行比较研究。例如“珠泪”与“泪珠”：《花笺记》卷五《天开文运》：“解元忆及瑶仙姐，偷垂珠泪自伤心，有分得娇为配合，荣华快活百年春。”清代小说《施公案》第一一九回：“但见佳人坐在炕上，一双眼内泪珠直倾。”“珠泪”与“泪珠”均为名词，但构词方式不同。究其原因，或与方言有关。

总之，从整体来说，《花笺记》方言词语料是具有很大研究价值的，相关研究可以从多方面进行。除《花笺记》之外，还有很多类似的方言文学作品等待我们进一步发掘和研究。

参考文献

[1] 梁培炽辑校标点．花笺记（会校会评本）[M]．广州：暨南大学出版社，1998.

[2] 关瑾华．校勘俗文学文献的方法——从《第八才子书花笺记会评会校本》校记之商榷谈起 [J]．广州大学学报，2009 (8).

[3] 刘玉红．方俗词语考释与方言证诂 [J]．重庆工商大学学报，2008 (3).

[4] 罗常培．序 [A]．徐嘉瑞．金元戏曲方言考 [M]．北京：商务印书馆，1956.

[5] 蒋绍愚．近代汉语研究概要 [M]．北京：北京大学出版社，2005.

[6] 谭正璧．木鱼歌、潮州歌叙录 [M]．北京：书目文献出版社，1982.

[7]（清）佚名．施公案 [M]．延吉：延边人民出版社，1985.

也谈《明刊三种》的方言归属[①]

曾南逸

（北京大学中文系　中国北京　100871）

提　要　文章根据《明刊闽南戏曲弦管选本三种》一书的押韵情况来判断该书的方言归属。研究结果表明，该书的押韵反映了泉州方言的一项重要的音韵特征，说明该书的方言基础是泉州方言。

关键词　《明刊三种》　方言归属　泉腔　漳腔

一、引　言

《明刊闽南戏曲弦管选本三种》（下文简称《明刊三种》）是由英国牛津大学的龙彼得先生（荷兰人）辑录的一本书，收录明万历年间刊行的三种闽南戏曲选集：《满天春》、《丽锦》、《赛锦》。这三种书是龙彼得先生在欧洲一些大学的图书馆发现的，龙先生把它们整理到一起，于1992年在台湾出版，1995年大陆引进并出版。

《明刊三种》收录的这三种书中，《赛锦》和《满天春》分别刊刻于漳州和海澄（现隶属漳州市龙海县，当时也属于漳州府），龙彼得先生据此推断它们可能是福建漳州、龙海一带的方言。[②]郑国权（2001）则根据戏文的内容和俗字推断它们是“泉腔”的方言戏曲文学，其后，王建设（2002）分析了《满天春》下栏的戏文中的用韵和个别词汇，也认为《满天春》是泉州梨园戏戏文。[③]

二、从押韵情况看《明刊三种》的方言归属

以上三家在讨论《明刊三种》的方言归属的时候，基本上是以出版地、戏文内容、词汇来作为证据。只有王建设（2002）用了押韵的证据，但只是零散地使用了若干段戏文，而没有系统性地考察《满天春》戏文的押韵情况。

与前述三家不同的是，本文主要通过系统的押韵情况来判定《明刊三种》的方言归属。通过对《明刊三种》押韵的研究，我们把《明刊三种》定性为泉腔戏文。

1. 泉、漳、潮三地的一项语音差异及其在押韵中的表现

我们先来看看今天泉、漳、潮的一项语音差异：

---

①　本文由项梦冰老师及陈宝贤老师精心指导完成，特此致谢。文中如有谬误，概由笔者负责。本文得到中国2012年度国家社科基金青年项目“四百多年来闽南方言词汇语法的历史演变研究”（批准号：12CYY044）的资助。

②　龙彼得所辑成的《明刊闽南戏曲弦管选本三种》1992年于台湾出版。1995年大陆引进，并将1992年版的序的一部分译成汉语（原书的序为英文），序中谈到有关《明刊三种》的方言归属问题。

③　当然，王建设（2002：10）同时认为《满天春》戏文存在“泉腔、漳腔混杂”的现象，该文并未对《明刊三种》中的另外两种书《丽锦》、《赛锦》的方言归属作判定。

表1①

	a，二喜	b，边年	c，鳖接	d，更（三～）井暝	e，隔伯	f，家茶
泉州读音	-i	-ĩ	-iʔ	-ĩ	-eʔ	-e
漳州读音	-i	-ĩ	-iʔ	-ɛ̃	-ɛʔ	-ɛ
潮州读音	-i	-ĩ	-iʔ	-ẽ	-eʔ	-e

说明：

上面所列的是六类字，拉丁字母后面为字类的代表字：a类字主要为止摄开口三等字大部及蟹开三四白读；b类则主要为山、咸摄开口三四等舒声白读；c类为山、咸摄开口三四等入声白读；d类为梗摄开口舒声白读；e类字为梗摄开口二等入声白读；f类为假摄开口二等字白读。

从上表可以看出，泉州方言b、d两类字读音已经混同，而漳州、潮州则没有混同。从语言发展的角度说，漳州、潮州的方言在这个特点上相比泉州方言是存古的。早期闽南话b、d两类字应分属两个不同的韵类，今漳州、潮州维持了这种格局，而泉州发生了合流，d类字并入了b类字。

而且，从其中古来源也可以看出漳州和潮州在d类字的音值上应该比泉州存古。因为《切韵》音系中b、c两类字都为山、咸摄开口三四等字，其主元音应是一样的；② 而d、e两类字都为梗摄字，其主元音也应是一样的。而如今，漳州、潮州b与c两类字、d与e两类字的主元音分别是一样的，这一点与中古相同；泉州由于d类字与b类字合流，虽然b、c两类字主元音仍然相同，但d、e两类字主元音已不再相同，原来中古梗摄阳声韵和对应的入声主元音相同的格局被打破了。总而言之，从上面的语料可以看出，相比于潮州和漳州两地，泉州方言b、d两类字发生了合流，合流方向应该是d类字并入b类字，这种合流可以视为泉州腔的一个重要特征。

泉、漳、潮的闽南话的民间文学普遍存在一个现象：主元音相同的元音韵、鼻化韵、喉塞尾韵可以通押。按照这个规律，以现在的方言状况，无论是潮州还是漳州，a、b、c三类字应该可以通押，d、e、f三类字也应该可以通押；而今天的泉州话则是a、b、c、d四类字通押，e、f两类字通押。

当一段古代闽南话戏文出现d类字与e、f类字通押的情况时，我们可以推断该戏文所据方言应该是一个d类字主元音尚且和e、f两类字相同的方言，但无法判断此戏文究竟是漳腔、潮腔还是泉腔的戏文，因为泉州方言d类字并入b类的情况显然是后起的，早期泉州话d、e、f三类字主元音应该也是相同的。但当一段古闽南话戏文出现d类字与a、b、c三类字通押的情况时，我们则可以推测这段戏文d类字已经和b类字音值相近甚至是相同了，也就是说，这段戏文所据方言的d类字正在或已经与b类字合流，我们可以据此推断这段戏文的基础方言很可能是泉州方言，而非潮州或漳州方言。

与《明刊三种》时代相近的明代潮州戏文《重补摘锦潮调金花女大全》③（以下简称《金花女》），反映了明代潮州话的状况。在《金花女》中，d类字凡作为韵脚出现，都与f类字通押，不与a、b、c三类字通押，其例如下：

（1）共娘斟酌去外家，不知事体是在生，那畏见利终忘义，出纳锱铢无时下。（《金花女·借银回家》）（家下：f类，生：d类）

（2）为君立心同死生，别人富贵我不争，爹妈若不从子愿，甘心剃毛去出家。（《苏六娘·六娘不嫁会继春》）（家：f类，生争：d类）

潮州今音："家、下"-e，"生、争"-ẽ，因此这段戏文用今天的潮州话念起来仍是押韵的。如用漳腔今音："家、下"-ɛ，"生、争"-ẽ，也是押韵的。但若是泉州今音，"家、下"音-e，"生、

① 泉州、漳州、潮州三个地方的相关语料分别来自《泉州方言志》、《漳州市志·方言》、《汉语方音字汇》。

② 《切韵》音系中同摄不同等之间主元音可能是一样的，同摄同等的舒声和入声主元音也应是一样的。

③ 此书亦被编入《明本潮州戏文五种》，其书后附《苏六娘》戏文，此书是潮腔戏文的结论尚无争议。

争”音 -ĩ，不押韵。

2.《明刊三种》的实际押韵表现

设若《明刊三种》是漳腔戏文的话，该书的 d 类字的押韵应该和《金花女》相似，因为漳州方言的 d 类字的主元音一直和 e、f 两类字的主元音保持一致。

然而，《明刊三种》d 类字的押韵情况却和《金花女》完全不同。《明刊三种》全书 d 类字作为韵脚出现在 50 段曲子中，尽与 a、b、c 三类字通押，而没有一次与 e、f 类字通押的情况。例如：

(3)【旦】尔去后我为尔相思得病【丑】我为尔病成相思【旦】我为尔乜心抹粉灿胭脂【丑】我为尔恶过得日【旦】我为尔恶得过冥【合】只恩爱合编做一场戏。(《明刊三种·满天春·戏上戏》)

d 类字“病、冥”与 a 类字“思、脂、戏”通押。

今将例证韵脚穷举如下[①]：

《满天春》共有 24 段曲子的韵脚有 d 类字：

《满天春》上卷上栏：

①《满池娇·熏风南来》(第 7 页)：天、墘、池、时、戏、边、意、思、<u>生</u>、女、悲。(池时戏意思悲：a 类字；天墘边：b 类字；生：d 类字；女：其他类字)

②《满池娇·鹅毛雪花》(第 8 页)：天、自、添、意、乜、乜、悲、耳、<u>生</u>。(自意悲耳：a 类字；天添：b 类字；生：d 类字；乜：其他类字)

③《风雨会·鹅毛雪飞》(第 12 页)：天、见、衣、刺、<u>更</u>、衣、去、书、时、时、年。(衣刺时：a 类字；天见年：b 类字；更：d 类字；去书：其他类字)

④《双圭勅·只花心》(第 17 页)：<u>井</u>、天、持、见、衣、死、见、枝、滴、脂、见、伊、缺、义、啼、离、衣、记、时。(持衣死枝脂伊义啼离记时：a 类字；天见：b 类字；滴缺：c 类字[②]；井：d 类字)

⑤《大牙古·共君断约》(第 19 页)：时、钱、<u>更</u>、期、持、见、稺、啼。(时期持稺啼：a 类字；钱见：b 类字；更：d 类字)

《满天春》下卷上栏：

⑥《蔷薇花·无一般》(第 17 页)：伊、死、浅、子、伊、乜、<u>病</u>。(伊死子：a 类字；浅：b 类字；病：d 类字；乜：其他类字)

⑦《大环着犯·阳关西出》(第 25 页)：<u>筝</u>、饥、意、年、夷、义、里、移、滴、诗。(饥意夷义里移诗：a 类字；年：b 类字；滴：c 类字；筝：d 类字)

⑧《梧桐树·不觉又逢春》(第 29 页)：边、时、耳、悲、<u>生</u>、耳、浅、俐、圆。(时耳悲俐：a 类字；边浅圆：b 类字；生：d 类字)

⑨《薄眉衮·人情在》：边、记、边、缠、义、见、年、<u>更</u>、啼、<u>醒</u>、啼、义、滴、饲、痴、已、甜、离。(记义啼饲痴已离：a 类字；边缠见年甜：b 类字；滴：c 类字；更醒：d 类字)

《满天春》上卷下栏：

---

① 先按原书韵脚顺序排列，d 类字用下划线注明，括号里注明韵脚所属类别。如注“其他类字”，则指韵脚不属于 a 至 f 类的情况，a、b、c 三类字亦与其他类字通押。

② “滴”字虽是梗摄字，但在泉州、漳州、潮州今音都读 -iʔ。

⑩《第一出：深林边》（第2页）：【旦】崎【生】是【旦】字【生】依【旦·古轮台】疑、喜、字【生】媚、二、年、迷【旦】意【生】去、疑【生】伊【生】利【旦】理【旦】乜【生】便、悲【旦】缠、欺【生】时【旦】理【旦】避【旦】迷、见【生】天、生【生】迷、只、是【旦生合】生【生】里【生】去、迟【旦】死、儿、倚、义。（崎是字依疑喜媚二迷意疑伊利理悲欺时只避迟死儿倚义：a类字；年缠见天：b类字；生：d类字；乜去：其他类字）

⑪《第二出：招商店》（第12页）：【生】意、字、异、志【旦】易、性。（意字异志易：a类字；性：d类字）

⑫《第三处：戏上戏》（第17页）：【旦】病【丑】思【旦】脂【旦】冥【合】戏。（思脂戏：a类字；病冥：d类字）

⑬《第四出：翠环拆窗》（第20页）：【旦·驻马听】边、星【生】起、迟【旦】院、见【旦】婢、是【旦】死、疑、意、篇、志、见、静、诗、字。（起迟婢是死疑意志诗字：a类字；边院见篇：b类字；星静：d类字）

⑭《第五出：刘圭会云英》（第22页）：【旦·倾杯序】见、意、志、接、只、起、死、边【生】变、儿、辞、气【旦】性、四、见、圆、知、死【生】世、二、施、女、浅、弃、年【丑】边、更、醒【生】意【丑】生、意、思、钱【生】机、缠【旦】醒。（意志只起死儿辞气四知世二施弃思机：a类字；见边变圆浅年钱缠：b类字；接：c类字；性更醒生：d类字；女：其他类字）

⑮《第五出：刘圭会云英》（第23页）：死【生】义、迷【旦】意、生【生】喜、己【旦】见、味、井、枝【生】欹、醒、边、年【旦】见、倚、更【旦·尾声】你（借作"汝"）、吝（通"怜"）【合】记。（死义迷意喜己味枝欹倚记：a类字；见边年吝：b类字；生井醒更：d类字；你：其他类字）

⑯《第六出：寻三官娘》（第24页）：【旦】思、冥、戏、意、起、期、世、机、边、致、吝（通"怜"）、里、儿、丝、死、时、示、机、议、迟【外】儿、只、诗、见、伊、意、员【外】见、是、儿、议、变、圆【旦】疑、意、天、添、见【旦】死【外·水车歌】喜、志【旦】死、义、意、见【外】病、志、年、机、圆、喜、天【旦】年、见、弃、起、喜、员、悲。（思戏意起期世机致里儿丝死时示议迟只诗伊是疑喜志义弃悲：a类字；边吝见员变圆天添年：b类字；冥病：d类字）

⑰《第七出：蒙正冒雪归窑》（第31页）：伊、只、米、时、米、值、悲、里、去、闭、迟、平、底、起、庨、里、器、车、迟。（伊只米时值悲里闭迟底起庨器迟：a类字；平：d类字；去车：其他类字）

《满天春》下卷下栏：

⑱《第十一出：相国寺遇醉不谐》（第7页）：致、意、戏、微、意【旦·万】期、佃、致、比【占】只、意、疑、更。（致意戏微期比只疑：a类字；佃：b类字；更：d类字）

⑲《第十三出：朱文唱曲一捻金点灯》（第18页）：【生·挂真儿】时、冥、见、里。（时里：a类字；见：b类字；冥：d类字）

⑳《第十三出：朱文唱曲一捻金点灯》（第19页）：【探春令】啼、时【旦】醒、意。（啼时意：a类字；醒：d类字）

㉑《第十四出：朱文走鬼》（第23页）：【破阵子】是、精、迷、机、醒、庇、离【旦】见、弃【旦】悲。（是迷机庇离弃悲：a类字；见：b类字；精醒：d类字）

㉒《第十四出：朱文走鬼》（第24页）：【剔银灯】浅、起、势【旦】字、意、舌、智【生】理、醒、庇、边、疑、起【旦】意、伊、死、圆、伊【生】见【旦】乜、鳖、蜞、井、圆。（起势字意智理庇疑起意伊死蜞：a类字；浅边圆见：b类字；舌鳖：c类字；醒井：d类字；乜：其他类字）

㉓《第十五出：粹玉奉汤药》（第27页）：【旦】里、边、事（通"侍"）、漓【旦】只、天、死、儿【生】病、起、儿、事、离、己、事【旦】喜、志、义、弃、添【生】起、义、已、止、义、起、缠。（里事漓只死儿起离已喜志义弃止：a类字；边天添缠：b类字；病：d类字）

㉔《第十六出：杨管粹玉分别》（第 30 页）：【旦·一封书】辞、持、儿【外】里、死、去、离、时【旦】生、天、离、期、星、滴、悲【旦】去、里、稀、泪、离、起、滴【生】儿【丑】儿、去、子【旦】迟、起、莲（通“连”①）、己、员【生】天、枝【旦】裂、期【合】去、离。（辞持儿里死离时期悲稀起子迟枝：a 类字；天莲员：b 类字；滴裂：c 类字；生星：d 类字；去泪：其他类字）

《丽锦》共有 10 段曲子的韵脚有 d 类字：

《丽锦》：

㉕《二调满池娇（夏）·熏风南来》（第 2 页②）：天、边、池、时、戏、意、思、生、悲。（池时戏意思悲：a 类字；天边：b 类字；生：d 类字）

㉖《二调满池娇（秋）·梧桐叶落》（第 3 页）：天、起、微、边、思、伊、青、乜、耳、滴、更。（起微思伊耳：a 类字；天边：b 类字；滴：c 类字；青更：d 类字；乜：其他类字）

㉗《背双·向许般人》（第 1 页）：义、时、衣、里、伊、只、欺、边、迟、只、迟、井。（义时衣里伊只欺迟：a 类字；边：b 类字；井：d 类字）

㉘《北·千般苦痛》（第 9 页）：儿、姓、池、书、儿、里、依、见、员、悲。（儿池里依悲：a 类字；见员：b 类字；姓：d 类字）

㉙《相思引·仔细想伊》（第 15 页）：伊、止、义、池、离、枝、枝、坑、池、死、员、鲤、戏、痴、治、边、志、伊、天、见、侍。（伊止义池离枝死鲤戏痴治志侍：a 类字；员边天见：b 类字；坑：d 类字）

㉚《北·忙步仙移》（第 16 页）：青、李、迟、意、只、喜。（李迟意只喜：a 类字；青：d 类字）

㉛《双·坐更深》（第 18 页）：更、理、时、乜、起、绵、冥、伊、止、字。（理时起伊止字：a 类字；绵：b 类字；更冥：d 类字；乜：其他类字）

㉜《山波洋·月照芙蓉色》（第 22 页）：悲、去、自、冥、见、期、稀、思、离、啼、耳、滴、铁、移。（悲自期稀思离啼耳移：a 类字；见：b 类字；滴铁：c 类字；冥：d 类字；去：其他类字）

㉝《山波洋·相许薄情》（第 23 页）：天、期、冥、期。（期：a 类字；天：b 类字；冥：d 类字）

㉞《双·西风冷微微》（第 24 页）：微、井、静、星、见、意、离、见、开、去、见、起。（微意离起：a 类字；见：b 类字；井静星：d 类字；开去：其他类字）

《赛锦》共有 16 段曲子的韵脚有 d 类字：

《赛锦》上：

㉟《背双·锦·百花开》（第 5 页）：开、生、意、蕊、薇、开、年、见、机、里、喜、伊。（意薇机里喜伊：a 类字；年见：b 类字；生：d 类字；开蕊：其他类字③）

㊱《双·朱弁·心肝跋碎》（第 10 页）：比、记、见、里、星、义、义、见、里。（比记里义：a 类字；见：b 类字；星：d 类字）

㊲《双·山波洋·邀伊未有几时》（第 11 页）：时、意、自、缠、离、见、伊、时、离、思、病、思、醒。（时意自离伊思：a 类字；缠见：b 类字；病醒：d 类字）

㊳《双·锦·风云飞入》（第 12 页）：里、伊、院、起、冥、置、去、见、弃、伊、是、年、义、见、思、纸、司。（里伊起置弃是义思纸司：a 类字；院见年：b 类字；冥：d 类字；去：其他类字）

㊴《双·锦一段·梅花谢雪》（第 12 页）：晴、天、枝、年、诗、意、里、期、弃、乜、青、起、

---

① 原书“黄莲”通“黄连”。

② 《丽锦》前四曲单独页码。

③ “开蕊”并音 -ui，叶韵。

边、枝、枝、移、边、寺、诗、气。（枝诗意里期弃起移寺气：a 类字；天年边：b 类字；晴青：d 类字；乜：其他类字）

㊵《双·九串珠一段·拙时无意》（第 15 页）：意、戏、青、变、理、记、伊、自、员、蕊、枝。（意戏理记伊自枝：a 类字；变员：b 类字；青：d 类字；蕊：其他类字）

㊶《双·鹅毛雪》（第 15 页）：天、只、见、衣、刺、更、衣、去、见、书、时、年。（只衣刺时：a 类字；天见年：b 类字；更：d 类字；去书：其他类字）

㊷《双·红绣鞋·只园内》（第 20 页）：致、青、边、生、饥、只、苫、意、衣、丝、冥、起、饲。（致饥只苫意衣丝起饲：a 类字；边：b 类字；青生冥：d 类字）

《赛锦》中：

㊸《相思引·高文举·只冤苦》（第 2 页）：漓、微、义、时、甜、李、气、里、喜、池、移、坑、庛、起、畿、见、意、去、剃、除、弃、悲、滴、伊、理、迟。（漓微义时李气里喜池移庛起畿意弃悲伊理迟：a 类字；甜见：b 类字；剃滴：c 类字；坑：d 类字；去除：其他类字）

㊹《相思引·锦·缘分牵绊》（第 3 页）：冥、世、去、去、意、俐、味、井、枝、疪、起、衣、啼、片、记、缠。（世意俐味枝疪起衣啼记：a 类字；片缠：b 类字；冥井：d 类字；去：其他类字）

㊺《滚·守空房》（第 6 页）：里、员、世、生、里、缠。（里世：a 类字；员缠：b 类字；生：d 类字）

㊻《滚·三更人困静》（第 7 页）：静、更、棚、边、悲、病。（悲：a 类字；边：b 类字；静更棚病：d 类字）

《赛锦》下：

㊼《北·莺莺待月·三更鼓》（第 4 页）：时、静、院、稀、字、仪、衣、意、帘、辞、边、起、冥。（时稀字仪衣意辞起：a 类字；院帘边：b 类字；静冥：d 类字）

㊽《北·莺莺待月·铁马叮铛》（第 5 页）：静、希、值、更、啼、冥、啼、添、醒、啼、滴、裂。（希值啼：a 类字；添：b 类字；滴裂：c 类字；静更冥醒：d 类字）

㊾《扑灯蛾·障般相思病》（第 7 页）：病、生、钿、生、燕。（钿燕：b 类字；病生：d 类字）

㊿《扑灯蛾·障般相思病》（第 7 页）：治、缠、思、起、生、死、年。（治思起死：a 类字；缠年：b 类字；生：d 类字）

既然《明刊三种》全书 d 类字全部与 a、b、c 三类字押韵，说明 d 类字的主元音已经和 a、b、c 三类字相近甚至相同了，而 d 类字的这种表现符合泉州方言的演变规律。也就是说，从押韵的角度来说，《明刊三种》一书中所载的三种戏文应该基本上都是泉腔戏文。

三、余　论

当然，《明刊三种》里面除了泉腔戏文外，还有一些非泉腔成分。例如，郑国权（2001）和王建设（2002）都指出《满天春》下栏的折子戏中，第十七、十八出并非“梨园戏剧目”，而是正音戏。关于《明刊三种》中的非泉腔成分，我们将另文讨论。但是，如果说“《明刊三种》所载文字大部分是泉腔戏文”应该是没有问题的。

参考文献

[1] 北京大学中文系语言学教研室．汉语方音字汇（第 2 版）[M]．北京：语文出版社，2003.

[2] 李春晓．明末泉州南音用韵初探［A］．马重奇，林玉山．编辑和语言［M］．厦门：厦门大学出版社，1999.
[3] 林连通．泉州方言志［M］．北京：社会科学文献出版社，1993.
[4] 龙彼得．明刊闽南戏曲弦管选本三种［M］．北京：中国戏曲出版社，1995.
[5] 王建设．明刊闽南方言戏文中的语言研究［D］．暨南大学博士学位论文，2002.
[6] 许颖颖．明刊闽南戏曲弦管选本三种用韵研究［D］．福建师范大学硕士学位论文，2003.
[7] 漳州市地方志编纂小组．漳州市志・方言［M］．北京：中国社会科学出版社，1999.
[8] 郑国权．泉州明清戏曲与方言［M］．北京：中国戏剧出版社，2001.
[9] 明本潮州戏文五种（影印本）［M］．广州：广东人民出版社，1985.

•博士论文撮要•

郴州土话语音及词汇研究

作　　者：范俊军
导　　师：李如龙
毕业学校：暨南大学
答辩年份：1999 年

郴州市地处湖南南部，辖苏仙区（原郴县）、北湖区（原郴州市）、桂阳县、资兴市、临武县、嘉禾县、永兴县、安仁县、桂东县、汝城县等 2 区 9 县市。境内汉语方言除了通行全市的西南官话外，还有湘语、客家话、赣语、粤语以及各市县农村土话。《中国语言地图集》将这些土话统称为“湘南土话”。文章的研究对象为郴州 9 县市的土话。目的是通过对 20 余个调查点语音和词汇的描写，描绘郴州土话的总体面貌；对各点土话的语音特点进行理论思考。文章还就郴州土话与周边湘客赣方言的语音词汇进行外部比较，试图对郴州土话的系属分区问题作出初步的探索。

全文分五章。第一章简要介绍郴州的历史人文地理。第二章对郴州境内汉语湘方言、客家话、赣方言、西南官话以及土话的分布状况，分县进行了比较详细的描述。第三章列出 9 县市 23 个点的语音系统。第四章对郴州土话各点的声韵调和常用词汇进行内部比较，通过比较揭示出各土话在语音和词汇方面的共性与个性，同时对其中某些特殊的语音现象作初步的探讨。第五章就郴州土话与湘语北片、湘语南片、赣语、客方言四种方言的典型语音特征进行比较，同时就郴州土话 800 余条词语与各大方言进行比较，揭示其异同。在语音和词汇比较的基础上，对郴州土话的归属作了初步的探讨。结论认为：郴州土话整体上为湘赣特征比较明显而杂有客家方言特征的混杂型方言。

益阳方言语法研究

作　　者：徐　慧
导　　师：李如龙
毕业学校：暨南大学
答辩年份：1999 年

益阳话属于比较典型的湘方言，与长沙话同属于湘方言的一个次方言区。文章探讨的是益阳方言的语法，属于湘方言地点性的语法系统研究论题。论文主体部分共分三章，约 21 万字。文章内容包括两个方面：一是对益阳方言语法的主要方面进行详细的共时描写，包括名词、数词、量词、代词、动词的体、状态形容词、副词、介词、补语和宾语的位置、状语后置句、处置句、受事前置句、被动句、双宾句、比较句、疑问句等。通过这些描写可以从词类、构词法、句法、句型等方面勾勒出益阳方言语法系统的基本轮廓。二是对一些语法现象进行历时和共时的比较，包括借助于汉语史材料所作的纵向比较，以古证今；立足于益阳方言与共同语以及与吴、客、粤等方言的横向比较，以方证普；益阳方言与湘方言内部其他点语法差异的细微对比。通过对方言事实的描写和比较，从中发现和总结规律，深入地揭示益阳方言的语法特点。

屯昌方言语法研究

作　　者：钱奠香
导　　师：李如龙
毕业学校：暨南大学
答辩年份：1999 年

文章为海南闽语单点性的语法系统研究，全文共有 13 章，约 15 万字，主要有以下两方面的内容：一是共时语法系统的描写，包括名词、代词、数量词、动词、形容词、象声词、副词、介词、连词、助词以及复句表达和特殊句式等内容。这些描写勾画出了屯昌方言语法系统中词类（含构词法）、句法等方面的基本特点。二是历时和共时的比较研究，主要从语言发展的角度，通过跟汉语史史料以及其他闽、粤、客方言点的材料的纵横比较，揭示了屯昌方言某些特殊语法现象的历史层次以及它本身所具有的一些语法特点。

主要结论有：①由于历史发展过程的不同，屯昌方言有许多不同于共同语的语法现象，其中有不少是古汉语的直接遗存，这些遗存在南方其他方言中也往往有所反映。②作为闽语的边缘方言，屯昌方言有跟福建本土相同的语法现象，但也有不少相异之处，这反映了屯昌方言受周边方言或语言的影响以及它本身的发展和创新。

东南方言声调比较研究

作　　者：辛世彪
导　　师：李如龙
毕业学校：暨南大学
答辩年份：1999 年

文章研究东南方言声调，采用共时与历时比较的方法，力图弄清汉语声调演变的基本事实及规律，为语音史、方言分区及音变理论的深入研究提供依据。

文章的研究证明，东南方言声调演变各有规律、特点及条件。东南方言声调复杂的结构类型和演变方式是不同时期官话方言影响及东南方言相互之间渗透的结果，也是语音内部各种因素相互制约的结果。有送气分调、元音长短分调、韵摄分调、文白分调等个性特征，也有不同方言在声调上形成的区域特征。声调演变是典型的词汇扩散式音变。

香港报纸新闻报道书面语语言特色

作　　者：梁莉莉
导　　师：詹伯慧
毕业学校：暨南大学
答辩年份：2000 年

文章以香港报纸新闻报道为对象，收集两年来（1998 年和 1999 年）《东方日报》、《苹果日报》、《明报》和《星岛日报》四份报纸的资料，以语言学、社会语言学和对比语言学为理论依据，重点研究共时性、分歧性，通过对这些资料的分析、归纳，系统考察香港报纸新闻报道书面语在词汇、语法和表达等方面的特色，找出具有代表性的特点及其分布状况，并在此基础上探讨其成因以及香港报纸书面语的规范问题。

全文分为六部分：一、引言；二、香港报纸新闻报道的语言特色；三、香港报纸新闻报道的词语特色；四、香港报纸新闻报道的语法特色；五、香港报纸新闻报道语言特色的成因；六、余论。

•研究机构•

香港中文大学粤语研究中心

香港中文大学中国语言及文学系于2000年成立“粤语研究中心”（以下简称“中心”），旨在推动粤语的研究，是香港首个标榜以研究粤语语言学为重点的研究中心。中心过往曾协助完成多项粤音教学和测试的工作，参与普及粤音词汇等知识的计划。到了2010年，中心刚好成立十周年，在该年下半年举办了一连串的学术活动，探索语言学理论在粤语中的应用，并思考粤语研究对语言学理论所作出的贡献。这些活动包括：举办了四次学术讲座，邀请中心的欧阳伟豪博士报告“粤语离合词的离与合”、香港科技大学人文学部的张敏教授报告“‘畀/俾’来源新证：从方言比较看粤语双及物结构”、暨南大学汉语方言研究中心的甘于恩教授报告“广东汉语方言研究的格局与思路”、南加州大学语言学系的Andrew Simpson教授报告“The Syntactic Structuring of Passive in Chinese and Vietnamese：a Comparative View”。

此外，中心在2010年还举办了两次研讨会作为庆祝活动。一是在11月13日与香港语言学学会联合主办“第十届粤语讨论会”，主题是“粤语语法学的新视野”，所发表的论文都集中探讨粤语语法学研究的“新”。二是在12月21日举办了“汉语有定特点学术论坛”，讲者包括香港理工大学中文及双语学系石定栩教授、广东外语外贸大学张庆文教授和中心的邓思颖教授、香港中文大学语言学及现代语言系李行德教授、南加州大学语言学系Andrew Simpson教授，发表了对汉语方言名词有定特点的看法。

中心在2011年6月8—9日协办了“汉语方言定语助词研讨会”，邀请了南加州大学的李艳惠教授、香港理工大学的石定栩教授、台湾清华大学的蔡维天教授担任特邀发言人，哈佛大学的黄正德教授作大会总结发言。一共有16篇论文在会上发表，集中讨论汉语定语助词的句法问题，讨论热烈，提出了不少新见解、新发现。

今后，中心将继续积极进行和支持粤语语言和语言学的学术研究，并定下新的使命：①追求粤语语言学研究的卓越成果；②促进粤语和其他汉语方言的理论研究；③致力于探索和发展粤语研究的新方法和新方向。中心希望能为学界提供一个充满活力的平台，可以从具有创意的理论角度，汇集不同的构思和想法，发展和推动可行的研究方向，从而为粤语语言学的理论建设作出贡献。

有关中心的详情，欢迎浏览网页：http：//www. chi. cuhk. edu. hk/rcc/。

•**刊海推介**•

《岭南学》（年刊）

主　编：左鹏军
主　办：华南师范大学岭南文化研究中心

《岭南学》旨在探讨作为地域文化专学的“岭南学”的重要理论与实践问题，为建立和发展“岭南学”作出持续的学术努力，促进岭南学及岭南文化研究的发展，增进学术交流与合作，并兼及岭南文化其他问题的研究探讨。该刊的主要特点在于根据目前地域文化和人文社会科学学术发展的趋势与需要，首倡并试图建立“岭南学”这一新的人文社会科学门类。

《岭南学》年刊得到广东省教育厅及华南师范大学主管部门的大力支持，自2007年底创刊以来，已由中山大学出版社出版了三辑，搜集了岭南文史、语言、文化等方面具有学术价值的最新成果，内容涉及“岭南学”的学科性质与学术定位；“岭南学”的理论与实践；“岭南学”个案研究与问题考察；“岭南学”与岭南文化；“岭南学”与岭南地方文化专学；“岭南学”与其他地域文化专学；“岭南学”与外国文化等。

已出版的《岭南学》反映出研究者注重岭南文献的挖掘与保护、关注岭南文化传统资源的传承与利用的学术观念，同时，也表现出研究者力图将学术研究与现实关怀高度统一，将岭南文化发扬光大的责任感与自信心。集刊中的文章既有对岭南非物质文化遗产的追根溯源，也有对岭南文学思潮、语言文化及宗教观念的探微烛幽；既有对岭南历史地理变迁与沿革的考证，也有对女性生活与社会文化的细腻研究；既有卓有建树的知名学者的热情支持，也有初出茅庐的青年后学的积极参与，充分体现出学界对岭南文化研究的高度重视及对基地探索“岭南学”学科构建的支持与认同。

《岭南学》年刊展示了各年度岭南文化研究的新思维、新观念和新成果，既为岭南文化研究中心的研究人员提供了成果展示的平台，也吸纳了其他相关研究机构的最新成果，以此为媒介扩展学术交流的空间，增进学术交流与合作，形成岭南文化研究的浓郁氛围，逐步发挥基地在特色研究方面的作用。

第四辑《岭南学》即将于近期出版。

（李　静）

·动态·

合力铺设友谊桥梁　拓展海外方言研究

——汉语方言研究中心首个海外科研联络处诞生侧记

2011年10月10日至15日，暨南大学汉语方言研究中心主任甘于恩率代表团访问印尼棉兰市，就双方的教育合作进行交流，代表团成员有伍巍教授、邵宜教授和岭南油画研究馆馆长张一冰先生。代表团受到印尼华社及相关教育机构的热情接待，访问取得圆满成功。

10日下午三时，经过数小时的长途跋涉，代表团乘坐的班机降落在棉兰国际机场。印尼苏北华社慈善与教育联谊会（下文简称华联）陈民生秘书长、亚洲国际友好学院（下文简称亚院）院长助理梁明洲、亚院中心协调人方小燕教授等到机场迎接。晚上，苏北华社在代表团下榻的Angkasa国际大酒店设宴欢迎甘教授一行，出席宴会的有：华联副理事长廖章然先生、陈民生秘书长、财政吴晓辉先生、华联驻亚院教育部主任黄世平先生等。席间，双方就暨南大学与亚院开展合作等事宜进行充分沟通，并达成共识。晚上，暨南大学汉语方言研究中心代表团一行与方小燕教授在酒店举行了工作会议，方小燕介绍了亚院概况及华文教育的进展情况，中心各教授就协助亚院提出教育质量、开展科研等进言献策。

11日上午九时，代表团在苏北华社慈善与教育联谊会领导的陪同下参观了亚洲国际友好学院，并拜会了院长柏林·薛伯兰尼先生。十一时，在亚院大门前隆重举行“暨南大学方言研究中心驻印尼棉兰市亚洲国际友好学院科研联络处”揭牌仪式。出席仪式的有：暨南大学汉语方言研究中心主任甘于恩、中心成员伍巍、邵宜，岭南油画馆馆长张一冰，亚洲国际友好学院院长柏林·薛伯兰尼及三位助理吴灿光、邱志龙、黄瑜茜，华文系主任张林林，苏北华联副理事长廖章然、张家础、秘书长陈民生、财政吴晓辉、驻亚院教育部主任黄世平等，以及华南师范大学方小燕教授。仪式由吴灿光主持。

首先，薛伯兰尼院长代表亚院致辞，他对远道而来的客人表示热烈欢迎，感谢暨南大学汉语方言研究中心对亚院的支援，感谢所有中国教师对亚院的发展作出的贡献。他希望亚院在热心人士的大力帮助和支持下，教学与科研水平能够得到更快更好的发展。接着，甘于恩主任代表暨南大学汉语方言研究中心致辞，他感谢苏北华联的热情接待以及亚院的全力配合，这为双方开展合作提供了良好条件。暨南大学汉语方言研究中心将为亚院的科研和发展提供智力咨询和技术支援，也希望开拓苏北地区丰富的语言资源，尤其是开展印尼汉语方言的调查研究，这有赖于亚院在多方面提供切实的帮助，暨南大学汉语方言研究中心愿意为亚院学生未来的进修与科研尽力协助，并祝双方合作结出累累硕果。在热烈的掌声中，甘于恩教授与薛伯兰尼教授徐徐拉开红色帷幕，标志着中心驻印尼科研联络处正式成立。在签字仪式前，甘于恩代表暨南大学汉语方言研究中心向亚院赠送了书法集邮册和中心出版的近20册书刊，柏林院长回赠了纪念品。随后，双方正式签署合作协议。

签字仪式后双方人员紧握友谊之手

汉语方言研究中心与亚洲国际友好学院建立合作关系，在印尼华文传媒引起极大反响。印尼《苏北日报》、《国际日报》、《讯报》、《好报》、《棉兰印广日报》纷纷以专版形式重点报道了代表团的活动，希望不久的将来，两地的合作会取得更多实质性的成果。

（单　言）

后　记

转眼之间，《南方语言学》已经出了四辑。回想草创之时，编辑部为觅得好稿，四处联络，不禁百感交集！现如今《南方语言学》算是站稳脚跟，在学术界有了一点影响，这全赖诸位作者的鼎力支持。但编辑同仁深知“逆水行舟，不进则退”的道理，因此还得打起十二分精神来，致力于提升学术水准，让《南方语言学》成为语言学园地里的一朵奇葩，为中国语言学的发展不断作出贡献。

本辑收录了3篇音系研究的论文，其中对黄埔（大沙）疍家话和香港（大澳）水上话语音特点的讨论，涉及的是近似话题，但方言点不同。我们予以发表，是因为小方言越来越处于濒危状况，再不抢救、记录，最终将成为“绝响”，从这个角度来说，我们工作的意义绝对不仅仅局限于语言学。

语言技术、地理语言学和实验语音学是语言学与相关学科的交集之处，也是我们关注的焦点，本辑发表的几篇论文都在这些方面做了努力，值得肯定。另外，少数民族语言和海外汉语方言，是《南方语言学》的特色栏目，所发3篇文章，长短不一，但都提供了有价值的信息，研究方法亦有可取之处。“方言历时研究”和“方言与移民”，或从历史角度研究岭南方言，或从背景视角阐释方言问题，我们也很需要这类文章。“语法研究”和“词典学与汉语史”是《南方语言学》新设的栏目，希望更多从事语法研究与古汉语研究的学者为我们赐稿。

“语言文字应用”是现代语言学的发展路向之一，本辑刊出的两篇文章，一篇探讨粤语区普通话教学的原则，一篇反映广州市日常称呼语的情况，皆甚有意义。尤其后者出自几位本科生之手，虽然在理论深度上还有不足，但学子对语言现象的热切关注和对学术研究的执著，是值得鼓励的。

从本辑起，因经费所限，《南方语言学》将不再付给作者稿酬，改为赠送每位作者当辑《南方语言学》2册。事非得已，敬请谅解！

最后，提醒向《南方语言学》投稿的作者注意，来稿请严格按照《南方语言学》的体例行文（参看《南方语言学》第一辑“稿例”）。体例不合格的来稿将被视为不合格稿件，不予接纳。请勿一稿两投。

《南方语言学》编辑部

2012年4月10日

第 17 届国际粤方言研讨会
暨海外汉语方言专题讨论会征集论文

第 17 届国际粤方言研讨会暨海外汉语方言专题讨论会将于 2012 年 12 月 7 日至 10 日在广州暨南大学举行。会议热忱邀请世界各地从事粤方言和海外汉语方言研究的学者与学生参加。

本次研讨会的主题是：

1. 粤方言研究的回顾与展望
2. 粤方言资源库的建设
3. 粤方言语音、词汇、语法的专题研究
4. 海外汉语方言的专题研究

有意与会宣读论文的学者需先提交论文提要，每位报名者在独立完成一篇论文提要之外，最多还可提交一篇合写的提要。论文宣读的时间为 15 分钟，讨论 10 分钟。作者可以通过电邮提交论文提要，邮箱：ohyfy@163. com 或 ohyfy@jnu. edu. cn，请于邮件标题处写上“提要”字样或 Abstract，并在电子邮件内文处标明以下内容：①作者姓名；②研究领域；③论文题目；④提要正文；⑤单位详细地址。提要请以 doc 或 pdf 格式，可用中文或英文书写。中文正文请用宋体小四号，英文用 Times New Roman 字体。提要长度勿超过一页。与会者也可以通过邮寄方式提交论文，邮寄地址：广州暨南大学汉语方言研究中心彭志峰老师，邮编 510632。

论文提要请于 2012 年 8 月 31 日前提交。研讨会筹备委员会将于 2012 年 9 月中旬发出正式邀请函。

第 17 届国际粤方言研讨会暨海外汉语方言专题讨论会筹备委员会

2012 年 4 月 10 日